阅读　你的生活

ANGER AND FORGIVENESS

RESENTMENT, GENEROSITY, JUSTICE

愤怒与宽恕

愤恨、大度与正义

【美】玛莎·C. 努斯鲍姆 著
（Martha C. Nussbaum）
杨宗元 译

中国人民大学出版社
·北京·

为了纪念伯纳德·威廉姆斯（1929—2003）

我同意和帕拉斯·雅典娜同住一个家。
我为这个城市祈祷，
以温和的性情预言，
太阳的光芒将造福世间
让生命繁盛
普现大地。
——埃斯库罗斯，《欧墨尼得斯》，916-926[1]

性情温和的人不会满怀报复之心，而是倾向于同情的理解。
——亚里士多德，《尼各马科伦理学》，1126a1-3

尽管当今世界人们的眼睛都已布满血丝，
但我们必须用平静而清晰的眼睛来看待这个世界。
——莫汉达斯·甘地，1942年8月8日，贾瓦哈拉尔·尼赫鲁报道《印度的发现》，第1章，38页

注释

[1] 这是我的译文。*Preumenōs* 这个词我翻译为“以温和的性情”（with a gentle-temper），它与形容词 *praos* 和名词 *praotēs* 来自同一个词族，亚里士多德用这个术语来形容性情温和，下一段的引文就是如此。[这个词通常被翻译成“温和”（mildness），但这暗指不受情境影响的情感缺失，而亚里士多德所说的是一种待人的方式，目的在于情境的恰当性，而并非与强烈的情感不相容。]

致　谢

我首先要感谢牛津大学哲学系，感谢他们在 2014 年春季邀请 xi
我在洛克讲座上进行演讲。我也非常感谢《印度快讯》邀请我就宽恕纳兰德拉·莫迪（Narendra Modi）① 和 2012 年纳罗达·帕提亚（Naroda Patiya）屠杀案判决②这一主题撰文，这就让我把注意力转移到了这个话题上，并引导我选择它作为洛克讲座的主题——尽管我已经完全改变了我最初对这个话题的看法。我感谢在对这个主

---

① 印度总理，2002 年古吉拉特邦发生教派冲突时任古吉拉特邦印度人民党首席部长，被指不是直接授意也是默许了暴行的发生。书中脚注（即圈码注）均为译者注，以下不一一注明。

② 2002 年古吉拉特邦发生教派冲突时，在纳罗达·帕提亚发生了屠杀 97 人的事件，2012 年初审法院判决 32 人有罪，包括一名部长和一名印度人民党的国会议员。

题进行研究的早期与贾斯汀·科茨（Justin Coates）、索尔·莱夫莫尔（Saul Levmore）和塞克里什纳·普拉卡什（Saikrishna Prakash）的谈话，这些谈话推动了我对这一问题的思考；感谢凯利·阿尔克斯（Kelli Alces）、马西亚·拜容（Marcia Baron）、科里·布雷奇奈德（Corey Brettschneider）、汤姆·布鲁克斯（Thom Brooks）、丹尼尔·布鲁德尼（Daniel Brudney）、艾米丽·巴斯（Emily Buss）、大卫·查尔斯（David Charles）、贾斯汀·科茨（Justin Coates）、雷切尔·康德里（Rachel Condry）、萨拉·康利（Sarah Conly）、罗杰·克里斯普（Roger Crisp）、朱利安·卡普（Julian Culp）、约翰·迪格（John Deigh）、罗莎琳德·迪克森（Rosalind Dixon）、大卫·埃斯特伦德（David Estlund）、杰里米·古德曼（Jeremy Goodman）、保尔·盖耶（Paul Guyer）、理查德·赫尔姆霍兹（Richard Helmholz）、托德·亨德森（Todd Henderson）、阿齐兹·胡克（Aziz Huq）、特伦斯·欧文（Terence Irwin），威尔·杰斐逊（Will Jefferson）、莎朗·克劳斯（Sharon Krause）、艾莉森·拉克鲁瓦（Alison LaCroix）、查尔斯·拉莫尔（Charles Larmore）、布赖恩·莱特（Brian Leiter）、卡特琳娜·利诺斯（Katerina Linos）、亚历克斯·朗（Alex Long）、乔纳森·马苏尔（Jonathan Masur）、理查德·麦克亚当斯（Richard McAdams）、帕诺斯·帕瑞斯（Panos Paris）、爱德华多·潘阿尔弗（Eduardo Penalver）、阿里尔·波拉特（Ariel Porat）、埃里克·波斯纳（Eric Posner）、莎拉·普罗塔西（Sara Protasi）、理查德·索拉布吉（Richard Sorabji）、尼克·斯特凡诺普洛斯（Nick Stephan-

opoulos)、大卫·斯特劳斯（David Strauss)、凯文·托比亚（Kevin Tobia)、杰里米·沃尔德龙（Jeremy Waldron)、加布里埃尔·沃森（Gabrielle Watson)、劳拉·温里布（Laura Weinrib)，以及大卫·韦斯巴赫（David Weisbach）对各章草稿的评论。我特别感谢索尔·莱夫莫尔给予了几轮耐心并富有启发性的评论。芝加哥大学法学院的工作坊和布朗大学的一系列研讨会都让我收获了对 xii
草稿的重要建议。我感谢阿尔比·萨克斯（Albie Sachs）富有启发性地讨论了南非问题，感谢艾米丽·杜普里（Emily Dupree)、奈瑟尔·利普希茨（Nethanel Lipshitz）和达沙·波尔齐克（Dasha Polzik）提供的极其宝贵的研究帮助。我还要感谢艾米丽· 杜普里和奈瑟尔· 利普希茨在创建索引方面提供的帮助。

我把这本书献给我的老师和朋友伯纳德·威廉姆斯再合适不过了，他是哲学研究上勇敢而正直的人生榜样，对我来说意义重大，无以言表。考虑到师生关系的本质，这也许并不奇怪，我在最近的职业生涯中大部分时间里，都在反对威廉姆斯在后期作品中表达的许多思想。在这里，我有些惊讶地发现，自己不由自主地被威廉姆斯式的方向吸引，可以这么说，我重新找回了很久以前与他同道的感觉——尽管我相信威廉姆斯会有很多不同意见。可悲的是，我今天已经无法向他表达这些发现了。

目　录

第 1 章　导论：从复仇女神到欧墨尼得斯

在埃斯库罗斯（Aeschylus）的悲剧《俄瑞斯忒亚》[1]（*Oresteia*）的最后，古代世界的人物性格发生了两个转变，公元前 5 世纪的雅典观众认为，正是这两个转变建构了他们自己的世界。其中一个转变非常著名，另一个转变则被忽略了。在这个著名的转变 1

① 《俄瑞斯忒亚》是埃斯库罗斯的著名的三联剧，包括《阿伽门农》、《奠酒人》和《善好者》（*Eumenides* 也有人译为《复仇女神》，书中在指称这些女神时采用音译"欧墨尼得斯"，参见本章注［12］）。故事说的是阿伽门农远征凯旋之际被妻子克吕泰墨斯特拉及其情夫埃吉斯托斯所杀，阿伽门农的儿子俄瑞斯忒斯为报父仇，杀死了母亲和埃吉斯托斯，又遭到复仇女神的追逐，逃到阿波罗神庙寻求保护，最后众神投票，在赞成有罪和无罪的票数均等的情况下，雅典娜以审判长的身份投无罪票，保全了俄瑞斯忒斯的生命，全剧显示了以理性和法庭审判取代复仇的重要性。

中，雅典娜将法律制度引入雅典，代替并终结了似乎无尽循环的血亲复仇。她设立了法庭，法庭拥有独立的第三方法官和选自雅典公民的陪审团，设置了理性辩论和证据权衡程序，她宣布血腥之罪将由法律来裁定，而不是由复仇女神来判决。但她对雅典社会进行的这个著名的转变只是部分转变——复仇女神并没有被放逐。相反，雅典娜劝说她们参与到城市生活之中，许给她们地球上的荣誉之地，认同她们对于法律制度和城市健康发展的重要性。

雅典娜的这一举动通常地被理解为承认法律体系必须包含黑暗的复仇激情，并使它们获得荣誉。因此，伟大的希腊文化研究者休·劳埃德-琼斯（Hugh Lloyd-Jones）指出："雅典娜远非要消除复仇三女神厄尔尼厄斯的特权，反而是急于保护她们。"[1] 这意味着复仇激情自身没有改变，她们只是拥有了围绕她们而建造的新房
2 子。她们同意接受法律的约束，但她们仍旧保持不变的本性：黑暗而复仇。

然而，这一解读忽略了第二个转变，复仇女神的本性和风度的转变。在这三联剧第三部的开始部分，复仇三女神是令人厌恶和恐惧的。阿波罗的女祭司瞥了她们一眼之后，就仓皇逃避，以致这个年长的妇女摔倒了，就手脚并用地赶快跑（*Eumenides*，34－38）。她们不是女人，是蛇发女怪，她惊呼着，不，她们也不是蛇发女怪，因为她们没有翅膀。[2] 她们是黑色的，令人作呕，眼睛滴着丑陋的液体，发出可怕的鼾声，衣服完全不适合文明集会（51－56）。不久之后，阿波罗也描述道，她们把从猎物身上吞下的血块，再呕吐出来（183－184）。他说，她们因邪恶而存在（72），她们属于一

些野蛮人的暴政，惯于任意残杀、摧残和虐待（185-190）。[3]

当她们醒来的时候，人们发现，对复仇女神的这些尖刻的描述并不是撒谎。当克吕泰墨斯特拉（Clytemnestra）的鬼魂召唤她们，她们没有答话，只是简单地呻吟，发出呜呜的声音，希腊文本用的词是 *mugmos* 和 *oigmos*，这些是狗特有的声音。当她们醒来时，她们只有这样的话，"抓住他，抓住他，抓住他"，这是猎狗一般的叫声。正如克吕泰墨斯特拉所说："你们在梦中追逐猎物，你们像猎狗因血腥而兴奋那样狂吠。"（131-132）即便像这类体裁所要求的那样，复仇女神后来被赋予清晰的语音，我们也永远不会忘记这最初的角色塑造。

埃斯库罗斯在这里描述的是毫无约束的愤怒。[4] 它是强迫性的、破坏性的，它的存在只导致痛苦和疾病。它对于血腥的渴望是非人的、狗一般的。希腊人很少驯养各种家养狗，反倒切近地看到野狗去追杀猎物的原始场景，因此他们一直把狗与可怕地忽略受害者的痛苦联系在一起，把受害者的血吐出来这样的想法也是对狗的行为的真实描述。[5] 复仇女神呼出来的味道是消化过程中产生的血腥的味道，这种气味与人们目击不受控制的狗的行为之后闻到的令人感到厌恶的气味是一样的。[6] 阿波罗认为这种狂躁的物种属于其他地方，属于不节制残忍行为、不限制任意施加酷刑的社会——当然不是人们宣称的文明社会。

在一个致力于法治的社会里，这些复仇女神如果不改变，她们就无法融入有效的法律体系。[7] 你不能期望把野狗关在笼子里就伸张了正义。但复仇女神并没有让向民主的过渡停滞不前。直到在戏

剧非常后面的部分，她们仍然是像狗一样的自己（812），威胁着要
吐出她们的毒液（812），使土地干涸，万物不生。然而，雅典娜已
3 经建立了法律体系，她劝说她们改变自己以加入雅典娜的事业。[8]
“停息你们的黑色的愤怒波涛吧！”她告诉她们（832-833）。[9]

这显然意味着一个深刻的转变，实际上是身份的转变，与愤怒的强迫性力量密切相关。她给她们提供了加入城邦的激励措施：地下的荣誉之所，享受人们的尊敬。但这个荣誉的条件是，她们放弃惩罚，采取一种新的情感方式。特别是，她们对整个城邦要有一种仁慈的情感，克制着不在其中挑起任何麻烦——不只是不要内战，也不要有早夭和令人沉迷其中的愤怒激情（850-863）[10]，还特别要求她们赐福于这片土地（903ff.）。最后商议的结果是，如果她们做善事，怀有并表达善良的情感，她们将得到友好的对待并获得荣誉。也许其中最根本的转变是，她们听到了劝说的声音（885，970）。不用说，所有这一切不仅仅只是外在的约束，它是一种深刻的内在的重新定位，深入她们人格的根本。

她们接受了她提出的条件，并“以温和的性情”（*preumenōs*，922）表达她们自己的想法。[11] 她们禁止所有不合时宜的杀戮（956），宣称每个人都应该“以一种共同的爱的心态”（*koinophilei dianoiai*，984-985）给其他人以爱（*charmata*）。再说一次，这些情感与她们先前类似狗的特性完全不同。毫不奇怪，她们似乎在身体上也以相应方式发生了转变。在这部剧的结尾，她们笔直地站立在游行队伍中，从一群女护卫队手上接过她们的猩红色长袍（1028-1029），这些长袍是定居的外邦人在泛雅典娜的城邦节日时穿的。

她们变成了女人，成了定居的外邦人，而不是兽类。她们的名字也变了：她们现在是友善者（Eumenides，欧墨尼得斯），不再是复仇女神。[12]

第二个转变和第一个转变有同等重要的意义，而且对第一个转变的成败至关重要。埃斯库罗斯认为，政治正义不仅仅是把愤怒关到笼子里，更为根本的是对其进行转化，从几乎非人性的、执迷不悟的、嗜血的转化为人性的、讲道理的、平和的、深思熟虑的、慎重的。更重要的是，正义不是要关注无可改变的过去，而是要关注创造未来的福利和繁荣。事实上，存在于正义体系之中的责任感根本不是报复或惩罚的感觉，它是对保护当前和未来生活的慎重判断。复仇女神仍然是需要的，因为这是一个不完美的世界，总是会有罪恶存在。但人们并不需要她们最初的形态，特别是，她们也不是最初的自己：她们已经变成正义和福利的工具。城邦已经从复仇的、愤怒的灾难中解脱出来，它曾经造成了内乱和伤亡。城邦以政治正义取代了愤怒。

敬畏仍然存在，因为潜在的罪犯和煽动内乱的人会注意到，恶 4
行将不会逃脱惩罚。因此，雅典娜仍然把欧墨尼得斯的相貌描述为恐怖的（990）。但是，法律责任不是混乱的，而是其反面：有目的的、慎重的、适量的，而且对过去行为问责的目的在于关注未来：在于威慑而不是报复。

埃斯库罗斯不是关于惩罚的哲学理论家，他留下了很多值得后人探索的问题。例如，有没有一种类型的报应主义能够符合埃斯库罗斯对惩罚的限制？惩罚一定要放弃同态复仇，但是不是会有某种类型的报应主义能够与拒绝同态复仇相容？或者是不是如苏格拉底和柏拉图所相信的，以及很多赞同他们的希腊流行思想所认为的，一个社会必须接受一个基于威慑和一般功利的、不同于同态复仇的惩罚理论？[13] 埃斯库罗斯的表达中有后一种方法的迹象，但没有清晰的描述。

还有另一种解放未被探索，但却激发了我们的想象，这就是私人领域的解放。在复仇女神的旧世界中，家庭与爱情、家庭与友情都长久地背负着为某个人报仇的重担。对报复的需要是无止境的，它给所有的关系造成阴影，包括那些本属友善的关系，如俄瑞斯忒斯（阿伽门农的儿子）与厄勒克特拉①的关系。憎恨使任何人爱其他人都变得不可能。［理查德·施特劳斯（Richard Strauss）的歌剧《厄勒克特拉》（*Elektra*）用音乐所表现的丑恶世界给人留下了难以磨灭的印象，深刻地体现出埃斯库罗斯/索福克勒斯的洞察力。这里没有一个音符、一个乐句不为憎恨的重负所扭曲。[14]］但现在法律承担了处置犯罪的任务，让家庭成为一个友善之所，彼此以善意相待。这并不是说人们不再会感到愤怒，如果问题很严重，他们可以诉诸法律，如果不是，为什么还要长期困扰彼此的相互关爱呢？（正如我们将要看到的，这种两分法太过简单，因为无论法律是否介入，亲密关系中强烈的爱和信任也可能给悲伤、恐惧等令人痛苦的情感以合理的理由。）正如亚里士多德后来所说，一个性格温和的人（温和是愤怒领域的美德）不会满怀报复之心，相反，他

① 阿伽门农和克吕泰墨斯特拉的次女，俄瑞斯忒斯的姐姐，帮助俄瑞斯忒斯为父报仇。

们倾向于同情地理解。[15] 法律带来双重的利益：它使我们安全，允许我们关爱他人，而不必为背负复仇的愤怒所困扰。

特别需要指出的是，法律允许我们关注施加给朋友和家庭成员的恶行，而不必将我们的生命耗费在愤怒的情感和复仇的计划上。在埃斯库罗斯所描述的前法律世界，愤怒大多与现实生活无关：它追溯很久很久以前对自己的祖先所施加的恶行，偶尔是对父母或亲戚所施加的恶行。因此，《阿伽门农》（*Agamemnon*）从描述过去开始，开场便是歌队对很久以前伊菲革涅娅（Iphigeneia）① 被残杀 5
的痛苦描述，克吕泰墨斯特拉很快就会为伊菲革涅娅报仇。在这部剧的后面，埃吉斯托斯（Aegisthus）一进入，他不是开始诉说关于他自己的事情，或者他最关心的事情，而是开始讲述他的父亲梯厄斯忒斯的悲惨故事，梯厄斯忒斯被阿伽门农的父亲阿特柔斯欺骗而吃了他自己的孩子。人不是作为他们自己而存在，他们被过去的重负束缚着。正如我们将看到的那样，人们会因为自己受到伤害而愤怒，这种愤怒也被法律转化，但法律带来的最大改变是给人们提供了一种关心他人的方式，不用令人筋疲力尽地实施替他人复仇的计划，也能表达出对他人的关心。[16]

本书并不是关于古希腊伦理学的，但它从埃斯库罗斯的戏剧中得到了启发——政治正义让个人领域和公共领域的道德情感发生了彻底转变。但我将比埃斯库罗斯更进一步，我认为，无论是在个人领域还是公共领域，愤怒在规范性上是有问题的。[17] 我讨论的核

① 阿伽门农与克吕泰墨斯特拉的长女，阿伽门农为了在特洛伊战争中获胜，用自己的亲生女儿伊菲革涅娅献祭。

心是对愤怒的分析，将在本书第 2 章中进行。与从亚里士多德、希腊罗马的斯多葛派到巴特勒的悠久哲学传统相一致，我认为，愤怒在概念上包括两重含义：一方面，它包含着作恶者已经对有重要意义的某人或某事犯下严重恶行；另一方面，它也包含着让作恶者在某种程度上承担坏的结果是件好事的思想。这些思想必须以复杂的方式加以证明，这正是分析的本质。我认为，如此理解的愤怒在规范性上总是以两种方式中的一种或另一种是有问题的。

其中之一是我称为**报复之路**（the road of payback）的方式，其错误在于，这种方式认为让作恶者承受痛苦能够让或者说有助于让被伤害的重要的人或事得以复原。这条道路在规范性上是有问题的，因为这个信念是假的，是不能融贯的，虽然它们可能无处不在。它起源于根深蒂固但却错误的宇宙平衡思想，起源于人们在无助的情况下，想恢复控制力的企图。但让作恶者承受痛苦并不能让已经被伤害的人或被损坏的有价值的事物恢复到原来的样子。在大多数情况下，它可以阻止未来的侵害行为，使侵害者丧失行为能力：但这并不是走上报复之路的人所相信和追求的全部。

然而，在另一种方式中，愤怒涉及的信念很有道理，实际上是太有道理了。这种情况我称之为**地位之路**（the road of status）。如果受害人把伤害看作且只看作关于相对地位的伤害——如亚里士多德指出的，把它看作对受害人的自我所进行的“等级降低”——那么，某种形式的报复确实是有效的。通过痛苦和耻辱降低作恶者的
6 地位，确实可以提高我的相对地位。但这又会产生另一个不同的问题：排他性地只关注相对地位在规范性上也是有问题的，而且这种

对地位的狭隘痴迷如此普遍，但无论这种痴迷体现在自我还是他人身上，我们都应该加以阻止。

这就是我的核心观点，当然，所有这些思想都必须加以解释和论证。愤怒作为向自己和/或其他人表明恶行已经发生的**信号**，作为处理它的**动机**之源，作为对他人的**威慑**，阻止他人的侵犯，可能仍然有着有限的作用。然而，它的核心思想是有深刻的缺陷的：在第一种情况中，它是不能融贯的；在第二种情况中，它在规范性上是有问题的。

接下来，我得出至关重要的关键概念——**转型**。大多数普通人都会愤怒，但当注意到愤怒，特别是它的报复模式，通常是非理性的，一个理性的人通常会追问，做什么能够增加个人和社会的福利，从而把愤怒转向更具建设性的、前瞻性的思考。我更愿意探索未来导向的反思过程。（我把复仇女神所经历的转变理解为这种转型，但这对我的论点来说并不重要。）转型是能够被个人追随的路径，在埃斯库罗斯那里，它也可能是社会进化的路径。

我也认识到，我还发现了一种边缘性的、真正理性的、合乎规范的愤怒，我称之为**转型性愤怒**（Transition-Anger）①。其完整的内容是："多么无法容忍啊！对此应该做点什么。"然而，这种前瞻性的情感并不像人们想象的那样，以一种纯粹的形式出现：在现实生活中，大多数转型性愤怒被报复的愿望影响。

在核心章节和接下来的章节中，根据这种分析，我将处理在哲

---

① 也有学者译为过渡性愤怒、转变性愤怒、转化性愤怒，考虑到努斯鲍姆把Transition Anger仍然视为愤怒的一个边缘类型，本书中译为转型性愤怒。

学语境和在日常生活中都会大量出现的关于愤怒的三个常见观点。

1. 愤怒对保护个人尊严和自尊是必要的（当个人被不当对待）。

2. 指向恶行的愤怒对于严肃地对待作恶者是至关重要的（而不是像对待孩子或者限定责任能力的人那样对待他）。

3. 愤怒是非正义斗争的重要组成部分。

我承认愤怒有时在上述这三个方面具有工具性的作用。但这些有限的作用不能改变它在规范性上的不合宜性。即使就这些作用而言，它有时也不像人们以为的那样有用。

接下来的四章（第 4、5、6、7 章）在四个不同的生活领域进一步阐述了这个核心的观点。对这些问题的详尽考察需要区分人际
7 交往的不同领域，仔细追问什么样的人与人之间的关系是适宜的，以及对于这样的关系什么样的品德是适宜的。个人亲密关系（无论家庭还是朋友）领域是不同于政治领域的，在涉及愤怒和判断时有着不同的美德和规范。我的观点会围绕这些分支领域来建构。

首先，在第 4 章，我会探讨愤怒在亲密的个人关系中的作用。人们通常认为，虽然在亲密关系中愤怒有时是过分的或误导的，但它对确认个人的自尊是有价值的，因此应该培养愤怒的情感，特别是对那些倾向于缺乏足够自我价值感的人（人们经常以女性为例）更是如此。我反对这种思路，我认为，在个人的亲密关系中，个人的独特价值并不要求通过愤怒来体现，相反会受到它的严重威胁。当然，会有严重破坏和伤害信任的情形发生，它们经常会带来短期的愤怒和长期的悲伤。但是，我认为，为失去而悲伤，比起持续地

将失去归咎于他人更为可取——这样做从工具性上讲，是为了自己的利益；从本质上讲，它更符合相爱的人际关系的本质。虽然短期的愤怒是可理解的、人性化的，但它真的无济于事，它也不应该主宰未来的过程。

接下来，我在第 5 章探究我所谓的“中间领域”，即我们在日常生活中与人或社会团体大量打交道的领域，他们既不是我们亲密朋友，也不是我们的政治机构及其代理人。大量的憎恨来自中间领域，从轻微的蔑视到不可原谅的罪恶，比如亚里士多德已经提到过的，有人竟然忘记了你的名字。在这一领域，我进行了与前文的亲密关系领域不同的讨论，在亲密关系领域，我推荐强烈的情感参与，虽然可以悲伤，但不要愤怒。在中间领域，我认为古罗马斯多葛派思想家是完全正确的，他们的文化经常被中间领域的憎恨破坏，所以他们主张：正确的态度是站在这样的立场上，即人们要理解这些轻视是多么琐碎，不要愤怒也不要悲伤。损害还不够严重。塞涅卡从来没有达到那样的境界，但他记录了他的努力方式，提供了很好的指导。（因此，我将追随亚当·斯密，认为斯多葛派思想家给出了正确建议，除了他们告诉我们不要关心我们爱的人、家庭、朋友。）

但事情并非全然如此，虽然大量的日常愤怒处理的如污辱、不称职等小事，但有时中间领域的伤害也是极端严重的，如被陌生人强奸、杀害等等。这些情形就与典型地充斥在斯多葛派的文本和日常生活中的琐碎的恼怒、侮辱大不一样了。这里埃斯库罗斯的深刻 8
洞察就非常重要。在这种情况下，人们所做的事就变成与法律相关的事件，应该以前瞻性的精神而不是愤怒来处理它。虽然个人领域的严重事件也会移交给法律，但它们也会相应地留下强烈的情感（悲伤、恐惧、同情），这些情感是爱和信任的关系不可或缺的组成部分。相反，在中间领域，与罪犯保持任何持续的关系都毫无意义，法律可以承担处理恶行的全部责任。

接下来转入政治领域。在这个领域，首要的美德是公平的正义，一种以公共利益为目标的仁慈的美德。它是第一位的、首要的制度的美德，重要的是，如果从派生的角度看，它也是居于这些制度之下并给制度以支持的人的重要美德。在政治领域，再次有人认为，愤怒是重要的，作为一种情感，它表达了被压迫者的平等尊严和对人作为目的的尊重。我把对政治领域问题的论述分为两部分，一是日常正义（第 6 章），二是革命正义（第 7 章）。

在日常正义的情形下，我认为，狭隘地关注任何类型的惩罚都不利于追求正义，尤其刑法报应主义，甚至复杂的刑法报应主义，更是如此。最重要的是，社会应该采取事前（*ex ante*）视角分析整个犯罪问题，寻求解决它的最佳策略。这样的策略当然可以包括惩罚罪犯，但它只是其中的一个部分，还包括营养、教育、医疗、住房供给、就业等等。虽然这里我不能完成对真正需要的社会福利做更广泛的探究，但我至少提供了一个想法，描述了它会是什么样子的，而且我把更狭隘的罪犯惩罚看作这个事业很小的一部分。

但怎么看待革命的正义？这里人们经常相信愤怒是高贵的、至关重要的，它帮助被压迫者维护自己的权利、追求正义。然而，我认同莫汉达斯·甘地和马丁·路德·金的理论，根据他们的观点，愤怒对追求正义是不必要的，有助于建构未来正义的是大度和同情，而愤怒恰恰对于大度和同情是巨大的阻碍。愤怒在我所区分的三个工具性功能方面（作为信号、作为动机和作为威慑）只是具有有限的作用，但至关重要的是，革命运动的领导者和很多追随者通常不同于常人，他们半是斯多葛主义者半是充满爱心的生物。尽管如此，正如纳尔逊·曼德拉的思想和生活所展示的那样，有很多这样的领导者和追随者。也许他们并没有那么不同，因为人类生活确实包含了令人惊讶的快乐和大度，这些品质与建设比现有的一切更 9
好的未来相辅相成。

当然，这种清晰的领域划分简单化了，因为领域的交叉和相互影响有多种不同的方式。家庭是爱的领域，但它也是被法律塑造的政治制度，并且也包含了很多必须由法律严肃处理的恶行（如强奸、家暴、虐待儿童）。职场上的怠慢是中间领域的恶行，但它们也可能是经常发生种族和性别歧视、骚扰、侵权疏忽的实例，这就把它们带入法律范围，以及那种适合于政治上恶行的谨慎的、有限的**转型性愤怒**（欧墨尼得斯的新居所）的范围。而且我们与同事的关系也不同于与飞机上和路上的陌生人的关系，同事关系至少是具有某些价值与意义的持久的关系，所以它介于爱与友谊的亲密关系和可以置之脑后的与粗鲁邻座的偶遇关系之间。更进一步，正如我已经强调的，在中间领域，侵犯个人的严重犯罪，如暴力侵犯、强奸、非近亲杀人，是严重的恶行，也是法律上的犯罪。对待这些恶行的态度，在它们的不同方面，需要做很多不同的梳理。

同样重要的是，政治领域不是简单的公平的正义的领域。如果一个国家想维持和激励人们关心公共利益，公共领域就会需要大度、不追究的精神，记录一个人的所有恶行可能会有些过头，危害共同的努力，这种精神也适合个人领域。这正是埃斯库罗斯的深刻洞察的核心：与其将家庭中最坏的渴望复仇与嗜杀输出到城邦，不如城邦将家庭中最好的信任的纽带和爱的宽宏大量的情感吸收过来。

虽然我的中心议题是愤怒以及在三个领域中对它进行适宜的管理，但我的计划也包含一个子课题，它涉及对一种突出的备选态度进行批判性考察，以取代愤怒，将其作为对待不当行为的主要态度。这种备选态度是宽恕，其备选地位在当代的讨论中得到了热烈的支持。宽恕的观念在《欧墨尼得斯》中就惊人地缺失，事实上（我想说）在整个古希腊伦理学中就是如此[18]，但它对于当代关于愤怒的讨论是如此重要，以至于如果不广泛地讨论它，就无法深入触及这个话题。因此，在这里我建议这样做，讨论我们熟悉的观点，即宽恕是重要的政治和个人美德。总有一天，在清理了绵延许多个世纪的大量问题之后，至少在某些重要的方面，我们会接近于
10 埃斯库罗斯留给我们的东西。这样我们就能够更清楚地看到《欧墨尼得斯》留给当代世界的深刻洞察。现在让我们来介绍这个子题目。

我们生活在一个经常被人们描述为“道歉和宽恕的文化”[19]中。在亚马逊上粗略地搜索就可以找到几十本这个主题的图书。大多数是大众心理学和励志图书。他们经常把宽恕的思想与“旅途”或“路上”相结合。踏上这个通常由治疗学者所引导的旅途，受过

不当对待的人就从某个痛苦的地方被带到一个理想化的、幸福可爱的地方。我最喜欢的一个标题是：《破晓：从贫民窟到哈佛，关于宽恕与奋斗的人生历程》（*Breaking Night*：*A Memoir of Forgiveness*，*Survival*，*and My Journey from Homeless to Harvard*）。[20] 想象一下，从无家可归的恐惧中，人们可以想象出生活在一个年轻人身上所唤起的愤怒，同样是这个年轻人，开启了宽恕的旅程，最后到达了梦寐以求的目的地。

宽恕是"一个非常'时髦'的话题"[21]，在政治学和哲学两个领域都有很多拥护者。重要的政治领导者颂扬它的潜在好处，甚至那些从来没有谈论过宽恕的领导者也会因他们所谓的关注宽恕而被赞美，这并不令人意外，人们在纪念纳尔逊·曼德拉时就是如此，但令人遗憾的是，我们将看到，曼德拉并没有使用这一概念，而是以不同的术语概括他的努力。[22] 同时，越来越多的哲学文献探讨了宽恕在美德中的地位，以及它在个人关系和政治关系中的潜在好处。[23] 人们会发现确实有持不同意见的人，但他们通常倾向于更严厉的人际关系，坚信惩罚和"报复"的好处。[24] 例如，杰弗里·莫非（Jeffrie Murphy）的异见者研究非常出色，他一再地重申 S.J.佩雷尔曼（S. J. Perelman）的警句："犯错是人之常情，而宽恕则软弱无能。"[25] 人们似乎对从另一个方面批评宽恕没有兴趣，可以这么说，典型的交易性宽恕表现出一种过于严格和惩戒性的心态。这有点说远了，我们首先要了解宽恕之旅是如何开启的。

一般地，宽恕之旅始于可怕的愤怒，始于由于另一个人的恶行而遭受痛苦所产生的愤怒。经过典型的二元过程，包括面对、忏悔、道歉和“解决”，受了不当对待的人胜利了，从愤怒的情感中解脱出来，她的要求得到了完全认可，她准备赐予不再愤怒的恩典。这就是我所说的“交易性宽恕”（transactional forgiveness），它在历史上和当今社会都有巨大的影响。但把它当作当今世界宽恕的标准形式是似是而非的。[26]

正如第 3 章将要说明的，这些宽恕的程序起源于犹太教-基督教世界观，并且是由犹太教-基督教世界观特别是由组织化的宗教
11 建构起来的，其中最首要的道德关系就是全知的对于救赎有完全控制力的上帝与有罪的凡人之间的关系。上帝掌握着我们所有的错误记录，一份永久的清单，一个在最后的审判中迎接死亡的审判之词（*liber scriptus*）。[27] 如果有足够的眼泪、恳求和道歉——通常包括相当程度的自我贬低——上帝可能决定免除对全部或部分罪过的惩罚，并恢复对悔过的个人的神圣祝福。自我贬抑是得到提升的前提条件。[28] 然后，在第二阶段，人与人之间的关系，以最首要的关系为模型，从而包含了它的主题列表——保存清单、忏悔、自我贬抑以及难以抹去的记忆。

这些情感和行为的组合在古希腊罗马伦理学中是没有的，虽然这个传统中确实包含了一些与一般宽恕有关的有价值的态度，例如，温和的性情、大度、同情的理解[29]、原谅，以及更重要的在处罚方面的仁慈，有些翻译者和评论者有时会把宽恕之旅的含义插入其中。然而，我认为，所有这些概念在关键的方面都不同于现代的宽恕概念，那些拒绝现代宽恕观念引导的人是可以接受这些概

念的。[30]

在卑微和贬抑的忏悔思想中，有些东西是令人非常不快的，甚至当一个人想象对可尊敬的上帝这样忏悔时就会如此，更不用说当想到是对自己的朋友、家人和同胞忏悔时，在这样的忏悔中都会有让人不愉快的东西。当然，在强调这些态度与强调植根于同样传统的无条件的爱的思想之间进行调和是很难的（正如第 3 章所显示的）。认为在生活中，在围绕自己展开的戏码中，自己遭受了痛苦，因而就得到了赎罪的礼物，在这样的想法中也有一些非常自恋的东西。（最后的审判之词中，整个宇宙的记录中突出地包含着自己的名字，这种令人惊奇的自恋被复制到了人与人之间的关系领域。）简言之，交易性宽恕，远不是愤怒的解毒剂，似乎是以另一个名字延续的愤怒的报复愿望。

在泛犹太教-基督教传统中，一些思想家通过偏离交易性宽恕概念的核心思想而对其进行了改进，我发现巴特勒主教和亚当·斯密都是这些有价值的思想的来源。（虽然我很遗憾，巴特勒使用“宽恕”这个概念，但其所指的含义与我谴责的保存错误记录的心态无关，而与纯粹的大度和人性有更大的关联。有趣的是，斯密则避免使用“宽恕”这个术语，而是代之以西塞罗的有用术语“仁慈”。）我也将在第 3 章中论证，犹太教-基督教的文本和传统都包含了交易性宽恕的替代概念，其中大度、爱，甚至幽默代替了赎罪和要求痛悔的残酷剧情。有两个替代性概念非常突出，第一个是**无** 12
条件宽恕，受到不当对待的人不要求在先的忏悔，就自己自由选择了放弃愤怒的情感。第二个我更欣赏，是**无条件的爱与大度**。我将考察每个替代性概念的《圣经》依据，并把它们作为道德选择来考察。

总的来说，我认为尼采的直觉是正确的，他看到了犹太教-基督教道德的突出方面，包括交易性宽恕、替代的复仇心理以及隐藏的愤恨，这些都是非常狭隘的，实际上对人际关系没有任何帮助。然而，他没有看到这些相同传统中的多样性和复杂性，犹太教和基督教都包含了我所说的上述三种态度。

然而，我们应该保持警惕，不是所有的“宽恕”都有交易性宽恕的特征。一旦这一术语作为一种品德的一般用法，浸润在犹太教和基督教传统中的作家们，就有办法把它附加于他们在生活的一般领域中喜爱的任何东西上。[31] 有时在那里找到的无条件宽恕甚至也是不对的：这些所谓的“宽恕”最好理解为某种类型的无条件的大度。因此不是每个赞扬纳尔逊·曼德拉“宽恕”的人都是真的把他与交易性宽恕联系起来，甚至也不是把他与无条件宽恕联系起来（无条件宽恕以已经消除了愤怒的情感为前提）。他们很可能是用这一术语描述某种类型的大度，正如我将讨论的，他被实例化了。但很多人认为对于南非和解过程而言，交易性宽恕的态度是适宜的，正如德斯蒙德·图图（Desmond Tutu）① 在他的著作《没有宽恕就没有未来》（*No Future Without Forgiveness*）的最后一章所阐释的，他详细讨论了忏悔、道歉、谦卑和赦免——虽然图图小心而准

---

① 德斯蒙德·图图（Desmond Tutu，1931 年 10 月 7 日— ）是南非开普敦的圣公会前任大主教，也是南非圣公会首位非裔大主教。致力于废除种族歧视和种族隔离政策，于 1984 年 10 月 16 日获诺贝尔和平奖。《没有宽恕就没有未来》中译本由广西师范大学出版社于 2014 年出版。

确地避免将这些概念归于曼德拉，或者甚至避免归于真相与和解委员会（Truth and Reconciliation Commission）[32] 的程序。

我继续论证我的观点时，我首先探究了每个领域的愤怒，然后按交易性宽恕的经典定义，探讨它是不是我们所需要的替代品。我认为，在这三个领域中，犹太教-基督教的交易性宽恕的“美德”都不是美德。在个人领域，忏悔、道歉和宽恕的整个机制是记仇的、无爱的，而且经常是以自己的方式进行报复。虽然宽恕的提议看起来很有吸引力，也很亲切，但在另一个语境中，却经常表现出伯纳德·威廉姆斯所称的“想得太多”，也就是说，保存清单、追根究底的心态，这是一个大度的而充满爱心的人应该避免的。巴特勒主教对我们提出了警告，让我们小心愤恨不平的自恋心态，我认为宽恕的“旅程”常常有助于自恋，并给自恋以安慰。在个人领域，最好的状态是以大度为特征的，这种大度优于宽恕，并且能够 13
阻止宽恕的程序性想法的具体化。确实如此，爱确实意味着永远不必说抱歉。某个不算太流行的流行小说（虽然它是由经典的学者撰写的）就是这么说的，它没说错。[33] 道歉有时是有用的，但是是为了证明未来的关系会持续并会有成果。

相似地，中间领域也包含道歉的重要作用，作为证据，它表明伤害过别人的工人或老板是可以被信任的，这是一个有用的手段，它为在发生冲突之后仍然保持相互尊重的关系扫平了道路。但是，把要求别人道歉作为一种报复或降级的方式也经常出现在这一领域，我们应该小心。

虽然道歉有时在政治和解中发挥有价值的作用，但政治道歉在某些重要方面与交易性宽恕存在着截然的不同。[34] 它们经常是值得信任的向前推进的信号，是一系列共同价值观的表达，信任可能就建立在这些价值观的基础之上。而且羞辱总是会破坏和解，所以有时避免道歉可能产生的问题是很重要的，正如真相与和解委员会明智地做的那样。重点应该是建立对恶行的责任制，作为建立公众信任的关键要素，表达共同价值观，然后超越愤怒与宽恕的剧情，形成实际上支持信任与和解的态度。

什么样的价值观保证这种支持？大度、正义与真相。

注释

[1] Aeschylus，*Eumenides*，translation and commentary by Hugh Lloyd-Jones（Englewood Cliffs：Prentice-Hail，1970），76.

[2] 这是我翻译的，这个翻译受到了拉蒂莫尔（Lattimore）的影响。值得注意的是，她停顿了很久才提到她知道蛇发女怪是什么样子的，因为她在菲尼亚斯（Phineas）的一幅画中见过。

[3] 他提到了各种残酷惩罚，在希腊传说中与波斯专制有关。

[4] 关于愤怒的各个种类，参见附录 C。

[5] 野狗咀嚼和吞咽猎物，然后吐出来，用这样更易消化的食物来喂养幼犬。

[6] 我是在对博茨瓦纳的野狗进行了数小时近距离观察之后，写下这篇文章的。严格地说，如果我们指的是犬属，“非洲野狗”不是真正的狗，它们的生物学名称是非洲野犬（Lycaon pictus）；它们是犬科，但不是犬属动物。

[7] See Allen (2000) and Allen (1999).

[8] See Gewirtz (1988). 格维茨（Gewirtz）正确地强调了雅典娜已经在没有她们的情况下向前走了。问题不在于法庭是否会存在：法庭确实存在。唯一的问题是她们会加入还是会反对。

[9] 我通常采用劳埃德-琼斯的流畅而准确的翻译，除非我想通过更严格的字面意思来提出一个观点。

[10] 她排除了对外战争，允许她们鼓励对外战争。

[11] 见文前页注 1。这个词无疑表明，她们把愤怒放在一边，尽管这并不清楚地意味着她们完全放弃愤怒。

[12] 当然，在真实的希腊生活中，"欧墨尼得斯"是这些女神的公民所使用的一种谨慎的委婉语，但埃斯库罗斯用它表示别的东西。之前"复仇女神"被明确称为 *metoikoi*，即定居的外邦人，雅典娜说，这群护卫队由守护她的神殿的人——也就是雅典娜波利亚斯神庙的女祭司组成。

[13] 关于 5 世纪对惩罚的态度的普遍转变，见 Harriss (2001)。这项重要而非凡的研究提供了一个非常令人信服的论据，即希腊人和罗马人开始批评报复精神，而愤怒被视为涉及报复。哈里斯记录了从帝汶语族到科拉津语族的这种转变，前者说惩罚时是指报复，后者说惩罚时指的就是惩罚，没有报复的含义。正如他在第 26 页和其他地方所强调的那样，这一转变既在知识分子中间，也在非知识分子中间发生，尽管知识分子起着重要的作用。

[14] 在这方面，这部歌剧完全是莫扎特的《费加罗的婚礼》(*Le Nozze di Figaro*) 的倒转，《费加罗的婚礼》中的每一句话，

甚至那些“坏”角色的每一句话，都被爱照亮了。施特劳斯在《玫瑰骑士》（*Der Rosenkavalier*）中写下了自己的费加罗。

［15］*Suggnōmē*，有时这词翻译成“宽恕”，但它只是指“一起思考”，即参与性理解，现代理论家和翻译家增加了它与宽恕的联系。参见下文注 29，进一步讨论见第 3 章。我的观点与亚里士多德的观点不同，因为他仍然建议在某些情况下复仇，特别是在家庭关系方面。

［16］关于《欧墨尼得斯》在希腊愤怒批判的演变中的地位，见 Harriss（2001，162）。

［17］正如哈里斯所说，这种观点在希腊和罗马逐渐变得更加普遍。

［18］另见 Konstan（2010），将在第 3 章中进一步讨论。

［19］See Griswold（2007，xxiii）. 格里斯沃尔德并未明确支持这一发展。对于任何进一步的工作，尤其是像我这样的工作，他的第一流、精细、详细论证的著作是一个必不可少的起点，但我的观点与他的一些主要论点并不一致。

［20］Murray（2010）. 这本书本身实际上比它的标题好得多，而且，并非巧合的是，它与宽恕无关：作者对父母大度和毫无偏见的态度贯穿始终，她甚至从未考虑过宽恕他们，因为她只是爱他们。

［21］Murphy（2003，viii）.

［22］见第 7 章。

［23］在细节和全面性方面，格里斯沃尔德的著作是最好的榜

样，它给出了许多关于其他人的观点平衡的讨论和完整的参考书目。

［24］主要的例子见 Murphy（2003）and Miller（2006）。

［25］See Murphy（2003，ix and 19）.

［26］See Griswold（2007）and Konstan（2010）. 康斯坦称这种形式的宽恕体现了“这个单词的狭义”（Konstan 2010，57），而宽恕则是“这个单词的广义”（57）。

［27］源自《末日经》，融入安魂弥撒中：*Liber scriptus proferetur*，*in quo totum continetur*，*unde mundus iudicetur*（判书即将呈上，载明一切记录，世界将如此受审）。全文见第3章附录。

［28］圣歌继续：*Oro supplex et acclinis*，*cor contritum quasi cinis*：*gere curam mei finis*（叩首哀求的我恳请你，我的心已痛悔如灰烬，请在末日给予我关切）。

［29］*Suggnōmē*，经常被错误地与宽恕联系在一起（上文注15），甚至被译为宽恕，见 Aristotle，*Nicomachean Ethics* Ⅳ. 5，1126a1-3。牛津版译文。格里斯沃尔德对希腊人的讨论有时也在这个方向上走得太远：参见第4页和注5。我在讨论亚里士多德的《修辞学》时（Nussbaum 1999a，161），不严格地使用了“宽恕”这个词，在此撤回那句话！康斯坦提出的一个重要观点是，*suggnōmē* 不同于宽恕，它常常涉及免除或减少责任，见 Konstan（2010）28-33页，关于拉丁语 *ignoscere* 的类似观点，见55页。

［30］我同意康斯坦的结论，见 Konstan（2010）and Konstan（2012，22）。罗伯特·卡斯特令人印象深刻的情感研究得出了同样

的结论，见 Kaster（2005，80－81）。另一个有趣的对比是交易性宽恕和古代恳求之间的对比，见 Naiden（2006），康斯坦对此进行了讨论，见 Konstan（2010，13）。

[31] 正如我们将在第 3 章中看到的，这种倾向甚至影响到翻译，希腊语中的 *charizesthai*，简单的意思是“仁慈地对待”，在《新约全书》中经常被翻译成“宽恕”，然而，在《新约全书》中，另一个非常不同的词，*aphiesthai*，才是宽恕的标准术语。

[32] Tutu（1999）.

[33] Segal（1970）. 塞加尔，是一位古典文学教授，也是古代喜剧专家，其代表作：*Roman Laughter*：*The Comedy of Plautus*（1968），*The Death of Comedy*（2001）。

[34] 在这里，我同意查尔斯·格里斯沃尔德（Charles Griswold）的观点，他将政治道歉与宽恕区分开来。

第2章　愤怒：脆弱、报复、降级

我们对那些在我们面前很谦卑、不顶嘴的人会心平气和。 14
因为他们似乎承认他们不如我们……对那些在我们面前很谦卑的人，我们的愤怒会停息，这一点在狗那里也有表现，狗不会去咬坐下来的人。

——亚里士多德，《修辞学》，1380a21－25

Ⅰ．愤怒：失去的链接

愤怒有着双重的名声，一方面，愤怒被视为道德生活中有价值的部分，对于人类的伦理关系和政治关系都至关重要。典型的且有较大影响力的是彼得·斯特劳森（Peter Strawson）的关于“反应性态度和情感”的著名观点，其中“愤恨”（resentment）是关键的例子，在我们处理与他人的关系中发挥着重要作用，并且与人类的自由和责任观念有着内在的紧密联系。[1] 其他哲学家坚持认为愤怒与维护自尊、抗议不公正有着密切关系。[2]

另一方面，愤怒是对正常的人与人之间相互关系的主要威胁的观点也贯穿于西方哲学传统，包括埃斯库罗斯时代的政治思想[3]，苏格拉底和柏拉图[4]，希腊和罗马的斯多葛派，18 世纪哲学家约瑟夫·巴特勒、亚当·斯密以及无数的近现代以来的思想家。如巴特勒所说，“没有其他原则，或激情，是以我们同类的痛苦为目的的”[5]，——因此令他感到困扰的是，上帝显然在我们人类本性中植入了愤怒。在非西方思想传统（特别是佛教和一些印度教的变
15 种）中，愤怒具有破坏性的观点同样也很突出。[6] 今天把愤怒视为病态的观念已经催生了大量治愈系文献，其中强调，明显地无法控制的愤怒需要情绪干预（或建议自我救助）。这是因为愤怒在道德生活中被认为是一个问题，所以宽恕才有如此重要，它通常被定义为对愤怒态度的节制。

这两个观点可能都是对的：在道德生活中，愤怒是一个有价值但危险的工具，容易产生过度和错误，但它仍旧是无可替代的，会对生活有所贡献。（巴特勒就是这样认为的。）另一方面，其中一个观点可能比另一个更有根据，我们将会讨论这一点，但是我们必须首先对什么是愤怒有一个更清晰的认识，否则我们不太可能在阐明

这些问题方面取得进展。

总体来说，近来的哲学家很少花时间分析情感。彼得·斯特劳森论述了一类典型的、极具影响力的“反应性态度和情感”，包括内疚、愤恨和义愤，所有这些都涉及他人的意志与我们之间的关系[7]，R. 杰伊·华莱士（R. Jay Wallace）则高度抽象（尽管很有价值）地描述了与评价相关的“反应性情感”的特征。[8] 甚至在某些情况下，讨论中的态度是什么至关重要，但哲学家们也经常跟随斯特劳森的引领。[9] 同时，认知心理学家已经提供了非常丰富的关于愤怒的基本构成的细节分析[10]，但是由于做出概念界定并不是他们的任务，所以他们没有对那些材料进行哲学的描述。

我同意大多数传统的关于愤怒的哲学定义，我认为报复或报应的思想——无论何种形式、如何微妙——是愤怒概念的一部分。我接下来论述报复的想法在规范性上是有问题的，因此愤怒的问题也随之产生。存在两种可能，要么愤怒针对一些重大伤害，例如谋杀或强奸，要么它只针对对被伤害者的相对地位具有重要性的不当行为，如亚里士多德所说的“降级”。在第一种情况下，报复的思想没有意义（因为让侵害者遭受痛苦不能去除或建设性地处理受害者已经受到的伤害）。在第二种情况下，它就实在太有意义了——报复可能成功地影响地位的逆转——但这只是因为涉及的价值观是扭曲的：相对地位不应如此重要。在为这些争论辩护的过程中，我认识到一种临界的、没有这些缺点的愤怒，并且我建议把它描述为一种从愤怒到建设性地思考未来利益的转型。

Ⅱ. 愤怒：认识、感觉和好生活理念

16 像所有的主要情感一样，愤怒有一种认知的/目的性的内容，包括几种不同类型的评估或评价。[11] 它通常不仅包括价值评估，而且也包括信念。

此外，与愤怒相关的评价和信念是我所说的涉及“好生活理念的”（eudaimonistic）：它们是从主体的角度出发，反映了主体自己对生命重要性的看法，而不是一些超然的或非个人的价值列表。即使当愤怒涉及原则问题、正义问题，甚至全球正义问题的时候，这也是因为愤怒的人已经设法将这些问题纳入她对生命重要性的概念中。并不需要在引发情感的事件发生之前就将其纳入“关注圈”[12]：一个鲜活的灾难性的故事（比如亚当·斯密谈到的关于在中国发生地震的新闻）能激起我们对素未谋面也未曾关注过的人的同情，对这些我们没有遇到过的人我们先前并未关注。[13] 然而，除非已经存在或建立稳定的关系结构，否则这种情感会稍纵即逝：对离我们更近的、对自己家庭的关心会使我们完全忘记远方的人。

在现代的心理学文献中，好生活理念的情感也是一个重要的思想。理查德·拉扎勒斯（Richard Lazarus）的《情感与适应》（*Emotion and Adaptation*）是20世纪晚期实验心理学最有影响的权威著作之一，在这部著作中，他谈到了主要情感集中于“核心关系”，这些关系对于个人的自我同一性具有非凡的重要性。[14] 正如斯密和我的论述一样，拉扎勒斯强调理由和原则可以作为情感的对

象——当且仅当一个人把个人的重要性赋予它们时，它们才会成为情感的对象。

愤怒通常伴随着广泛的躯体变化和主观的感觉状态。当人们很愤怒的时候，总会出现某种类型的躯体变化，毕竟涉及愤怒的想法本身就体现为躯体变化。[15] 某种类型的主观感觉通常也会出现，但它们可能是高度多样化的（在不同时间和不同的人之间存在多样性），而且如果没有意识到愤怒，这些主观感觉也可能完全不存在。正如对死亡的恐惧可能潜伏于意识的门槛之下而影响行为，愤怒也是一样，至少在某些情况下如此。人们都有这样的经验，对另一个人很愤怒已经有一段时间了，才意识到这种愤怒，而且这种隐藏的愤怒影响了个人的行为。

躯体变化和主观感觉经常与愤怒相关，虽然它们以各自的方式 17
都有其重要性，但它们却并没有被稳定地作为情感的必要条件包含在愤怒的定义中。[16] 对一些人来说，愤怒的感觉是内心在沸腾（如亚里士多德所说）；对其他人来说，它的感觉是太阳穴在跳动，或者颈背疼痛；而在有些情况下，它没有感觉，就像对死亡的恐惧那样潜伏着。心理治疗的工作之一是发现隐藏的愤怒。虽然偶尔治疗的过程（处理不好）会人为地制造出以前没有的愤怒，但确实有很多时候是真的发现了隐藏的愤怒。

Ⅲ. 愤怒的要素

什么是愤怒的独特内涵？从讨论亚里士多德的定义开始是一个

很好的方式。虽然它可能过于狭隘而不能概括愤怒的所有情况，但它可以帮助我们详细分析其要素。[17]

亚里士多德认为，愤怒是“一种伴随着痛苦的、对想象的报复的欲望，这种报复的欲望由于想象的轻视而产生，而这种涉及自己或与自己亲近的人的轻视并没有正当的理由”（《修辞学》，1378a31-33）。因此，愤怒包含：

1. 轻视或降级
2. 涉及自己或与自己亲近的人
3. 被不恰当或不合宜地对待
4. 伴随着痛苦
5. 包含报复的欲望

亚里士多德两次重复“想象的”，他想要强调的是，与情感相关的是从愤怒者的角度来看待的情形，并非真实的情形，真实的情形当然可能是不同的。

愤怒是一种特别复杂的情感，因为它既包含痛苦也包含快乐：亚里士多德简洁地说明，对报复的期望是一种快乐。虽然他没有阐明其中的因果关系，但我们可以很容易地看出，痛苦由于伤害产生，报复的欲望则在某种程度上补偿了这种伤害。而且愤怒也涉及双重的指涉——人和行为。我们不用亚里士多德术语可以更明晰地说明这个问题：愤怒的**对象**通常是人，那个被认为是造成巨大损害的人——他做了如此错事或非法之事。“我对如此这般感到愤怒。”愤怒的**焦点**是行为，是归咎于这个对象的行为，并且这个行为产生了不当伤害。[18]

伤害可能也是悲伤的焦点。但是，悲伤关注损失或损害本身，没有对象（除非悲伤的焦点是损失的个人，就像在“我为某某感到悲伤”的情况中），而愤怒开始于造成伤害的行为，而且这个行为被看作对象故意为之——而后，作为结果，人开始变得愤怒，其怒气指向这个对象。因此，愤怒要求因果性的思考，以及对是非的理解。[19] 这种伤害可能发生在感到愤怒的人身上，也可能发生在这 18
个人的关注圈范围内的其他人身上或事情上。

从当代直觉的角度来看，亚里士多德的定义问题最少的部分是，它的重点在痛苦和不当损害。另一个人不当行为究竟如何导致自己的痛苦的？可以推测，这个人看到（或者相信）某个她非常在意的东西受到了损害。事实上，这个被损害的东西一定是被视为有意义的而不是无关紧要的，否则就不会有痛苦这样的结果。在一定程度上，这种痛苦与在悲伤中感受到的痛苦没有什么不同。它依赖于感知到的损害的大小。然而，愤怒的痛苦通常会让人在内心联想另一个人的（被认为的）不当行为：亲眼看到自己的孩子被杀所感到的痛苦不同于孩子意外死亡的痛苦。[亚里士多德经常强调，快乐和痛苦自身有其意向性的内容：痛苦是**对**已经产生的（正如人们所相信的那样）伤害的痛苦，它是一种特殊的痛苦。]

至于不当伤害：当有人并非故意伤害我们时，我们会沮丧，当我们（正确地或错误地）相信，伤害是由于某个人或某些人非法地或不正当地施加给我们时，我们才会变得愤怒。拉扎勒斯曾经举过一个店员的例子，这个店员忙于打电话而忽略了顾客，这个顾客会觉得被不公正地轻视了，但如果她得知这个电话是因为这个店员的孩子发生了突发事件，需要紧急送往医院，她就不会再愤怒了，因为她会明白，这个店员优先接这个电话是合理的。[20] 当然，我们不会总是这么通情达理，但是重要的是我们如何看待这种情形：只有我们把损害**看作**是不正当的时候我们才会愤怒。（这未必是个**道德上**的错误：只是某种类型的不当性。）

然而，众所周知，人有时会被无生命的东西弄得很沮丧，并因而愤怒，而无生命的东西不可能做错事。斯多葛派哲学家克律西波斯（Chrysippus）描述过这种现象，他谈到，当人们不能立即打开门时，人们会踢门，会摔他们的钥匙，人们也会把磕了他们脚趾的石头捡起来，抛得远远的，同时“说些最不恰当的话”[21]。1988年，《美国医疗协会杂志》（*Journal of the American Medical Association*）发表了一篇关于“针对自动售货机的暴怒”的文章，谈到有愤怒的人[22] 疯狂踢或摇自动售货机，导致15人受伤，其中3人致命，这些人的愤怒是因为自动售货机吞掉了他们的钱，他们却没有拿到饮料。（致命的情形是机器倒了，把他们压死了。）[23] 这些如此熟悉的反应是否表明愤怒并不一定要求伤害是不正当的？我认为没有理由这样认为。我们倾向于认为，我们有权期待那些为我
19 们服务的无生命的东西对我们给予“尊重”和配合，如果它们没有为我们做好“它们的工作”，在那一瞬间，我们的反应就好像它们是“坏人”。当然，我们很多时候很快就能意识到这没有意义。

巴特勒认为当有东西阻碍或反对我们时，我们会有一种“突然的愤怒”，这种愤怒不要求有事情本身存在不正当性这样的想法。[24] 不过，我怀疑巴特勒是否真的能够定义这种独特种类的愤

怒。“突然”本身做不到这一点，一旦对价值的判断深深地内化，当我们的所爱受到不当攻击时，我们会很快就变得很愤怒。当有人对着你的孩子拔出枪，你不会停下来去想。当然，愤怒的人也意识不到“阻碍”不是真的恶行：想想那些自动售货机吧。我们最多应该对巴特勒做出让步，确实存在一种早期的愤怒类型，它先于对因果关系的充分思考，因而也先于对恶行的真实判断。例如，当婴儿的欲望没有得到满足时，他们会立即勃然大怒。然而，随着我们对婴儿早期的复杂认知的知识日渐增长，我们将它归因于一个模糊的、未展开的判断形式，从而使其变得合理，这个判断形式是：“我应该有它，但我父母不给我。”[25] 总体来说，在某些婴儿早期的临界个案中，亚里士多德对存在不当的坚持是成立的。[26]

至少在最初，亚里士多德的定义中有更多问题的是“自己或与自己亲近的”这一限制：当我们在意的理由或原则被不当侵犯，或者当一个陌生人成为这种不公正侵犯的牺牲品，我们肯定也会愤怒。的确，（正如亚里士多德主义者所宣称的那样）那是因为在这种情况下，这些已经是这个人的关注圈的一部分。换句话说，“自己或与自己亲近的”正是暗指愤怒与其他情感都有的好生活理念的框架的一种方式。这种回应似乎是对的：正如我们不会因为世界上任何其他人的死亡而悲伤，我们只为与我们亲近的人的死亡而悲伤，所以我们也不会因为世界上任何其他恶行的案例而愤怒，我们只为那些触及自我的核心价值的案例而愤怒。至于其他情感，生动的情节可以通过把远距离的客体移到关注圈之内而在瞬间激起情感反应。如果我们听到的不是亚当·斯密所说的关于中国地震的事

（它会激起同情），而是对遥远的国家的种族屠杀的生动描述，我们就会站在被屠杀的人们的立场上唤起愤怒的情感，即使之前我们并不关心他们。但斯密的观点认为，只要还关心那些人，我们的情感就持续着。如果关心停止了（例如，我们会因为更近的关注的压力而使我们的关心发生转移），情感也就停止了。

有更多问题的还有亚里士多德提到的“轻视”和“降低等级”。我们立即将此与荣誉文化的价值观联系在一起，在这种文化中，人们总是把他们自己和别人都划分为不同的等级，而不当行为的核心
20 就是降低等级。当然，我们可以说，很多损害涉及珍爱的东西，而没有被看作降低身份。随后的希腊罗马哲学修改了亚里士多德的条件，正如我已经做的那样。塞涅卡定义愤怒的条件为“不当伤害”，而不是“轻视”。[27] 斯多葛派的经典定义谈到了人被不当对待的信念。[28]

亚里士多德真的犯了一个错吗？我认为他确实错了，但不像人们所想象的那么严重：他陷入了在愤怒方面非常常见的思维方式，虽然这种思维方式并非无所不在。

第一个错误。亚里士多德的辩护者试图再一次通过诉诸好生活理念来为他的定义辩护。拉扎勒斯尝试给出更普遍的定义，而不只是附属于荣誉文化的定义，他赞同亚里士多德的定义，因为它抓住了对自己珍爱东西的伤害这个非常普遍的思想。

然而，拉扎勒斯的辩护是不得要领的。不是每一种对好生活的伤害（意思是对被行为主体视为重要的东西的伤害）都包含个人的等级降低。对理由或原则的伤害通常是对好生活的伤害，但却不涉

及对自我降低等级的想法。即使愤怒的焦点是对心爱的人的伤害，愤怒的人通常也不认为伤害者试图贬低她。她有一种好生活被伤害的感觉（从她的价值观和关心的角度看伤害很大），但没有个人被降低等级的感觉，所以亚里士多德的观点太狭隘了。

然而，降低等级的思想可能比我们最初认为的更富于解释力。考虑到美国人强迫性地关注身份、金钱以及其他品质方面的竞争性等级，认为只是在其他时间，至少在其他地方（例如，假定在中东）才会有荣誉文化这种自鸣得意的想法有些滑稽。甚至“荣誉杀人”是特定文化产物（中东?）的思想也需要反思，亲密伴侣之间暴力的发生概率在意大利比在约旦略微高一点[29]，我们可以有把握地说，在很多国家，很多妇女的被杀与男人的荣誉感和竞争性伤害有关。[30] 经验主义心理学家卡罗尔·塔夫里斯（Carol Tavris）在美国关于愤怒的广泛研究发现，因“侮辱”“轻视”“慢待”“把我当作无用的人对待”[31] 等原因而愤怒的情况无处不在。人们保持着对自己的地位的强烈关注，现在和过去一样，一旦有行为威胁到他们的地位，就会有无尽的理由引发他们的愤怒。

从现在开始，我将称这种感觉到降低等级的伤害为**地位伤害**（status-injury）。地位伤害的思想已经包含了不当性的思想，因为，正如亚里士多德所论述的，降低地位通常是故意的：如果某个人的行为是偶然的，我不会把它视为对我的地位的降低。（还记得那个打紧急电话的店员吧。）

然而，我们应该拓展亚里士多德的解释范围，很多情况下，人 21
们以诋毁或侮辱的方式实施了某种行为，但他们却没有意识到自己在做什么，这些情况也应该包括在亚里士多德的解释范围之内。当这种行为的对象（例如，在工作场合涉及的身份诋毁）以因地位而产生的愤怒来回应时，他不必认为他的老板有意侮辱他。但他可能确实需要考虑其他一些事：这句话是其信念和行为模式的一部分，他的老板采取的一种关于员工地位的策略，他要对此负责。

愤怒并不总是但经常是关于地位伤害的。地位伤害有一种自恋的味道，它不是关注不当行为的不当性，关注不当性会引发对同种类型的不当行为的更普遍关注，而因地位而产生愤怒的个人则不是这样，他们过分地关注自己和自己在他人面前的地位。

关于这种伤害，亚里士多德和拉扎勒斯都强调它与个人的不安全感或脆弱的相关性：当我们感到不安全，或者对我们已经受到攻击的目标缺少掌控，而在某种程度上我们又盼望或想要掌控，我们就倾向于愤怒。愤怒的目的在于重拾失去的控制，并且通常至少实现了一种幻觉。[32] 在某种程度上，一种文化鼓励人们在各种不同的形势下，因被冒犯和降低等级而感到脆弱，它就助长了因地位而产生的愤怒。

Ⅳ. 愤怒与报复

愤怒的目的是什么？哲学传统一致认为在情感上存在一种双向的运动，这种从遭受痛苦到进行反击的双向运动是如此突出，以至于古代分类法将愤怒归类为这样的情感，它期待未来的利益，而不只是对当下的恶的回应，尽管他们曾经说的更多，但他们承认它具有这两个方面。亚里士多德强调，愤怒面向未来的特征是令人愉快的，在这个意义上，愤怒是建设性的且带来希望。想象中的报复在某种程度上被视为减轻痛苦或弥补损失的方式。[33]

但这究竟是如何发生的呢？痛苦如何导向一种猛烈抨击或者反击？为什么在很多情况下，我们会把它与愤怒联系在一起？为什么受了重伤的人会满怀希望地期待，去做对犯罪者不利的事情呢？如果我们对愤怒有一种非认知的解释，那就没什么可说的了：这就是一种固有机制的工作方式。但我们的解释并非如此，所以我们必须试图理解这一困惑。因为这确实是一个困惑，对犯罪者做什么都不能让死者复生，不能让断臂重续，也不能取消已经发生的性侵，为 22
什么人们还要相信它会有用呢？或者，准确地说，他们到底相信什么，让他们觉得自己的报复计划竟然会有一点点意义？

然而，我们最好首先确认哲学传统上的观点是否正确，即报复的愿望是愤怒概念的一部分。如此多的一流思想家，从亚里士多德和斯多葛学派到巴特勒和斯密以及近代经验主义心理学家如拉扎勒斯和詹姆斯·阿弗里尔（James Averill）都同意这一点，这令人印象非常深刻。他们对这个概念进行了长期而认真的思考，如果他们出现了明显的错误，那将是令人惊讶的。不过，还是让我们再思考一下。很多情感包含回顾性的评价，同时也与面向未来目的的行为倾向联系在一起。

例如，同情，一方面是看到别人遭遇的不幸，但另一方面它也与未来指向的行动倾向联系在一起。当我同情一个正在遭受痛苦的人，我经常会想象去帮助那个人，而且大多数情况下，我这么做了。丹尼尔·巴特森（Daniel Batson）的研究表明，如果帮助他人的行为很容易操作且代价不高，人们帮助他人的倾向是非常强的。但同情和帮助之间的连接通常被理解为偶然性的和因果性的，而不是概念上必然的。同情的哲学定义（从亚里士多德和斯多葛学派经过斯密和卢梭到叔本华）不认为帮助的倾向是同情的情感不可缺少的一部分，不是说没有这种倾向，人们就不能说体验了同情的情感。[34] 我认为这可能是正确的，这个联系确实是因果性的和外在的，而不是概念的和内在的。我们能对他人感到同情，即使我们没有为他们做任何事：只举一个例子，对在洪水中淹死的人，或者远方的人，我们能想象我们没有任何办法帮助他们。

然而，就愤怒而言，未来指向的目的通常被认为是这种情感的一部分，没有这部分内容的情感会被认为是某种痛苦，但不是愤怒。（我们记得，巴特勒认为愤怒的内在目的就是让我们人类同胞遭受痛苦。）首先，我们必须弄清楚，这是否正确——在这种情况下是否存在一种概念性的关联，而不只是像其他情况那样只是简单的因果性的联系。其次，我们也必须更准确地指出，这种痛苦是如何与反击性的回应联系在一起的。

首先让我们廓清这个观点的含义是什么。这个观点不是说愤怒概念性地包含暴力报复的愿望，也不是说愤怒包含由自己让冒犯者遭受痛苦的愿望。因为我可能不想自己进行报复，我可能希望其他人，或者法律，或者生活本身为我做这件事。我只是想让这个做坏事的人承受痛苦，而且这个痛苦可以是非常微妙的。有的人可能期

望这个痛苦是物理性的伤害，也可能期望作恶者心理上的不快乐，
或者希望这个人不得人心，也可能只是简单地期望这个作恶者的未 23
来（例如不忠诚的前妻或前夫的婚姻）变得很悲惨。而且人们甚至会想象这样的惩罚，这个人纯粹作为一个坏人或愚昧的人继续存在：但丁就是这样想象地狱的。我这里所研究（并最终接受，但有一个重要的限定条件）的是，愤怒在概念上包含着在某种程度上让作恶者的状况变坏的愿望，而这被设想为对恶行进行的某种程度的报复，无论多么模糊。他们得其应得。

让我们对此进行研究，思考一系列不同的情况，而且我们从一个基本的情节入手：罪犯 O 在一个校园里强奸了安吉拉的好朋友瑞贝卡，安吉拉和瑞贝卡都是那儿的学生。安吉拉对发生了什么、它的伤害有多严重以及其中所包含的恶意都有真实的信念，她知道 O 的心智成熟，能够理解他自己行为的罪恶等等。（我选择强奸而不是谋杀作为例子，是为了让安吉拉有比通常的谋杀案例更多的行为选择的可能性和愿望；而我选择朋友身份的目的，是为了在如何对待犯罪和犯罪者的问题上，给安吉拉更多的选择维度。）多数强奸发生在亲密关系的背景下，但因为亲密关系领域有着特殊的复杂性，涉及陌生关系所不涉及的信任与悲伤的问题，所以我把这个案例设想为（概念上更为简单的）陌生人的强奸，或者至少是不涉及信任和深厚情感的亲密关系背景下的强奸。

情况 1　安吉拉对瑞贝卡被强奸感到痛苦。她感到在她关心的范围内，她深深关切的东西已经被严重地破坏了，并且她正确地认为这种破坏是不正当的。现在她采取措施以减轻伤害：她花时间陪

着瑞贝卡，努力支持她去治疗，付出了大量的精力以修复瑞贝卡的生活——这样也是在修复她自己的关注圈的缺口。到目前为止，安吉拉的情感看上去是悲伤/同情，而且我认为这个标准的定义是对的，她们也认为它不是愤怒，虽然悲伤的理由是不正当的伤害行为。我们应该注意到，在这种情况中，安吉拉情感的首要关注点是瑞贝卡所失去的东西和承受的痛苦，而不是犯罪行为本身，在这个意义上，她的情感似乎是将瑞贝卡作为目标而不是那个强奸犯。

情况 2 安吉拉对瑞贝卡被强奸感到痛苦以及一些别的情感。她做了她在情况 1 中所做的全部事情，这样来表达她的同情。但她也关注这个行为本身的不当性，而且她的痛苦包括直接针对这一恶行的特殊的痛苦——在某种程度上区别于她对瑞贝卡遭受痛苦所感
24 到的痛苦。这种额外的痛苦引导她想对这种罪恶做点什么。于是，安吉拉建立了一个支持受害者的团体，而且她出资给类似的团体。她还努力争取采取更好的公共安全措施，以防止强奸的再次发生，同时努力争取校园内性暴力问题得到更好的处理。（再一次强调，我剔除了强奸是在包含爱与信任的亲密关系背景下发生的特殊情况。）安吉拉不仅关注瑞贝卡的痛苦，也关注行为的不法性，而且她有具体的、目的在于纠正这种罪恶的外向行动，那么，我们是不是应该把她的情感称为愤怒呢？我们通常不把安吉拉的情感称为愤怒。我倾向于把它看作一种受道德影响的同情——与对一个饥饿中的熟人的同情没有太大的不同，这种同情会引导我为争取所有人的更好福利而努力。就像在情况 1 中，情感不是将犯罪者作为目标，它的目标是瑞贝卡，以及其他处于瑞贝卡处境中的女性。犯罪者之

所以出现在情感之中，仅仅是因为阻止类似的伤害是安吉拉未来的目的。安吉拉就是这样思考总体的功利的（在情况2中，关于愤怒的界限的功利主义思想显然是第一次出现）。

情况3　与在情况1和情况2中一样，安吉拉感到痛苦以及一些别的情感。在情况2中，她关注O的行为的不法性，并且她会努力推进采取一般性的措施，以阻止未来这种伤害的发生。但这次，她也关注O这个人本身。她通过让这个**犯罪者痛苦**来寻求弥补所受到的伤害。因为她的关注圈受到了伤害，她希望O也出点事（不论是通过合法的方式还是超出法律范围的方式）。在这里，我们似乎终于抵达愤怒，正如哲学传统所理解的那样：报复性的、满怀期望的外向的运动，由于自己痛苦而寻求让犯罪者痛苦，并且将它作为**缓和和补偿自己的痛苦的方式**。

现在的问题是，为什么？为什么一个聪明人会认为给犯罪者施加痛苦会缓解或取消他/她自己的痛苦？这里好像有某种巫术思维发生。事实上，对犯罪者的严厉惩罚几乎不能修复伤害。如人们所见，在瑞贝卡的痛苦之上再加上O的痛苦对改善瑞贝卡的处境没有任何用处。在迈克尔·乔丹的父亲被杀以后，在电视节目的采访中，采访者问迈克尔·乔丹，如果他们抓到了杀人犯，乔丹是否想让他被判处死刑。乔丹悲伤地回答说："为什么？那样也不能让他死而复生。"[35] 然而，这种极端理智的回答很少见，也许只有像乔丹那样在勇气方面无可挑剔的人才勇于这样想，并且说出来。[36]

报复的想法在我们大多数人的想象中根深蒂固。归根结底，它们可能源自难以摆脱的宇宙平衡的形而上学思想，这可能是我们进化而来的禀赋的一部分。[37] 事实上，最早保存下来的西方哲学片段——可以追溯到公元前 6 世纪古希腊思想家阿那克西曼德的名
25 言，就是基于惩罚制度与四季的交替之间的强有力的类比：据说因为他们之间先侵犯，而后“支付罚金和赔偿”，如同热和干驱逐了冷和湿（然而，在芝加哥就没有如此成功），出于某种原因，我们很自然地这么想。在很多备受喜爱的文学作品中都包含着“因果报应”的思想，这让我们感到了强烈的审美愉悦。[38] 说不清我们在故事中体验到的审美愉悦是产生自我们先前的宇宙平衡思想，抑或是这种（例如所有侦探小说讲的）故事滋养或增加了我们以此种方式思考的倾向，也许二者兼有。但我们认为在这样的方式中，而且在这样的故事中，我们得到了愉悦，我们喜欢坏人受苦的故事，据说这平衡了他们已经发生的令人讨厌的行为。然而，这种美学，就像我们的进化的史前史一样，可能是误导的。我们的满意并不意味着这样的思考方式是有意义的。事实上，它们真的没有意义。强奸犯 O 并不能解除对瑞贝卡的强奸，杀掉杀人犯也不能让死者复生。[39]

这给我们带来了看似合理的另一种选择，它不同于巫术思维：它以对个人的轻视或贬低为重点。

情况 4 安吉拉感到很痛苦等情感。她相信 O 的恶行不只是严重地损害了她亲近的人，也是对她个人的侮辱和贬低。她的想法是：“这个家伙认为，他可以不受惩罚地侮辱我的朋友，并且他会由此这样想，他可以欺负我——因为我就只是坐视朋友受辱。所以他看低我，侮辱我的自尊。”这里痛苦和报复的关联是通过亚里士

多德的思想建立起来的，即，O 所施加对自我的好生活的伤害就是一种侮辱和降级。无论如何，把 O 的行为解读为对安吉拉（假设 O 不认识安吉拉，甚至瑞贝卡）的降级都是难以置信的，安吉拉却把 O 对她朋友的伤害看作一种对她自己的自我伤害，这种伤害降低了安吉拉的地位。她由此认为，通过让 O 感到痛苦甚至耻辱来降低 O 的地位会纠正这种平衡。[40]

过去和现在的很多文化都一直这样思考问题。我们发现，在大多数主要的体育运动中都重点强调对伤害的报复，如果运动员不在规则允许的范围内（而且可以超出规则一点点）进行反击，会被认为是懦弱的、缺少男子气的。显然，伤害一个运动员不能减轻另一个运动员的伤病，但如果人关注的焦点不是伤害而是等级和耻辱，那就是另一回事了：这报复性的一击就似乎被看作是带走了先前那一击的耻辱。在贬低的意义上的轻视，即使不是涉及愤怒的所有情况，其涉及情况也相当广泛。人们很容易在内心从对好生活的关注（这是我的关注圈、我的关注的一部分）转换到自恋的对地位的关 26
注（这是有关我自己和我的骄傲或等级的全部）。在这些情况下，报复性的回击被认为是象征性地修复了地位的平衡、男子气概或诸如此类。

简·汉普顿（Jean Hampton）的分析与我的分析非常相似，她写到，如果人们感觉自己是安全的，他们不会把伤害视为贬低，但人们很少有这样的安全感。他们心里害怕这种冒犯行为显示出他们真的低下或者他们本身缺少价值，他们认为，如果能降低冒犯者的等级就能证明冒犯者做错了。[41] 我觉得她的描述没有覆盖所有的情况：更直接地讲，人们可能只是简单地关注自己在公众眼中的地位，他们能够清楚地认识到如果自己任由摆布，确实降低了他们自己在公众眼中的地位。在她的那些案例中，如果人们关注的价值是很容易被伤害的相对地位，而不是某种不易被撼动的内在价值，她描述的恐惧就貌似更有道理。

突然之间，这种报复倾向就变得有意义了，它不再只是魔幻的了。对于这样思考的人来说，从贬低和地位等级的角度来看，认为报复可以弥补或消除伤害不只是貌似有道理，而且似乎确实是真的。如果安吉拉报复成功（无论是通过法律或其他途径，但总是关注地位伤害），报复真的会产生一种逆转的作用，会取消这种伤害，这种被看作降级的伤害。安吉拉是胜利者，先前强有力的罪犯在监狱中承受痛苦。就 O 的行为突出特点而言，它降低了安吉拉的地位，由报复而产生的逆转则把他的地位降低了，从而相对地提升了安吉拉的地位。

请注意，只有在关注的焦点是在**纯粹的**相对地位，而不是在被恶行损害的某些内在属性（健康、安全、身体的完整性、友谊、爱、财富、善、良好的学术工作以及其他成功）时，这种想法才说得通，而且这些属性会偶然带来地位，报复则不能带来或恢复那些东西。只有她纯粹地从相对地位的角度来思考的时候，她才能希望通过让冒犯者承受某种痛苦这样的反击，来实现效果的反转。（因此，在学术生活中，经常有出于好意的学术批评，而有的人一旦受到批评就喜欢贬低那些批评他们的学者，这些人必定只是关注于声誉和地位，因为很明显，损害别人的声望并不能使你自己的工作比以前做得更好，也不能改正别人在其中已经发现的瑕疵。）

显然，安吉拉不必认为她所遭受的伤害是降低等级。这就是为什么说亚里士多德的定义太狭隘了。事实上，在这个案例中，假设O是个陌生人，他不知道安吉拉与瑞贝卡的关系，安吉拉这么做就太奇怪了。但这种看待伤害的方式是很常见的，在人们拒绝承认真正发生的事情时就更为常见。[42] 这就是亚里士多德的定义有用的原因。

此时，我必须介绍一个区别，这在后面的章节中很重要。好的 27
政治体制关注一种特殊的地位：平等的人类尊严。强奸不只是身体的完整性的伤害，更是对尊严的伤害。法律机构在处理强奸者和强奸受害者时应该考虑到这一点。然而，也要注意到，所有的人都内在地具有不可分割的同等的尊严，这不是相对的、竞争性的问题。无论强奸者发生了什么，我们都不应该希望他的平等的人类尊严受到侵犯，就像我们不希望他侵犯受害者的尊严一样。最重要的是要看到，降低他的尊严并不能提高受害者的尊严。尊严不是一个零和游戏，在这个意义上，它完全不同于相对地位。[43]

假设安吉拉不是这样思考问题的，而是止步于情况3。那么，她的情感是愤怒，而不只简单的悲伤和同情的混合，她最初确实希望犯罪者得到某种坏的结果，她最初确实（仿佛施了巫术般地）认为这个愿望会有拨乱反正的效果，在某种程度上平衡甚至取消罪恶。这么想是人之常情。然而，如果她真的是关注瑞贝卡，而不是关注她自己的地位伤害，那么，她就很可能只是短暂地这么想问题。巫术思维可能是强有力的，但是在大多数理性的人那里，这些幻想是短暂的。相反，她可能在心理上转向一种不同的、未来导向的态度。只要她真的想帮助瑞贝卡和处于瑞贝卡处境中的女性，她将关注情况 1 和情况 2 中反应的特点：帮助瑞贝卡过好她自己的生活，同时建立帮助团体，努力让更多的人关注校园性暴力的问题，推动政府更好地处理这一问题。

这些未来导向的计划很可能包含了对 O 的惩罚。但请注意，在这里，安吉拉是在理智地并且合理地思考，对强奸的受害者来说，怎样做这个世界才会更好，她看待罪犯的惩罚问题的方式与情况 4 完全不同。在情况 4 中，她把惩罚看作报复或者报应，或者更具体地说，也许是看作对 O 的降级与羞辱，而这使她与 O 的地位发生了逆转：女性（而且尤其是安吉拉）在顶部，坏人（而且特别是 O）在底部。然而，现在，她可能根据未来的利益来看待对 O 的惩罚，而未来的利益确实是可以通过惩罚来实现的。这可以采取几种形式：特殊威慑，使其丧失能力的威慑，一般威慑（包括通过公开表达重要价值观来实现的威慑），还有可以作为代替或补充的对 O 的改造。但她对未来利益的追求也可能采取这样的形式，即创造更好的社会，如更好的教育体制，减少贫困，从而事先阻止犯罪的发生。所有这些将留待第 6 章讨论。

V. 第三条道路：转型

28 简而言之，安吉拉真的愤怒了，她在寻求反击，我认为，她来

到了岔路口。在她面前有三个选择。其中之一可以称作**地位之路**，把这件事完全看作是关于她和她的地位的事；或者其中之二，她选择**报复之路**，幻想通过让这个犯罪者遭受痛苦来使事情变得更好，这种想法毫无意义。如果她是理智的，在探寻和拒绝这两条路之后，她会注意到第三条路向她敞开，这是一条最好的路：在这种情况下，她关注做点有意义的事，并且真的有助于未来发展。这可以包括惩罚 O，但是本着改善和/或威慑的精神，而不是报复。[44]

地位之路究竟错在哪？在很多社会中，确实鼓励人们把伤害都视为本质上是对他们自己和自己的相对地位的伤害。生活中有着永久的地位焦虑，而且发生的每一件事都或多或少地或者提高一个人的地位或者降低它。在亚里士多德的社会，正如他所描述的，在相当大的程度上就是这样的，而且他对这种倾向提出了强烈的批评，因为过分地关注荣誉阻碍了对内在善的追求。这种道路包含的错误并不愚蠢，但也不容易消除。尽管如此，把发生的每一件事都看作是关于自己或者自己的地位的事情的倾向，似乎是非常自恋的，而且不适合于将互利和正义视为重要价值的社会。它丧失了行为本身具有内在道德价值的感觉：强奸是恶的，因为它本身带来的痛苦，而不是因为它羞辱了受害者的朋友。（请记住我们正在讨论的是**纯粹**的地位伤害，而不是附带的地位伤害。）如果不法伤害首先是降低等级，它们就可能通过羞辱犯罪者而得到纠正，当然更多的人相信事情就是这样。但是，难道这种想法不是转移视线吗？让我们把视线从受害者的真实痛苦和创伤上转移开，而这些痛苦和创伤正是需要建设性地处理的。各种各样的恶行，谋杀、殴打、偷窃，都需要被作为具体行为处理，这些恶行和它们的受害者（或者受害者家庭）需要建设性的关注，如果人们把这种恶行都看作是有关相对地位而不是有关伤害和痛苦的，那么这一切就都不可能发生。

一个明显的例外证明了这一点。基于种族和性别的歧视经常被想象为一种伤害，一种真的构成了降低等级的伤害，所以有这样一种倾向，认为它可能通过让伤害者地位更低而得到矫正。但这个想法是错误的诱导。我们已经说过，我们想要的是对人的尊严的平等尊重。歧视的错误之处正是它对平等的否定，以及它对福利和机会
29 的伤害。通过降低等级来倒转地位不会创造平等。它只是用一种不平等代替了另一种不平等。正如我们将要看到的，马丁·路德·金博士非常明智地避开了这种方式的种族问题框架。

所以，地位之路，它使“报复”变得易于理解，但在瞬间感觉到它有点道理之后，就会认识到它是有道德瑕疵的。它把所有的伤害都转化为相对地位的问题，这样就使世界以脆弱的自我对支配与控制的欲望为中心。因为这种欲望是幼稚的自恋的核心，我认为它是**自恋谬误**（narcissistic error），但我们也可以忽略这个标签而只是把它称作**地位谬误**（status error）。如果安吉拉选择了第一条路，那么，她的愤怒虽然是有道理的，但她犯了一个（普遍的）道德谬误。

相比之下，如果安吉拉选择了第二条路，**报复之路**，她没有接受狭隘而有缺陷的价值观，而是重视那些真正有价值的东西，但她陷入了巫术思维，从另一种角度来说，这种思维在规范性上是令人反感的，因为我们都想让自己变得有意义，而且是理性的。那种认

为报复是有意义的、能够平衡伤害的观点无处不在，而且很有可能是进化的结果。然而，是什么使人坚持这样的观点？其中一个因素肯定是人们不愿意陷入悲伤之中或接受自己的无助。我们大多数人在很多事情上是无助的，包括我们爱的人的生命和安全。如果我们能制定一个报复计划而且忙于执行它（起诉那个坏医生，剥夺前妻对孩子的监护权），会比我们接受损失、接受生活留给我们的真切的无助状态要好很多。

因此，报复经常有一种心理作用。如果人们从文化的角度热衷于报复是好的思想，当他们实现了报复时他们真的会感觉到满足。这种满足经常被称作“了结”（closure）[45]。但是，文化教育建构的情感模型会最终面对现实，这一事实让我们不应该去拥抱假象——特别是生活很快就会让我们从错误中醒悟过来。医疗事故诉讼不会让死者复活，惩罚性的离婚也不会使爱意复存。事实上，在这两种情况下，报复甚至可能会破坏未来的幸福，而不是推进它。即使人们在报复了侵犯者时感到了压倒性的愉悦，这种愉悦也没有给我们理由支持这种虐待狂的和恶意的偏好，或者让法律为其所用。[46] 人们可能学会为很多不好的事情（种族歧视、家庭暴力、虐待儿童）或者很多愚蠢的幻想（认为他们的猫能与一位敬爱的祖先通灵）而感到快乐，当我们进行规范的评价时，这些快乐也不应该在我们考虑的范围之内。

因此，如果安吉拉关注合理性，她很快就会发现在报复之路中看不到这一点，她就很可能转向第三条道路，关注创造未来的福利。无论是她关注特定的犯罪、罪犯，还是像经常发生的那样，她

30 关注同类的犯罪，情况都会是这样。第三条道路的必然结果很可能是关注一般而不是特殊的倾向。如果一个人正在思考瑞贝卡的事情并且真的想帮助她，那他自然就不只是关注对她的疗愈，还会关注对可能侵害她的人进行特殊的威慑、让罪犯丧失能力，或许还包括改造罪犯，而且关注防止未来的犯罪，防止同类的事件发生在她身上或发生在其他人身上。

地位之路的追随者也可以进行一般化，因为人们可以在一般性的诉求上附加地位的重要性。因为孩子被强奸，一个关注地位的满腔愤怒的人可能会组织一个团体来阻止性犯罪者生活在家庭居住的社区附近，**把这作为降低性犯罪者的地位，从而提高像她自己一样的好人的地位的方式**。这种象征性的报复性的“降低”究竟与选择第三条道路的人所想的和试图做的有何不同呢？关注地位的人把注意力放在等级以及降低等级上，因此对她来说，让性犯罪者遭受耻辱，让她和她们这类人被看作有德行的和善的，这一点非常重要。而不关注地位的人则会考虑，怎样才会实际地推进社会福利，而这将再次引导她寻求不同的惩罚方式，这种方式可能将威慑（特殊的和一般的）与使性犯罪者丧失能力和对他进行改造结合在一起，而这全都依赖于怎样做才能够帮助到人们。[47] 很清楚的是，对性犯罪者进行登记是为了满足自恋者的愤怒，但这对不关注地位的人所选择的三个惩罚目标中的哪一个有益就不清楚了。所以，即使二者都把一般性的诉求作为实施未来导向计划的方式，他们也会以不同的精神对待这些诉求，并很可能因此选择不同的诉求。

我建议的第三条道路，看起来是福利主义的，而且事实也是如此。鉴于我在其他地方对某些形式的功利主义的批评，这可能让读者感到惊讶。但选择第三条道路的人不必再犯我在其他地方归咎于功利主义的错误，不必认为所有的利益都是可度量的，不必忽略人与人之间的边界，她不必否认这些好事比其他一些事重要得多，应该受到一种特殊的保护。也就是说，选择第三条道路的人可以做密尔而不是边沁（参见第 6 章）。对恶行做出正确反应的福利主义思想（得到了斯密的支持，也得到了巴特勒独立于功利主义的背书）[48] 产生自对一种弥漫着地位意识和恶意报复心态的文化的合理批判。关于惩罚，我们将在第 6 章论述，在那里我将阐述我赞同的福利主义，目前，推进社会福利的思想是以一般的形式出现的，这是安吉拉理性思考的自然结果。

我正在论述的内容非常激进，在理智的而不是格外焦虑的、关注地位的个人那里，愤怒的报应或报复的思想是一个短暂的梦，或 31
是一片浮云，很快就会被更理智的关于个人福利和社会福利的思考打消。所以人们很快就会停止愤怒（如果我们把它理解为内在地包含着让他人遭受报复性的痛苦的期望），即使对惩罚犯罪者的残余关注，也很快就会被视为一系列促进个人和社会进步计划的一部分——包含这种目的的情感很难被视作愤怒，它看起来更像富于同情心的希望。如果人们不是以这种方式停止愤怒——我们都知道在很多案例中它不是这样——它的固执和力量，我认为这在很大程度上，甚至可以说是所有事情上，都要归功于两个致命错误中的一个：或者是徒劳地关注报复，或者是对相对地位的潜在痴迷，这是唯一使通常怀有的报复想法真的有意义的东西。

所以，简述我的激进观点如下：当愤怒有意义时，它在规范性上是有问题的（狭隘地关注地位）；当它（关注伤害）是理性的时，它就没有意义，而且也以不同方式在规范性上有问题。在一个理性的人那里，认识到这些之后，很快会觉得自己的愤怒可笑，愤怒也会随之消散。从现在开始，我将把这种健康的[49] 向福利的前瞻性思考过渡，以及相应地从愤怒到同情性的希望的过程，称为**转型**（Transition）。

我曾经设想个人关系下的转型案例，这些案例会在第 4 章和第 5 章做进一步的考察，我会讨论亲密关系和中间领域的背叛及伤害。但是，为了进一步清晰阐释我所说的转型的含义，让我们思考一个政治形式的案例。因为人们（包括我，在很多早期的作品中）经常认为，愤怒是纠正社会不公的重要动力。所以让我们仔细考察一下这样一个案例，即马丁·路德·金的《我有一个梦想》的演讲中的一系列情感。[50] 事实上，马丁·路德·金从亚里士多德式的愤怒召唤开始，他指出了种族主义的不当伤害，它不能实现国家隐含的对平等的承诺。在《奴隶解放宣言》一百年之后，“在种族隔离的镣铐和种族歧视的枷锁下，黑人的生活仍旧悲惨地备受压榨”。

接下来马丁·路德·金的举措意义重大，他没有妖魔化美国白人，也没有描述易于引起暴怒的美国白人的行为，他冷静地把他们比作债务违约人：“美国给了黑人一个空头支票，支票上盖上‘资金不足’的戳子后便退了回来。”这是转型的开始，因为它使我们以非报复性的方式事先思考：重要的问题不是如何让白人受辱，而是如何让债务清偿，而且在这个金融隐喻中，让债务人受辱并不是

问题的核心。（实际上，让债务人受辱看起来会适得其反：因为这 32
样的话，债务人怎么会偿付债务呢？）

当马丁·路德·金开始关注未来，所有人都参与追求正义和履行义务，转型就真正地开始了："但是，我们不相信正义的银行已经破产，我们不相信这个国家巨大的机会之库储备不足。"他还是完全不提折磨或者报复，只是提到确保最后偿清所欠的决心。马丁·路德·金意识到他的听众在那个时刻是急切的，愤怒或盛怒即将暴发，但他预先拒绝了这样的行为："在争取合法地位的过程中，我们切记不能错误行事而致犯罪，切记不能为了满足对自由的渴望而痛饮憎恨的苦酒……我们必须不断地升华到以灵魂的力量对付肉体力量的崇高境界。"

所以，"报复"被看作是偿付一项债务，一个将白人和黑人联合起来要求自由和正义的过程。每一个人都会受益：正如白人已经认识到的，"他们的自由与我们的自由紧密相连"。

马丁·路德·金接下来谈到拒绝绝望，它要么会把人们引向暴力，要么会让人们放弃努力。此时，这篇演讲的著名部分"我有一个梦想"开始了。当然，这不是关于对折磨或报应性惩罚的梦想，而是关于平等、自由和四海之内皆兄弟的梦想。在演讲中，马丁·路德·金邀请他听众中的非裔美国人，想象与之前使他们痛苦的人的兄弟情谊：

> 我梦想有一天，在佐治亚的红山上，昔日奴隶的儿子将能够和昔日奴隶主的儿子坐在一起，共叙兄弟情谊。
>
> 我梦想有一天，甚至连密西西比州这个因不正义和压迫而

> 让人感到闷热窒息的地方，也将变成自由和正义的绿洲。
>
> 我梦想有一天，亚拉巴马州能够有所转变，尽管该州激进种族主义者和管理者现在仍然满口“干涉”，宣称联邦法令“无效”，但有朝一日，那里的黑人男孩和女孩将能与白人男孩和女孩情同骨肉，携手并进。

我们只要把这篇演讲与《末日经》或《启示录》中的报复愿景进行比较，我们就能看到马丁·路德·金远离了基督教传统的愤怒的标准轨道，而是追随了同一传统的另一种轨迹。

这篇演讲的最初确实有愤怒，并且愤怒唤起了纠错的愿景，所
33 以它最初自然地秉承了报应的形式。但是马丁·路德·金立即就把报应主义重新改造为工作和希望。因为，理智而又真实地讲，报应性的报复怎么可能使不正义变为善呢？让压迫者痛苦、降低等级不能让受苦者得到自由。只有对正义明智而富于想象力的努力追求才有可能做到这一点。这就是我所说的“转型”，一种思想的运动，我们将在接下来的章节中进行更全面的研究。[51]

我们进一步注意到，一旦转型开始，就不会有我们熟悉的那种类型的宽恕，这些宽恕类型我们将在第 3 章研究。报复的心态经常想要得到别人的卑躬屈膝。我所说的交易性宽恕要求一种忏悔和卑微的表现，它本身能起到报复的作用（报复心态也经常与对地位的关注相混合，表现为让别人卑微和低贱）。相反，转型的心态要求正义和兄弟情谊。对华莱士州长而言，抱怨和卑躬屈膝不比让他们在地狱受煎熬更有用：这样做不能产生正义，它只是在前转型阶段、在愤怒的巫术思维中才有恢复的作用。在转型中，人们明白，

真正的问题是如何实现正义和合作。有人认为宽恕的仪式对实现这个目的可能是有益的，我们将在第 7 章探讨这个问题。但是马丁·路德·金没有给它们留下空间，他想要和解和共同努力。对这些政治问题，我们将在后面再来讨论。

然而，为了避免转型的思想太高不可攀，仿佛只有近乎神圣的马丁·路德·金才能做到，让我们增加一个平凡的案例，它表明转型体现在美国大众文化中，也许出乎人们的意料，它体现在“非常男人”的行为中。在上世纪 60 年代的电视节目《烙印》中，查克·康纳斯（Chuck Connors）扮演了一个经典的、具有西部牛仔性格特征的人物杰森·麦考德，他勇敢、忠诚而淡泊、孤独。在第一集中，他在沙漠中遇到了一个垂死的人，他给了这个人水喝，把他放到自己的马上，救了他。结果他们到了一个绿洲上，这个奸诈的科尔比用枪威胁麦考德，抢了他的马，扔下了他，自己跑了。麦考德就只能自己走着穿越沙漠，他面临的很可能就是死亡。科尔比解释说，他不得不这么做，因为他有一个妻子和两个孩子，所以他一定得活着——及时赶到镇上去给他的女儿过生日！麦考德活了下来，他在镇上遇到了科尔比一家，一个朋友怂恿他去和科尔比愤怒对质。麦考德真的很愤怒，他径直走到科尔比面前，这时科尔比的两个女儿正围着他玩耍。麦考德看着这家人，又想了一下，转身离开了。就在他正要离开的时候，他又回过头来，苦笑着说：“生日快乐，詹妮。”

这是一个有缺点又很有英雄气概的人物，在经历最初的人性化的暴怒期之后，他选择了将一般福利（以这个家庭幸福安乐的形

34 式）置于愤怒之上。他比他的愤怒更加强大，而这正是使他成为一个英雄人物的原因之一。[52]

然而，在继续讨论之前，我们必须回到巴特勒主教，因为他认为愤怒具有有益的作用，对此需要加以认真思考。巴特勒发现愤怒很可怕，尽管如此，他仍然认为愤怒也有其价值：它表达了我们对他人所受不公的团结。[53] 人类普遍希望看到犯罪者受到惩罚。当我们或者我们关心的人是受害者时，这种欲望会更强烈，但在某种程度上，它纯粹是一个普遍的现象。如果正义和社会秩序是我们所有人关注的对象，这是一件好事，所以对这种破坏秩序的错误行为感到愤怒是非常有用的，它强化了人们的关切，把人们以一种有益的团结联系在一起。我将对这种观点做一些让步，讨论愤怒的工具性作用。但是巴特勒主张的更多，他主张报复的想法本身，以及包含这种想法的愤怒，具有规范性的价值，包含了人类的普遍关注。

首先，我们应该质疑巴特勒的经验主义观点，即人类有一种普遍的愿望，希望看到作恶者受到惩罚，而且它会引导人们寻求人类整体的团结。我曾经说过，报复的欲望很可能表达了一种先天的进化倾向。但是，保罗·布鲁姆（Paul Bloom）对婴儿时期报复欲望的研究不支持巴特勒的观点：布鲁姆发现，婴儿时期的报复愿望与成人的报复愿望并不相同。在儿童的发展中，他们关心的范围很狭隘，同时有妖魔化陌生人的强烈倾向，这种倾向使他们的道德思维发展狭隘而不均衡。大多数人在儿童的关切圈之外，而且陌生人被看作是有害的，应该受到惩罚的，仅仅因为他们是陌生人。[54]

然而，即使巴特勒是正确的，他也没有解释让作恶者受苦受罪的欲望（他认为这对愤怒是必要的，这就是他所说的惩罚）为什么会有助于加强团结。我们可能同意，破坏社会秩序是恶的，保护人们不受罪恶的伤害是善的，而没有同时认可报复的想法，或者魔幻地认为以痛苦对痛苦可以成功地取得实际效果。巴特勒的观点避免了地位谬误，但没有避免报复谬误，事实上，它是后者的较为精致的形式。与其他人团结一致的最佳方式当然是，关注具有建设性的事情，以推动人类福利，而不是关注注定不融贯和无价值的计划。

然而，这一点是非常正确和重要的：注意到恶行并且建立对它
们的公共问责标准是服务于人类福利的。通过向所有人宣布社会重 35
视什么和我们承诺保护什么，真相和问责制就能够促进福利的实现。那么，和巴特勒一样，我支持当恶行发生时进行谴责和抗议——而且，之后，就有可能有什么政策出现，存在着阻止那些行为发生的可能性。受害者要求得到认定和有人承担责任是对的，社会提供这些也是对的。我会在第 6 章和第 7 章讨论这个问题。然而，现在我们转向这种情感类型，它包含了巴特勒想从愤怒中得到的东西，但它却没有愤怒的缺点。

Ⅵ. 转型–愤怒，一种理性的情感：愤怒的工具性作用

愤怒可能会在很多方面出问题。人们可能会对愤怒所针对的对象存在误解：O 没有做安吉拉认为 O 做了的事，另一个人 P 才是强奸犯。关于愤怒的焦点事件，人们也可能会出错：O 在那儿，但

没有强奸瑞贝卡。关于涉及的价值评估，人们也可能出现误解。亚里士多德说过，当别人忘记了他们的名字，人们经常就会愤怒，这显然是一个很令人难以理解的反应。（要么这个人对名字的重要性有奇怪的观点，要么她把这种遗忘解释为对她自己的重要性的普遍轻视。）我将在第 5 章讨论这个问题。

然而，事实与相关评价经常是对的：恶行发生了，它是被作恶者也即愤怒的目标故意造成的，而且造成了严重的伤害。我这里介绍一个进一步的术语：在这样的情况下，愤怒是“有充分根据的”（well-grounded）。我拒绝称这种愤怒为“有正当理由的”（justified），因为，正如我所讨论过的，愤怒在概念上包含了报复的愿望，而这在规范上是有问题的。而“有充分根据的”意味着除了愤怒的一部分认知性内容外，其他一切都是有根据的。

然而，即使愤怒避免了这些错误，它也是建立在报复的沙滩上。我认为，愤怒在概念上总是包含报复的思想有一个重要的例外。在很多情况下，人们通常是会首先感到非常愤怒，想着某种类型的报复，然后，经过一个更为冷静的时段，走向了转型。但至少在有些情况下，人们也是这样的：这个人全部的情感内容是，“多么无法容忍！一定得对此做点什么”。我们把这种情感叫作**转型-愤怒**，因为它是愤怒，或者说是类愤怒，所以它已经在安吉拉的三条道路的第三个岔口上了。人们可能会给它起一些普通的名称，如简·汉普顿的“义愤”（indignation）[55]，但我倾向于把它从其他情况中清晰地分离出来，因为我认为很多我们称为“义愤”的情况也
36 涉及了报复的思想。所以，我更喜欢这个新造的清晰术语。转型-

愤怒不关注地位，也不想要让冒犯者受苦作为对伤害的报复，哪怕是一瞬间这样的想法也没有。它从未陷入巫术思维，从最开始它就关注社会福利。它说，“应该为此做些什么”，它致力于寻找相应策略，但让冒犯者受罪未必是最富吸引力的。

转型-愤怒是否属于愤怒的一种？我真的不在意如何回答这一问题。概念分析很少能将这种特殊的边缘案例处理得很好。它当然是一种情感：这个人真的很沮丧。由于它的焦点在于愤慨，因而它与同情性的希望有明确的不同，虽然差异很小。这个人说“多么无法容忍！”而不是说“多么难过！”而且其中包含着致力于减少或阻止恶行的前瞻性计划。重要的是，这种纯粹前瞻性的情感极为罕见、异乎寻常。愤怒的人很少最开始就以这种方式思考，这种方式不希望冒犯者遭受不幸，甚至短暂的一瞬也没有（除非作为社会福利的手段，如果冷静的调查显示确实如此的话）。最开始时是愤怒的，然后再走向转型，这种情况比从一开始就已经关注社会福利更为常见。报复的天性无疑是通过进化倾向和文化加强而成为根深蒂固的人性的。只有那些卓越的人在影响他们的福利的重要问题上从一开始就能够这样思考，这种心态特别地要求长期的自律。因此，人们可以想象，马丁·路德·金自己的情感是转型-愤怒，而在他的演讲中为他的听众所建构的情感，开始是短暂的（标准的）愤怒，然后转向转型。接下来，当我指的是我想表达的意思时，我将使用“转型-愤怒”这个特殊的术语，而如果我使用的只是“愤怒”这个词，它就不是我所说的那种愤怒：它指的是我们熟悉的普通情感，关于它的概念内容，亚里士多德和巴特勒的阐述是对的。

在思考政治体制时，转型-愤怒是非常重要的，但它在日常交往中也不是完全缺席的，它经常出现在父母与他们年幼的孩子的关系中。孩子的行为经常是让人无法容忍的，而父母很少想要报复，他们只是希望事情变得更好。如果他们是明智的，他们会选择能够促进改善的策略。通常的愤怒想让冒犯者不幸，它与无条件的爱之间存在张力，而转型-愤怒则不是这样，因为它没有对不幸的期望。

当人们因为重要原则被违背而愤怒，或者对不正义的体系感到愤怒时，转型-愤怒也会出现。[56] 但并非所有这样的愤怒都是转型-愤怒，因为报复的愿望是微妙的，就像花园中的蛇，暗藏在很多地方。有时，人们对违反原则感到愤怒，他们想要让违法者以某
37 种方式为其所作所为承受痛苦。有时，那些因不正义的制度而愤怒的人想要“摧毁这个制度”，给支持它的人带来混乱和痛苦。然而，如果这个人愤怒的全部内容是“这无法容忍！如何让事情有所进步?”或者“这无法容忍！我们必须致力于做些不同的事情”，这种愤怒就是转型-愤怒。

为了说明这个细微的差别，让我们关注一个普通的例子：人们认为，富人没有缴纳更多的税来支持穷人的福利，这是无法容忍的。他们对在他们看来不公正的制度感到义愤。假定他们的经验主义分析是正确的：如果富人缴纳更多的税，这确实能够帮助到穷人（当然，这一点并不明显）。而且也让我们承认，似乎显而易见的是，如果发生这样的变化，富人会感到沮丧和痛苦。现在让我们假设有两个这项计划的支持者，P 关注社会福利，因不正义而感到义

愤填膺，他想创造一个更加正义的社会。他认为，富人可能的痛苦不应该阻止我们去做正确的事，但是他并不想要那样的痛苦。特别是在某种程度上，这可能产生对这个计划的政治阻力，所以他宁愿没有这样的痛苦。相反，Q 想要这种有益的改变，但她也喜欢让富人受苦这样的想法，她认为这是对他们的自大和贪婪的报复，是他们应得的报应。所以，在她看来，他们受苦是他们**应得**的，而且她的愤怒的目的至少部分是，让富人的痛苦有正当的理由（如她所认为的那样）。P 的愤怒是纯粹的转型-愤怒，Q 的愤怒是通常的含有普通愤怒的混合愤怒，它可能或早或晚转向转型，也可能不会。不幸的是，真正的政客，包括选民，很少有像 P 那样纯粹的。

（普通的）愤怒到底有什么用处呢？愤怒可能有三种有益的工具性作用。首先，它可能是一个**信号**，表明有什么事情出了差错。这个信号可以分为两种：一种是给这个人自己的信号，这个人可能没有意识到她的价值承诺及其脆弱性；另一种是给这个世界的一个信号，吸引人们注意到不当行为。由于后一个作用能够在并不愤怒但假装愤怒的情况下得到同样好的发挥，甚至更好地发挥，正如第 5 章中将要讨论的，我在这里集中讨论前一个作用。愤怒体现了这样一种想法，即针对自己重大关切的人或事存在重大的不当行为。虽然人们可能在自己受到了重大伤害时不感到愤怒，而是感到悲伤或同情，但悲伤或同情两种情感不包含这种伤害是不当的想法，而这种不当性则是愤怒的特殊焦点。（正是由于这个原因，尽管巴特勒批判了愤怒这种激情，他还是试图捍卫它的社会功能，如我们所看到的，结果好坏参半。）重要的是，正如我所说的，悲伤或同情

38 这两种情感也不包含需要采取行动的想法，而采取行动则是愤怒概念的一部分，虽然它经常是采取包含报复想法的有缺陷的形式。愤怒的经验能使一个先前没有意识到自己价值的人意识到他的价值，意识到其他人的错误行为会以何种方式侵犯他人价值。例如，一个处于层级关系中的人可能没有意识到自己受了多么不公平的对待，直到她有了愤怒的经验，或者再三地体会到这种经验。如果她的愤怒经验帮助她决定去为此抗议，或者在某种程度上提高她的地位，那么它就是有益的。

由于愤怒在最初体现了报复或报应的思想，除了巫术思维或自恋的错误外它没有任何意义，所以愤怒发出的信号是相当误导的。因此，在某种程度上，它是一种错误的引导，愤怒的人最好尽快地超越愤怒，转向转型。尽管如此，它仍旧可能起到唤醒作用。

我们在马丁·路德·金的演讲（这是对公众发表的演讲，他们中的很多人可能没有完全意识到种族压迫的不幸）中看到了这一点：他确实鼓励人们对美国白人的行为感到愤怒，承认他们所做错事的严重性，以及它们对每一个人福祉的影响。但是，随后他立即让他的听众远离表面上不可避免的报复的想法，转向另一种不同的未来图景。被这样有技巧的倡导者掌控，愤怒是有用的，马丁·路德·金总是把他的计划设想为积极的、建设性的，与自满的情绪相抗衡。在表面上的日常生活之下，在恶行几乎没有被注意到的地方，当只有情感的引导才使人们注意到这些恶行存在的时候，愤怒可能是更有用的。

与愤怒作为信号的思想紧密联系在一起的是愤怒作为动机的思

想。古希腊的斯多葛主义者经常被指责，说他们剥夺了社会追求正义的动机，因为他们坚持认为愤怒总是有弊端的。他们回应说，人们可能被原则打动，不需要情感，建立在原则基础上的动机比愤怒更可靠，而愤怒可能是悖乱的。[57] 根据他们自己的观点，他们对指责的回应是不成功的：事实上，他们相信其他人造成的伤害不是严重的恶行，所以他们真的没有给表达它们留下空间，或者鼓励其他人这样做。斯多葛主义者可能会认为马丁·路德·金在演讲中所表达的价值观是完全错误的，他们由此也就必然会认为，他追求正义的主张也是不适宜的。

我的看法与此相反。在我看来，就其潜在的价值而言，愤怒通常是适当的，而关注同样价值的爱和悲伤也经常是完全恰当的，有问题的是报复的思想。我认为，报复思想是愤怒（除了罕见的非典型的转型-愤怒）概念的一部分，无疑它也是人们动机的一部分， 39
至少在最初是这样。情感的强度，也许还有对报复的神奇幻想，是推动人们行动的部分原因，否则有人可能根本不会采取行动（或者，没有愤怒的信号，甚至没有注意到恶行或它的严重性）。爱的强度并不总是足够的，虽然它经常是足够的。而一旦人们行动起来，最好不要屈从于愤怒的诱惑而总是幻想惩罚。这是没有意义的，除非人们是以另一种方式犯错，过分关注地位伤害。

回到马丁·路德·金的例子上来，人们可能想象未来的报复，非裔美国人可能拥有权力，让美国白人遭受痛苦，羞辱他们。社会中充满了这样的思想，虽然事实是，这种类型的报复对事情有百害而无一益。马丁·路德·金的全部的卓越立场是，转型只在一瞬间，因为只有合作能够真正解决国家的问题。愤怒仍旧是有用的，它是激发性的一步——时间虽短，却是精心布置的。我不认为愤怒作为追求正义的动机是必要的，但我仍旧认为，它可能经常是有用的，很可能是我们进化机制的一部分，它能够有效地激励我们奔向善的目标——除非事情的发展误入歧途，就像经常发生的那样。[58]

然而，不愤怒并不意味着非暴力。我们将在第7章考察这个问题，我这里需要表明的是，虽然甘地严厉反对暴力，马丁·路德·金和曼德拉则更加令人信服地认为，正当防卫的暴力是有正当理由的，事实上，（在曼德拉的例子中）暴力的策略能够被证明具有工具性意义上的必要性，即使没有正当防卫的背景。然而，正如我们所看到的，马丁·路德·金和曼德拉都坚持以不愤怒的精神和面向未来的、合作的转型思想来使用暴力。

最后，愤怒可能是一种**威慑**。一个经常愤怒的人会因其愤怒而对别人有一种威慑，阻止他们侵犯其权利。[59] 这里只能说，愤怒阻止侵犯的方式不可能引向和平而稳定的未来，相反，它可能导向一种更加狡猾的侵犯。阻止恶行的方式有很多种，其中的一些方式远比激起对愤怒暴发的恐惧更富吸引力。

简言之，愤怒的作用是非常有限的，但却是真实的，它很可能产生自它在进化过程中的角色，即作为“战斗还是逃跑”的机制存在。我们可以保持愤怒的有限作用，同时主张它的报复幻想是深深地误导的，它有时是有意义的，但却是在病态的价值观背景下才是有意义的。因此，这种情感很容易会将我们引向歧途。

但是，对那些不善于进行口头和概念表达的人来说，愤怒难道不是一种不可替代的表达方式吗?[60] 可能有人反对说，我的提议听起来太像那种中上层阶级的、盎格鲁-撒克逊族裔的白人新教徒（WASP）学者的建议了，我确实是从小就被教育“用你自己的话” 40
来表达，并且不鼓励以直接强烈的情感来表达。但我要否认这一指控。首先，我的建议并不是斯多葛主义的。正如我们将会看到的，我并不反对悲伤、同情以及其他情感的体验或表达。但是，无论如何，把下层阶级或受教育较少的人描绘为无表达能力的或粗鲁的，认为他们缺少不夹杂叱责的沟通方式，都似乎是错误的。在不同时代的各种世界文化中，穷人的音乐和艺术的情感表达的广度都是惊人的。同时，根据我的经验，对自己的特权过于自负的人，似乎特别倾向于表现出他们的愤怒。在健身房里，我会小心地避免询问看起来有特权的年轻男性会员，我可否使用某个器材，我担心他们暴发。根据我的经验，路上那些昂贵的 SUV 型汽车的司机们，他们的行为也好像显示路是他们自家的。所以，我认为反对者问了一个很好的问题，但这个问题也早就有了一个好的答案。

愤怒和报复的倾向深深植根于人类心理。相信上帝的人，像巴特勒主教，发现这一事实很难解释，因为它是非理性的和破坏性的。[61] 然而，那些不赞同巴特勒理论框架的人，理解它就不那么困难了。在人类史前的一个阶段，愤怒给人类带来一些利益，它是有价值的。甚至在今天，它的有益作用的痕迹依然保留着，但是善意的、前瞻性的司法体系在相当大的程度上使这种情感成为不必要的，而且我们可以避免它的非理性和破坏性。

Ⅶ. 上帝的愤怒

如果愤怒是有危害的，为什么据说通常本该形象完美的上帝或神也会愤怒？首先要说的就是，事实上，并非所有的上帝或神都被说成是喜欢愤怒的。佛教不讲神，但最完美的人，佛陀，是免于愤怒的。印度教的文本强调，愤怒是一种疾病，虔诚的人应该努力避免。[62] 在伊壁鸠鲁派和斯多葛派的思想中，众神置身于存在不当竞争和地位迷恋的社会之外，存在不当竞争和地位迷恋的社会才会产生破坏性的愤怒。正如卢克莱修所说的，诸神“不需要从我们这里得到任何东西，他们不会被我们的感恩献祭蒙蔽，也不会被愤怒打动”[63]。在古希腊罗马宗教中，神完全不是凡人的理想，他们只是拥有超凡力量的、有缺陷的存在。所以卢克莱修基本上是在说，
41 这就是真正完美的存在。这种神不为愤怒所动的思想是希腊化和后希腊化时期希腊罗马思想的主流。[64]

事实上，我们发现，只有在犹太教-基督教传统中才有上帝既有惩戒性又会愤怒的思想。基督教思想家拉克坦提乌斯（Lactantius，240—320）是第一位信仰基督教的皇帝康斯坦丁的顾问，他写了一本《论上帝的愤怒》［*On the Anger of God*（*De Ira Dei*）］的著作，在书中，他既批驳了伊壁鸠鲁派，也批驳了斯多葛派，他说，如果上帝不需要我们的关注与爱，我们收回关注与爱时他也不感到愤怒，我们就没有理由崇拜这样的上帝。他继续写到，如果上

帝从来不会愤怒，我们就不必敬畏上帝，而这将废除所有的宗教。这样的论证并没有解决伊壁鸠鲁派和斯多葛派之间关于完美的存在是否有愤怒的争论，它只是相当于宣称，正如我们所知，宗教需要一个愤怒的上帝的观念。[65]

但是，在关于上帝的愤怒的问题上，基督教和犹太教的重要文献都是前后不一的、众说纷纭的。[66] 在很大程度上，犹太教的上帝被想象为一个“嫉妒”的上帝，犹太人有其他的崇拜选择，而上帝想要在犹太人的关注和情感中排名第一。这种关系多次被比作婚姻。有其他男人，一个不好的妻子就会被竞争对手的权力和金钱诱惑，忘了把丈夫排在第一位，所以上帝在和其他众神比较时也想处于排他的第一位，而那些神正试图把犹太人引诱走。[67] 事实上，这些文本充满着非常标准的关于地位伤害的报复思想，其他神或不忠诚的人给上帝造成伤害，他们不久就会得到可怕的报应，其他神及追随他们的异教徒将会感染上无数的瘟疫和疾病，不忠诚的人将会被折磨甚至毁灭。所有这一切将使这些人或民族相对于上帝的地位变得低贱和卑微。

这种以地位为中心的想法在愤怒中很常见，但有一点不同：上帝能让所有这一切都发生。（请注意，上帝作为上帝，他不能真的被人类的行为伤害，**除了地位**。上帝不能被杀，被攻击，被强奸，所以就上帝是愤怒的而言，这种愤怒极有可能是关注地位的愤怒。）

然而，有些时候，特别是在预言书但不只是在预言书中，上帝更加关注有害行为本质上的不当性，特别是在讨论贪婪以及恶待陌生人时。这些冒犯行为本身就被视为不当的，不只是冒犯了上帝的

地位。在这种情况下，上帝不是因为地位伤害而愤怒，而是因为人
42 类所做的和所经历的是上帝深刻的、本质的关切。拉克坦提乌斯观察到，上帝为一个人对另一个人的不当行为而发怒，这正是对善和正义以及推进他们的利益表示关切的一种方式。他提出了两个截然不同的观点：首先，惩罚作为上帝愤怒的结果使作恶者失去了行为能力，从而为善与正义扫清了道路；其次，对于神圣惩罚的恐惧使作恶者望而却步，从而使世界更好地保全了善与正义。[68]

我们看到拉克坦提乌斯——正确地概括了《圣经》中关于神圣愤怒描述的主要线索——成了原始功利主义者，他用前瞻性的福利主义观点思考愤怒的作用。我们同意，愤怒有时是一种有用的威慑，惩罚能够通过使作恶者丧失行为能力从而推进福利——虽然不清楚为什么是愤怒而不是设计良好的体制来发挥这样的作用。无论如何，上帝愤怒的图像与拉克坦提乌斯之前描述的关注地位的图像（正确地概括了其他《圣经》文本）完全不同。我们可以看到，这种仁慈的愤怒比另一种愤怒更像是转向了转型-愤怒。这样，虽然在我们所说的福利主义的背景下，各种各样的报复仍旧被想象出来，但文本经常会很快转到想象未来的和平、合作、和解，并且上帝敦促人类使这种未来变成现实。

简言之，犹太教上帝的愤怒有着人类愤怒的所有种类和复杂性，有着所有相同的问题和前景。

当我们接下来谈到耶稣时，就再次遭遇前文已经探讨过的令人气馁的问题：文本中耶稣对待做错事的人的态度是截然不同的。当然，很多《新约全书》中的文本体现了可怕的报复的意愿。例如，

在《启示录》中，从为温驯温和的人辩护的思想，到让那些不承认新宗教的人遭受最可怕的毁灭的幻想，这些内容都有，让人无所适从。但是《福音书》中的耶稣又如何呢？长期以来，人们一直认为——奥古斯丁在《上帝之城》（*The City of God*）中已经充分注意到并且加以深入讨论——耶稣的情感是真正的情感，体现了凡人的所有脆弱性，对他来说痛苦和损失非常重要。耶稣不是一个好的斯多葛主义者。然而，奥古斯丁关注的是悲伤和快乐，人们可能有这些悲伤和快乐的情感而没有愤怒。所以，耶稣会愤怒吗？不幸的是，一个关键文本在这一点上提供了一个关键线索。在《马太福音》5:22 中，耶稣说："我对你说，凡向兄弟动怒的，难免受审判。"但是，很多手稿中在这个地方加上了"任意地"这个词，使耶稣的谴责只是针对无根据的愤怒。[69] 耶稣至少有一次展示了他的愤怒，在那个著名的场景中，他把货币兑换商赶出了神庙。① 然而，即使这一点也是悬而未决的。

珍·布里格斯（Jean Briggs）的《永不愤怒》（*Never in An-* 43
ger）是 20 世纪最引人注意的描述人类学的作品，其中所研究的乌特库爱斯基摩人提供了对这一段的著名描述。[70] 乌特库人相信，愤怒总是孩子气的，在不利的气候环境条件下，它会危害团队生存所要求的紧密合作。虽然孩子的愤怒是可以容忍的，甚至是可以放纵的，但就成年人来说，无论是愤怒的经历，还是它的外在表现都

① 参见《圣经·约翰福音》2:13："犹太人的逾越节近了，耶稣就上耶路撒冷去。"2:14："看见殿里有卖牛、羊、鸽子的，并有兑换银钱的人坐在那里。"2:15："耶稣就拿绳子做成鞭子，把牛羊都赶出殿去，倒出兑换银钱之人的银钱，推翻他们的桌子。"

被视为极不恰当的。布里格斯在寻找一种方法，想调查清楚他们是不赞同这种情感本身，还是只是不赞同它的外在表达，因此，考虑到他们是虔诚的基督徒，她问他们对那个著名的场景中耶稣行为的看法。显然，这件事明显地令他们感到困扰。作为虔诚的基督徒，他们感到他们必须支持耶稣的行为，但是这却不符合他们对成年人良好性情的描述。他们采用了一种巧妙的解决办法。乌特库酋长告诉她，耶稣只是责备了货币兑换商，但并没有真的愤怒：他这样做"只有一次"，目的是让他们改进，因为他们当时"非常坏，**非常坏**，并且不听他的"[71]，虽然把真的愤怒归于耶稣，这与他们作为道德理想的耶稣形象是不一致的，但是，请注意，他们允许理想化的耶稣把愤怒的行为作为一个警示。

是乌特库人猜测到了我们关于转型-愤怒的思想，并把它区别于通常的愤怒吗？我认为更大的可能是，他们认为耶稣是在进行没有任何愤怒情感的假装愤怒的表演——对那些想要威慑而又不想走上错误道路的人而言，是存在这种可能性的（我们将在第 5 章探讨这一思想）。

《圣经》文本是写给那些只需要简单圣言的人的。在这种情况下，上帝会愤怒这样的想法不只是哪里存在恶行的一个有用的信号，也是对恶行的一种威慑，而且是纠正社会问题的有效的动机来源（在强烈的关注中模仿上帝）。然而，当上帝和他的愤怒被视为人类的道德理想时，曲解的可能性是巨大的。因此，描述短暂愤怒导向建设性的转型的文本绝对是首选的，就像乌特库人对耶稣的神圣解释一样。

Ⅷ. 愤怒与性别

美国人倾向于把愤怒与男性的性别规范联系起来。从运动员到政治家，受到侮辱而不愤怒的男性会被诋毁，会被认为是软弱的。一个著名的例子发生在1988年总统竞选期间。在一场电视辩论中，有人问民主党候选人迈克尔·杜卡基斯（Michael Dukakis）："州长，如果基蒂·杜卡基斯（他的妻子）被奸杀，你会赞成对这个杀 44
人犯恢复死刑吗?"杜卡基斯回答说："不，我不会，我想你知道，我这一生中一直反对死刑。"[72] 杜卡基斯因为他的监狱休假计划而被攻击，这个计划非常著名，因为它导致了已经被判刑的杀人犯威利·霍顿（Willie Horton）被暂时释放，而他在被释放期间又犯了强奸罪和故意伤害罪。在对这个关于他妻子的问题的回应中，杜卡基斯没有表现出强烈的愤怒，这个问题强化了公众对他懦弱而缺少男子气概的看法（他的身材相对矮小，可能只有1.67米）。那些有男子气概的男性，肯定会表现出受控制的但却显而易见的暴怒，并且肯定会要求用死刑的方式进行报复。

为了符合这种男性标准，美国的小男孩在他们表现出愤怒时，经常会受到鼓励而不是批评，而小女孩则更多地被教导同情和共情。[73] 即使在婴儿时期，孩子们的情感也被贴上了与他们被认为的性别相一致的标签。[74] 因此，一个贴上了女生标签的哭泣的小宝宝通常被解释为害怕，而一个贴上了男生标签的哭泣的小宝宝则肯定被解释为愤怒。根据小宝宝被感受到的性别，抱他们以及同他们玩耍的方式也会有所不同，“女孩”被爱抚地抱在怀里，保护起来，“男孩”被视为活跃好动的，放在膝上颠来颠去。很多成年人都遵循这样的文化脚本，这并不奇怪。令人惊奇的是，确实还有很多反对者。然而，即使在蛮荒的西部，人们也能找到放弃复仇的英雄（如杰森·麦考德）。[75]

这些性别规范，把愤怒与权力和权威联系起来，把女性的不愤怒与软弱和服从联系起来，这让很多女性认为她们应该学会愤怒，以达到正确的平衡，并获得完全平等的地位。为不愤怒辩护的女性被置于防守的位置上，好像她为缠足和紧身衣辩护。

因此，不愤怒的辩护者会怀着极大的兴趣转向古希腊和古罗马，在那里，性别规范完全不同。[76] 这些文化并不与乌特库或斯多葛派完全一致，恪守不愤怒的承诺，但他们中的很多人却完全接受了斯多葛派的立场，认为愤怒从来都是不适宜的，甚至这些异见者可能把复仇性的愤怒视为危险和病态，认为愤怒倾向是可以矫正的缺点。[77] 毫不奇怪，性别规范追随的是一般标准：男性被理解为理性的存在者，他们能够约束自己的暴怒并超越它，甚至可能完全摆脱它；女性被视为次等的生物，她们沉溺于注定失败的、毫无结果的惩罚性的报复计划，对她们自己和其他人都是巨大的伤害。事实上，这里我讨论的，我描述为“激进”的观点，在希腊和罗马那里一点都不激进，并且愤怒的无价值和幼稚也能被很好地理解。
45 所以被认为是成人和理性的男性（在规范上）是相当不愤怒的（至少在规范上如此），而女性则是琐碎的、幼稚的，她们对愤怒是上瘾的，由此也显示出愤怒是多么愚蠢和危险。

这些文化差异表明，尽管愤怒的倾向根深蒂固，但社会规范在指导人们如何教养自己方面发挥着重要作用。如果愤怒被看作是幼稚的、懦弱的，虽然这并不意味着愤怒会消失，但渴求尊严和理性的人们会尽量避免愤怒。

有深刻洞见的关于性别的观点在希腊罗马的文本中反复出现。愤怒在概念上也与无助相关。女性往往会变得易怒的一个原因是，她们无法控制她们需要并且想要控制的事情，因此，她们就有更多的机会受到伤害，有更多的诱惑想要报复，想要找回失去的控制。我们将在第 4 章讨论的美狄亚（Medea）[①] 的愤怒，就是因为无助而凶暴行事的典型表现。异乡人，被抛弃的妻子，对自己的孩子没有任何权利，在这种背叛中，美狄亚失去了一切。她对报复的极度热衷与她受伤害的程度相关，她试图用报复来替代伤痛。她的故事告诉我们，即使在那些社会规范不鼓励女性愤怒的地方，不对称的女性的无助感也会让其愤怒滋长，我认为事实就是如此。例如，美国女性在离婚诉讼中过分关注报复的程度，就经常与她们转向富有建设性的未来的其他途径的缺乏程度成正比，例如职业和她对自己才能的自信。然而，这种愤怒很难成为女性尊严和勇气的标志。

美狄亚的故事也表明，我们遭遇到男性特别愤怒时，我们也应该问问，是不是有无助潜伏在背后。与女性相比，美国男性当然拥有优势地位，但他们也不是绝对安全的。他们被期待需要掌控的东

① 美狄亚是希腊神话中科尔喀斯国王埃厄忒斯的女儿，精通巫术，帮助伊阿宋取得金羊毛，与其私奔。后来伊阿宋移情别恋，美狄亚愤而杀死自己与伊阿宋所生的两个孩子，毒死伊阿宋的新欢，逃往雅典。

西是如此之多，否则就要蒙受耻辱。他们必须是极度成功的人士，收入高，身材好，而且他们总是不得不关注与其他男性相比的相对地位。这种竞争使人筋疲力尽，而且几乎永远不可能获胜。蒙受耻辱几乎是不可避免的结果，而耻辱会助长愤怒。[78]

在某种程度上，所有人在婴儿时期都是自恋的，倾向于认为他们自己是无所不能的。人类的无助是比性别更深层次的现象，并与控制的期望联系在一起。人类婴儿时期的状态——认知能力很强，身体完全无力——是愤怒的大熔炉。所以两种性别都有很多愤怒的场合，性别规范能够使愤怒发生变化，对其产生影响，但不能消除愤怒。文化影响男性和女性愤怒的一种方式是通过创建规范性的情感脚本，而另一种方式是通过对无助的差别处理：男性和女性各自
46 认为自己应该控制什么，以及他或她能不能可靠地实现这种控制。主张不愤怒的人可以从中学习。需要做的一件事是，为男性和女性都写下新的脚本，其中愤怒表现为懦弱和幼稚，不愤怒以及例如相互依赖和互惠则表现为强大。（至少在某种程度上，希腊人和罗马人是这样做的。）需要做的另一件非常不同的事情是，让人们能够得到他们认为有价值的东西，保护这些东西不受损害。

Ⅸ．愤怒与其他“反应性态度”：感激，悲伤，厌恶，憎恨，蔑视，嫉妒

由于人们普遍把愤怒作为一系列“反应性态度”中的一种，而

没有注意到它们之间的细微差别，因此，我们下面对愤怒的厘清就需要将其与相关的态度做出区分。正如我们所看到的，愤怒[79] 包含这样一个信念，即愤怒所指向的对象的行为已经对我们所关心的事物造成了不当伤害。我已经指出，它在某种程度上也包含着让这个行为者受苦的愿望。

我们首先要考虑的是愤怒的表亲——感激（gratitude）。在哲学讨论中，从古希腊伊壁鸠鲁派到斯多葛派，再到斯宾诺莎以及其后的思想家，这两种情感通常紧密联系在一起。感激，像愤怒一样，既有一个对象（人），也有一个焦点（行为）：它是一种愉快的情感，是对某人明显的、故意的善意行为的回应，人们相信这一行为以一种有意义的方式已经对人们的福祉产生影响。人们通常认为，感激包含了为回报对方而想让对方受益的一种愿望，所以它经常和愤怒一起被分类为一种报应性的情感。它似乎指向过去，把仁慈的愿望当作一种回报的愿望。那么，人们会问，像我这样一个批评愤怒的人，是否也必须保持一贯，拒绝感激。伊壁鸠鲁派思想家就是这样认为的，他们把理性的神想象为没有这两种情感。

在关于亲密关系和中间领域的章节，我会详细讨论这个问题，在关于感激的规范性的两个案例中，我得出了略有不同的结论。但我们现在可以先做三个初步的观察。第一，从伊壁鸠鲁派和斯多葛派直到斯宾诺莎，感激被哲学家拒绝的首要原因不是它的回报观念，而是因为（根据这些思想家的观点）感激和愤怒二者都暴露出对“好运”的不健康需求，这是我们无法真正控制的。但我不接受斯多葛派的观点，我认为，至少深切关心自身之外无法控制的一些

47 人和事是对的。第二，感激是对对方有着美好的祝愿，而愤怒则希望对方有不好的结果，这在两种情感之间产生了强烈的不对称。人们可以认为，对于期望对方不幸的情感必须进行特殊的审察，而对美好的期盼则不需要如此的警惕和挑剔，因为在我们所有的生活中，善意经常是太稀缺了。第三，感激虽然在某种程度上是回溯过去的，但它经常是互惠机制的一部分，这种互惠机制具有重要的前瞻性方面，并且它在整体上有助于促进福利。在埃斯库罗斯的前欧墨尼得斯的世界中，愤怒持续存在的制度并没有创造福利，相反，它把不情愿的当代人与过去联系在一起，这损害了他们的利益。因此，虽然感激与愤怒在某种意义上是表亲关系，但是它们有重要的不对称性，能够证明对它们的不同评价的合理性。

虽然**悲伤**（grief）不被归类为标准的反应性态度，但它与愤怒如此接近，以至于我们需要区分它们之间的不同。悲伤像愤怒一样，专注于对自己的（或自己的关注圈内的）损害。损失是痛苦的，这种痛苦是两种情感关键的相似之处。然而，悲伤聚焦于事件——它可能是人的行为所导致的，也可能是一个自然事件，例如死亡和自然灾难，而且其焦点是这个事件带来的**损失**。即使这个事件是人所导致的，它的焦点仍然是损失，而不是造成损失的作恶者：它不把人作为它的对象。如果它把一个人作为对象，那这个人就是死亡或离开的人。“不当性”这个概念也不是悲伤的核心，因为损失就是损失，无论是不是不当行为带来的。由于所有这些原因，悲伤的行为倾向与愤怒的行为倾向有很大不同：悲伤寻求已经失去的东西的恢复或替代，而愤怒通常想要对行为的实施者做些什么。悲伤针对的是自我中的空洞或缺口，愤怒针对的则是对象施加的不当伤害。

悲伤和愤怒当然是可以共存的，有时很难把它们分开。悲伤的人经常会因为失去亲人或重要的东西而责备别人，即使责备是没有根据的，但这是在无助的情况下重新获得控制或维护尊严的一种方式，事实上，转向愤怒可能也是在心理上恢复失去的人或物的方式，在这种情况下，悲伤会转向异常强烈的愤怒，在这种愤怒中，所有的爱和失去所积聚的能量都会转向迫害，就像在美国医疗保健领域中医疗事故诉讼的狂热一样，或者像迈克尔·乔丹的例子，电视评论员暗示乔丹，死刑在某种程度上能够对乔丹失去父亲有所补偿。但乔丹直接拒绝了，他宁愿承认自己的失去。事实上，过度愤
怒的一个来源就是不愿意悲伤，不愿意承认无助。因此，悲伤与愤 48
怒的区别值得给予高度重视，我们将在后续的章节中转向这一论题。艰难的交易性宽恕经常会取代哀伤的无助。

但是，悲伤本身不会因为我对愤怒的批评而失去光彩吗？难道这种情感不希望改变过去吗？难道它在某种程度上不是令人反感的吗？这个问题很重要，但我认为答案是否定的。[80] 与悲伤相伴的是对恢复的幻想，如果它持续并占据了个人生活的巨大空间，则是非理性的。思念失去的人的深切痛苦是记住那个人的极端重要性的一种方式，而且也是在个人生活叙事中获得完整和意义的重要方式。未经历悲伤便继续前行，意味着要过一种支离破碎而杂乱无章的生活，所以悲伤的最重要的理由是前瞻性的：它让人们注意到一个非常重要的承诺，应该对个人拥有自己的生活并与他人交流保持一种

嵌入式的叙事理解。它表达了一个人的深层本质。

愤怒也区别于其他四种聚焦于他人的否定性情感：厌恶（disgust）、憎恨（hatred）、蔑视（contempt）和嫉妒（envy）。所有这些情感都与愤怒不同，它们关注的是人的相对不变的持久特征，而愤怒关注的是行为。（回顾我的术语：愤怒的**对象**是人，但它的**焦点**是恶行。在这些其他情感中，目标是人，焦点或多或少是这个人持久的特点。）所以，这些情感立即引发了一个愤怒并不涉及其中的问题，即对个人的持久特点产生强烈的否定性情感是否合适？正如我们将会看到的，所有这些情感最初很容易与愤怒区分开来，但当愤怒是关注地位的愤怒类型时，这种区分就会变得很模糊。

厌恶是对身体的某些方面的强烈反感，身体的这些方面被视为“动物提醒”——也就是说，我们自己的某些方面提醒我们想起，我们是凡人或动物。在第一阶段，它的首要对象是排泄物和其他体液，也包括腐烂（特别是尸体），以及动物和昆虫，它们软塌塌的、黏滑的、发臭的，或以其他方式让人想起人们排斥的体液。[81] 厌恶的核心思想是那种通过接触和摄取而造成的（潜在的）玷污：如果我摄取低劣的东西，它就贬低了我。在第二阶段，厌恶的属性被投射到并不真正拥有这些属性的群体上，种族的、性的、宗教的或者种姓中的少数群体，他们被描述成较多动物性或肉体过于发达，然后被称为污染物，理由是它们（据称）有异味、身上有细菌等。接下来社会会设计出避免污染的显著仪式，通过拒绝与那些被塑造成替代动物的人分享食物、游泳池、饮用水，或拒绝发生性关系，来划清主流群体与动物的界限。

因此，厌恶和愤怒都涉及指向对象的强烈的反感倾向。厌恶虽 49
然不涉及恶行的概念，但责备也悄然而至：受到污染的个人和群体会被憎恨，因为它们竟然胆敢占有一定空间，或者与已经自我隔离的人或群体接触。即使厌恶与愤怒以这种方式变得很接近，厌恶依然是彻头彻尾充满幻想的，而愤怒不是。愤怒经常是**有充分根据的**，我的意思是，它除了报复的愿望外所有的元素都是正确的。确实有恶行发生，作恶者确实实施了那样的行为，同样重要的是，愤怒的那个人也是这样认为的。厌恶却相反，它从最初就涉及想象，它的核心思想是，“如果我避免与那些动物提醒者接触，我就会保护我自己不是或不成为动物”。这当然是荒谬的，虽然这类荒谬在很多时候、很多地方对人们来说曾经是非常重要的。因此，在某种程度上，厌恶作为一个整体是可疑的，愤怒则不是：厌恶的核心涉及的是虚假的信念（“我不是动物”，“我没有排泄，没有发出异味”，“只有**那些**人拥有发臭的动物身体”），而愤怒涉及的是真实的信念——直到报复的想法。

因为厌恶关注的是人而不是不好的行为，所以它的行为倾向也不同于愤怒。对被厌恶的人，人们寻求隔离，而不是报复或惩罚——虽然隔离有时会需要非常严厉和胁迫（例如种族隔离和吉姆·克罗①制度），但血腥的严酷刑罚制度是与愤怒联系在一起的。

---

① 吉姆·克罗是美国剧作家T.D.赖斯1828年创作的剧目中一个黑人角色的名字，后来逐渐变成贬抑黑人的称呼和黑人遭受种族隔离的代名词。19世纪70年代到1965年，美国特别是南部诸州通过一系列法律制度，在公共场所对非洲裔美国人和其他有色人种施行种族隔离制，剥夺非洲裔美国人选举权等权利。这些法律被称为“吉姆·克罗法”。

虽然存在这些不同，但当愤怒是关注地位的愤怒时，厌恶和愤怒还是有很多共同之处的。转型的愤怒（我们也可以称之为理性的愤怒）关注恶行，并且通过推进社会利益的方式寻求对恶行有所纠正。相反，关注地位的愤怒会对“降低等级”或对自尊受伤做出反应，寻求减少或降低（所谓的）作恶者（请注意，**不是**针对作恶者的行为）的地位，以纠正这种平衡。这种常见的愤怒与厌恶是很接近的。这种愤怒把另一个人看作恶人，不是黏滑的蟑螂或甲虫，但只要它期望把另一个人“降低等级”，它就涉及把另一个人表述为低级的或卑劣的，这样它的焦点就微妙地从行为转化为人。这样，投射性的厌恶和愤怒就变得难解难分。一方面，厌恶虽然是指向人的，但也经常是由所谓的恶行触发的：肛交是一些人厌恶同性恋男人的触发因素。[82] 另一方面，愤怒寻求降低等级，它也经常滑向针对个人相对稳定之特点的更一般性的降低等级，而不是基于某个
50 人恶行的暂时降低等级（罪犯经常成为受歧视的亚群体和人们厌恶的对象）。因此，厌恶和愤怒的区别最初看起来是清晰的，但当愤怒是存在问题的关注地位的愤怒时，两者之间的区别就不那么清晰了。

憎恨是另一种否定性的情感，它聚焦于完整的人，而不是单一的行为。虽然愤怒指向人，但它的焦点是行为，而当行为以某种方式被处理好以后，愤怒可能就消失了。相反，憎恨则是总体的，如果涉及行为，那仅仅是因为关于这个人的每一件事都是从否定的角度看待的。正如亚里士多德所说，真正能够让憎恨满意的只有一件事，那就是这个人不再存在（1382a15）。如果我们认为憎恨——一

种对另一个人整体的强烈否定态度——总是一种坏的情感，我们就不需要考虑这种关于愤怒的想法，愤怒是可以与喜欢甚至爱这个人同时共存的。

然而，再一次地，事情没那么简单。转型-愤怒确实与憎恨没有共同点，它期待着对所有人都有好处。一个经历了转型的人的愤怒关注行为，其目的在于社会利益，很容易与憎恨区别开来。人们想让恶行不再发生，但可以继续爱这个人并且祝福她。然而，当报复的愿望出现时，事情就变得复杂了：想要报复，看起来就像对这个人有一种憎恨，因为它显然不是一个建设性的修复性行为。[83] 如果这个人选择了地位之路，这里的区分也会变得模糊起来：她选择贬低或羞辱这个人，而不仅仅只是一个行为。想要贬低他人的人通常会想让这种贬低持续下去。

蔑视是另一种经常与愤怒联系在一起的反应性的态度。初看起来，这两种情感也是非常不同的。蔑视是一种把另一个人看低或认为他很卑劣的态度，通常是因为这个人的一些持久的特点，或者一些应受指责的特点。[84] 它表现为“被蔑视者因为没有达到人的某种合理的人际理想，他作为一个人的价值很低”[85]。当然，这个理想可能是合理的，也可能不是，这个人可能是真的没有达到这个理想，也可能不是。在很多情况下，蔑视不是针对道德品质的缺陷，相反，往往是因为社会地位、财富、职位的不足。因此，它对应受责备（这一点将蔑视与居高临下的怜悯区分开来）的归罪经常是错的：人们因为穷人的贫穷责备他们，把贫穷视为懒惰的标志，并因为这个原因蔑视他们。但是，我们似乎可以这样说，蔑视通常包括这样一种想法，无论是对是错，那个人在某种程度上要为蔑视所关注的那些特征负责——即使这些特征只是表现为弱点，但人们实际上并不需要为这些弱点负责。

51 因此，蔑视与愤怒在焦点和对象两方面都是相似的，它的焦点是某个特征或某些特征，它的目标是因为那些特征而被看低的人。这两种情感的对象都是人，但是愤怒的焦点是行为，而蔑视的焦点是相对稳定的某个特征或某些特征。

我们可以把这个有趣的问题放在一边，即对另一个人的蔑视在道德上是不是正当的。[86]（一个值得注意的问题是，蔑视经常低估了人的脆弱性和在一个不完美的世界中发展出好的性格特征的难度。）我们现在能够观察到的是，当我们处理的是转型-愤怒或者是引向转型的愤怒时，区分出蔑视和愤怒这两种情感是容易的。在这两种情况下，愤怒都与降低一个人的等级无关，其重点在行为，而且最终是要追求未来的利益。把蔑视与走上报复之路的愤怒区分开来也相对容易，因为蔑视中缺少报复的思想，并且似乎也不与行为的倾向联系起来。（可能还有一种对性格的愤怒，它把人的整体自我作为一种不当，但它与蔑视也是不同的。）

但当我们思考关注地位的愤怒时，厘清它们之间的区别就相当不易，关注地位的愤怒寻求让别人降低等级，是为了报复别人通过行为对自己造成的降低等级，从而施加给自己的痛苦。其中动态的差别还是很有趣的。蔑视开始于一个人所谓的低下：这个人被认为是缺少某种好的性格特征，或者是道德方面的特征，或者是社会方面的特征，否定性的态度是对这种低下的感觉的回应。相比之下，就关注地位的愤怒而言，否定性的态度是对别人的行为的回应——据说这种行为造成了愤怒者地位的降低——然后，愤怒者要把对方置于更低下的地位。事实上，对方最初并没有被视为低下的，反倒被视为强大的、有能力给别人造成伤害的。所以，这两种情感终止于同样的位置，但正如我所说的，它们经历了不同的动态过程。

嫉妒和它的近亲**妒忌**作为否定性的情感与愤怒是一脉相承的，它们都指向人或人们。[87] 嫉妒是一种痛苦的情感，它关注别人的好运和利益，把自己的不利处境与其他人相比。它涉及一个竞争对手以及一个好的或被评价为重要的东西，嫉妒者感到痛苦，因为竞争对手拥有那些好的东西他自己却没有。和愤怒一样，好的东西被看作是重要的，不是以抽象的、孤立的方式，而是事关自己或自己的核心福祉。[88] 虽然嫉妒不像愤怒，它不涉及恶行的概念，但它通常涉及对幸运的竞争对手的某种类型的敌意：嫉妒者想拥有竞争对手所拥有的东西，并因此感觉到对竞争对手的恶意。如果利益被认为是不公平地得到的，嫉妒和愤怒就非常接近了，嫉妒也会产生相似的报复思想，也同样相似地于事无补。和愤怒一样，只有当嫉 52
妒的关注点仅仅在于相对地位，而不是更多切实的利益时，报复才能够实际地改善嫉妒者的处境，而嫉妒的这种狭隘的关注点也有着与愤怒相似的规范性问题，但对相对地位的关注在嫉妒中是极为普通的。有两位心理学家对情感有着精细的系统研究，最终把它定义为位置性的物品："嫉妒的对象是一种'优越感'，或者相对于一个参照群体或个人的'非自卑感'。"[89]

妒忌与嫉妒是很相似的，二者都涉及在拥有或享有有价值的东西方面对竞争对手的敌意。然而，妒忌通常是害怕某个特定的失去（经常是某人的关注和爱的失去，但并不总是如此），由此而想要把自己最珍重的东西或关系保护起来。它的焦点是竞争对手，把他看作是自己潜在的威胁。虽然可能没有（已知的）对自己的不当行为发生，妒忌可以很容易背地里对竞争对手（据称）有意图这样做而产生愤怒。通常其结果就是报复的愿望和行为。不像嫉妒，妒忌很少是仅仅关于相对位置的，它通常只关注重要的东西，这也是它通常难以满足的原因，因为重要的东西的安全性几乎从来都难以企及。[90]

这个简短的探讨告诉我们，愤怒是一种独特的情感，但它也很难与其他几种情感做出区分，特别是当它走上我们所说的**地位之路**时。愤怒确有其原因：它可以是我们所说的**有充分根据的**，而厌恶不是。但它特有的报复的愿望（这是与嫉妒、妒忌共有的，但悲伤没有这种特点）是有严重问题的，在我们向前推进我们的研究时，需要对这些细微的差别保持警觉。

X．愤怒的守门人：温和的性情

人们怎样才能够少一些报复的幻想和/或地位的沉迷这样的错误倾向，而多一些进行转型的倾向？亚当·斯密提供了一个非常有用的建议，而亚里士多德对愤怒以及与之相联系的“温和的性情”的美德的讨论提供了两个有用的建议。[91] 所有这三个建议都是一种思想的变体，即想要避免愤怒，就要减少和避免沉溺于自我的自恋创伤中。

一般说来，斯密的步骤是，通过想象一个“明智的观察者”的回应，构想出任何激情的适当程度，这里的“明智的观察者”并不亲自牵涉在事件当中。他说，这种方法在愤怒中是特别必要的，愤怒比大多数情感更加“必须降低到与不受约束的天性可能发作的要低得多的程度”[92]。他认为，当观察者想到别人受到的伤害时，他 53
仍然会感到愤怒。但他的愤怒是温和的，这首先是通过距离感和不牵涉其中做到的；其次，有趣的是，他还必须设身处地考虑愤怒指向的那个人的处境，这种对他人的考虑会阻止报复的念头。

换句话说，当我们将自恋的自我置身事外，我们会得到两方面的帮助，首先，我们没有内在的偏见，不会认为这全是“针对我的”；其次，我们不得不考虑每个人的福祉，不只是被不当对待一方的福祉。斯密的明智的观察者就是这样的设置，它推动了从过分的自我投入向一般的社会关注的转型。它是一个不完美的设置，正如我们所看到的，人们在他们的朋友受到伤害时，甚至在一般的事件中也会变得自我投入。但斯密的思想也有正确的方面，作为最初的功利主义者，他从关注脆弱自我的等级地位转向更为一般的和更富建设性的社会关切。

亚里士多德做了补充性的建议：我们通过换位思考，通过假设冒犯我们的人的想法，来避免不适宜的愤怒。亚里士多德不认为普通愤怒总是不适宜的，这与我的观点不同。但他的确认为，错误更多地是由于愤怒“太多/太频繁”，而不是“太少”造成的。因此，他把良好的性情命名为“温和”（*praotēs*，1125b26－29），这种性情很少愤怒。[93] 温和的品质是理性的：性情温和的人“通常是平静的，不会被激情引导，除非是作为理性的命令”（1125b33－35），这样的人也不害怕因此而招致不被喜欢：“他给人的印象好像是他有缺陷：因为性情温和的人不会满怀报复之心，而是倾向于同情的理解（*suggnōmē*）。”（1126a1－3）[94]

接下来，亚里士多德说，一个人如果能从他人的角度看问题，理解他人的经验，他是不可能想要报复的。为什么呢？首先，这种心理上的换位思考可以消除一些关于责任判定的错误：我们可以看到，这个人粗心大意，甚至只是出错，而不是完全应受谴责的。[95] 我们也可以判断出减免责任的因素，例如各种类型的强制，或者处于相互冲突的义务的压力下。这样的思考可能会阻止愤怒的产生。这一点与亚里士多德关于充分理由的观察相联系，参与式的想象帮助我们辨识出哪些理由是充分的，哪些是不充分的，以及它们到底有多强大。

但是，即使愤怒被证明以真实的事实为基础，花时间去从他人的角度看待问题也能潜在地阻止或抵消我们在愤怒中发现的两个错误。首先，它使我们努力思考报复本身，它能不能实现预期目的，
54 以及实现什么目的。想到别人被报复性地痛打，我们会怀疑这样做是不是真的对任何人有好处，而且能让我们明白我们所熟悉的巫术思维中的错误。其次，换位思考也会抵消关注自己地位的自恋倾向，这样也有助于转型。同情将愤怒引向平衡和纠正伤害，而不是引向与报复有关的对个人的降低等级。如果一种心态认为对方仅仅

是自己地位的障碍，仅此而已，那就很容易想去实施报复。同情的理解引导人们的思想向一般社会福利的方向发展。

我们可能会注意到，在我们往那个方向前进的时候，同情的理解使抵达那里变得更容易。当你能理解你的对手，你就更可能设计出一种包括他们在内的建设性的计划——我们将在第7章结合纳尔逊·曼德拉的事业讨论这个问题。

亚里士多德另一个有价值的观点涉及轻松的心态和幽默的性格的重要性。在《修辞学》中，他观察到：

> 当人们处于与愤怒的人截然相反的状态时，他们是温和的，比如当他们嬉戏、欢笑、宴饮，或者感觉到得意、成功或满足时，或一般地，当他们享受远离痛苦的自由、无害于他人的愉悦、满怀良善的期望时。(1380b2－5)

这些论述不需要解释，但我们深入地研究一下，为什么当人们处于所有这些情况时，他们就倾向于更少有不适宜的愤怒呢？[96]因为所有这些提到的条件有助于避免陷入自恋的脆弱之中。我曾经说过，人们常常陷入愤怒和报复的幻想，是为了从无法忍受的脆弱和无助中抽离出来。感觉到得意、成功或满足的人不太可能把挫折当作可怕的无助。相似地，那些从痛苦中解脱出来，或者享受着无害的愉悦的人也不会把挫折当作可怕的无助。（回想一下马丁·路德·金的担忧，他担心绝望会导致暴力报复。）当有人带着“体面的希望”——亚里士多德似乎是指体面的或公正的人所特有的希望（因此，不是想凌驾于他人之上的希望）——来展望未来时，他很少会受到报复愿望或者竞争焦虑的影响。

但是，嬉戏、欢笑呢？这些似乎是清单中最模糊的项目，然而它们可能是潜在地最具启发性的。首先，一个人“在嬉戏”（*en paidiai*）是什么意思？亚里士多德当然不可能是说竞技运动，人们在竞技运动中会高度地易怒（这是古希腊社会和古希腊哲学的主
55 要内容，不仅仅是现代问题）[97]，但是嬉戏并不意味着竞技比赛，它意味着一种放松的和娱乐性的活动，孩子们的游戏就是例子。亚里士多德把它和欢笑联系起来，他让我们感觉到，他心里想的是游戏性的活动。各处嬉戏（嬉戏通常与严肃的事物形成对比）中的自我，就有办法不让自己太过严肃，在这样的情况下，自我仿佛穿上了薄薄的铠甲，轻视就不那么重要了。嬉戏也是应对焦虑和无助的一种方式：像孩子一样，我们学会了用戏剧和游戏管理潜在的、让人筋疲力尽的恐惧。处于嬉戏中的人在这个世界上是放松的和自信的，能够允许其他人按他们自己的方式存在，而不是抓牢其他人，让他们来化解我们的恐惧。嬉戏在报复的愤怒和地位的愤怒两方面对我们都有帮助，处于嬉戏中的人不太可能严格地专注于他们的地位，也不太需要用没用的报复计划来缓解他们的焦虑。

亚里士多德不是唐纳德·温尼科特（Donald Winnicott），他没有提出游戏理论。[98] 但是，他的洞见引导了温尼科特的思考方向。游戏是一系列策略，它使自我更为强壮，能够在世界上与他人共存。这一思想与转型的概念是契合的：因为我说过，理智健全的人的愤怒有一种自嘲的存在方式。如果一个人已经处于一种准备看轻自己甚至嘲笑自己的心态框架下，转型也就触手可及了。

规范性地谈论愤怒的意义何在？如果它真的是我们史前进化遗

留下来的根深蒂固的倾向，这种批评有什么用呢？我认为，它有三重用处。首先，即使无法改变的倾向也可以视为公共政策的来源。因此，行为心理学注意到人类心灵的某些怪癖，允许我们就把它看作怪癖，这样就可以以更理性的方式来制定政策。例如，我们理解人们有一种心理学家所称的“可得性启发法”的倾向，也就是考虑一个突出的例子，然后根据这个例子来判断其他例子，我们就会明白为什么关于冒险的直觉需要用某种独立的成本收益分析来加以平衡。或者，正如我在关于厌恶的讨论中所说的，如果我们明白人类有一种强烈的倾向，即把厌恶的特性（不好的气味、动物性）投射到他人身上，从而使他人屈服或排斥他人，我们就能够警惕我们社会中的污名化和奴役的危险，拒绝以规范性瑕疵暴露无遗的情感为基础制定公共政策。

其次，愤怒的倾向似乎只是部分是进化的，至少部分是文化的和有角色特殊性的。更准确地说，文化造成了这种倾向进一步发展和表达的差异，如果有这样的差异的话。在控制愤怒方面，存在着
相当大的跨文化差异——乌特库人处于一个极端，希腊人和罗马人 56
在很大的程度上更接近他们而不是现代的美国人。在单个文化内部，也存在巨大的差异，正如我们已经谈到过的不同性别在愤怒上的差异。一些亚文化——斯多葛派和甘地主义者——也会偏离较大的文化模型。注意到这些灵活性，我们就可以致力于教育孩子去模仿我们认为的良好的、理性的模型。

最后，至少还有自我改变的空间，甚至对成年人也是如此。塞涅卡描述了他晚间对他自己的愤怒所做的耐心的自省。即使不是他

所声称的完全的成功，至少他也进步了。也许更多时间的自省能够带来更大的进步。纳尔逊·曼德拉说，在他 27 年的监禁期间，他收获良多。幸运的是，我们大多数人不会在这么长时间里被隔绝，不做任何事，但我们仍然能够取得进步。

注释

[1] Strawson（1968）. 斯特劳森并没有说愤恨是一种情感，也没有把它看作是愤怒的一种类型——尽管他确实把它当作一种可以"感觉到"的东西。他只是对这种情感作为一种哲学范畴不感兴趣，然而，R.杰伊·华莱士（R. Jay Wallace）在总结斯特劳森的观点时，确实把"反应性态度"当作情感来看待："在斯特劳森看来，情感如内疚、愤恨、愤怒——斯特劳森称之为反应性态度——为理解道德责任及其条件提供了关键线索。"见 Wallace（1994，18）。我认为华莱士关于斯特劳森的观点是对的，但这个解释性的问题，在我自己的论证中没有任何作用。关于我对愤恨和愤怒之间关系的看法，见附录 C。

[2] 例如 Hieronymi（2001）。

[3] See Allen（2000；1999）.

[4] See Vlastos（1991）.

[5] Butler（1827）.

[6] See Santideva（1995，45-62）.

[7] Strawson（1968）. 斯特劳森确实提到了愤恨、义愤、感激和"道德上的失望"（87 页等处）。然而，他并没有定义它们，

也没有研究它们的内部结构。

[8] Wallace (1994).

[9] 因此，最近关于监狱治疗的一次有价值的讨论，将这个问题与责备和责任的讨论联系起来，谈到了关于“敌意、否定的态度和情感，这些都是人类对责备的典型反应：……例如，憎恨、愤怒、愤恨、义愤、厌恶、不赞成、蔑视和嘲弄”（Lacey and Pickard [2013, 3]）等一长串清单。也有学者强调在研究宽恕的主题之前研究特殊情感的重要性，但她确实没有这样做：她没有剖析愤怒中的不同元素，也没有将其与其他“反应性态度”区分开来。参见 Hieronymi (2001)。

[10] 特别是 Lazarus (1991)，Averill (1982)，以及 Tavris (1982)；参见下文。

[11] 在更早的著作中，我提出了关于情感的整体观点的简要概述，见附录 A。

[12] 我介绍了这个术语，见 Nussbaum (2001)。

[13] 见 Batson (2011)；Smith (1982)，讨论了中国地震和欧洲的“人道的人”的反应。我也讨论了这个问题，见 Nussbaum (2013, chs. 6, 9, 10)。

[14] Lazarus (1991).

[15] 这意味着它们与大脑中的神经化学变化是相同的。

[16] 关于所有这些主张，见 Nussbaum (2001, chs. 1, 2)；关于情感的作用，参见 Nussbaum (2004b)。

[17] 亚里士多德的计划是向演说家展示愤怒的独特内容，以

帮助他们学习如何激起愤怒或如何消除愤怒。因此，他在整个过程中假设，愤怒在很大程度上是由认知评价构成的：演说家并不能激起人们心中的怒火。

[18] 在这里，我遵循亚里士多德的定义的后来的版本，它用不当伤害代替了降低等级的伤害，我认为这个定义过于狭隘了：见下文。

[19] 这种把握可能是初步的：保罗・布鲁姆的研究表明，一岁大的婴儿就有早期的公平竞争意识，对报复也有早期的认同。见 Bloom（2013）和本书附录 C。

[20] Lazarus（1991，219）.

[21] Arnim（1964，Ⅲ.478）. 比较 Lazarus（1991，224）。

[22] 至少在这项研究中，它确实是一种男性现象。或者，女性的愤怒反应没有大到去摇晃或踢倒机器，也许她们不想弄坏她们的鞋子和衣服。

[23] Tavris（1982，164，cf. 72）. See also Averill（1982，166）.

[24] Butler（1827）.

[25] 如果我们接受弗洛伊德的《婴儿陛下》（“His Majesty the Baby”）中所表达的婴儿全能的精神分析观点，我们可以更进一步：婴儿期望被伺候，成为世界的中心，并认为所有偏离这种状态的行为都是不当伤害。换句话说，其他人的真实和完整的存在，他们过自己的生活，而不仅仅是婴儿的奴隶，这本身就是一种不当伤害——这是人类发展中的一个可怕的问题。

［26］见附录C。

［27］*De Ira* I.2. 不幸的是，这部分作品有一个片段缺失，编辑们根据后来的基督教作者作品中的引文填补了这个缺失的片段。塞涅卡提到了一些常见的哲学定义，而不是给出他自己的定义。

［28］Arnim（1964，Ⅲ.397）：希腊语为 *ēdikēkenai dokountos*，拉丁语为 *qui videatur laesisse iniuria*。关于这一转变，另见 Harriss（2001，61）。

［29］2013年5月14日，芝加哥大学法学院，联合国暴力伤害妇女问题特别报告员拉什达·曼朱（Rashida Manjoo）的演讲。

［30］See Hossain（2013）.

［31］例如参见 Tavris（1982，72 and 94）。

［32］Lazarus（1991，221）. See Tavris（1982，152-153）.

［33］See also Lazarus（1991，225），他认为这个目的是区分愤怒和焦虑的关键。

［34］关于传统上对同情的不同描述，见 Nussbaum（2001，ch.6）。

［35］我在离开家去健身房时听到新闻上的采访，当时无法记录下来。但确实有这个采访。老乔丹在1993年被杀。嫌犯丹尼尔·安德烈·格林（Daniel Andre Green）于1996年被定罪，判处无期徒刑。［陪审团决定不判处死刑。另一名嫌疑人拉里·德默里（Larry Demery）同意签订认罪协议，以不利于格林的证词作为交换，德默里将于2016年获得假释。］2015年4月，格林要求重新审判，声称在最初的审判中出现了虚假证据。美国联邦调查局（FBI）

的审计发现，州调查局在处理包括本案在内的 190 起血证案件中存在失误。

[36] 对报复的类似评论，参见 Brooks (2012)。

[37] 关于这一点见 Mackie (1982)。麦基同意我的观点，即报复的想法毫无意义，他称之为“报应悖论”。布鲁姆对婴儿的研究（2013 年）声称，一岁以下的婴儿已经有公平的观念，但它真正表明的是，这些婴儿喜欢看到某人做了不公平的事情（例如，从别人身上拿走了一些东西）时受到痛苦的惩罚：因此它表明了“以牙还牙”以及公平思想的根深蒂固。

[38] 关于我们对特定故事模式的兴趣的达尔文主义解释，见 Vermeule (2011)。

[39] 比较一下 Mackie (1982, 5)：“毫无疑问，过去的不当行为，仅仅因为已经过去，是不能被取消的。惩罚可以折磨罪犯，但不能消除犯罪。”

[40] 关于这个主题的类似分析，参见 Murphy (1988, ch. 1) 以及他的其他著作。

[41] Hampton and Murphy (1988, 54-59).

[42] 见 Averill (1982, 177)，其中谈到了一项调查，调查对象被问及他们愤怒的动机。最常见的两种是“维护权威”和“报复肇事者”。

[43] 关于尊严的概念及其政治作用，我个人的观点见 Nussbaum (2008)，概述见 Nussbaum (2010a)。

[44] 当斯多葛主义者说动物是不理性的时候，他们的反对者

说，有一条聪明的狗，据说它是克律西波斯的狗，它追着一只兔子来到了一个三岔路口。它嗅了嗅第一条路，没有兔子的气味。它又嗅了嗅第二条路，也没有气味。它没有进一步嗅，就沿着第三条路疾驰而去——他们说，这表明这条狗已经掌握了析取三段论。安吉拉可能就像那条狗一样——但正如我在这里想象的那样，她并没有那么聪明，因为她在转头回来之前已经沿着第二条路走了一段路。

[45] 关于"了结"观念的文化建构及其后续的心理现实，见 Bandes (forthcoming)。

[46] 我借用了海萨尼的描述，参见 Harsanyi (1982)。

[47] 我并不是说报应主义全部是关于地位的。正如第 6 章将要阐明的那样，我认为报应主义的问题是第二个问题，而不是第一个。但在这里，正确的选择也是关注未来的福利。

[48] 巴特勒坚持认为，愤怒"永远不应该被采用，除非为了产生更大的善"。

[49] 我指的是理性的和建设性的。

[50] 对其进行的详细分析，见 Nussbaum (2013)。马丁·路德·金的演讲稿可在网上查阅：http://www.americanrhetoric.com/speeches/mlkihaveadream.htm。

[51] 在演讲的整个过程中，马丁·路德·金不断回顾非裔美国人所遭受的不公正，但他并没有沉溺于报复的想法，他一直向前看。

[52] 在这部连续剧的更多情节中，麦考德确实是一个福利主

义者，他认为有件事情会引发美国和阿帕奇人之间的战争，为了防止这件事被曝光，他忍受着个人的耻辱。

[53] Butler（1827，Sermon Ⅷ）.

[54] See Bloom（2013）.

[55] See Hampton and Murphy（1988，58）.

[56] 这些例子我要感谢查尔斯·拉莫尔（Charles Larmore）和保罗·盖耶（Paul Guyer）。

[57] See Seneca，*De Ira*，particularly I. 12.

[58] 巴特勒主教认为愤怒的作用在很大程度上是动机性的，见 Butler（1827，Sermon Ⅷ）。他认为，同情本身会使“执行正义极其困难和令人不安”。

[59] See Smith（1982，35）.

[60] 在这一点上我要感谢索尔·莱弗莫尔（Saul Levmore）。

[61] 见 Butler（1827，Sermon Ⅷ）：“既然神性中的完美善是一项原则，宇宙由此产生，并通过它得以保存，既然普遍的仁爱是整个道德创造的伟大法则，那么立即就会产生一个问题，‘为什么人类身上被植入了一个看起来与仁爱直接相反的原则?’”

[62] See Santideva（1995）.

[63] Ⅰ.48-49=Ⅱ.650-651.

[64] See Harriss（2001，31，ch. 16）.

[65] Lactantius，*De Ira Dei*，chs. 4 through 8. 正如我们将看到的，在著作后面的部分，拉克坦提乌斯有一些更有趣的事情要说。

[66] 关于努力调和《圣经》文本与希腊罗马规范的内容，另见 Harriss（2001，ch. 16）。

[67] 精彩的讨论，参见 Halbertal and Margalit（1992，ch. 1）。

[68] Lactantius，*De Ira Dei*，ch. 16.

[69] See Harriss（2001，393 and notes）. 哈里斯还指出，保罗关于愤怒的说法并不完全一致：有时他责备所有的愤怒，有时他允许有些愤怒，但他敦促人们只能短暂愤怒。

[70] Briggs（1970）. 我的详细讨论，参见 Nussbaum（2001，ch. 3）。

[71] Briggs（1970，330-331）.

[72] 1988 年 10 月 13 日，这个问题是由伯纳德·肖（Bernard Shaw）提出的。

[73] See Kindlon and Thompson（1999）.

[74] See Condry and Condry（1976）. 还有很多其他有趣的对比。在实验中，婴儿是同一个婴儿，但只是标签不同。

[75] See Levmore and Nussbaum（2014）.

[76] See Harriss（2001，ch. 11）.

[77] 典型的例子见 Cicero，Ad Quintum Fratrem Ⅰ. 1. 37-40。哈里斯在书中讨论过：西塞罗告诉他的兄弟昆图斯，他当时担任亚洲一个省的省长，他的卓越领导声望因为他明显的愤怒倾向而被削弱，西塞罗敦促他努力改进自己，认为愤怒的暴发"不仅不符合文化和人文精神，而且不利于皇室的尊严"。参见 Harriss（2001，204-205）。

[78] See Kindlon and Thompson (1999).

[79] 再说一次：我只说“愤怒”时是指通常的愤怒，而不是指作为特例的转型-愤怒。

[80] 关于这个问题我要感谢凯特琳娜·利诺斯（Katerina Linos）。

[81] 我对厌恶的长篇分析，参见 Nussbaum（2004a，ch. 2），并参考心理学和哲学文献；我的更新见 Nussbaum（2010b）。

[82] 因此，在有关性取向的法律中，基于行为的歧视和基于取向的歧视之间长期存在着混淆。

[83] 因此，但丁对地狱和炼狱的区分似乎有些武断：如果人们因一个行为而落入地狱，因一个持久的特质而被置于炼狱，这个行为就成为对他们永久惩罚的基础，那么这个行为在某种程度上对这个人而言就成为决定性的了。

[84] 在最近的哲学文献中，蔑视的研究佳作是 Mason（2003）。

[85] Mason (2003, 241).

[86] 这是梅森精彩文章的中心议题。梅森认为，当恰当地专注于一个合理的理想，在没有展现出理想特质而应受谴责的事情上，这种蔑视就是正当的。

[87] 有关嫉妒的详细讨论，请参见 Nussbaum（2013，ch. 11）。罗尔斯对此进行了细致的分析，见 Rawls（1971，530—534）。

[88] See Lazarus (1991, 254).

[89] Miceli and Castelfranchi (2007).

[90] 普鲁斯特的小说是这一思想的经典发展。

[91] 他在《修辞学》Ⅱ.2-3 中分析了愤怒及其“被平息”，并在《尼各马科伦理学》Ⅳ.5 中讨论了这一领域的道德倾向。虽然他从来没有将这两个论述联系起来过，但它们是一致的。

[92] Smith（1982，34）.

[93] 牛津翻译版表示这种性情时用“好脾气的”来表示形容词，用“好脾气”来表示名词，这也不能算错，但似乎太笼统了，因为它没有表示出与愤怒有特殊的关联。

[94] 牛津翻译版把 suggnōmonikos 译为“倾向于原谅”。但事实上，这是没有理由的：这个词字面上的意思是“用……思考”，特指同情的理解。见第 1 章，注 15 和注 29。

[95] 康斯坦强调，这是进行同情的理解经常会出现的情况，见 Konstan（2010）。

[96] 当然，我认为所有的愤怒都是不恰当的，但亚里士多德却不这样认为。

[97] 看看马可·奥勒留吧，他避免愤怒的第一件事就是，不要成为“赛场中的绿队或蓝队的粉丝，或者竞技场上的轻装或重装的角斗士”。

[98] See Winnicott（2005）.

第3章　宽恕：系谱

57 我因罪过而哀求，
羞愧让我面红耳赤，
主啊，请宽容一位哀求者吧！

——《末日经》，13 世纪赞美诗

泪水模糊了他的双眼，沐浴着上帝的仁慈之光，他低下了头，听到了赦免的庄严话语，看到神父的手举过他表示宽恕。

——詹姆斯·乔伊斯，《一个青年艺术家的肖像》第 4 章

Ⅰ．宽恕及其系谱

现在我们转向附属的主题：宽恕。像对愤怒一样，我们需要对

宽恕的有效描述，而查尔斯·格里斯沃尔德令人敬佩地提供了一个。他认为，宽恕是两个人之间的双向过程，涉及节制愤怒和停止报复计划，它的实现包括六个条件。请求宽恕的人必须具备：

1. 承认他是有责任的主体；

2. 否定他自己的行为（通过承认行为不当）和作为行为实施者的自己；

3. 对被伤害的人就已经造成的特定伤害表达歉意；

4. 努力变成一个不再造成这种伤害的人，既通过语言也通过行动表达这种承诺；

5. 表达他从受害者的角度理解这种伤害所造成的损失；

6. 对他如何做错事进行描述性的解释，并表达出不当行为并不代表他这个人的全部，以及他是如何成为值得认可的人。[1]

（我不认为这是一个完美的分析，但它给了我们一个很好的开 58
端。）让我们把它称作经典的描述，以表明它的中心地位和长期的影响。[2] 但此后我将把它称为“交易性宽恕”，以区别于没有这种条件性结构的替代性选择。正如我们所看到的，其中的每一个元素都有漫长的犹太教-基督教历史，同时它们共同构成了一个熟悉的组合。考察这些元素的历史能够帮助我们更好地理解其道德作用，也能够帮助我们更清晰地看出替代性选择如何远离了这种方式。

在考察愤怒的时候，我的程序是直截了当的：我通过研究不同的案例，考察愤怒的组成部分，讨论它们的作用，探讨它所包含的潜在缺陷和非理性因素。对于宽恕，考虑到犹太教-基督教的概念史，我觉得需要以更为间接的方式推进研究。为什么呢？

当一个哲学家建议通过考察历史来探讨一个概念，他就会立即受到“系谱谬误”的警告。通过探究事物的起源来考察其本性，通常被认为是一种不可靠的研究方法，所以这种警告通常是明智的。例如，我们能够通过观察人类心理的进化性起源来理解其特征，但我们最好认为这并没有让我们对它有一个完整的理解。在宪法中，我们可以通过观察立法者的意图来充分理解条款意义的思想也是有极大争议的，甚至原创主义者也不应该简单地假定原创主义是正确的。

然而，正如尼采所理解的，有时历史主义的考察是有启发性的，我们将在尼采的意义[3]上运用系谱学的思想。尼采关于道德的思想和我对于宽恕的思想是，存在着某种规范，它在人们的语言和日常生活中是如此值得尊重，如此重要，以至于人们并没有进行清晰的研究以划定它的精确边界。它们身上笼罩着神圣的光环，习惯也使它们难于被看清。我认为宽恕就是如此。因为我们已经习惯了这一想法，所以我们认为不必给它一个清晰的定义，也不需要从各种相关态度中把它分离出来。因为我们的文化如此敬畏它，我们不敢以批判的精神来考察它，因此，我们就很难认识到潜伏于宽恕中的攻击性、控制和令人不悦等因素。

历史时常会让人感到陌生。它提醒我们，有时事情确实有可能是另一种样子的。这里，它让我们想到的是宽恕，一个值得珍视的现代观念，它从最初就与一系列的宗教态度和实践联系在一起，并从中获得意义的根基，至今绵延千年。我们最终可以得出结论，其

完整的概念遗产值得我们认可。我们也可以得出结论说，宽恕的某 59
些方面可以从这个概念网络中分离出来，获得独立的价值。但是，与之相反，我们可能会发现，如果我们拒绝这个框架的某些关键方面，我们自己会注意到那些自然符合其原始宗教背景的特征是不适宜的。如果我们注意到这种不适宜，我们至少会怀疑如果我们抛弃这些传统的外壳，我们能否保留宽恕概念的核心。然而，如果我们继续认为宽恕如空气之于我们、水之于鱼一样自然，我们将永远不会到达至关重要的关键点。[4] 我相信，宽恕的某些方面能够从交易性概念的特定框架中分离出来，但哪些方面幸存下来，以及结果如何，仍旧有待观察。

米歇尔·福柯（Michel Foucault）对现代惩罚制度做了类似的讨论。[5] 福柯坚持认为，我们未经省察地、习惯性地接受了对惩罚的当然虔敬，特别是我们倾向于认为，以前著名的残酷的公共惩罚现在已经被一系列包含监禁和改造在内的温和的做法代替。事实上，我们对通过监狱改造罪犯是温和的和进步的这样的思想如此迷恋，以至于很难认识到甚至最明显的良善的监狱也是惩罚性的、控制性的。[6]

在宽恕的问题上，我们反复观察到的现象是，人们倾向于用这个词来形容自己在控制愤怒时所持的良好态度。这种倾向使人混乱，同时也使批评变得困难：在处理恶行时，“宽恕”恰恰是通用的褒奖术语。另一个我们观察到的倾向在某种程度上与这种倾向存在张力，它背着与犹太教-基督教的宽恕联系在一起的沉重历史包袱，仿佛它必须是我们已经引入的模糊的美好东西不可缺少的一部分。例如，我们将在第 7 章详细讨论的《没有宽恕就没有未来》，它的作者德斯蒙德·图图以模糊的规范性方式介绍宽恕之后，不管积极的宽宏大量的和解态度是什么，图图没有做进一步讨论，就把它与一整套宗教态度联系在一起，如忏悔、悔悟和赦免，等等。宽恕突然之间变成了基督教的交易性宽恕，并且有了非常明确的内容，但因为读者对这样的基督教态度和概念已经习以为常，所以并没有注意到这种变化。

我要说的是，虽然犹太教-基督教传统是比较复杂的，但也为我们提供了两种值得关注的替代性的态度。我将用这一章的大部分
60 篇幅来讨论**交易性宽恕**，格里斯沃尔德的定义很好地描绘了这种条件性宽恕的类型。**交易性宽恕**是中世纪和现代犹太哲学（借鉴了《圣经》文本但忽略了其他）的核心理论概念，它是基督教传统中三种有高度影响力的态度之一，也是组织化的教会倾向于选择和编成法典的那种态度。但是，犹太教传统中不太成文的部分和基督教传统中为人熟知的部分也引进了另外两种不同的态度。一种我称为**无条件宽恕**，另一种我称为**无条件的爱和大度**。我们将会看到这些替代性选择特别是后者可以提供给我们很多东西。二者在《圣经》文本中都很突出，在《旧约全书》和《新约全书》中都是如此。然而，不可避免的事实是，对于许多组织化的犹太教-基督教的历史来说，交易性宽恕居于舞台中心，对于政治的和个人的关系都有很大影响。

接下来，让我们以尼采精神来审视犹太教-基督教传统中的交易性宽恕。

Ⅱ．犹太教的特舒瓦：保留行为和疏忽的记录

犹太教的特舒瓦①，或称悔改，以及与其相关的宽恕态度有一个漫长而复杂的历史。很多《圣经》文本，特别是在《先知书》中，大范围地讨论和列举了后来成为传统法典的相关行为和态度。但是，这些文本并不是系统的，它们并没有构成一个理论或宗教实践体系，其中交易性宽恕的思想是突出的[7]，我们将在第Ⅴ部分看到，它们与倡导无条件宽恕和无条件的爱的文本共存，没有完全被编纂成法典。《塔木德》（*Talmud*）也不是系统化的，当我考察这些不同的传统时，我将讨论它在后一个主题上的深刻洞见。[8]

然而，后来的希伯来传统把这些思想都法典化了，对什么是特舒瓦以及应该如何进行特舒瓦给出了权威的定义。[9] 这一传统的主导声音来自12世纪伟大的思想家迈蒙尼德[10]，他的《悔改法则》（*Hilchot Teshuvah*）构成了其具有权威性的第一部著作《圣诫书》（*Mishneh Torah*）的一部分，而13世纪的拉比赫罗那的约拿，他的《悔改之门》（*Shaarei Teshuvah*）是影响最广泛的悔改法典。[11] 当代犹太教神学关于特舒瓦的权威讨论，如约瑟夫·多夫·索罗维奇克（Joseph Dov Soloveitchik）和大屠杀历史学家黛博拉·利普斯塔特（Deborah Lipstadt）等的观点与这些文本非常接近。[12]

---

① 原文为 *teshuvah*，即犹太教的悔改，悔过，本书采取了音译，以示区分。在涉及书名时是仍译为“悔改”，以与通行译法一致。

我们从这些著作的标题中看出，这些作品的组织性的概念是特
61 舒瓦或悔改，而不是宽恕，但宽恕是这一过程的终极目的，而且它扮演着重要的组织作用。然而，最初的重点是在作恶者的行为，而不是受害者。强调这个重点的首要原因是，特舒瓦首先是犯错的人所经历的与上帝或上帝的愤怒相关的一个过程。道德规范是给违法者规定的，当然不是给上帝的。这里有一个辅助性的描述，是关于在与其他人相关时特舒瓦如何进行，正如我们将要看到的，人对人的特舒瓦是独立的、无中介的，但人不可能简单地通过修复他与上帝的关系来履行这一义务。尽管如此，对人的恶行也首先是对上帝的恶行，作恶者对上帝的关系，无论在仪式上还是在文本中，都比人与人之间的关系得到了更多的强调。犹太人的赎罪日的目的完全是修复人与上帝的关系，虽然也提到了需要单独对人的恶行进行赎罪。约拿的文本几乎没有提到人对人的赎罪，只在 400 页作品的最后才简短地提到了。索罗维奇克的当代权威论述也只是轻描淡写地讨论了人对人的特舒瓦。迈蒙尼德相应地给予人对人的特舒瓦以更多的重视——但只是因为他的著作中关于特舒瓦的部分非常短，他把占据约拿著作大量篇幅的伦理诫命放在其伟大著作的其他部分。

特舒瓦的框架是一个非常长的诫命清单，严谨的犹太人被要求遵守这样的诫命。约拿把这些诫命分为积极的和消极的，积极的诫命要求人们去做某事，而消极的诫命要求人们不做某事。换句话说，因疏忽而导致的罪恶通常较轻，而主动犯下的罪恶，其严重程度不等，但总是比较严重。这些诫命覆盖了生命的整个领域，其中一些是核心的道德或宗教要求，一些是“篱笆”，其作用是让潜在

的犯罪者远离可能的犯罪（有一条作为“篱笆”的诫命是，男性不能以任何方式接触已婚女性：这条诫命把潜在的犯罪者和可能的严重性侵犯拉开了距离）。即使违反“篱笆”与违反基本诫命相比是较轻的违反，但它仍旧是违反，为此也必须进行特舒瓦，而且，蓄意的和偶然的违反都要求特舒瓦。[13]

因此，生活中充满了需要特舒瓦的场合。考虑到律法的数量和违反律法的容易程度，一个人需要保持持续的警觉，而且也需要经常进行特舒瓦。实际上，人们可能会说，整个特舒瓦框架的作用之一就是用思考与上帝的关系填满生命的过程。从犹太新年到犹太赎 62
罪日期间，以及犹太赎罪日仪式本身是集中了全年的悔改的主要场合[14]，迈蒙尼德还设想了持续全年的特舒瓦。约拿则说，整个过程就像一个防御工事，防止未来的罪恶。

有些罪恶在悔改之后上帝立即就会原谅，其他罪恶则要等到下一个赎罪日，只有在承受了进一步的磨难之后宽恕才会随之而来。对特别严重的罪恶，悔改的犯罪者至死也不会得到原谅。[15]（正如我们将会看到的，针对其他人的罪恶还要达到进一步的条件才能得到宽恕。）[16]

特舒瓦的第一个要求是忏悔。迈蒙尼德认为需要进行个人的具体的口头忏悔（除了在赎罪日宣读的集体忏悔）。对上帝的悔过应该私下地进行，但它必须采取发音清晰的口头形式。索罗维奇克解释道，这是因为情感和思想“变得清晰，并且只有它们在以符合逻辑与语法结构的句子表达出来以后才能被理解”（91—92）。当所犯的罪不仅是针对上帝的，也是针对另一个人的，忏悔就必须公开地、口头地进行。“因为一个悔过的人如果如此傲慢，他隐藏自己的背叛行为而不是公开它，这样的特舒瓦就是不完全的。”[17] 索罗维奇克说，这个要求的原因之一是，犯罪者必须“为他的同胞澄清名誉，有效地消除他施加给他们的污名”（80）。（他显然坚持这样的观点，恶行是对受害者的贬低，这种观点非常有趣地接近亚里士多德重点强调的“降低等级”。）

但忏悔只是第一步。犯罪者还必须采取措施，制定详细计划，避免在未来犯罪。这个过程必须始于真诚的懊悔和承诺，决不重蹈覆辙。虽然上帝“明察秋毫”，但表达懊悔的陈述也应该说出来（如果涉及其他人就公开地说出来，如果只涉及上帝可以私下说）。迈蒙尼德和约拿都使用了一个有说服力的形象，这个形象在两个文本中都出现了，如此不同寻常，说明它们可能来自更早的起源：只是口头忏悔而没有真诚懊悔的人，就像一个拿着爬行动物的人寻求在浸礼池中净化，他不可能得到净化，除非他抛掉爬行动物①。迈蒙尼德概括道，真正的特舒瓦是：“不再犯曾经犯过的罪，再不也想犯这样的罪，并将永不再犯的承诺铭记于心。”[18]

在这个过程中，“顺从，谦卑，温驯”的心态是极有帮助的。[19] 担忧也有帮助，因为它能使人定睛在容易犯罪的事上。（迈蒙尼德说，羊角号的声音是精神上保持警觉的隐喻。）[20] 特舒瓦成
63 功的极致是，当再次面临同样的犯罪机会的诱惑时，约束自己不去

① 犹太教认为爬行动物不洁，参见《圣经·利未记》11：23：“但是有翅膀有四足的爬物，你们都当以为可憎。”11：24：“这些都能使你们不洁净。凡摸了死的，必不洁净到晚上。”

犯罪。[21] 然而，这可能并不是一个严格的要求，因为人可能一直在进行特舒瓦直到临死的那一刻才得到宽恕——濒临死亡之时，有很多罪行人都不可能再犯。[22] 在特舒瓦的过程中，不断地意识到死亡迫在眉睫是巨大的帮助。[23]

特舒瓦不适用于愿望或欲望，但适用于行为或疏忽。内在世界是重要的，因为它既是犯罪的起因，也是特舒瓦过程有价值的组成部分。正如约拿所说，在自己内心激起汹涌波涛，对于分散一个人对于快乐与邪恶倾向的注意力是非常有用的。而“篱笆”经常表达的就是内在世界：从激起欲望的场合抽离，是防止犯罪的一部分。[24] 然而，即使在这里，相关的行为或疏忽才是本质：欲望本身并不是罪恶，只是罪恶的起因或影响因素。相似地，与其他人相关时，重要的也只是行为与疏忽，而不是任性的愿望，除非这些愿望已经倾向于产生行为。

现在我们转向对他人的冒犯的问题，我们发现人对人的特舒瓦在某种程度上并非处于派生的地位。虽然对他人的每一次犯罪都是对上帝的犯罪，但在上帝面前忏悔并得到上帝的宽恕还不足以让这个人与另一个他伤害过的人平起平坐。事实上，金钱的补偿或归还（如属在财产犯罪的情况下）也不够。[25] 他必须直接面对这个人，公开承认错误，表达悔恨，并承诺不再做这样的事——在与犯罪相关的整个领域，改变这个人的生命进程。然后受害者必须接受道歉。“因为在犯罪者把他欠受害者的还给他之后，受害者必须仍旧对犯罪者保持好感，犯罪者必须请求受害者的宽恕。”约拿指出，补偿和归还不能抵消受害者的耻辱和痛苦，只有祈求宽恕才能有这样的效果。

这里，我们终于在某种规范的意义上达到了人类的宽恕：受害者一方心理发生变化，他放弃了愤怒和怨恨，以回应犯罪的忏悔和悔悟。特舒瓦过程包含了格里斯沃尔德核心定义的全部要素。甚至在解释为什么单独的补偿不够时，对受害者承受的痛苦的同情理解也有所体现，虽然不是重点强调的。整个过程结束于受害者愿意放弃愤恨的情感和计划。

犹太人的传统认为，宽恕是美德。受害者不应该怀恨在心，应该易于被安抚而且不轻易动怒。（迈蒙尼德指出，异教徒总是心怀
64 旧怨：宽恕的品性是犹太人的特点。）[26] 然而，如果受害人天生执拗，犯罪者应该和三个朋友一起去请求他的宽恕。如果答复仍旧是否定的，他应该第二次、第三次和不同的朋友一起来，所有的朋友一起来劝说他。这时，情况就完全不同了，执拗的受害者变成了罪人。例外的情况是师生关系，如果受害者是犯罪者的老师，他将不得不反复“上千次”（显然，一个不宽恕的老师没有任何过错）。对死者的道歉和对不认识的人的补偿是有特殊规则的。[27] 然而，这个过程是仪式化的和有相当强制性的，要么宽恕，要么你就变成了罪人。

在讨论人对人的特舒瓦时，没有明确地提到焦虑、贬抑或自身的羞辱感。这些态度适用于对上帝的关系，然而，它们也很容易在人对人的关系上遭遇到——因为对他人的犯罪同时也是对上帝的犯罪，那么这些态度在对人的关系上也就是适用的。无论如何，如果焦虑和贬抑是个人生活独有的特征，它们就会出现在人与人之间的

关系中，无论它们是否明确地指向另一个人。受害者也很可能会焦虑，因为他处于因对方的罪恶而产生的痛苦之中，还要求他改变很难改变的态度。

当人们把这些有悠久历史传统的结构性描述与格里斯沃尔德的哲学定义进行比较时，人们会有新的理解，而这个新的视角就是系谱学的目的。在格里斯沃尔德的当代描述中，有一种人们熟悉的最初存在于包罗万象的宗教生活方式的结构，这种结构已经被整体地从中抽离出来，就好像即使没有那些贯穿生命的宗教承诺，它也能而且也应该保持完全一样。是否如此，似乎需要详细的论证，但对整个思想的熟悉使人们觉得他们可以省去论证。

然而，让我们继续在这个结构的原始背景下考察宽恕，追问它对个人关系和政治关系的影响。我们越理解这一传统，我们就越有能力对它的压缩版提出问题。

在犹太人的特舒瓦中，个人的和政治的关系都被压缩为生活中非常小的一部分。与上帝的关系是首要的，贯穿一切关系中。政治的关系甚至不曾提及，个人关系要么在文本中占据很小的篇幅（比如在迈蒙尼德和约拿的作品中），要么竟然不占任何篇幅（比如在索罗维奇克的作品中）。这不仅是因为在特舒瓦的经典文本中，人们之间的关系占据很小的篇幅，很显然，充满生命过程的结果，事 65
实上也是目的，是把人与人的关系边缘化，使其成为次要的。即使人们之间的宽恕不能通过得到上帝的原谅而完全实现，但整个过程也是在对上帝的基本承诺的背景下发生的，这个承诺充满整个生命，并将其构建在最亲密的细节中。大量的积极的和消极的诫命，包括很多的“篱笆”，加上持续的焦虑与警觉，这意味着没有多少空间去观察和观照另一个人的类似的情况，当然也没有容纳人的自发性、激情或嬉戏的空间。由这个过程组织起来的生活似乎非常焦虑而无趣，虽然他们处于一个把快乐和幽默的能力明确视为美德的传统中。

特别令人惊奇的是，从埃斯库罗斯式的出发点来看，人们没有意识到政治关系会带来影响。不像个人关系，至少还被提及，政治关系则完全没有提及——甚至在索罗维奇克的当代论著中也没有提及。愤怒不会因为政治正义而改变，因为真正重要的是上帝的愤怒和上帝的正义。即使在公正的和法治的社会中，作恶者所承受的焦虑、忏悔，以及潜在的神圣愤怒的重负，和在前法治社会中完全一样。

在这样的传统下，人类受害者的愤怒是如何平息的？不是因为受害者的任何主动的宽宏大量，受害者接受的教育是等待犯罪者的道歉和恳求，等待他们承诺改正和不再重犯，同时在适当情况下要求赔偿。此时，受害者应该不再执拗，而此前不是。事实上，有一种观点强烈建议，预先的大度在受害者一方来说是一个巨大的错误，缩短了规定的特舒瓦过程。当然，上帝要求我们遵循完整的程序，不断重复，而人得到的鼓励是，和上帝相比，不能粗心、浮躁。即使最终让步，受害者也被鼓励在最开始要态度强硬，要让犯罪者被迫采取煞费苦心的、不自在的姿态：想象一下，犯罪者要依次把三个朋友组成三个不同的小组，必须让这些朋友知道这一事实的详情细节，并要准备好替他求情。

而且在这个过程结束时，没有大度或自行发挥的空间：宽恕是宗教律法的要求而不应随意给予。

那么，人际关系就有着双重负担：首先，也是最重要的是，持
续关注是否违背上帝，它占据了生命的大部分空间；其次是在人与
人的关系中要求的公开的特舒瓦过程。由于一个人侵犯到他人的途 66
径非常多，人与人之间的特舒瓦要求就非常繁重，占据了本来应该
由更幸福的事情占据的空间。这些负担正是雅典娜强烈想要去除
的，但特舒瓦过程并没有去除它们，而是强化了它们。毫无疑问，
这就是它的目的。

本章第 VI 部分将介绍一些来自犹太教传统（例如某些《圣经》文本）的替代性选择，它们暗示着不同观点。现在我们将继续说明我们所说的交易性宽恕，让我们转向相关的基督教传统的主线。

Ⅲ. 基督教的交易性宽恕：内在世界的得分记录

基督教的传统有很多方面，当然，犹太教传统也是如此。但在犹太教中，至少在我们处理正统派犹太教的哲学传统时，它是历久不变的。基督教从最初就是混杂的，有复杂的文本基础，并随着时间的推移和空间的变化而日益多样化。我们这种系谱不能穷尽所有关于《福音书》作者，或关于耶稣和保罗之间的不同的学术争论，甚至除了最一般的，我们也不能穷尽关于天主教和新教的宽恕教义之间的差异，以及各种新教教派之间的差异的学术争论。相反，我

的**交易性宽恕**的系谱旨在像在犹太教中一样，提炼出一个熟悉的结构，这个结构具有非凡的普遍性和持久性，穿越时间与空间依旧可以辨识，并以我们意识不到的方式塑造着现代文化。它将集中关注组织化的教会，虽然它可能已经背离了它的起源，就像组织化的宗教经常发生的那样，但组织化的教会对日常生活和文化有着举足轻重的影响。在简略描述主流的基督教版本的交易性特舒瓦过程之后，我将转向在这个传统之内的两个替代性选择，它在《圣经》文本中已经得到显著的证明，并提供了有吸引力的可能性。

首先，我们摒弃错误的但无处不在的观点，即犹太教传统是惩罚性的，而基督教传统是宽容的。正如我们所看到的，犹太人说的恰恰相反，非犹太人、异教徒是怀恨而难释怀的，而犹太人则有着把愤怒放在一边的原则方法。这两种说各自的传统更温和的说法都是错的。基督教传统有着大量的惩罚性（人们只需要想想《启示录》）的资源，而犹太教传统当然鼓励严格的核查和艰苦的赎罪。
67 事实上，正如我们将要看到的，两种传统之间有着巨大的连续性，这并不奇怪，而基督教总体上在相似的方向上更前进了一步。

交易性宽恕并没有在《福音书》中缺席，尽管它不像组织化的教会所期望的那么突出。主要的论述是在《路加福音》17:3-4:“如果你的兄弟不当对待你，就劝戒他。如果他懊悔，就宽恕他。倘若他一天七次不当对待你，又七次回转来对你说，‘我懊悔了’，你还要宽恕他。”[28] 另一个权威文本是在《使徒行传》3:19:“所以你们当悔改归正，使你们的罪得以涂去，这样，那安舒的日子，就必从主面前来到。”而且约翰发起的整个洗礼实践的特征就是

“以悔改的洗礼，使罪得恕”（《马可福音》）1:4，《路加福音》3:3)。这句话被解释为，没有悔改就没有洗礼[29]：在《马太福音》3:8中，约翰训斥法利赛人和撒都该人，他们还没有感到后悔就来受礼。洗礼可能不足以得到上帝的宽恕：只有基督在十字架上受难才能得到上帝的宽恕，但洗礼是必要的。[30] 因此，宽恕，虽然涉及基督的自由的恩典行为，但还是具有深刻的交易性的。

正如我们将会看到的，我们在《福音书》中发现的不仅仅是这些思想。但它们塑造了基督教教会的早期仪式，而且毫不奇怪，很久以后，组织化的教会把它们编成法典并且发扬光大。因此，无论早期教会中的洗礼是什么，它都很快成为被应许的救赎的前提条件。它所提供的对罪恶的宽恕过去是且现在仍然是，被看作彻底的交易性的：孩子的罪在父母和/或教父母表达痛悔并弃绝邪恶势力和罪恶欲望的条件下才能得到宽恕。[31]

交易性宽恕虽然出现在《福音书》中，但它首先是要建立一个组织化的教会，所以现在让我们关注一个较晚的文本《末日经》，它是一部中世纪诗歌，记录了基督教关于末日审判的观点，几个世纪以来它在追思弥撒中处于中心地位（在梵蒂冈二世之前，那时它被废除)。[32] 《末日经》只是很多关于赎罪和宽恕的仪式的文本之一，它的结构框架或多或少已经在公元2世纪德尔图良的《论忏悔》[33] 中呈现出来。但它的意象在不同时代的很多地方已经成为非常普遍的教学语言。[例如，乔伊斯的作品《一个青年艺术家的肖像》(1916) 中构想的男学生就在布道中听到了所有这些，这个布道与实际的布道或者乔伊斯年轻时听过的布道十分接近。] 它巧妙地概括了基督教宽恕的一系列普遍存在的思想和实践。

68 《末日经》描述了在“愤怒之日”弥漫着神的愤怒的世界，人对神的愤怒充满恐惧，谦卑地祈求宽恕。这首赞美诗背后的部分理念是，歌唱或聆听这首赞美诗的人永远不知道宽恕实际上是否会发生，因为如果他在歌唱或聆听这首赞美诗，他就还没有死去，他就总是有可能再次犯罪。人只能满怀希望，持续地祈求。

愤怒之日是世界大灾难之日：整个世界在烈焰之中化为灰烬。号角声召唤着死者接受审判。审判者到来，严格地审判一切。判书呈上，包含着审判所要依据的全部记录。“所有隐藏的一切都会显现，不会再有未得赏罚之事。”犯罪者（仍旧活着，赞美诗的咏唱者）想知道那一天他自己究竟会说什么。他感到有罪，就像一个罪犯，想象自己在审判席前脸红羞愧。他知道他的祈祷没有价值，但他还是希望得到法外施恩的宽恕，他祈求着，以卑微的祈求者的姿态，他的心如灰烬，痛悔不已。当该下地狱者被灼烧时，他请求宽恕，从而得以赦免，因为耶稣为了人类而道成肉身。

在很多方面，这是（预期的）死后结算形式的特舒瓦过程。忏悔、道歉、祈求、悔悟，一个人恶行的编年史都在这里。即使决心改变和不再重犯的决定很难放入死后的情境中，但仍然在神学上以经典的炼狱描述的形式存在。在炼狱里，灵魂一旦被神的宽恕拯救，必须学会通过艰苦的劳动和不断的改造，来解除对困扰他们的罪恶的依附。在犹太教中，上帝被描绘为严苛的愤怒的上帝，尽管如此，如果上帝收到人类的苦苦哀求，他就可以选择宽恕，消除愤怒，不进行应有的惩罚。再一次地，在犹太教中，首要的关系是与上帝的关系，首要的受害者和宽恕者是上帝。

天主教的告解圣事（实际上自德尔图良的《论忏悔》之后就没有改变）与犹太教的特舒瓦之间的连续性非常清晰，与犹太教的特舒瓦的每一阶段都有着精确的对应关系。[34] 告解要求口头的忏悔，然后是悔悟（16世纪特伦托会议对悔悟的定义是："内心的悲伤和对所犯罪行的憎恶，下定决心不再犯罪"），因此，如果违反者只是走过场，忏悔是无效的。在忏悔和悔悟之后——如果神父认为这些都足够完整——接着就是赦免，通常还伴随着某种指定的告解仪式，"经常采用诉说的祈祷形式，或者采取某种行动的形式，例如作为参观者到教堂、苦路站等地。捐献、斋戒和祷告是赎罪的主要方式，但也可能需要其他的赎罪方式"[35]。神父也可以酌情要求对受害人和社区进行赔偿，虽然要求赔偿的次数远远少于要求祈祷这 69
样的形式的次数。

因此，告解仪式和特舒瓦仪式是一脉相承的。在新教的主流中，这些事情很少是结构化的，但基本上也是大体相似的。没有指定的中间人去聆听忏悔，给悔罪者分配任务，但是违规者还是被驱动着忏悔、悔悟、告解。英国国教教会（Anglican Church）有集体背诵忏悔词的仪式，其他教派也有类似的仪式。在福音派基督教中，对罪恶的公开忏悔是很常见的，伴随着悔悟与谦卑，随后便共同祈求神的宽恕。

两种传统之间另一个惊人的相似之处是，仪式化的宽恕要有时间的间隔。人只在赎罪日对忤逆上帝的罪进行真诚的忏悔是没有用的。迈蒙尼德呼吁犯罪者要再一次认罪，这样做的目的是将其作为一种设置起到警示的作用，并且让他们记住这件事。对犯罪者也伤害了其他人的情况，特舒瓦要求有一个确定的结果。在天主教的仪式中也是这样：人每隔一段时间就要忏悔一次，而且如果一个人是真诚而彻底地忏悔，那么他在这段时间所犯的全部的罪就能得到宽恕。在新教中就得不到这样的保证，新教把宽恕归结为犯罪者与上帝的关系。而在英国国教的仪式中有公开的赦免形式，相似的形式也存在于其他教派中。福音派的“重生”思想是赦免思想的一个变形。

然而，在从犹太教向基督教的转型中，宽恕过程已经发生了重要变化。

第一个不同是，独立的人与人之间的宽恕过程，在犹太教中本就不受重现，在基督教中就直接消失了：所有的宽恕实际上只源自上帝（有时以神职人员为中介）。如果你理顺了你与上帝的关系，那么其他人当然就满意了，你不需要再单独与那个人缔结协议。[36]天主教的忏悔使这一点变得非常明确：神父，以上帝之名，能够免除你个人的罪，而且你不必对其他人说或做任何事，除非神父要求你这样做。然而，通常告解并不是直接的，而是首先通过祈祷来实现。炼狱的末世论再次具有指导性：那些吝啬的人、专横的人、欺诈的人，他们试图通过赦免而进入炼狱，这类人能够在来世致力于提高他们的性格，而不必与那些他们的行为曾经伤害过的活着的人打交道。这样，不像特舒瓦，基督教的宽恕本质上是上帝引导的过
70 程，无论是在天主教的圣礼形式中，还是其他形式中。人并不直接面对人（除了神职人员），他们转向面对上帝。

第二个不同是，罪恶的范围。在犹太教的特舒瓦中，罪恶的定位是外在的行为或疏忽。欲望是作为原因与善行或恶行相关，但它本身并不是需要评判的行为。[37] 在基督教传统中，则存在着显著的不同。耶稣批评犹太人关注狭隘行为的传统，“你们听说过：‘不可奸淫。’但是我告诉你们：凡看见妇女就动淫念的，这个人心里已经犯奸淫了”（《马太福音》5：27）。这样，内在世界就可能被看作不服从的人的准行为场所[38]，通过记忆被挖掘出来，并需要进行忏悔。事实上，在德尔图良的《论忏悔》中，罪恶被分成基本的两类，一类是躯体的罪，一类是思想或心灵的罪。两者都要求告解，但后者被认为是更基本的。[39]

在这一点上，我们可以介绍一下米歇尔·福柯关于告解和忏悔的重要哲学观点，出自最近出版的《恶行诚言》（*Mal faire，dire vrai*），这本书是基于米歇尔·福柯 1981 年在比利时鲁汶所做的演讲编辑而成。[40] 福柯关于忏悔的历史描述有很多瑕疵，其中之一是他完全忽略了犹太教传统，但他的描述具有不容置疑的洞察力和重要性。我的描述主要是共时性的，而福柯则认为对这些实践的历时性研究是有价值的。[41] 在对德尔图良和其他早期发展一带而过之后，他把忏悔实践的主要发展定位于 4 世纪到 5 世纪的修道院传统，认为正是这个传统在后来得以法规化。[42] 他关于忏悔发展的考察与我的概要描述是吻合的，强调修道院传统的某些特征至关重要。首先，他强调权力关系的不对称：听者占据优势，说者处于卑位。其次，他强调忏悔无穷无尽，无法穷尽罪恶，人永远也达不到那一刻，他可以确信他找到并真诚地承认了每一个隐藏着的罪恶。

最后也是最重要的，他令人信服地认为，整个过程就是一个自我贬低、自我毁灭和羞愧的实践，把内在世界暴露在公众（或者后来是听告解的神父）面前。

如果说基督教通过这样的实践扩展了我们对内在世界的意识，就像人们常说的那样（特别是根据奥古斯丁的《忏悔录》），也不失正确，但如福柯正确地强调的，对内在世界的过度意识极大地放大了犯罪的场合，也把犯罪扩展到无法控制的领域。奥古斯丁因梦遗而产生的痛苦不仅是因不洁行为产生的痛苦，而且是这种倾向本身
71 带来的痛苦，它深深地植根于人性深处。相似地，炼狱中的灵魂不是为未被赦免的行为赎罪——如果是真有那样的行为，他们就会去地狱了——而是为欲望或倾向上的瑕疵赎罪，如好色、贪食，等等。[43] 然而，内在世界是混乱而难以控制的，以至于忏悔和道歉集中于此，恰恰无法带来令人满意的秩序。这样，基督教的忏悔情绪总是充满强烈的悲伤、极端的恐惧和深深的羞耻，而这种羞耻涉及整个人，而不只是一系列不良行为。

乔伊斯的作品对这一过程的恐怖可怕进行了精彩的描述，他描绘了 16 岁的斯蒂芬听到布道之后的反应：

> 每句话都是针对他说的。上帝的愤怒是针对他的罪恶、污秽和秘密。神父的刀深深地刺进了他敞开的内心，他感到他的灵魂正在罪恶中溃烂。是的，神父是对的。轮到上帝审判了。就像兽穴里的野兽一样，他的灵魂躺在自己的污秽的罪恶里，但天使的号角吹响，驱使他从罪恶的黑暗中走向光明。天使发出的毁灭之声瞬间打破了他那自以为是的平静。末日之风在他

> 心中肆虐，他的罪恶，他想象中的那些珠光宝气的娼妓，在心中的飓风里逃窜，蜷缩在一头长发之下，就像老鼠一样惊恐地尖叫。

可怕的罪是性幻想（以及手淫，或偶尔的嫖娼）。对十几岁的男孩做这样的演讲是极端残忍的，这把他们不能控制的精神活动与某种类型的完全真实的好色混同起来了。[44] 教会这种规训权的关键是它对幻想的固执，而幻想是无法控制的，它总是不顺从的。正如传道者（关于魔鬼路西法）继续说的："他因为一瞬间的罪恶念头而冒犯了万能的上帝，上帝将他从天堂永远抛入地狱。"对宽恕的追求最终让斯蒂芬向神父忏悔，这缘于极度的恐惧和强烈的自我厌恶。在想到他自己的思想时，他感到恶心。这个描述让我们思考——这也正是它的目的——在这样的传统下成长的人怎么可能去爱一个人？更不用说是一个女人。[《尤利西斯》，特别是它的最后一章，是乔伊斯对这个问题的回答，既然乔伊斯是斯蒂芬·代达罗斯①（Stephen Daedalus），那么他也是利奥波德·布鲁姆（Leopold Bloom）。]

第三个不同是，与标准的犹太教交易性宽恕相比，基督教的交易性宽恕过程更加强调谦卑和卑贱，将其作为人类生存的基本特征。犹太教的特舒瓦推动焦虑，打击骄傲和自信，但这一传统从未 72

① 《一个青年艺术家的肖像》是乔伊斯带有自传性质的作品，斯蒂芬·代达罗斯是这部著作的主角。《尤利西斯》讲述了三个普通市民的故事，青年艺术家斯蒂芬·代达罗斯是其中之一，犹太广告经纪人利奥波德·布鲁姆和他的妻子也是《尤利西斯》的主角。

宣称人类如此低贱、卑劣，没有任何价值，而人类自尊的核心仍然完好无损，与之相伴的甚至还有对身体的爱。[45] 但这些态度完全消失在某种基督教的自我省察的锐利目光之下，是的，肉体是无价值的，所以你也是无价值的。这个主题从交易性宽恕传统的最开始就非常突出。因此，德尔图良的《论忏悔》的很多篇幅都用来描述"悔罪仪式"（*exomologēsis*），忏悔者通过自我羞辱的行为，包括斋戒，哭泣，呻吟，自轻自贱，穿着肮脏的衣服，以及对悲伤的承诺，等等，公开地承认他的卑微[46]，"悔罪仪式"的举行是得到上帝的宽恕的必要条件。

在这一系列的交易中，人与人之间的宽恕如何定位？基督教的交易性宽恕传统像犹太教的交易性宽恕传统一样，所有的宽恕本质上都是上帝主导的，告解的过程也被广泛地理解为基于忏悔、道歉和最终宽恕的人际关系模式。在这个传统下，无数思想家把告解的过程作为人际和解的典范，他们遵从文本中的指示，把耶稣的教导和行为作为我们的行为典范。一点也不奇怪，人在与上帝的关系中遇到的羞耻、自我厌恶、道歉等也会出现在人际关系中，塑造着我们处理有关性和人类其他重要问题的方式。

像在犹太教中一样，在一个包含了贬抑、忏悔、悔悟、告解的过程的最后，我们得到了宽恕。但与犹太教相反，这个过程要求承认人在本质上是卑微的、没有价值的，可以想象，这样就会把自己置于最残酷的报应场景当中，它也要求打开欲望和思想的最隐蔽的角落，想着会有另一双窥视的眼睛在看着，它们可能是神父的、会众的，被不当对待的一方的，或者仅仅是上帝的眼睛。

这不是什么新的东西，正如我已经说过的，基督教的这一支（只是其中之一，但却是重要的部分）将宽恕的伦理与惊人的报应惩罚的伦理并置。人们可以在《启示录》中看到同样的组合，在那里，在温顺的羔羊胜利之后，紧接着的，就是对羔羊的敌人进行可怕折磨的景象。这两个方面彼此间存在着张力，它们很少被认为是互补的。然而，我的系谱学认为，宽恕的过程本身就是对自我的暴力。宽恕是难以捉摸的，通常会是一种暂时的奖赏，它是在一个痛苦的、深入的自我否认过程结束后才得到的。与另一个人（实际上扮演着忏悔者的角色）一起参与其中，是对他的内在世界的侵犯， 73
这种侵犯既是通过控制他，也是通过对他的自我实施的潜在暴力的方式来实现的。这就像虐待孩子的老故事，被虐待的孩子通常长大会变成施虐者。在这种情况下，审问者的角色得到了强有力的规范性支持，因为这是上帝对待我们的方式。

我们能够简单地通过对罪进行更严格的限定来避免这个问题吗？这有点像这样的问题：如果没有这么多的戒律，犹太教的特舒瓦会失去它的禁锢生命的特征吗？这个问题的答案并不清晰，我们稍后再回到这种可能性。但是，如果真的如此，人会发生怎样的变化呢？人会直接完全忽视内在世界吗？如果那样的话，那将真的是一个巨大的变化。省察和控制任性的自我，主要是内在世界，是这个传统的精髓。我们是否能保留一些对内在行为的省察，却把似乎无害的幻想，例如十几岁的性幻想排除在外？那么，再一次地，这种传统必须做出巨大的改变，才可能放弃对性领域的所有省察，在传统上，至少对愿望和幻想的一些省察是相当重要的组成部分，这一点是得到了组织化的教会支持的。

尼采看到了基督教传统中惩罚与善意方面之间的关联：基督教觉得自己在与异教文化的竞争中无法按照异教文化设定的条件获得在世俗的成功，他们就发明了一种新的成功形式，叫作温和和谦卑。这样，价值观和期待就逆转了，他们想象着这些温顺的价值观在字面的意义上对异教价值观的胜利：谦卑的人在来世是尊贵的，之前高傲的人将受诅咒和折磨。这样，他们满足了自己寻求竞争胜利的原始冲动，虽然只是在死后的世界。[47]

这种说法有一定道理，但我想说的是，在基督教的交易性宽恕和基督教的严厉之间有不同的关联，这更符合基督教的犹太教根基。宽恕过程本身就是一个严酷的审问过程，它要求忏悔、抽泣和恸哭，以及卑微和无价值感，忏悔者只通过忏悔就已经备受折磨。管理这个过程的人对忏悔者冷酷无情，是行为和欲望的拷问者——即使他最终会给予宽恕。如果我们想象把神父与忏悔者的关系转移到人与人之间的关系，那么神父的角色就由受害者来扮演，这个过程要求我们坐下来相互审判，忏悔或被忏悔——即使到最后被不当对待的一方不再愤怒。特舒瓦的过程还给予双方一定的尊严和自
74 尊，双方都能保护他们隐私的想法和欲望。双方接触是希望对双方都有益。相反，在基督教的宽恕中，卑微和恐惧的剧本已经愈演愈烈，似乎没有给个人尊严和自尊留下任何空间。卑微是对的，并且受害者被鼓励去享受别人卑躬屈膝的场面，把它作为宽恕过程本质上有价值的部分，毫无疑问，它是神父-忏悔者的形式。例如，我们每天都能看到这样的剧情在婚姻破裂时上演。

在传统自身中，宽恕和严厉之间的这种关联没有被拒绝，而是得到了强烈支持。《天主教百科全书》（*Catholic Encyclopedia*）面对告解、忏悔过程太严厉的批评时，称这个观点为“奇怪”，其反驳如下：“首先，这个观点忽略了这一事实，基督虽然很仁慈，但他也是公正和严格的。其次，无论在忏悔过程中感到多么痛苦和羞耻，那只是对违反上帝的法的很轻微的惩罚。”

我们可以概括一下我们对交易性宽恕的考察，交易性宽恕远不是我们在第2章中提出的愤怒的两种错误的替代性选择方案，实际上它也包含了两种错误。在这个过程中，报复的错误出现在宇宙平衡思想或适配的观念中：这个过程的受害者的痛苦某种程度上补偿了他所造成的痛苦。同样无处不在的是狭隘地关注地位的错误，因为整个过程是以上帝与有错的人的关系为模型的，除了地位的伤害之外，上帝对任何伤害都是免疫的，所以人与人之间的宽恕也过度地关注地位，以卑微和羞辱补偿冒犯者所造成的贬低和地位伤害。

人们现在可能试图争辩说，在人类历史的某一阶段，交易性宽恕中的剧烈痛苦和耻辱的特征是必要的，它能够使人们强烈地意识到道德的重要性。当人们过着一种漫不经心的享乐生活，夸张地演绎金牛犊①的故事，特舒瓦的痛苦惩罚会创造有着强烈的道德和道德价值感的民族——而基督教对这一过程的内在化进一步深化了道

① 源自《圣经·出埃及记》第32章，摩西带领以色列人出埃及后，颁布了神的法律《十诫》，然后，摩西就和约书亚上了西奈山，以色列人很长时间都没有见摩西回来，就怀疑摩西是不是死了，于是他们就造了金牛犊来崇拜（基督教禁止偶像崇拜）。

德人格。尼采的诊断本质上是这样的，他不认为轻忽道德是好的、基督教伦理低人一等，他认为基督教是必要的，以便“培养有权做出承诺的动物”，这是一个好人的重要组成部分，即便这对于他而言是不够的。但我们也应该问问，遭受羞辱和痛苦的惩罚，是不是教育一个轻忽的存在者的正确方式。在很多时代、很多地方，这是教育孩子的普遍理念。但很可能是道德上的施虐狂会培养出更多的施虐狂，而不是大度和美德。无论如何，尼采的论述没有证明对交
75 易性宽恕过程的依赖是正确的。我们没有理由不去寻求转型的态度，为建设性的未来铺平道路。接下来我们来探讨在这个问题上远远更有前途的替代性传统。

Ⅳ. 无条件宽恕

呈现在一些《圣经》文本中的交易性宽恕已经深深地植入教会实践，因此也深深地影响着个人关系和政治关系。我们毫不奇怪地发现，历史学家［例如大卫·康斯坦（David Konstan）］和哲学家（例如查尔斯·格里斯沃尔德）都断言，这就是宽恕是什么的全部而完整的论述。尽管如此，《福音书》还是清晰地提供了不同的模式。就耶稣的言论和例子而言，这个模式比交易性模式更加突出。

希伯来《圣经》中已经包含了一些无条件宽恕的例子，比如不需要先前的忏悔和悔悟行为，宽恕就自发地降临到忏悔者的身上。《民数记》14：18-20 指出，上帝有伟大的惩罚能力，但它将自发

的仁慈和宽恕也归于上帝："求你按照你的大慈爱赦免人们的罪孽，就像你从埃及到如今常赦免他们那样。耶和华说：'我照着你的话赦免了他们。'"在《赞美诗》103 中有一个清晰的、扩展的例子，在那里，上帝很明显没有被恳求，但他是仁慈的、和蔼的、宽恕的。上帝还是愤怒了，但他"不会永远保持愤怒"[48]。

这个支流在《福音书》中得到了显著的发展。在《路加福音》第五章中，耶稣对一个有麻痹症的人说："你的罪得到了赦免"，这让法利赛人非常震惊，他们提出，只有上帝有权宽恕罪恶。但最关键的例子是耶稣自己：他为了免除人的罪而献出了自己的生命。在最后的晚餐中，耶稣说，酒就是他的血，他的血"为许多人而流，为要赦免罪"（26：28）。与此相似，耶稣在十字架上要求无条件地宽恕那些将他置于死地的人："父啊，赦免他们，因为他们不知道他们所做的。"（《路加福音》23：33－34）[49] 在《使徒行传》中，司提反在临死之际说："主啊，不要将这罪归于他们。"（7：60）这显然是追随耶稣的榜样。所以，基督教有要求追随无条件宽恕的强大传统。（虽然还不清楚耶稣是否曾经愤怒，但这种无条件宽恕比犹太教的模式更远离交易性宽恕。在犹太教的模式那里，上帝是愤怒的，但放弃了愤怒。）

毫无疑问，组织化的教会倾向于调整和改变这种强调，使耶稣
的宽恕看起来又比文本本身所建议的更具交易性，而更少无条件 76
性。因为一旦肉体和血液成为人类主祭的圣礼，他们就可以而且经常拒绝各种各样有罪的人的受领——通常是在允许参加圣礼之前，人必须举行忏悔并且得到赦免。当然，一旦耶稣不再在这个世界

上，不能直接根据耶稣的话给有罪者以无条件宽恕，所以，组织化的教会变成基督的中间人，代表基督，而且组织化的宗教很少在不附带交易的条件下宽恕。

我们也必须提到洗礼的作用：巴什（Bash）是当代英国国教神学家和高级教士，他发现在《福音书》中，耶稣的具体做法是隐含交易性的，因为他强调，（施洗者）约翰明显坚持在受洗之前必须悔改。至少在这些段落中，耶稣没有坚持人必须受洗或者成为他的追随者就直接给予了宽恕，但组织化的教会仍旧教育信仰者，"无条件"宽恕至少有一个重要条件：接受耶稣作为救世主并且经过（交易性的）受洗仪式，这一仪式明确要求放弃自己的罪恶和不道德，如果是孩子的话，通常是通过孩子的教父母来完成。[50]

无疑，一个寻求对人类拥有权威的机构倾向于为免罪提出附加条件。阐明至少在有些文本段落中耶稣并没有这样做，这一点很重要。

那么，根据无条件宽恕的模式，我们应该像司提反一样，原谅那些错待我们的人，即使他们没有做出任何悔悟的表示。难道这种模式不能解决所有与交易性宽恕联系在一起的问题吗？既然无条件宽恕被理解为放弃愤怒的情感（就像在犹太教的文本和大多数人类生活的例子中那样，尽管也许耶稣的例子不是如此），还有一个问题是，愤怒在最初是不是一种适宜的反应。也许最好还是不要让怨恨所左右，即使是暂时的怨恨。在人类关系中无条件宽恕很少能从某种类型的报复愿望中解脱出来，至少最初的时候是如此。

另一个问题也值得注意：无条件宽恕仍旧是回顾性的，还不是转型的。它没有提到建构一个富于建设性的未来。它可以扫清面向未来的障碍，但它本身并没有指向未来。

这把我们引向更进一步的问题：有时宽恕过程本身就会引导人们产生报复的愿望。一个支持无条件宽恕的人可能占据道德高地，以一种优越和居高临下的方式私下想："你应该低声下气，不管你 77
是不是这样。"或者稍微变化一下，他或她想通过宽恕过程本身获得道德上的优越感，让侵犯者遭受耻辱。这种态度本身在《圣经》中有先例。在《罗马书》第 12 章，保罗坚持不应该为了报复那些人所做的错事而四处奔走（但应该记住上帝所说的："伸冤在我，我必报复。"），而应该与他们与一起和睦相处，他总结道："所以，你的仇敌若饿了，就给他吃；若渴了，就给他喝。因为你这样做，就是把炭火堆在他的头上。"（12：20）首先，保罗明确提出原谅仇敌的建议，但并没有放弃报复，因为信仰者被要求为上帝进行复仇扫清障碍。[51] 其次，保罗也认为，信仰者的善良的行为和宽恕的风度**本身就是**对冒犯者的**惩罚**，这样做就能够建立信仰者的优越感，把痛苦与耻辱分发出去。即使没有保罗的鼓励，人们也很容易这样想。

简言之，无条件宽恕和交易性宽恕相比有一些优点，但它并不是没有道德风险的。一个人认为自己比另一个人在道德上更优越的那一刻，实际上他是确信，报复是一个正当的目标——但自己大度地放弃了——这个人就同时招致地位之路（让冒犯者遭受降低地位的痛苦）和报复之路（"炭火"）两种危险。还有一种风险，这个人有假定自己拥有道德特权，而在宗教传统中，这种特权本属上帝，人假定自己拥有这种特权似乎是有问题的。那些批评耶稣的法利赛人确有根据，我们之所以忽略这一点，是因为我们只关注于他们不承认耶稣是上帝。而保罗知道，他的受话人需要被警告，不要僭越神的角色。

无条件宽恕会指向转型吗？不确定。无条件宽恕是关于过去的，而对于前进方向，它没有给我们任何具体的东西。它只是扫清了一些东西，但并没有蕴含建设性的未来导向的态度。它可能伴随着爱与善的表达，也可能并非如此。

然而，有一种无条件宽恕的版本非常接近无条件的爱和大度，没有任何哪怕是很微弱的优越感或报复心。2015 年 6 月 17 日，南卡罗来纳州查尔斯顿教堂发生了种族主义枪击事件，其幸存者充分地显示出了这种无条件宽恕。应负责保释听证会的法官的邀请，受害者家属代表每一名受害者向被告迪伦·鲁夫（Dylann Roof，已认罪）做出陈述。最不寻常的是在“受害人影响陈述”中，他们没有表达任何恶意或报复的愿望，也没有表达愤怒，除了在一处承认
78 它是一种缺陷：“我仍旧有待提高，我承认，我非常愤怒。”但普遍地表达的是深深的悲伤，他们宽恕了鲁夫，祈求上帝的仁慈，认为爱比恨更强大。“她教导我，我们是因爱而联结在一起的一家人。”[52] 没有具体的转型设想，唯一提及的未来是在最后的审判中上帝的仁慈。也许当时的形势不适合转型，然而，其精神中还是有一些转型的内容，即爱比恨更强大以及让世界通过爱得到重建的思想。[53] 这带给我们第三种可能性：无条件的爱。

V．一股逆流：回头浪子与马勒的宗教之爱

基督教有很多思想流派。因为组织化的教会的影响，交易性宽恕的思想影响巨大。作为替代性选择的无条件宽恕也不是没有道德风险和短处。然而，至少在《福音书》的一些部分，以及一些后来的犹太教和基督教思想家中也存在着相反的支流。这些相反的支流被称为"无条件宽恕"的伦理，但这股激发我兴趣的支流最好不称为宽恕，而是一种伦理的无条件的爱。正如我们将要看到的，它与评判、忏悔、悔悟以及随之而来的放弃愤怒完全区分开来。

在登山宝训中，耶稣说："要爱你们的仇敌，为那些逼迫你们的人祷告。"（《马太福音》5:44-45）路加也记录他的话说："要爱你们的仇敌，要待那些恨你们的人好。"（《路加福音》6:27）《福音书》多次提到无条件给予爱的重要性[54]，没有提及任何条件。在这些段落中，耶稣确实没有说"如果你们的敌人道歉，就爱他们"（虽然正如我们所看到的，他时常在其他地方提到了条件性宽恕）。并且他似乎也没有说过无条件宽恕，因为没有提到放弃先前的愤怒。爱是第一个反应，不是先前的报复愿望的替代品。在其他一些《圣经》指的是宽恕的情况下，希腊语似乎是以爱来代替的。[55]

如果有什么区别的话，保罗说得更清楚。《以弗所书》4:31-32 指出："让一切痛苦、坏脾气（*thumos*）、愤怒（*orgē*）、吵闹、毁谤以及每个恶习都当从你们中间除掉。"[56] 所以愤怒不仅被定

罪，而且它似乎被作为一种内在的恶习。这也当然确证了对先前愤怒的宽恕不完全是美德，它只是一种先前的恶习的补正。在《哥林多前书》第 13 章对爱的著名讨论中，我们发现保罗有一个相似的论述：爱是“不轻易发怒，不记别人做过的恶”。这就非常清楚了，
79 这种观点既拒绝把交易性宽恕作为适当的规范，也拒绝把无条件宽恕作为适当的规范，相反，它推荐超越愤怒的爱。

在《路加福音》第 15 章耶稣讲了一个回头浪子的寓言，它通常被理解为宽恕的例子，由于它涉及的爱是在别人的恶行的背景下，所以对于我们的目的尤其重要。更多的上下文背景确实包含了在标准的条件性和交易性模式下引入宽恕。两章之后，耶稣说：“如果你的兄弟不当对待你，就劝戒他。如果他懊悔，就宽恕他。倘若他一天七次不当对待你，又七次回转来对你说，‘我懊悔了’，你还要宽恕他。”（《路加福音》17:3-4）[57] 然而，在回头浪子的故事之前有两个更简短的寓言，它们只是提及了失去以及重新发现时的喜悦：找回了丢失的羊的牧羊人很高兴，找回了丢失的银器的节俭的家庭主妇也非常高兴。

现在让我们转向这个浪子的故事：

> 一个男人有两个儿子：小儿子对他的父亲说，父亲，请你把我应得的家业分给我吧。父亲就把产业分给了他。没多久，小儿子把他所有的钱带上，去了一个很远的国家，在那里过着花天酒地的生活。当他把所有的钱都花完的时候，那里发生了一场大饥荒，他开始变得很穷苦。这时，他去投靠那个国家的一个居民，那个人就打发他去田里养猪，他恨不得吃猪吃的豆

荚来填饱他的肚子，但没人给他。

当他醒悟过来的时候，他说，我父亲的雇工中就有多少人有足够的食物和余粮啊，我却快要饿死了！我要起来，回到我父亲身边，我要对他说，父亲，我得罪了天，在你面前，我不再配称你的儿子，让我做你雇工吧。于是他起来，去找他的父亲。

但当他离得很远时，他父亲就看见了他，父亲内心的情感（*esplanchnisthē*）汹涌而来，他跑过去，抱住他、亲吻他。儿子对父亲说，父亲，我得罪了天，在你面前，我不再配称你的儿子。但父亲却吩咐仆人说，把那最好的袍子拿出来给他穿上，把戒指戴在他手上，把鞋子穿在他脚上。把牛犊牵过来宰了，我们一起高高兴兴地把它吃了。因为我这个儿子是死而复活、失而复得。然后他们就都很高兴。

这时，他的大儿子正在田里，当他回来，在离家不远时， 80
听见了作乐跳舞的声音。他叫过来一个仆人问是怎么回事。仆人说，你兄弟来了，你父亲因为他平安归来，把肥牛犊宰了。大儿子却生气了，不肯进家门，他父亲就出来劝他。他对父亲说，我服侍你这么多年，从来没有违背过你的命令，你并没有给过我一只山羊羔，让我和我的朋友一起欢聚。但你这个儿子和娼妓一起吞掉了你的产业，他一回来，你倒为他宰肥牛犊。父亲对他说，儿啊，你常和我住在一起，我一切所有的都是你的。只是你这个兄弟是死而复活、失而复得的，所以我们理当欢喜、快乐。[58]

我们必须仔细地区分这个故事中的两种观点，儿子的观点和父亲的观点。儿子决定承担罪责，表达悔悟，至少他的话中表达了他的决心。这里完全不清楚儿子是否真诚。在他的渴望中，有足够多的工具性动机，并且这个故事暗示着他正在进行的是算计，而不是真正地改变他的生活。翻译为“醒悟过来”（came to himself）的这个短语很多译者都讨论过，很可能暗指浪子回归真实的自我，但在这个故事中没有提到先前的优秀的自我。我想，这个短语只是更容易意指“观照”“转而向内”“深思”。

无论如何，儿子都不是故事的焦点。焦点是父亲的反应，这个反应当然不可能被描述为宽恕，无论是交易性的还是无条件的。父亲看到他儿子从很远的地方回来，一眼便认出了他，这时，他不可能知道他的儿子会说什么，他的态度是什么。他只是看到了一个他以为已经死了的儿子居然还活着，然后他被强烈的情感（*esplanchnisthē*）所控制。希腊语 *esplanchnisthē* 是一个罕见而非常强调的术语，它的字面意思是“他的心被撕扯着”或“他的心被吞噬着”[59]。然后父亲感受到了强烈的冲击，这是一种强烈的爱，它也包含着强烈的躯体感觉，就好像父母经常会感觉到的，自己的身体和生活与孩子息息相关，对孩子的一切感同身受。他奔向孩子并拥抱他，完全没有问他任何问题。这里没有宽恕的表述，也没有时间宽恕。甚至在儿子表示了悔改——**在**父亲的拥抱**之后**——父亲也完全没有认识到存在悔改这个问题，就直接着手开开心心地庆祝了。

81 而且，当那个什么事都做得对的好儿子因为家里人为这个不争气的儿子庆祝而懊恼的时候，父亲并没有说，“看，他懊悔了，所以我原谅了他”，相反，他只是说，“他还活着，我很高兴”，同时，他向这个儿子表达了持续的爱和支持，他的话里暗含着持续的亲近（“你常和我住在一起”）。简言之，这个故事中没有提到宽恕，也没有提到悔悟，除了小儿子自己的可能并不可靠的表述。如果非要把父亲的态度称为宗教的宽恕，就必须把如下的思考过程强加给他：“我看到儿子回来了。既然他回来，这一定意味着他得到了教训并且后悔了，既然他后悔了，我就不生气了，原谅他吧。”即使把它称为无条件宽恕，我们也不得不想象，父亲想要愤怒了，但最终选择了放弃。但是，在这个故事中并没有这样的思考过程，甚至也没有提到愤怒。这样的思考过程可能发生在另一个不同的、更精于算计和控制的父亲身上。而这个父亲完全被爱控制。

为了理解这个故事，简单说来，我们应该把交易性宽恕的思想放在一边，无论是犹太教的交易性宽恕还是基督教的交易性宽恕，甚至也要把不要求悔改的无条件宽恕的思想放在一边，因为无条件宽恕仍要求刻意放下愤怒。这个故事讲的是深深的无条件的父母之爱。这位父亲的伟大之处就在于，他没有停下来算计之后再做决定：他只是奔向他、亲吻他。他丝毫没有想儿子对他所做的错事，他唯一的想法是他的儿子还活着。

这样的父亲在过段时间可能还是会跟他的儿子谈谈他的生活道路。无条件的爱完全可以与人生教导相协调，特别是由于父亲希望儿子过得好，几乎可以确定，他会给儿子提出建议，以便从此以后他的生活越来越好。他的情感方向是转型的，他的爱指向未来，而未来几乎确定地包含建议。然而，对儿子的最初的冲动不是来自建议和算计。

在上下文中，耶稣谈到上帝与犯罪者的关系。至少，有一种爱的可能性是存在的，它本身是彻底的和无条件的，它能超越宽恕和偶尔的愤怒，以宽容大度的精神面向不确定的未来，而不是停留在过去。[60]

在大约两千年之后，这样一幅神与人类之爱的图景在另一个犹太教-基督教的文本中出现了，即马勒的《复活交响曲》①。[61] 我之所以称这部作品为犹太教-基督教的，因为马勒是一个犹太人，由于社会原因而皈依基督教，尽管他在宗教态度上，特别是在与基督教多数派的关系上，仍然相当异端。

82 马勒有意延续了基督教的悠久传统，思考爱的“上升”，他的作品——其文本部分是借用的，但大部分是他自己写的——按他自己的理解以激进的颠覆性的方式处理最后的审判和《末日经》。虽然马勒从来没有对他为交响曲编写的声乐部分满意，但他一再为这些声乐形式所吸引。以下是他为 1901 年德累斯顿演出而创作的交响乐的最后乐章：

> 呼叫者的声音被听到了。世间万物的末日即将来临，最后的审判即将到来，日复一日的恐怖降临到我们身上。大地震颤，坟墓崩裂，死者起身，在无尽的队伍中行进。这个世界上伟大的与渺小的，帝王与乞丐，正直之士与不法之人，都一起

① 即 C 小调第二交响曲，共分五个乐章，因为最后一个乐章使用了德国诗人克洛普斯托克的诗作《复活》而命名为《复活交响曲》。

涌来。请求宽恕和仁慈的惊恐呼喊不绝于耳。号哭的声音渐渐变得越来越可怕了。我们的感官仿佛离我们而去，当永恒的审判来临的时候，所有的意识都消失了。最后的审判日的号声响起了，世界末日的号角响起了。在接下来可怕的寂静中，我们只能勉强听出远方的夜莺，那是尘世生命的最后一声颤抖的回声。

一群圣徒和天堂众生轻声合唱："你将会出现，你一定会出现。"然后上帝的荣耀显现了！一道神奇而柔和的光穿透了我们的心灵——一切都如此神圣安静。看啊，这不是审判，没有罪人，没有正义。没有伟大，也没有渺小。没有惩罚，也没有奖赏。势不可当的爱能照亮我们的生命。我们知道，确实如此。[62]

有很多理由把这首交响曲与马勒的持续痛苦经历联系起来，他为长期的敌视和误解所困扰，这些敌视和误解来自他那个时代维也纳强烈的反犹太的主流基督教文化。事实上，他最后一个乐章的灵感是他参加汉斯·冯·彪罗①的葬礼时产生的，彪罗是反犹太的德国指挥家，曾经对马勒深怀敌意。所以，无论如何，在这种情况下，我们期待宽恕发挥重要作用。我们甚至可以说，这是马勒在追思弥撒上所做的努力。（马勒终身担任戏剧和交响乐的指挥，对这种题材非常熟悉。）

然而，无论在最后（第五）乐章"发生"了什么，它在追思弥

① 汉斯·冯·彪罗（Hans von Bülow，1830—1894），德国钢琴家、指挥家，曾任柏林爱乐乐团的第一任首席指挥。

撒的基督教文化中都完全是反传统的。正如马勒的传记作家亨利-路易·德·拉·格朗日（Henri-Louis de La Grange）轻描淡写地说的："有人已经指出，复活的概念对犹太人的信仰来说本质上是不相干的，但没有审判、不分善恶的最后的审判思想对一个基督徒来说
83 一样是非正统的。"[63] ［强调一个严重的错误：马勒没有说没有善恶，而是说，没有把人分为恶人（受诅咒）和正义的人（得救）的审判。］

就在第五乐章之前，有一个简短的第四乐章，它完全是一首歌曲，标题是"太初之光"，马勒将一个孩子的旅行戏剧化，他开始寻求满足人的需要和缓解人的痛苦。这个孩子走上了宽广之路（注意，在传统的基督教隐喻中，邪恶之路是很宽广的）。一个天使出现了，试图"警告她远离"（*abweisen*）那条路。但这个孩子突然迸发了激情："噢，不，我不允许别人警告我远离！"（*Ich liess mich nicht abweisen*）这种戏剧性和伴奏音乐——孩子的情感暴发在这一乐章中，首次引入典型的马勒式富于半音的音乐风格——暗指马勒自己与基督教音乐文化的较量，"天使"警示他远离情感的路径，远离他感觉到的、他必须承担的非传统的创造性。（马勒的敌人也认为这条"罪恶之路"与瓦格纳早已否定的"音乐中的犹太性"一样。）[64] 马勒以富有激情的女低音为背景[65]，以戏剧性的第一人称视角，暗示了他作品中经常出现的双性向和感受性的主题，表达了他在传统面前拒绝让步的态度。同时，他坚持他的非传统之旅是出于对人类需要的同情。他不会放弃这个追求。

然而，这种拒绝并不是愤怒，它只是一个决定。那个孩子说：

我要走我自己的路，不许你阻止我（我把这种精神称为转型的）。这样的音乐表达了富于激情的渴望，但不是任何一种怨恨。

接下来，我们到了最后一个乐章，马勒通过冯·彪罗葬礼上的故事，与他的敌人联系起来，我们不应该期待传统的解决方式，不应该期待标准的《末日经》，就像马勒知道并指挥过的、在很多其他的追思弥撒中的那样的《末日经》。我们确实在声乐部分和音乐中发现了《末日经》的第一部分，恐惧、急切地恳求宽恕以及最后的号角。但接下来，一些根本不同的东西发生了。马勒欢快地把我们的注意力引向这份惊奇。居然没有任何审判，只有人们轻声地歌唱。没有惩罚，没有奖赏，只有超越一切的爱。“我们知道，确实如此”，随后是合唱和两个女声独唱，它们把注意力吸引到这一事实：充满爱意的人持续地、富于创造性地生活着，包括他的充满激情的情爱（强烈的爱之抗争），这本身就是奖赏。[66]

这里，我们可以说这是末世论形式的回头浪子。但这是一个微妙的错误，因为这里实际上没有末世论，它把末世论替换为此生之爱，没有天堂，没有地狱，完全没有审判，只有爱和创造。

如果这个世界有宽恕的话，它在哪里？恶行的主题和反对者被 84
马勒自己引入到这首交响曲的故事中，而且毫无疑问，针对冯·彪罗，他有着强烈的愤怒倾向，冯·彪罗在他职业生涯的一个非常重要的阶段对他怀有特别的敌意，当时马勒想举行他的第一交响曲的演出。马勒在努力寻找他的第二交响曲的结束方式（他说，他搜索了“所有世界文学，包括《圣经》”），他告诉我们，在冯·彪罗的葬礼上，当他听到合唱团唱着德国诗人克洛卜施托克（Klopstock）

的颂歌时，他终于想到了结束乐章的方式。但事实上，克洛卜施托克的颂歌只是一套陈词滥调，马勒几乎没有保留原文，大部分词句和所有的音乐都是他自己写的。显然，克洛卜施托克的颂歌的深刻意义更在于它的场合而不是它的内容，所以有一些可以克服怨恨的东西正在发生。

然而，愤怒是如何被克服的呢？这就像故事中的父亲：愤怒就那么简单地消失了，而爱却汹涌而起。[67] 马勒在交响曲中描述为英雄的人物角色不要求道歉，他也不必决定如果别人没有道歉的话要不要宽恕。他就只是作为一个充满爱心和创造力的人生活着，拒绝了让他远离创造之路的警告，超越的爱淹没了怨恨。如果问“我会原谅我的敌人吗”，这暗含着愤怒依然在发声，需要倾听。相反，创造性和爱已经让它沉默了。“我在强烈的爱之抗争中赢得的羽翼”已经把富有创造力的英雄带到“没有任何一双眼睛看到过的”光明中。如果有人冒险做一个大胆的解释，这个“未曾见到过的”光明似乎就是音乐本身。[68]

简言之，一个有创造力的人对逆境抗争的反应可以有两种方式。一种方式是保持对他所经历的不当对待的关注，在这种可能性中作恶者会哭泣呻吟表达他的痛悔。这种类型的反应是相当普遍的，但难道这样不是很小气吗？相反，马勒给出的路径是，继续自己做好自己的事，不在愤怒的想法和情感上浪费时间，给予自己必须给予的一切。

正如德·拉·格朗日所说，整个复活的思想并非犹太教的。但事实上，这里并没有超脱尘世的复活。相反，我们正在讨论的是超越愤怒而生发的尘世之爱，并且其本身就是回报。也许这也是非犹太教的，如果我们考虑的是特舒瓦过程的话。然而，这样的态度也许和犹太教而不是基督教更协调，犹太教的重点在于现世的奋斗，而不是基督教末世论的贬低和忏悔，后者正是马勒所要抨击的首要目标。从最开始，声音就充满了勇气、尊严和激情。

马勒强调他的完整的、有创造力的爱的思想是音乐的核心。我 85
们不应该把这仅仅作为个人偏好的表达。他邀请我们思考音乐在人类生活中的作用，甚至在宗教中的作用。音乐表达很多情感，但令人惊讶的是，我们发现音乐很少作为主要的组织化的结构（相对于简短的插曲）表达充满憎恨情绪的愤怒和即将暴发的怨恨。[69] 无论如何，马勒交响曲中所表现的那种无条件的爱和快乐，吸引了我们的注意力，这是一种有特色的方式，无论是不是在宗教背景下，音乐通过这种方式给人与人之间的关系传达了一种彻底的肉体的快乐和分享的愉悦感，这种感觉由振动、呼吸和运动组成，直接超越了愤怒与耻辱。事实上，音乐除了通过破坏音乐本身的方式，怎么可能用羞耻否定肉体呢?[70] 的确，人们可以大胆地说，第一流的音乐表达了《末日经》用语言表达的议程（例如莫扎特和威尔第的《安魂曲》)，但它的肉体本性和激情——它宽容的、向外的气息——倾向于否定这个过程，并且向更人性化的、充满爱的生活方式挥手示意。[71]

在这两个例子中，我们都看到了愤怒的原因，也许在过去，这里是有真正的愤怒。但在描述的和解中，没有提及愤怒的过去。不仅是没有结构性的悔过或告解过程，以及各种附加条件，也没有任何可识别的形式的宽恕，甚至是无条件宽恕。只有爱能平息愤怒。这一主题在现阶段还不能完全展开，但它至少让我们感觉到，对那些对宽恕概念持怀疑态度的人来说，有哪些选择是可能的。

Ⅵ. 犹太教传统中的不同声音

犹太教传统也有不同的声音。为了公正对待传统中的复杂性，为了避免将基督教的仁爱与犹太教的严苛的条件性进行对比而产生的刻板印象，让我们来介绍一下犹太教中的不同声音。和回头浪子的故事一样，犹太教中的不同声音也体现在故事中，值得仔细品味。

经典的交易性解释引发了解释者随后需要思考的各种问题。特舒瓦的仪式化解释是不是太死板了？律法能把这样复杂的人际交往问题结构化吗？它有时会使它们发生变形吗？规范能够推进和解吗？还是因为它们迫使人们把关注点放在过去并且追究责任而实际上阻止了和解？《塔木德》中有三个故事考虑到了这些复杂性，在文本中这三个故事是前后相继的。[72] 前两个故事是这样的：

86 耶利米伤害了阿巴。耶利米去阿巴家，坐在他家的门前的台阶上。当阿巴家的女仆倒脏水时，水泼到了耶利米的头上。他说：“他们使我成了垃圾”，好像是自言自语，他读着《诗

> 篇》说："上帝把有需要的人从垃圾堆中拉起来。"阿巴听到了，就走了出来，他对他说："现在是我必须来安抚你了。"
>
> 当有个人伤害了泽拉，泽拉会顺便从他跟前走过，在他面前学习，让他自己出现在伤害者面前，以便伤害者能够来安抚他。

第一个和第二个故事都缩短了形式化的恳求过程，有利于前瞻性的和大度的关系。在第一个故事中，在耶利米得到忏悔和恳求之前就有了一个绝好的机会。女仆粗心大意地把脏水泼到他头上，两人就扯平了：没有谁凌驾于另一个人之上，彼此都得罪了对方，所以他们不需要玩"谁该受责备"的游戏来弥补过错。（请注意，这里甚至没有忏悔。）

那么，第一个故事就给人与人之间的关系提供了替代的模式，追究谁首先犯错经常导致严厉和固执的行为，而承认彼此相互冒犯，在某种程度上则为建设性的思考铺平了道路，放下对过去错误的执着，转向未来导向。在第二个故事中，泽拉没有扮演传统的记仇的受害者角色，等着伤害他的人来找他，相反，他假装在学习，积极主动、灵活大度地创造道歉与和解的条件。

很明显，这两个故事代表的不是交易性宽恕。是无条件宽恕吗？我认为也不是。无条件宽恕要求被不当对待的一方首先有愤怒的感觉，然后选择放弃它们。在第一个故事中，我们对被不当对待的阿巴的感受知道得太少，他的决定可能包括了无条件宽恕或无条件大度。在第二个故事中，我们可以非常确定泽拉没有愤怒：他平静的行为策略表明了积极的大度和爱。

然而，第三个故事是其中最复杂的：

> 一个屠夫伤害了拉伍①。这个屠夫没有在赎罪日的前夜来找拉伍。拉伍说，我要去安抚他。胡那遇到了他，他说："您是要去哪里?"他说："去做安抚之类的事。"胡那自言自语道，阿巴（这个拉伍）是要去杀人了。
>
> 87 拉伍到了那里。屠夫坐在那儿，正在清理一个牲畜的头。他抬眼看到了拉伍，对他说："阿巴，走吧，我和你没有关系。"这时他仍旧在清理那个牲畜的头，一个骨头飞出来击中了屠夫的脖子，屠夫死了。

在对这个故事最明显和最常见的解释中，屠夫的死是因为他太顽固了，不肯向拉伍道歉。[73] 相反，拉伍行为得体，主动去找加害者，考虑到社会和等级的差别，这个行为特别宽宏大量。（所以拉夫的行为在我看来是无条件宽恕。）

然而，这是一个大度行为的想法被胡那的反应动摇了。胡那是拉伍最伟大的学生。胡那没有把这种主动看作是大度的行为。他把它看作是将会引向死亡的暴力行为，这不是仁慈的行为，而是攻击行为。正如摩西·哈尔伯特（Moshe Halbertal）所写："这个故事迫使我们直接面对神圣与自恋之间的矛盾，这种自恋是任何仁慈行为中本质上就有的。"拉伍意识到，屠夫没有在指定的时间来道歉，所以他自己去了，似乎是他为了**要求**道歉而处于一种高度愤怒的状态。因为胡那在他的愤怒中看到了一些东西，他太暴怒了，或者太

① 指拥有权威地位或担任私人导师的拉比。

坚决了，这让他认为这种拜访是一种暴力。事实上，拉伍对屠夫的行为完全不同于泽拉的行为，泽拉敏感而间接地提供了道歉机会：他则直接站到他面前，把他逼到墙角，这样就激起了随后的致命对抗。

在这里，这种解释看到的是，有时在道歉的要求中有一种内在的攻击性，当我们处理并不完美的人类问题时，区分这种攻击性和对他人的体贴非常困难。即使是无条件宽恕也可能为自恋、攻击和优越感所污染。想想人们在婚姻中，在父母和孩子的关系上，人们实际上经常会站在另一人的面前，自以为诚恳地要求道歉，直到一根骨头以某种方式飞出来，导致严重的伤害发生。我同意摩西·哈尔伯特的观点，他认为这些故事是对传统特舒瓦的补充，让我们看清人们之间的真实的特舒瓦总是非常复杂的，难以完全限定在律法规定的仪式中，因为它总是涉及真实的人的故事，涉及复杂的、多重而易错的人际关系。

这三个故事意味着，考虑到人的不完美本性和复杂动机，坚持
对交易性特舒瓦的经典解释是有问题的。在第一个故事中，女仆的
偶然行为使两个人都明白了他们都是不完美的，最好试着互相扶
持，创造出比以前更好的东西——法律解释重点强调的谁先冒犯对 88
方这样的事情显然不在其列。第二个故事意味着，受害者太容易自
以为是，等待和解，确信自己是被不当对待的一方。相反，为道歉
铺平道路的优雅之举，使道歉变得容易而自然，几乎不成为一件
事，这便预示着良好关系的到来。

第三个故事则更进一步，它意味着甚至无条件的行为也可能有问题。当一个人受到了不当对待，就意味着他非常容易陷入自我之

中，感到另一个人不来乞求宽恕是无法容忍的。但说“我是重要的，你让我受了委屈，为什么你不来找我？”这样的立场很容易变成一种自恋主义的攻击，从而引向更大的伤害。正如人们所说的，人类是叙事性的动物，充满了复杂的动机，所以他们需要通过对自我和他人的敏感解读，记住隐蔽的自恋的可能性。喋喋不休地持续纠缠于谁是最先做错事的一方，一直要求承认他们自己是具有道德优越性的一方，这样可能会选择一条注定的暴力的路径——即使他们是对的。无论如何，《塔木德》的作者建议，人们应该仔细考察正义的自我主张背后的动机，思考此类故事。如果他们这样做了，他们会得出结论说，最好的问题不是问“谁受了更大的委屈？”而是问“怎样才能实现和解？”

犹太教的传统也是复杂的。它的不同声音与基督教反传统相类似，它很少关注强烈情感的高涨，而是更多地致力于改变个人或团体参与的复杂交易，从毫无结果的“指责游戏”转向未来导向的和解过程。两种传统都表明了即使无条件宽恕也存在陷阱，都推荐转型的思路以及使这种思路变得更为容易的宽宏大量。

Ⅶ. 承认人的脆弱吗？

人们经常声称，宽恕的一个优点是它承认了人类的脆弱性。与“完美主义”的宽恕哲学形成鲜明对比的是，格里斯沃尔德认为，宽恕的过程对人类生活普遍存在的缺陷有着同情的理解，并与之达成妥协。[74] 格里斯沃尔德把宽恕与道德进行了对比，前者承认一个人可能被另一个人深深地伤害，后者努力以这样一种方式生活，即别人无论做什么都不能使他遭受深深的伤害。这样的斯多葛派的规范确实太严苛了，我认为，至少在亲密的私人的爱与友谊的领 89
域，我们应该以一种对各种失去和悲伤都保持开放的方式生活。

因此，我赞同格里斯沃尔德，我们应该准备好承认有意义的损失。但从损失到愤怒有很长一段路要走，而从愤怒到进入交易性宽恕的过程也有很长一段路要走。我们必须在我们所说三个领域中都考察这些步骤。从现在开始，我们只需注意到，交易性宽恕过程本身是完美主义的，而且有其不宽容性。它所产生的保持错误清单的心态是对人类弱点的暴政，而且是故意的。它让我们必须持续地检查我们的人性，并且经常惩罚它。至少犹太教传统将检查限制在那些人可以控制的事情上，而基督教传统中的交易性支流没有这种限制，因此与乔伊斯直观地感觉到的一样，确实经常有对日常生活的严厉惩罚。而且，在它对任性的欲望和思想的严格控制中，基督教传统中的交易性支流与格里斯沃尔德批评的斯多葛主义高度一脉相承（并深受其影响）。斯多葛派哲学家埃比克泰德（Epictetus）教导的“你要谨慎，就好像有仇敌在埋伏”[75]，很多基督教思想家或很多教区牧师也可以轻易地说出这样的话来。

附录：《末日经》

Dies irae! Dies illa	这一天，神怒之日

Solvet saeclum in favilla	天地将化成灰烬
Teste David cum Sibylla!	如大卫和西比尔诸先知之所见证!
Quantus tremor est futurus,	人们胸中充满恐惧,
Quando iudex est venturus,	当审判者从天而降,
Cuncta stricte discussurus!	严厉地审判一切!
Tuba mirum spargens sonum	号角响起,让人战栗,
Per sepulchral regionum,	穿透了人间的墓冢,
Cogetomnes ante thronum	将世人都带到我主跟前。
Mors stupebit, et natura,	死亡降临,默然敬畏,
Cum resurget creatura,	造物群起,
Iudicanti responsura.	向他们的审判者申辩。
Liber scriptus proferetur,	判书即将呈上,
In quo totum continetur,	载明一切记录,
Unde mundus iudicetur.	世界将如此受审。
Iudex ergo cum sedebit,	审判者就位,
Quidquid latet, apparebit:	隐藏者都会显现,
Nil inultum remanebit.	再无未得赏罚之事。

Quid sum miser tunc dicturus? 卑微如我，如何言说？
Quem patronum rogaturus， 祈求何者辩护，
Cum vix iustus sit securus? 义者亦难幸免？

Rex tremendae maiestatis， 威严之王，
Qui salvandos salvas gratis， 慷慨地拯救那些能得救赎之人，
Salva me，fons pietatis. 祈求救赎，慈悲之源！

Recordare，Iesu pie， 请记得，慈爱的耶稣，
Quod sum causa tuae viae： 我的救赎是你降临人世的缘由，
Ne me perdas illa die. 请别在审判日遗弃我！

Quaerens me，sedisti lassus：寻觅着我，你疲累地坐下来，
Redemisti Crucem passus； 你承受十字架的刑罚来救赎我，
Tantus labor non sit cassus. 唯愿不枉如此苦难。

Iuste iudex ultionis， 公正的审判者，
Donum fac remissionis 在判罪日之时，
Ante diem rationis. 请以宽恕之心待我。

Ingemisco，tamquam reus； 我因罪过而哀求，
Culpa rubet vultus meus； 羞愧让我面红耳赤，
Supplicanti parce，Deus. 主啊，请宽容一位哀求者吧！

Qui Mariam absolvisti,	你宽恕了马利亚，
Etlatronem exaudisti,	倾听了盗贼的哀求，
Mihi quoque spem dedisti.	也请赐予我希望。
Preces meae non sunt dignae:	我的祷告虽然卑贱，
Sec tu bonus fac benigne,	但你至善而慈悲，
Ne perenni cremer igne.	不要让我在永恒之火中燃烧。
Inter oves locum praesta,	在绵羊群中赐给我一席之地，
Etab haedis me sequestra,	将我与山羊分开，
Statuens in parte dextra.	让我站在你的右手边。
Confutatis maledictis,	当作恶者被绳之以法，
Flammis acribus addictis:	抛入烈火之中，
Voca me cum benedictis.	请赐福于我。
Oro supplex et acclinis,	叩首哀求的我恳请你，
Cor contribum quasi cinis:	我的心已痛悔如灰烬，
Gere curam mei finis.	请在末日给予我关切。

注释

[1] Griswold（2007，149-150）. 这不是格里斯沃尔德的完整论述，因为关于宽恕者应该做什么他有很多话要说。康斯坦的论述

(2010) 基本相同。

[2] 事实上，经常有人认为，没有这些交易性元素，宽恕是不完整的：如 Konstan (2010，21 及其他各处)，Bash (2007) 也类似。巴什总结了他的论点，他说："无条件宽恕的想法很难从实用、实践和哲学的角度进行辩护" [Bash (2007，78)]，他不遗余力地证明，早期的基督教传统包含了成熟的交易性叙述。很明显，在这一点上，我同意巴什，但不同意康斯坦的观点：早期的传统确实包含了这个概念；但是（这里也不同意巴什），它也明显包含了无条件宽恕和无条件爱的思想，我不同意巴什对这些备选方案的规范性评价。

[3] 然而，我将着眼于更多的历史细节和精确性，我认为这对尼采的总体目标是必要的。

[4] 我从马勒那里引入这种不加思考的一致性的图像，将在本章后面讨论。他认为传统的基督徒的行为就像圣安东尼对着进行布道的鱼①，漫无目的、毫无征兆地俯冲，他用降 E 调单簧管的俯冲主题恰当地表现出来，在其进入处被标记为"谐谑地"。[《少年魔法号角》(*Des Knaben Wunderhorn*) 中的圣安东尼之歌与第二交响曲第三乐章中的有关圣安东尼的部分创作于同一时间，我在这里提到了这一点：详见 Nussbaum (2001，ch. 14) 中的分析。]

[5] Foucault (1975).

[6] 福柯在欧洲有很多读者，他不是在谈论在美国监狱中实际的有辱人格的身体虐待，他是在谈论监狱监管和改造方案的侵扰性和操纵性，杰里米·边沁 (Jeremy Bentham) 的圆形监狱/济贫院

---

① 马勒的歌曲集《少年魔法号角》中有《帕都瓦的圣安东尼向鱼传教》。

是一个领先的案例研究。

[7] 上帝的愤怒通常需要通过忏悔或牺牲来平息。在《以赛亚书》43：25-26 中，罪显然是因为道歉和正念的态度而被免除的。同样，在《何西阿书》第 12 章，先知呼吁以色列人悔改，在第 14 章，他敦促一种特定形式的赎罪，他想着在这种形式的赎罪之后就会是宽恕。有很多这样的例子。

[8] 对《圣经》和《塔木德》的来源进行了极好的讨论的是摩根，参见 Morgan（2011）。

[9] 尽管很明显，足够多的改革派和保守派犹太人不接受这一法典化的叙述的许多方面——至少不接受因违反戒律而要求特舒瓦的全部清单——但总的来说，他们仍然坚持传统中所阐述的特舒瓦过程的总体概念。因此，贝利［Peli（2004）］在他的导言中指出，改革派领袖、拉比阿诺德·雅各布·沃尔夫（Arnold Jacob Wolf）赞扬了索罗维奇克关于这个主题的思想的中心性和重要性（第 7 页）。索罗维奇克（1903—1993）是一位非常有影响力的正统派拉比和教授，他忠实地遵循了迈蒙尼德（12 世纪）和赫罗那的约拿（13 世纪）的论述。（索罗维奇克的口头演讲最初是用意第绪语进行的，但后来由贝利用希伯来语写成，英语翻译是由贝利和一大群顾问完成的。）

[10] 1138—1204，通常亦名为兰巴姆（Rambam）。

[11] 约拿，是一位有影响力的加泰罗尼亚拉比，是更著名的纳赫玛尼德斯（Nachmanides）① 的表亲。故事是这样的：约拿最

① 13 世纪西班牙犹太教拉比。

初是迈蒙尼德的强烈反对者，并在1233年鼓动基督教当局在巴黎公开焚烧他的作品。他后来承认了错误，并前往迈蒙尼德在巴勒斯坦的墓地朝圣。他只走到了托莱多（Toledo），他在那里教书度过了余生。然而，他教导的始终是对迈蒙尼德的尊敬。关于迈蒙尼德，我在网上查阅了两个英文译本，一个是 Immanuel O'Levy（1993），另一个是 Rabbi Yaakov Feldman（2010）。对于约拿，我使用的是 Shraga Silverstein（1967）的双语文本。

［12］索罗维奇克，引自上文；黛博拉·E. 利普斯塔特的观点见 Wiesenthal（1997，193-196）。利普斯塔特是著名的否认大屠杀案的被告；大卫·欧文起诉①，她以正当理由胜诉。

［13］See Maimonides，ch. 1. 1.

［14］传统上有一个有趣的争论，关于人是否应该忏悔和悔改前一年已经承认的罪行。约拿的观点是，不应该这样做，因为这会分散人们对今年犯的罪的关注，而且再次忏悔表明人们对上帝的宽恕缺乏信任：见 Yonah（1967，379-383）。尽管如此，犯罪的人还是应该进行一个一般的忏悔，原则上既包括过去的罪，也包括当前的罪。但迈蒙尼德则坚持认为，应该忏悔过去的罪和当前的罪，把它们摆在眼前（2. 8）。关于在赎罪日必须忏悔多少次的问题也有争论。迈蒙尼德提到，在吃大餐前，人们应该忏悔，即使他要花一整天的时间反复忏悔——因为他可能会被这顿饭噎死，从而永远无

---

① 英国历史学家大卫·欧文以否认纳粹大屠杀而臭名昭著，他以诽谤罪起诉美国学者黛博拉·利普斯塔特及其出版商，因为利普斯塔特批评欧文系统性地否认大屠杀，在这个案子中利普斯塔特胜诉。2005年11月11日，欧文进入奥地利南部施蒂利亚州时被捕，2006年2月20日欧文受审，因否认大屠杀而被判处3年监禁。

法做出主要的忏悔（Maimonides，2.6）。

[15] Maimonides，1.4.

[16] 索罗维奇克强调了 kapparah（赦免）和 taharah（涤罪）之间的传统区别：对于前者，悔恨就足够了；对于后者，需要生活和思想的根本改变。见 Peli（2004，49-66）。

[17] Maimonides，1.5. 相比之下，如果犯罪只是针对上帝，就不应该公开悔罪。

[18] Ch. 2.2. [我把翻译者的“to never do”（决不做）改为“never to do”（永不再犯）。]

[19] Ch. 2.4. Cf. Yonah（1967，31）.

[20] Ch. 3.4：他特别将羊角号的声音与慈善行为联系起来，并声称，在犹太新年和赎罪日之间的这段日子，犹太人比其他时期更为慈善。

[21] Maimonides，2.1.

[22] Maimonides，2.1.

[23] Yonah（1967，92）.

[24] Yonah（1967，39）.

[25] Yonah（1967，59）.

[26] Maimonides，2.10. See Yonah（1967，377）.

[27] 对于死者，犯罪的人必须带着 10 个人到坟墓前去忏悔；如果欠了钱，他应该把钱给继承人。但如果他不认识他们，他就把钱交给法庭，在那里忏悔。

[28] 对照在《约翰福音》7：53—8.11 中，被捉的通奸的女

人显然得到了有条件的宽恕："去吧，不要再犯罪了。"

［29］对希腊语文本的详细文献学讨论，参见 Bash（2007，81－87）。然而，作为一名基督教神学家，巴什可能把过于统一性和一致性归咎于早期文本：约翰在耶稣死前进行了洗礼，他可能不清楚还有进一步的必要条件需要加上。

［30］约翰不需要祭品或供品，大概认为悔改仪式取代了犹太教赎罪仪式：见 Bash（2007，81－82），书中再次强调悔改虽然是宽恕的必要条件，但还不够。

［31］因此，《公祷书》里问父母和教父母（或任何年龄足以为自己说话的人）："你是否弃绝撒旦和所有反叛上帝的邪恶的精神力量?"回答说："我弃绝它们。"问题："你们是否弃绝这世上败坏和毁灭上帝的造物的邪恶势力?"回答："我弃绝它们。"问题："你是否弃绝所有让你远离上帝的爱的罪恶欲望?"回答："我弃绝它们。"仪式继续进行，接受耶稣作为救世主，信任并服从他。

［32］这首赞美诗全文见本章附录。它仍然存在于今天的正统罗马天主教的弥撒中，仍然是一个受人尊敬的文本，虽然它与其他文本对地狱中痛苦的描述一起已经被淡化了。

［33］这部著作早于德尔图良从主流基督教中分裂出来以及他拥护孟他努教派（Montanist）异端（大约 207 年）。

［34］See Hanna（1911）.

［35］Hanna（1911）.

［36］See also Konstan（2010，ch. 4）.

［37］当然，正如任何关于犹太教规范的概括一样，这一条也

有公认的例外。诫命“你不可贪图”似乎就是侧重于态度，而不是行为，尽管对此有很多争论。

［38］严格地说，我们不应该说“准”，因为根据希腊罗马的斯多葛学派，这一传统认为内心活动是完全的行为。斯多葛的理论是，它们包含对“表象”的“同意”，原则上，如果不是事实上，人们可以总是拒绝同意这种表象。西塞罗甚至称这种外在行为仅仅是一种“胞衣”，行为的核心是这种内在的同意。

［39］See Tertullian，*On Penitence*，section 3，in William Le Saint's translation，*Tertullian*：*Treatises on Penance*（Westminster，MD：Newman Press，1959）. 拉丁文本，见 the edition by Pierre de Labriolle（Paris：Alphonse Picard，1906）。德尔图良生活在公元 160 年到 225 年之间，《论忏悔》可能是一个相对早期的作品，在德尔图良与已经建立的教会决裂（作为一名孟他努教派异教徒，朝更大的清教主义方向发展）之前。

［40］Brion and Harcourt（2012）；伯纳德・哈考特（Bernard Harcourt）的英文版即将出版。

［41］But see Brion and Harcourt（2012，104-108）.

［42］Brion and Harcourt（2012，124-160）.

［43］因此，未被赦免的性罪，如果是异性恋，把他放在地狱里，在那里，我们发现保罗和弗朗齐丝卡；如果是同性恋，放在更加低得多的“暴力对抗自然”的地狱层环里；有个性而被赦免的欲望，不管是同性还是异性的，把这样的人放在相对快乐的炼狱里，在那里，你会遇到所有著名的诗人，通过长期的忏悔学习贞洁。

[44] 这种场合往往会演变成一种对年轻“违法者”的操控。

[45] 关于得出这一结论的一些非常不同的研究，见 Boyarin (1995)；Kugel (1999)；Schofer (2010)。

[46] *De Paenitentia*，section 9. 由于这个词是希腊语，它显然早在德尔图良（第一位用拉丁文写作的主要基督教思想家）之前就已经在使用了，但人们确信是德尔图良将其编纂成一套由宗教当局监督的实践。

[47] Nietzsche (1989).

[48] 参见《但以理书》9：9。

[49] 最好的手稿中没有这一段，所以它可能与文本的其余部分不是同时代的。还有一个问题是，由于这里是因为无知而减轻了罪责，所以耶稣是否在通常意义上给予了宽恕，这一点并不十分清楚。

[50] 见上文注 31。

[51]“给愤怒留下空间”（give place to anger）这个难懂的短语似乎意味着为上帝应许的复仇扫清道路。

[52] 有关陈述的大量摘录，见 Stewart and Pérez-Peña (2015) and Nahorniak (2015)。

[53] 它的结果当然是转型性的，体现在关于将邦联旗从州议会大厦移除的辩论中①，以及令人惊讶的一边倒的投票中，最终导

① 鲁夫作案前曾通过其个人网页展示美国南北战争时期南方军队所用的“邦联旗”，民权运动人士认为“邦联旗”带有种族歧视色彩。南卡罗来纳州众议院 2015 年 7 月 8 日就是否移除议会大楼前的“邦联旗”展开长达一天的辩论。次日投票中，州众议院以 94 票支持、20 票反对的压倒性多数同意移除“邦联旗”。南卡罗来纳州参议院 6 日已经以 37 票支持、3 票反对通过“移旗”议案。南卡罗来纳州是美国南方最后一个把“邦联旗”从议会大厦顶部撤下的州。

致 7 月 9 日通过了一项法令，移除议会大厦前的邦联旗。

[54] 例如，见《马太福音》19：19，22：39；《马可福音》12：31；《约翰福音》13：34，15：12。

[55] 一个显著的例子是《以弗所书》4：30-32，其中 *charizesthai* 的意思是“仁慈”“大度”，不提及先前的愤怒，它在我所能找到的所有翻译版中被译为“宽恕”，但在上下文中找不到宽恕的标准词 *aphiēmi*。关于《圣经》文本中有关宽恕的误译，另见 Konstan（2010，99）。康斯坦的整个第四章都是对《圣经》材料的有价值的处理，包括希伯来语和希腊语。

[56] 这是我自己的翻译：*thumos* 和 *orgē* 之间的确切区别并不完全清楚。

[57] 我已经修改了金·詹姆斯的版本，用“不当对待你”（wrongs you）代替“冒犯你”（trespasses against you），并删除了第 4 节中不必要的口头补充。

[58]《路加福音》15：12-34，根据金·詹姆斯的版本，有两处改动：我在第 21 节也和第 18 节一样写为“在你面前”，因为希腊语是完全一样的，翻译者没有特别的理由在第二次译为“在你眼中”。两者都是很好的翻译，关键是这两个语句应该完全相同。第二个改动更为重要：在第 20 节中，*esplanchnisthē* 被翻译成“并且有同情心”，这对于这个罕见的词来说太平淡、语气太弱了，也不能准确地暗示父亲意识到儿子是受苦受难的，或者状况很不好。

[59] 这个比喻来自献祭，牺牲的内脏被取出，然后被吞噬。

见 LSJ，s. v. *Splanchneuō*。金·詹姆斯版本的声望很高，以至于19世纪的词典编纂者在这个词条下也列出了一个隐喻意义“有同情心”，但他们只引证了这一段——这就是为什么人们总是应该超越词典的原因之一。在《新约全书》中，这个词确实出现过几次，但还不足以让我们认为“取出内脏”的意思已经消失，成为一个不再使用的隐喻。

［60］关于这种大度精神的古典先例，见哈里斯对 *philophrosunē* 的讨论（Harriss 2001），149 页，以及对罗马人文主义的讨论，205 页。

［61］我详细分析了这部交响乐，见 Nussbaum（2001，ch. 14）。

［62］马勒，德累斯顿 1901 年演出计划；引自 De La Grange，1973，785-786，第二段的直译代替了他的文字。

［63］De La Grange（1973，786）.

［64］Wagner（1850）.

［65］马勒经常将音乐创造力表现为女性的，以突出其情感性和接受性（见 Nussbaum 2001）。

［66］参看我对 *geschlagen* 的讨论，见 Nussbaum（2001）。

［67］严格地说，就这个故事所告诉我们的，父亲一点也没有对儿子感到愤怒。

［68］关于这一点更详细的论述，见 Nussbaum（2001）。

［69］一个有趣的例子是布里顿（Britten）的《战争安魂曲》（*War Requiem*），其中贪婪、愤怒和破坏性的愤恨当然会出现——

但是随后即被超越，威尔弗雷德·欧文（Wilfred Owen）在文本中将耶稣无条件的爱与组织化的教会的做法进行了对比。有趣的是，（正式地）表达复仇渴望的音乐往往表现了世俗的快乐。因此威尔第《弄臣》中的复仇二重唱，“Si，vendetta”，实际上就充满了欢乐的能量。在我女儿三岁的时候，这是她最喜欢的音乐，就是因为它的欢乐，她当然不知道它原本“说”的是什么。寻找真实的复仇的音乐，会让我们迅速进到窒息和压抑的音乐领域，正如我在第1章中对施特劳斯的《厄勒克特拉》的评论。

［70］因此，勋伯格不允许他的歌剧《摩西与亚伦》中的摩西演唱：宗教态度必须通过演讲表达出来，他把歌剧音乐留给亚伦和他的追随者。

［71］也许这些例子只是为了表明莫扎特和威尔第拥有快乐和大度的灵魂，他们写《安魂曲》是出于文化习俗，而不是因为任何深刻的精神上的共鸣——就像人们经常就威尔第的作品所评论的那样。但在我看来，音乐与爱的内在联系似乎更为深刻，确实很难想象，谁会根据我所分析的神的愤怒的精神，受命来创作安魂曲。当然，一个作曲家不必用这种精神来写一整部作品（正如瓦格纳在阿尔贝利希和哈根[①]的音乐中出色地表达了无爱的自恋，尽管这部作品作为一个整体非常关注大度的爱），却可以表达我所描述的心理。但是整个安魂曲呢？难道这不是阿尔贝利希和哈根唱的整部《指环》吗？我曾说过，《厄勒克特拉》就是这样的，但它被设计成一部几乎难以忍受的短作品，在施特劳斯的作品中是一个

① 均为瓦格纳的作品《尼伯龙根的指环》中的人物。

例外。

[72] 下面的内容我要感谢 Halbertal（forthcoming），到目前为止，它只以希伯来语发表，但是乔尔·林赛德（Joel Linsider）为作者做了一个英文翻译，并寄给我作为参考。一个简短的版本发表在 *Jewish Review of Books*，2011 年秋季。

[73] See Halbertal（forthcoming）.

[74] Griswold（2007，12–17）.

[75] Epictetus，*Encheiridion*，ch. 48.

第4章　亲密关系：愤怒的陷阱

91 你承认你的妻子吗？

——塞涅卡，《美狄亚》1021：当美狄亚把被杀掉的孩子从屋顶扔下来时她对伊阿宋说

他努力让理智浮现——他多么努力啊。

——菲利普·罗斯，《美国牧歌》：利沃夫从他疏远的女儿“悬崖投弹手”梅里那里得知，她已经杀了四个人

Ⅰ. 脆弱与深度

被背叛的妻子，被抛弃的母亲，美狄亚说她的愤怒在道义上是

对的，观众可能会同意。她请求朱诺·鲁西娜（Juno Lucina），即婚床的守护者、分娩的保护者，来帮助她。因为她的愤怒要求伊阿宋痛苦，所以她还召唤了一组黑暗之神：

> 好了，好了，靠近些，复仇女神们，你们的头发与扭曲的毒蛇紧紧缠绕在一起，你们血腥的手中握着黑色的火炬——靠近些——你们这些可怕的幽灵，就像你们曾经站在我的婚床周围。把死亡带给这个新妻子，把死亡带给她的父亲，把死亡带给所有的王室成员。（塞涅卡：《美狄亚》13-18）

美狄亚的愤怒似乎既是正当的又是可怕的。不久之后，为了最大限度地折磨伊阿宋，她杀死了自己的孩子——尽管他们的死也夺走了她的爱，但她早已看不到这一事实。她站在屋顶上，把孩子们的尸体扔向他，给他们的婚姻“做了最后的献祭”（1020）。最后，她说，他必须承认他的妻子的存在，惩罚完成了，她感到她的尊严和自尊得到了修复，“现在，我是美狄亚”（910），她尖叫着，“我的王国回来了，我被偷走的贞洁回来了，……啊，我的节日！啊， 92
我婚姻的纪念日！”（984-986）[1]

我们对美狄亚的故事实在是太熟悉了。很少有被背叛的一方为了伤害背叛者而杀了他们共同的孩子，但确实有很多人想要让对方遭受痛苦，而这些努力也经常带来严重的附带伤害。即使当愤怒者的自我约束阻止了她们去实施自己的愿望，恶意也在她们的内心沸腾，她们仍旧希望作恶者和他的新家庭有某种不好的结果。毕竟这种恶意如此经常地偷偷地溜出来，体现在诉讼中，体现在对孩子情感的微妙变化中，或许她们也可能只是不愿意再次相信男人，这一点美狄亚是通过恢复童贞的幻想恰当地表达出来的。

但也有很多人会说，她们要求报复的愿望是合理的——只要它没有走到犯罪的极端。在亲密关系领域，即使那些对批判愤怒持同情态度的人也会认为，愤怒在道德上是正确的和正当的。（我过去也持这种观点。）[2] 人们，特别是女士，应该为她们自己和她们日益下降的地位挺身而出，她们不应该让自己任人摆布。为了自尊，她们应该坚强不屈，毫不妥协。[3] 也许，只是也许，如果作恶者带着充分的诚意和谦卑道歉，可以想象到，她们会得到某些程度的恢复——也许不能。而如果没有得到恢复，道歉和谦卑的仪式本身就可以成为补偿。

生命太短暂了，这就是我本章所讲的内容的实质，我们可以到此为止。然而，由于这是哲学的论证，所以我又不能到此为止。相反，在我们第 2 章对愤怒的分析之后，我们将探讨亲密关系中的愤怒和宽恕的作用，以及我们先前讨论的报复的愤怒、地位的愤怒以及转型在这个领域中的应用。我将考察父母和成年孩子之间的愤怒，夫妻或伴侣之间的愤怒，以及对自己的愤怒。[4]

我将尝试完成四个方面的内容。首先，我将描述在涉及愤怒时，亲密关系的哪些特征要求被特殊对待。其次，我将论证在这个特殊的领域，斯多葛派式的回应通常是不适宜的，而悲伤、恐惧之类的情况经常是适宜的——但不包括愤怒，除非是转型-愤怒。再次，我将对以下观点做出回应，即当一个人在这个领域遭受了严重的不当对待，为了维护自己的自尊和尊严，愤怒是必要的。最后，我将回应另一个相关的观点，在这个领域，为了认真对待他人，愤怒是必要的：不愤怒的回应不能表明对作恶者的充分尊重。循此思路，我也将关注与宽恕有关的问题，以及移情和嬉戏的问题，我初步认为它们发挥了富有成效的作用。

现在我们开始吧。我之前已经讨论过，愤怒的概念在内容上包 93
括，对自己重要的人或事受到了伤害，而且它（有一个重要的例外）在概念上也包括某种报复的想法，虽然很微妙。在这种情况下，当严重的恶行真的发生了，愤怒在道德上也是注定有问题的，方式有两种。要么受害者想象，报复可以恢复已经被毁坏的重要东西（例如，某个人的生命），但这在形而上学的意义上根本是难以说得通的，然而在人类文化中，在文学作品中，在我们的进化机制中，这种想象却非常普遍且根深蒂固；要么受害者想象，这种侵犯不是真的对生命、对身体或者其他重要的东西的侵犯，而只是关于相对地位的：也就是亚里士多德所谓的“降低等级”。在后一种情况下，报复的思想毕竟是有一定道理的，因为降低作恶者的地位真的会相对提高受害者的地位，但这种对地位的强调通常是有缺陷的。理性的人会因此而拒绝这些道路，即我所说的**报复之路**和**地位之路**，并且会很快转向我所说的转型，从愤怒转向对未来福利的建设性思考。

我认为，有一种愤怒没有这些缺陷，我称它为转型-愤怒，因为它在承认不当的同时向前看。它的全部认知内容是：“多么难以容忍啊，它绝对不该再次发生。”转型-愤怒，一种愤怒的边缘状态，它不像我们最初想象的那样普遍，以痛苦报复痛苦的愿望经常会偷偷地溜进来污染它。

让我们也来回顾一下另一个术语。除了报复思想外，愤怒的所有认知内容都是正确的，这时愤怒是有“**充分根据**”的：这个人对以下事实掌握了正确的信息，某个人已经对另一个人做了什么，他做的确实是不正当的，而且他所做的不正当的事确实产生了巨大的损害，这确实是值得严重关切的事。我认为，在亲密关系中，愤怒经常是有充分根据的。

Ⅱ. 亲密与信任

亲密关系有什么特殊性？我认为有四点。第一，亲密关系对于人们的情感是至关重要的，这种情感涉及人们对生活是否顺遂的感受，用亚里士多德的话说，涉及人们的好生活（eudaimonia）。人会将另一个人以及与这个人的关系珍视为自己生活幸福的重要组成
94 部分，贯穿于生活的许多元素之中，很多追求是他们共同的追求，很多目标是他们共同的目标。[5] 一旦亲密关系破裂会使个人生活的很多方面陷入混乱。

第二，这样的关系包含巨大的脆弱性，因为它包含信任。信任很难定义，但如安尼特·贝尔（Annette Baier）[6] 所说，我们可以从这个说法开始：信任不同于单纯的依靠。[7] 一个人可以依靠闹钟，如果闹钟失灵，我们会感到失望，但不会感到自己非常脆弱，或者被挫败感深深侵袭。相似地，一个人可能依靠一个不诚实的同事，他会说谎、欺骗，这也正是他**不**信任这个同事的原因，相反，

他会试图保护自己不受伤害。比较而言，信任包含了让自己面对背叛的可能性，从而遭受到非常严重的伤害的意思。这意味着我们放松了自我保护策略，给予我们无法控制的他人的行为以巨大的重要性，而通常情况下，自我保护策略会贯穿我们生命的全过程。一旦我们放松了自我保护策略，也就意味着我们让自己生活在某种程度的无助中。

信任是一种信仰，还是一种情感？两者都是，它们以一种复杂的方式相关。信任某人，就会相信他会信守承诺，同时，把这些承诺看作生活幸福的重要组成部分。这种评价是很多情感的关键，包括希望、恐惧，如果事情变坏，会有深深的悲伤和失落。信任可能和这些情感都不同，但在正常的生活环境下，信任往往足以让人们产生这些情感。人们通常也会对他们信任的人有其他相关情感，例如爱和关心。虽然人们通常不会刻意决定去信任别人，但愿意让别人掌控自己的生活确实是一种选择，因为人们肯定在没有这种依赖的情况下也能生活，就像斯多葛派那样。[8] 无论如何，信任他人包含着深深的脆弱和无助，这很容易转向愤怒。

亲密关系的第三个显著特征与关系破裂的场景有关。因为亲密关系是内在的，深入当事人的内心深处，所以亲密关系破裂所带来的损失不能完全通过法律来解决，虽然人们当然也想这样做。即使如此，正如我已经说过的，大多数种类的恶行在某种程度上是无可挽回的（被杀的人活不过来了，强奸不可能变得没有发生过），但一个良好的法律体系可以通过让作恶者丧失行为能力，阻止未来的恶行，来减轻人们处理此类案件时实际的和情感的负担。这有助于我所说的转型。然而，当你爱的人伤害了你，即使在暴力和欺骗的情况下，人们可以寻求法律的援助，但这种关系本身对一个人的福祉也非常重要，而法律不可能完全承担起处理这类问题时的情感任务。超过某种程度之后，真的就无处可去，除非能深入自己的内
95 心，而你在那里发现的很可能是极度的不快乐。所以，对于这些伤害，人们会有孤独感和隔离感，它们涉及很深的无助。再说一次，这种无助很容易转向愤怒，愤怒会带给人们自主和控制的错觉。

第四个特征指向更具建设性的方向，尽管通常不是这样：我们通常与我们喜欢的人建立亲密关系。我们的配偶是自己的选择，尽管父母不是自己选择的孩子，或者说孩子也不是自己选择的父母，但通常情况下也不是太糟糕，会有一种共生关系让双方产生相互的好感，虽然青春期的孩子确实让这一点不那么明显。相比之下，世界上大多数其他人就不是我们愿意选择和他们一起生活的人。人们很容易发现他们令人恼火、令人不快，甚至令人厌恶。在飞机上偶然坐在旁边的人，有多少人愿意和他们一起在同一所房子里生活一段时间？但配偶、情人、孩子，这些人就是你喜欢的，而且通常他们身上还有一些美好的东西，无论他们做了什么，这些美好的东西都不会完全消逝。愤怒的目标是这个人，其焦点是行为，而人不仅仅是行为，但记住这一点却非常难。这些美好的东西在伤害和背叛（如果一个人很有吸引力，就很难轻易摆脱）中会变成一把刀，另外，它也可能是关于未来的建设性想法的基础——恢复关系或创建一种新的联系。

我们现在需要在这个特殊领域中勾画出愤怒和宽恕的适当形

象。愤怒经常是有充分根据的吗？如果是，它是充分正当的吗？报复的幻想会变成什么样？或者应该变成什么样？人们是否应该把愤怒和不妥协归因于他们的自尊（像许多人建议的那样）？还是愤怒更可能是建设性的前瞻性计划和健康关系的障碍，是人们沉溺其中而不真正解决问题的自恋的舞蹈？[9] 正如巴特勒所说："风俗和错误的荣誉感站在反击和报复一边……而爱我们的敌人则被认为是太难遵从的说法。"[10] 但我们并非必须赞同风俗。

亲密关系的破裂通常会带来深深的悲伤，这很正常，但这种悲伤是需要处理的。悲伤是肯定的：亲密关系是欣欣向荣的生活非常重要的组成部分（这里斯多葛派是错的），但悲伤以及随之而来的无助感通常不能通过让愤怒占据舞台的中心而得到很好的解决。当一个人不能掌握局势时，愤怒经常成为悲伤的诱人的替代品，给人以自主和控制的希望。我认为，处理悲伤的方式正如人们所期望的
是：哀悼，并且最终采取建设性、前瞻性的行为，修复和追求自己 96
的生活。愤怒经常是有充分根据的，但它太容易打断必要的哀悼过程。所以，从愤怒到哀悼的转型——并且最终转换到关于未来的想法——要比滋养和培育愤怒更重要。

宽恕怎样呢？经典的交易性宽恕是健康且在道德上值得尊重的过程吗？还是它只是一种隐蔽的报复形式？即使在它最温和的、最有道德价值的情况下，它难道不是"想得太多"（伯纳德·威廉姆斯的术语，在不同的语境下）吗？不是对更有价值的大度和自发性的偏离吗？[11]

如果标准的交易性宽恕确实有严重缺点，是否有一种无条件宽

恕，一种内心深处的挣扎，具有相当大的道德价值，让自己从具有腐蚀性的愤怒中解脱出来？

我们承认最初在第 2 章中就已经承认的愤怒的三个优点。愤怒经常是有用的，它是出现问题的信号（对自己和/或对他人），因此，关注人们的愤怒反应是一个好主意——但要记住，很多愤怒反应是不可靠的，是社会价值观错位的迹象，或是对地位的扭曲关注。在某些情况下，愤怒可以给人们行动的动力，虽然这在个人领域很少是真实的，因为在个人领域不行动不可能是一个主要问题，并且愤怒激发人们去做的事确实既可能是好事也可能是坏事。愤怒能力会对恶行起到威慑作用——尽管只是因为害怕对方的愤怒才维系彼此之间的信任关系，这种关系就已经注定要失败了。[12] 但是，即使这些温和的积极作用是存在的，通常的愤怒也总是会被转型愤怒迅速超越。

Ⅲ. 错误的社会价值观：羞耻和控制

在亲密关系中，由于错误的价值观，如什么是错误行为，它有多严重等等，愤怒常常会误入歧途。例如，在儿童时代寻求独立，甚至寻求单纯的快乐，经常会被极力否定。相似地，在婚姻中，不公正的性别角色预期，特别是妇女寻求独立和平等经常被男性视为威胁，经常会引发愤怒。有的人只是违反了某些不好的社会规范，但并没有真的做什么错事，对这样的人和事愤怒是不适宜的，但很难将这样的案例与那些真正做错事的案例区分开来。毕竟，我们都是特定的时间和地点的产物，孩子应该如何对他们的父母说话，他们在不同的年纪应该有怎样的独立性，什么时候应该开始性行为， 97
妻子或丈夫应该怎样追求他们的职业期待，如何分担家务，我们对所有这些问题的直觉都是偶然的、易错的。当时父母、配偶曾经对一些事愤怒，这些事我们现在认为适宜的至少是允许的，我们觉得我们看清了父母、配偶早年有哪些问题。但我们知道，我们无法知道我们的下一代会发现我们的态度和价值观有哪些问题。我们必须试图区分两种愤怒的不同，一种愤怒是没有充分根据的，因为涉及的价值观是错的；而另一种愤怒如果它是有问题的，仅仅因为它是愤怒。但我们事先就知道我们的区分很容易出错。

涉及等级和地位的文化错误非常普遍。父母常常认为孩子没有规矩，他们应该知道自己的位置——远远低于他们的父母！在婚姻中，很多有缺陷的社会规范也包含同样的问题：丈夫会因为妻子有个好工作、好收入，或者希望他分担家务而愤怒。这种社会规范经常用害怕“等级高”的一方的愤怒作为执行机制，而宽恕和赔罪的仪式也经常被用来建立地位的不对等。

对地位的痴迷只有部分是文化建构的，自恋和焦虑是人类生活特有的，在亲密关系中它们更容易产生，因为其中包含了巨大的脆弱性。当人们建立了等级制度，并且想控制他人，人们就会在无助的世界中经常表现出这种普遍的人类倾向。因此，即使在最开明的文明中，“地位之路”也是一个持久的诱惑。虽然这类愤怒的例子是没有充分根据的，但它们如此普遍，而且经常被文化权威支持，所以我们不应该简单地把它们放在一边，而应该对它们加以详细的考察，就如同我们先前仔细分析那些有充分根据的愤怒一样。当我们详细考察时，我们就会发现，使愤怒持续并恶化的正是隐蔽的关于地位的想法。

适用于亲密关系的规范在人类生活中是最有争议、最不确定的。然而，有一点是很明确的，在亲密关系中确实会有充分根据的愤怒，因为真的有恶行发生。因虐待、暴力、背叛而愤怒，也因无礼，或者因没有给予关心和支持而愤怒——这些经常是有充分根据的。虽然斯多葛派认为，没有什么人类关系值得为之心烦，虽然我同意他们关于更一般的“中间领域”人与人之间互动的观点，但在亲密关系领域我不赞同他们。友谊、爱以及家庭关系真的是非常重
98 要的，值得深切关注。所以，发生在亲密关系和信任关系中的恶行也都值得重点关注。在有些情况下，恐惧、希望、快乐、悲伤是适宜的，而愤怒至少是有充分根据的。我们将一一探讨这些案例。

Ⅳ. 父母对孩子的愤怒：怎么对待败家女儿?

孩子会让父母愤怒。他们不讲礼貌、不整洁、不听话、懒惰。他们不写家庭作业，不帮忙做家务。他们也做一些很严重的错事，比如撒谎、小偷小摸、不守信、欺负别的小孩。有时他们会做有损自己未来的事，例如滥用毒品。有时，尽管很少见，他们会犯重罪。所以，即使在最好的亲子关系中，愤怒也会扮演重要角色。

除了我已经提到的地位谬误（过度地关注等级），亲子关系在报复方面也涉及重大的文化危险。长期以来，在欧美文化的许多领域，父母和孩子之间的关系至少在某些地方，是以愤怒的上帝和年幼的罪人之间的想象关系为模型的，这种关系往往是在相信人天生有罪的背景下建立的。因此，大卫·科波菲尔（David Copperfield）的继父摩德斯通（Murdstone）先生把男孩看作就像“难以控制的马或狗”，必须让他们受苦才能让他们变得服从。[13] 于是，大卫的整个生活就变成了由一系列愤怒、惩罚以及（失败了的）赎罪的插曲构成。摩德斯通是个虚构的人物，但他的态度在维多利亚时代以及这之后的很长一段时间都是非常普遍的，特别是在英语世界的公立学校中。乔治·奥威尔（George Orwell）的散文《这，这就是快乐》描述了他还是一个8岁男孩时的典型体验，他在一所叫圣塞普里安的寄宿学校，学校里代替父母管理他们的人让他觉得他必须不断地赎罪。他尿床，这被说成是邪恶的，所以年轻的奥威尔在成长的过程中一直有一种感觉，觉得他有一种难以察觉和控制的邪恶倾向，因为即使被打，他也控制不了，他不知道怎么才能不尿床。因此，他认为自己是（据称）有正当理由的愤怒的对象，他必须不断忏悔。[14]

这样的态度显然非常普遍，安东尼·特罗洛普（Anthony Trollopc）① 描述了索恩医生关于孩子的观点，他认为这些观点很

---

① 安东尼·特罗洛普（Anthony Trollope，1815—1882），英国作家，有47部长篇小说和多部短篇小说、传记等等，代表作品为《巴塞特郡纪事》，是以巴塞特郡为背景的一组小说，此处探讨的《索恩医生》是其中的一部。本书中还讨论了他的另一部作品《你能原谅她吗？》。

独特，他通过少数有吸引力的例外给我们展示了这样的规范：

> 关于这位医生，有一项迄今未被提及的特点，那就是他有与儿童交往的才能。他欢快地与孩子们交谈，和他们一起玩，把他们背在背上，一次三四个小孩，和他们一起在地上打滚
> 99 儿，在园子里赛跑，为他们发明新的游戏，在各种各样的看来很不利情况下设法娱乐……他有很多关于孩子的幸福的理论……他认为父母对孩子的重要责任就是使他幸福，不仅要使这个人幸福——如果可能的话，让他在未来幸福——而且要对现在的这个男孩同样善待。[15]

在索恩医生异端般的观点并不占主导地位的地方，在养育子女方面，愤怒无处不在，这是一种试图压抑和控制他人的愤怒，它把任何独立的活动都当作一种恶行。[16]

与神的愤怒概念存在的问题相类似，父母的愤怒概念也包含基于不合时宜的文化价值观的愤怒和宽恕/忏悔两个方面。它不具有通常宣称的工具价值，通过对愤怒甚至对暴力的恐惧来实现控制是一种无效的威慑方法（奥威尔尿床更严重了；当摩德斯通瞪着大卫·科波菲尔时，大卫·科波菲尔也记不住他的功课），正如安尼特·贝尔所说，这当然是一种病态的信任关系的标志，如果我们能把它称作信任的话。因此，当我们考察更为合理的父母的愤怒时，我们应该把这种错误的价值观的案例放在一边。但我们必须记住，在我们这样做时，这种想法以更为微妙的形式影响了有关父母的愤怒的好的案例。

当父母和孩子互相了解，并且生活在一起时，他们之间的关系

对他们双方的福祉都有巨大的意义。[17] 对父母来说，他们深深地需要和爱着他们的孩子。孩子是父母的未来，是他们得以传承的一种方式，是他们对世界的贡献。然而，孩子也可能阻碍父母在其他领域（工作，友谊）得到他们的幸福，消耗他们的精力和资源，限制他们对自己目标的追求——这些可能正是他们愤怒的原因，特别是当孩子不知感恩的时候。同时，对孩子来说，父母是他们生命、食物、健康、安全的来源，是他们教育、价值观以及获得支持、金钱和情感的来源。由于涉及对幸福至关重要的问题，所以他们之间的关系对双方而言都是各自的致命弱点。

父母和孩子之间的信任形式多样，且不断变化。当孩子刚出生时，作为婴儿，他们在信任的问题上没有发言权，他们完全依赖父母[18]，无论父母是否值得信任，他们都不得不把自己的幸福托付给他们。一方面，孩子似乎有一种天然的信任感，把他们自己和父母联系在一起，除非存在严重的虐待和忽略。[19] 这些态度随着时
间的推移而演变，他们彼此的期待也是如此。[20] 另一方面，孩子 100
对他们能从父母那里得到什么有了更多的意识，更加明白对于先前认为是理所当然的东西应该给予信任和感激的理由。但同时，孩子也变得更加多疑和克制，不再愿意自己的每一件事情都信任父母。这种天真的信任的逐渐减少是成长的一部分，但这对父母来说可能是痛苦的，他们感觉到了逐渐增加的无助感。

亲子关系本质上直接指向孩子的未来，而且这种未来的指向是有利的，这意味着，就愤怒而言，理性的父母可以很快地转向转型的方式，或者从一开始感受到的就是转型-愤怒。但对未来的关注

也有它的陷阱，因为指向未来有时很难同试图控制未来区分开来，特别是当孩子们已经超越了父母的控制，父母害怕无助的情况下，就更是如此。很多亲子之间的愤怒的根源就在于此，孩子选择的未来不同于父母为他们设想的未来，而且他们所选择的未来并不把父母作为中心人物。同时，虽然有这些陷阱，亲子关系最好的一点是，在愤怒的时候，双方都知道他们之间的关系会有所改变。配偶之间的关系却经常是不知道这一点或不期望如此。相反，父母为这样的变化做了心理准备，而孩子则热切地期待这样的变化。

亲子关系的很多阶段都激发了我的兴趣，但有些阶段涉及复杂的担忧，即儿童在其生活的不同阶段，在多大程度上是完全的道德主体。所以我把重点放在无疑是完全的道德主体的孩子身上，即与父母分开住的年轻的成年人。

孩子长大成人以后变得越独立——在某种程度上，这当然是人们所期望的——他们父母的无助感就变得越彻底，因为即使以最可取的方式，再好的建议或劝说也不能真正控制结果。正如我所认为的，愤怒经常是这种无助感的面具，或者扭曲的表达，是一种重申控制的方式（不是非常明智的方式），我们可以预料，当孩子搬出去的时候，父母产生愤怒是非常普遍的。在亲子关系中，这种强烈的爱和完全的无助感的混合远比在夫妻关系中强烈得多，在夫妻关系中人们经常会共同商议。事实上，如果人们不愿意一起考虑未来，夫妻关系甚至不可能缔结。

在生命的这个阶段，亲子关系的某些方面预示着一个没有愤怒的未来。亲子关系不像由爱情而产生的婚姻，在某种程度上却更像一个包办婚姻，谁也没有选择对方。早年的共同生活，长时间地分享习惯和经验，使双方产生了很多相似的世界观和很多深层次的联系——如双方共同记忆中的旅行、笑话、交谈、生日、节日、所有 101
的各种仪式化的经验，以及拥抱等纯粹的身体上的亲密，而且经常还有早年的怀抱、哺育等记忆。有时这样的共享经常会给愤怒添加燃料——我们曾经共同分享这些，你怎么能这样对我？但是，它们也为超越愤怒、走向崭新的未来奠定了基础。

还需要区分一个不太容易区分的差异。当父母深爱他们的孩子，希望他们过得好，并且他们也没有受扭曲的亲子关系观念的影响，这时他们的愤怒会有两种不同的表现方式。虽然这两种方式在实践中很难做出区分，但我们必须尝试一下。一种是愤怒涉及替代的自我投资：孩子被视为父母的延续或拓展，是实现父母目标的方式。另一种是愤怒涉及孩子自己的福祉，现在的和/或未来的福祉。这两者之间相互重叠，因为父母的重要目标通常都是有一个成功而幸福的孩子。

不必谴责自我投资这种方式，它引向强烈的关注和关心，因为死亡意识会让人们抓住任何能给他们带来战胜死亡的希望的东西。[21] 它也很容易受到想要控制孩子成长的欲望的影响，因为并非孩子所有可能的未来都是父母愿意将其作为自己的延续所肯定的未来。自我投资会引发很多关于职业选择、宗教、伴侣选择等方面的愤怒。认为对自己的最好延续，是让孩子成为一个自由地走他自己的路的人，这需要相当的成熟和内心的平静。而且，虽然在自我理想上的投入不必是竞争性的，但它也很可能会为对地位的关注所影响，父母希望孩子上大学，至少像其他人家的孩子一样优秀，像其他人家的孩子一样迷人，是父母的骄傲而不是羞耻。即使一些自我投资的案例是良性的，包含了好的价值观，但我们还是应该把重点放在那些父母关注的只是孩子的幸福和发展的案例上。

长大成人的孩子可能会做对自己、对他人有伤害的事。有些父母并不过分注重地位和对孩子的控制，但他们会认为，在这样的事情上，他们的愤怒是有充分根据的。这种类型的愤怒经常符合第2章中的模式：父母很气愤，简单地认为犯了错的孩子应该受苦，或者应该惩罚他们，然后，父母看到，在这种情况下他们的做法起不到作用，于是就把他或她的思考转向了面向未来，寻求一种可能会带来些许进步的建设性方案。父母也经常会领先一步，他们一开始产生的就是转型-愤怒而不是通常的愤怒。

在转型的过程中，亚里士多德的两种观点都是有帮助的。父母
102 对孩子的同理心往往达到很高的程度，这有助于父母有效地思考孩子的人生道路，而不是把注意力集中在毫无意义的报复想法上。亚里士多德和索恩医生都提到的幽默感和游戏也有很大的帮助，在与孩子的互动中放松下来，能够在愤怒暴发前就让它得到缓解，甚至让那些有充分根据的愤怒也得到有效的解决。

然而，转型并不总是容易实现的，而愤怒则很人性化。事实上，我们很可能受到误导，认为从来不生气的父母很怪异，他们没有完全投入到这段关系之中。当一个孩子的坏行为非常严重，给自己或他人带来无法挽回的伤害时，深深地爱这个孩子的父母，他们全部的目的和计划都以孩子为中心，他们会感到深深的无助，会强

烈地倾向于愤怒。问题在于，这种愤怒是否有充分的理由——包括它希望进行某种形式的报复，或让孩子遭受某种痛苦，无论这种希望多么微妙。

把悲伤和失望与愤怒区分开来很困难，但很重要。当一个人期望孩子好，就会有很多时候感到失落和难过，但失落和难过并不是愤怒。它们会引向寻求帮助或恢复的想法，如果没有这种可能性，会感到悲伤。我曾经讨论过，愤怒与某种报复性的愿望是分不开的，无论这种愿望多么微妙。我也说过，愤怒像悲伤一样，有时是有充分根据的，但期望寻求报复是没有意义的，也不会带来利益，一个理性的人会很快看明白这一点。但我们还是要在一个很困难的案例中来验证一下，在这个案例中，成年孩子的不良行为让父母产生了强烈的愤怒，这种有充分根据的愤怒最初看起来是理性的和适宜的，而且在这种情况下悲伤也确实是适宜的。所以，我们一起看看这个败家的女儿。

菲利普·罗斯的《美国牧歌》刻画了一个有天赋的、成功而正派的男人，但他遭遇了非常可怕的坏运气。被称为“瑞典佬”的西摩·利沃夫是一个体育明星，也是一个成功的商人，他幸福地娶了美丽而优雅的女人（前新泽西小姐），他的天才女儿梅里给他带来很多快乐，尽管她古怪而复杂。最初她还没什么，只是人们熟悉的青春期反叛，愤怒地抗议越南战争以及与之相关的政治体系。后来有一天，梅里炸了当地邮局，无辜者惨死。经过几年的流亡，她又杀了另外三个人，后来她父亲找到了她，当时她藏在一个肮脏的屋子里，作为一个耆那教苦修者，过着自我惩罚的生活。[正如她的父亲瞬间就理解到的，她的苦修主义是一种自我毁灭，而不是任何积极的宗教修行，因为她以一种非常荒谬的方式解释耆那教的不杀生，比如她拒绝洗漱是怕“伤害水”等等。“这些话使他感到厌恶，厌恶那种不能容忍的幼稚，那种自我欺骗的情感夸张。”（250）]

103 在这样的案例中，父母怎么会没有很多愤怒？这些愤怒又怎么会没有充分根据呢？作为父亲，他为她杀人而愤怒，为她的自我毁灭而愤怒，为她给家庭带来如此多的痛苦而愤怒，他既为她的行为而愤怒，也为她这么多年不跟家里联系而愤怒。这个理性的男人像往常一样问自己：“一个理性的男人接下来说什么呢……一个理性的、负责任的人，仍然能够感觉到自己完完全全是一个父亲，他会说什么？”（249）

瑞典佬确实感到了愤怒，他责备梅里：“他的愤怒就像被孩子背叛的、最愤怒的父亲一样，他非常愤怒，以至于他担心自己的头会像肯尼迪被枪击时那样迸裂。”（256）他甚至短暂地违背了他自己的“反对暴力的原则”，之前他“从未违反”（265）——他撕去了她作为耆那教教徒所戴的面纱，要求她说话，当她还是不肯说话时，他强行掰开她的嘴。显然，在那一刻，他想让她感受到她的行为给别人带来的痛苦。他对理性的毕生追求被暂时搁置了。而读者当然从一开始就能感受到，他的愤怒是适宜的。

但是，有趣的事发生了。爱、悲伤以及无助取代了愤怒。首先，他承认他事实上很无助：“你保护她，保护她——而她不能被保护了。如果你不能保护她，这是不可忍受的，但如果你**真的**保护她，这也是不能忍受的，都是无法忍受的。她那可怕的自作主张太可怕了。”（272）后来，他在跟他的兄弟杰里讲述这场会面时，他在前所未有的悲痛中颓然崩溃了：

> 现在他太容易哭了，随时就哭了起来，这是一个新的体验——他就这样哭着，就好像哭就是他生活中的伟大目标，就好像这样哭泣就是他最深的抱负，现在他实现了这个抱负，现在他记起了他给予她的一切，也想起了她带走的一切，所有这些无意识的给予与索取充满了他们的生活。（279）

杰里·利沃夫在对作家内森·祖克曼①（他的想象力为我们提供了大多数的描述）描述自己的哥哥时说，他哥哥的问题是，他没有保持愤怒，愤怒会给他距离感和控制力：“如果他还有点脑子的话，他早就被这个孩子激怒了，离这个孩子远远的。很早以前，他就该把这个孩子从心里放下了。”杰里的理论是，瑞典佬“不会把愤怒作为责任，所以也不会把它作为可资利用的条件”（71－72）。愤怒是去除无助、掌握控制权的方式，在这种情况下，愤怒就会让他从难以忍受的痛苦之源中解脱出来。没有愤怒，他就无法摆脱无 104
条件的爱。（他一直偷偷地去看梅里，直到她死去。）而爱既是无助的，也是一种强烈的痛苦。（相反，杰里有“一种暴怒的特殊天赋，还有一种不回首过去的特殊天赋”［72］。）[22]杰里的建议其实是，瑞典佬应该树立一个报复的愿望，这基本上就是“彻底解脱”：如果你这样做，我就收回我的支持和爱。

相反，在瑞典佬那里，在压倒一切的爱和缠绕着他的悲伤袭来

---

① 《美国牧歌》中的人物，是故事的讲述人和见证人。

时，愤怒的报复幻想很快就烟消云散了。对爱没什么好说的，与它联系在一起，一切都没了意义。确实如此，所以，我们有了转型，在这种情况下，在这种极度的痛苦中，别无他法。他只能去看她，继续表达他的爱。没有道歉，也没有真正的宽恕的问题，无论是有条件宽恕还是无条件宽恕。这里只有痛苦的、无条件的爱。

这部小说（或者说祖克曼）对瑞典佬的立场是有着深刻矛盾的。他对理性、大度、爱的坚定承诺让祖克曼感到既悲惨又滑稽。这些承诺对他没有任何好处，甚至显得滑稽可笑，因为这不是一个理性的，或者大度的、爱的世界。但从我自己的立场来看却并不矛盾。[23] 他是一个大度的、值得尊敬的父亲，他的故事非常像古希腊悲剧，在最坏的环境中，虽然其主角遭受厄运的打击，但其美德仍然“熠熠闪光”。理性和大度不能改变本质上无意义的世界，但它们自有自己的尊严。

在这个案例中，显然，并不是父母自己的自尊要求他们愤怒。事实上，杰里也没这么说，他只是说缓解痛苦和保持明智要求他们愤怒。但是，另一个问题似乎更有张力：不愤怒的父母似乎没有严肃地对待他们的孩子，这难道不是侮辱了他们吗？我认为这个观点是错误的，但它需要给予回应。如果瑞典佬把梅里的行为当作幼儿的或行为能力有缺陷的人的行为，那样的话，他确实是居高临下。确信这个孩子是完全的行为主体，这确实是尊重的必要条件，相应地，也要承认她的行为的严重错误，这至少蕴含了转型-愤怒。问题是，全面的愤怒，连同它对让别人痛苦的渴望，是不是尊重所需要的？“你做了非常严重的错事，我因为爱你，希望你生活得好并且做好事，所以我很难过。我把你看作是有能力做得更好的人，我希望你把这件事抛诸脑后，将来做得更好。”这样的一系列情感有什么问题吗？我认为这样的一系列情感，也就是瑞典佬的情感（虽然他已经没有希望），确实是认真地对待（成年）孩子的，但它不足以称为通常的愤怒。如果有些独特的孩子认为，秉持这种精神以 105
不愤怒的方式对待他，他就被看低了，这其实是一种误解，虽然这种误解的情况并不罕见，但必须把它当作误解来处理。孩子们经常认为，他们让父母或其他成年人失控或表现不好，他们就具有了与他们平等的地位，但是真的有人想要这种类型的平等吗？

总之，父母对成年孩子的愤怒往往误入歧途，走上了我们所谓的地位之路的方式。当它没有出现这种错误，或一些其他文化错误，它也很少陷入另一个陷阱，比如报复，因为这里的报复是完全没有用的，没有任何价值。父母的愤怒容易导致这些错误的原因是，与成年子女的关系中包含了深深的无助感：愤怒是试图抓住控制权的徒劳努力。

然而，罗斯的瑞典佬还是给我提出了一个未解决的问题。作为读者，我们肯定会对他的愤怒产生同情，我承认，因为他短暂的愤怒我们更喜欢他了。假如他能保持冷静，我们反倒会看轻他。难道完全不愤怒的反应就是没有健全的人性吗？——仿佛盎格鲁-撒克逊族裔的白人新教徒的姿态终于穿透了他的内心，剥夺了他人性的一部分。所以，我们是有健全的人性的人，在我们面临严峻挑衅时，在转向转型之前，难道我们先要有短暂的愤怒才更好吗？报复的愿望确实是无用的、无意义的，但在亲密关系中，完全超越它，是不是有点奇怪，也不是很人性化呢？这个问题确实有点麻烦。总体上说，我认为答案是“不”。悲伤和爱足以建立起完整的人格。

还有一个悬而未决的问题是关于宽恕的。瑞典佬的状况无可救药，他唯一可能的选择就是某种无条件的态度，无论是无条件的爱还是无条件宽恕。但是，对犯了错的成年孩子而言，交易性宽恕是一件好事吗？如果宽恕对他们来说是一件好事，那么，哪一种宽恕是好事？我们当然不想要摩德斯通的那种宽恕，在他那里，在赎罪仪式之后会放弃愤怒，而那种赎罪本身就是惩罚性的和虐待狂式的。不幸的是，摩德斯通的宽恕太普遍了。即使在最好的情况下，真实发生的恶行要求作恶者一方忏悔，即使这种要求未被地位或过度的控制欲污染，那么道歉和随之发生的宽恕有什么用呢？一方面，在父母的愤怒面前，如果这种道歉和宽恕仅仅是让这个孩子变得低微和谦卑，它们就没有用处，也没有任何道德价值。另一方面，道歉确实是一个有用的证据，它表明成年孩子理解了他自己行为的错误，他们会在未来对这样的事情格外注意，所以道歉有助于转型。如果父母的宽恕是重建信任的一种方式，它也是有用的：你让我失望了，但因为我爱你，我还是再一次对你抱有希望，而你要
106 给我证据，证明我的希望是有理由的。我们将重新开始，我不会把这件事一直压在你的头上。但这是带引号的宽恕，因为没有理由把父母这种明智的态度与放弃愤怒联系在一起。事实上，很可能这样的父母根本就没有愤怒，只是失望或伤心。

现在，让我们回到瑞典佬这里。他的态度是无条件宽恕，还是无条件的爱？这两者之间的区别是什么？他是有短暂的愤怒。在无

条件宽恕中，我们会有放弃愤怒情感的决定，这种态度首先是回顾性的，不一定伴随着积极的爱和对未来的担忧。而且，正如我所谈到的，宽恕者的立场也会蒙上一层淡淡的道德优越感。而在瑞典佬这里，我们看到无条件的爱涌上心头，取代了所有的愤怒，这就是转型，虽然是以悲剧性的模式。没有决定，没有优越感，他如此沉浸在他感觉到的（无望的）爱之中。

一般而言，在爱和大度能够且应该占主导地位的关系中，道歉和宽恕的仪式就显得有点冷酷、不自然，而且很像是等级分明的。如果父母一直都在宽恕，即使无条件宽恕，很可能其中出了什么问题：比如，无法从孩子积极的成就中获得快乐，固执地坚持行为评分和权威化的仪式等等。当父母真的说了这样的话，“我原谅你”，会发生什么呢？这里，我觉得伯纳德·威廉姆斯“想得太多”的思想是有用的。“我原谅你”，与“别担心这件事”、“忘了它吧”相比似乎太郑重了，似乎也是相当自我中心的，它表达的是父母自己的情感状态，而不是为了孩子着想的有益的情感。

Ⅴ. 孩子对父母的愤怒

成年孩子也会对他们的父母愤怒。他们憎恨父母的权威，他们感到有必要通过情感上的对抗获得自主权。事实上，愤怒交织在这种关系中，因为孩子试图独立，自然就憎恨父母的存在和能力，而且好的父母总是比不好的父母更加让人难以忍受（罗斯小说中的卓越观点)。在青春期成长中，这种愤怒通常是策略性的，孩子们做着杰里·利沃夫在他的生活中一直做的那些事，他们把愤怒作为达到分离效果的工具，即使他们没有意识到，这就是他们在做的事。对孩子而言，这是他们通常的良性策略，而且是临时性的，但它的效果徘徊不定。不平衡的权力很难撼动，愤怒内在于其中，贯穿一
107 生。父母的存在似乎就像是一种错误，一种对平等地位的否定。把父母作为完整的人，与他们联系在一起，而不是把他们当作生活的全部背景和对自主的潜在威胁，从来就不是一件容易的事。

这种愤怒实际上是地位的愤怒。它经常采取亚里士多德所说的零和的形式：感到卑下的一方对被轻视的回应是想象的报复，而这种想象的报复使他自己变成地位优越而使（先前优越的）父母变得卑下。无论何时，父母做了或者是欠考虑的，或者是粗暴的，或者是缺少尊重的事情，孩子对父母的这种不当行为的愤怒会因为挥之不去的地位焦虑而膨胀。有时它是喜剧性的（但很多时候真的是很痛苦的），父母经常以为他们自己只是在做好事，而孩子们则把这些事当作对他们的自主权的持续侵犯——而事实往往介于两者之间。[想想电视剧《人人都爱雷蒙德》(*Everybody Loves Raymond*)中由桃丽丝·罗伯茨（Doris Roberts）热情出演的喜剧性角色妈妈玛丽——她就是不能理解为什么她努力帮忙和提建议，而她的两个儿子却回报给她如此深的敌意，儿媳尤甚。]

真正关键的是尊重孩子的独立和自主。这就是孩子们想象中被压抑的东西，父母有意或无意地压抑的东西——或者只是没有明白孩子们认为他们在压抑孩子们的独立和自主。压抑孩子们的独立和

自主确实是错的，因此而感到愤怒是有充分根据的。然而，愤怒，特别是它很可能混合了地位焦虑，往往会使事情变得更糟。真正有用的做法是坦率地表达担忧，并且试图和父母共同努力，在合适的空间距离上建立一种相互尊重的关系。但历史传承下来的亲子之间固有的不对称关系使这样做非常困难。把父母看作是完整的、会出错的人，而不是把他们视为神奇的人、有强大能力的人，并且以父母的观点来看待世界，对孩子来说，这是极困难的。

愤怒和宽恕在什么情况下是合适的？这两种情感一直会被表达——愤怒有时是有充分根据的。然而，正如我说过的，它很可能因地位焦虑而膨胀，相应地，父母的宽恕很有可能被沾沾自喜的控制和新的优越感污染。即使事实并非如此，它跟随愤怒的引导及其对自尊的承诺也往往适得其反。

在《愤怒之舞》（*The Dance of Anger*）中，心理学家哈里特·勒纳（Harriet Lerner）描绘了一个成年女儿，她住在堪萨斯，经常偏头痛，她的愤怒完全是针对她的母亲的，而她的母亲住在加利福尼亚，一年才来看她一次。但这个母亲却仿佛一直在场，当她真的出现时，事情就会变得更糟：

> 在她治疗期间，她会描述她母亲特别拜访她时她感到的恐
> 怖，她深受其害。她的声音中充满了绝望和愤怒，她会历数她 108
> 母亲数不清的一件件恶行。她描述了她母亲无情地否定和侵扰
> 她的生动细节。例如，在一次见面时，麦吉说了这些事：麦吉
> 和鲍勃重新装饰了他们的房间，母亲竟然完全没有注意到。鲍
> 勃升职了，母亲不发表任何评论。麦吉和鲍勃用心准备了丰盛

晚餐，母亲却抱怨食物太多了。最糟糕的是，母亲批评麦吉厨房脏乱差，花钱大手大脚。而当麦吉告诉母亲，说她怀孕三个月了，母亲回答说："你都没时间把你的房子打扫干净，你怎么养孩子啊？"[24]

（这可能是真人版桃丽丝·罗伯茨，但却不那么让人发笑……）当然，可以预期，当小宝宝降生，事情会变得更糟。麦吉想让勒纳说，她的愤怒是有理由的，并且想让勒纳同情她。当然，她的愤怒至少如我们所说的是有充分根据的。她的愤怒中的"报复"愿望似乎是温和的——只是想让母亲离远点。但是，这一愿望可能并不如她想象的那么温和，对她母亲而言，分离的痛苦太明显了。

勒纳的观点是，追问谁的责任、因为什么，保持错误清单几乎没什么用。甚至描述这种愤怒是多么有道理也可能会事与愿违。事实上，在这个案例中，这些做法确实阻碍了有用的改变。麦吉从来没有平静地说出她的目的，也没有让她母亲知道，既保持自己的独立性又与母亲和谐相处的界限究竟在哪里。说清楚这些会是有用的，也会是有风险的，因为这意味着改变。而在可预见的"舞蹈"中一圈圈地旋转容易得多，因为它意味着不去触碰根本的问题。所以愤怒偏离了建立互惠的成人关系的建设性工作。它不仅是非转型的，而且它是反转型的。

最后，在如何对待婴儿的问题上，她们之间的紧张关系变得更为令人担忧，在勒纳的鼓励下，麦吉最终打破了常规的模式。"麦吉的心跳得很快，她觉得自己可能就要虚脱了，在这一瞬间她忽然意识到，像之前那样与她母亲对抗比做她真正需要做的事情更容易。”[25] 她需要做的不是愤怒地谈论独立和成熟，而是**成熟起来**。所以，她第一次平静而坚定地对她母亲说话，她的母亲站在那里惊呆了。“麦吉感到她仿佛刺了母亲一刀。”[26] 起初，她母亲立即回到了干涉性批评的旧模式，当她母亲一遍又一遍地试图“把麦吉拉 *109*
回到对抗中，想恢复他们先前的可预见的旧关系”时，麦吉坚定地站在那里。当她母亲砰地关上门时，“麦吉有一个可怕的幻想，她觉得母亲要杀了她，她再也看不到她了。突然，麦吉注意到，她自己的膝盖在颤抖，她感到晕眩。……麦吉决定先离开家。”[27] 她的母亲也怕被抛弃，开始理解只有不再指责与相互指责才可能有亲密的关系。

勒纳在这一章中提出了两个卓越的观点。首先，她表明，愤怒通常不是一个解决真正问题的方法，而是原地打转的方法。（当然，跟从这种路径的宽恕也只是仪式的一部分，我们在一对相互吵架的夫妻身上能够很清晰地看明白这一点，只要这对夫妻不是我们自己。）它就像是一个重复的游戏，而且对双方而言，每一次重复都使事情变得更糟。就像所有的仪式一样，这个仪式也植根于过去。特别是在孩子和父母的关系中，发泄愤怒的仪式会让双方都摆出一种不改变的姿态，并且会转移他们的注意力，让他们不去审视自己需要做什么，以及做什么才能真正解决问题。事实卜，它使问题更加复杂，因为它把注意力集中在对方的缺点上，而不是可能的优点上。[28]

其次，勒纳强调，愤怒是容易的，而对未来进行推理是困难的，因为重复问题比解决问题容易。当两个人关系很亲近的时候，重新协商建立一段既包含真正的分离又包含真正的爱和亲密的关系，是非常具有挑战性的。变化是可怕的，而走一段熟悉的老路，即使痛苦也不那么可怕。

现在让我们回到尊重和自尊的问题。我认为，这里关于尊重的问题有两点比较清晰：我们不会说麦吉对她母亲的新的比较冷静的方式是居高临下的或不尊重的。事实上，似乎只有在放弃愤怒之后，麦吉才最终把她母亲看作一个完整的、独立的人，并且以这种方式尊重她。当她把因母亲侵犯而产生的愤怒放在一边时，麦吉是不是不尊重自己？事实上，正如勒纳所认为的，她现在才有更强烈的、更多的自尊。她放弃了愤怒游戏的拐杖，能够以一种建设性的方法自我支持，为未来打造真正互惠的关系。

至于共情和游戏，两者在“愤怒之舞”中都是完全不在场的。随着她们重新开始冷静协商，麦吉也开始真正思考母亲的观点，开始关注母亲对持续的亲密关系的需求。双方都还是尝试性的，还不能相互嬉笑或者互开玩笑，但我们能观察到，先前僵硬的关系虽然从表面上看起来轻松幽默，但这种僵硬的关系使其内在的轻松幽默
110 变得完全不可能。（重复和死板僵硬在幽默中的作用是臭名昭著的。）在重新协商之后，人们会变得更加放松，幽默才有可能重新开始出现。

当双方开始谈论界限、独立性和新的未来时，宽恕的位置在哪里呢？显然，这里没有经典的交易性宽恕的位置。特别是，如果道歉和宽恕的需求——或者自发地给予宽恕——变得越来越突出，我们就会认为旧的“舞蹈”仍在延续。也许麦吉有时需要宽恕之类的

东西来让自己摆脱愤怒——但很可能事实上并非如此。也许思考她的错误，以及因为那些错误，如何原谅她的母亲，这种方式并不是进行建设性改变的方式。通过一种新的互动模式而不是克制愤怒的冥想练习，愤怒更容易消散。

我们已经讨论了持续存在的关系，讨论了其中并不严重的不当之处，虽然这些不当之处确实令人很痛苦。那么，如果有些父母对孩子做了真正可怕的事，例如遗弃、忽视、虐待等等，会怎么样呢?[29] 在这些情况下，父母通常不会再参与到孩子的生活中，而孩子会陷入对他们的怨恨之中。在这样的情境下，内在的宽恕可能是非常重要的，它意味着让自己从愤怒和惩罚的愿望中解脱出来。我将在第Ⅷ部分进一步讨论这种宽恕。然而，即使在这样的情况下，特别是当父母并非罪大恶极，而只是有很严重的缺陷，并且对人有基本的爱心，一种大度的放手往往比深陷愤怒和寻求宽恕更有希望。

有一个很恰当的例子，是一部卖得很好的回忆录，它以“宽恕的回忆录”作为自己的广告语——但其中真的没有宽恕这种事情。[30] 莉思·默里的父母是吸毒成瘾的嬉皮士。在某种意义上，她的父母原本是非常慈爱的，但随着他们使用可卡因和海洛因的量逐步增加，他们不可能成为好的父母。她的妈妈卖了莉思冬天的外套，拿走了她的压岁钱，甚至拿走了当地教堂给他们的感恩节火鸡。莉思和妹妹经常挨饿，因为她们不洗澡，身上有虱子，在学校被人欺负，最后她们辍学了。接下来，她母亲得了艾滋病，莉思和妹妹花了大量时间照顾她，直到她死去。而她们的父亲因为付不起房租，搬到了收容所，莉思只好在大街上流浪。

这部回忆录的内容就是莉思的成长故事，她决定将自己的生活掌握在自己手上，她自学，然后回到了学校。回忆录的高潮是她赢
111 得了纽约时报奖学金，2000 年她考上了哈佛大学。因为她的父亲也得了艾滋病，她又不得不花时间照顾他（回忆录中没有讲到这一节，讲到得了奖学金便结束了）。她 2009 年毕业，目前是一位励志演讲家。

在这个可怕的故事中，愤怒和宽恕是如何表现的？莉思向我们清晰地表明，她的父母真的爱过她。她似乎对他们没有怨恨，也没有与愤怒的情绪做艰难的斗争。她确实写到她的很多愤怒，这些愤怒是针对那些诋毁她自学努力的人而感到的愤怒。例如，她跟一个社会福利工作者谈到哈佛大学的面试，这个愚钝的人根本不相信，反倒奚落她。莉思真的很抓狂。“血液涌上我的面颊，我对她怒吼。”（309）她的愤怒是有充分根据的。回忆录的大部分内容都表明福利系统的表现真的很差。但莉思没有浪费时间去与她的愤怒联通，或者去理解它，甚至去处理它。她只是以转型的精神继续过她自己的生活：“没关系。我一边推开那扇门走出那间办公室一边想，没关系。因为虽然我的社工不相信，我那天下午还是接受了哈佛校友的面试。事实上，我那天的日程排得满满的。”（309）

至于她的父亲，她确实记述了一段简短的关于宽恕的内容，但它省略的东西意义重大。在莉思 18 岁的生日那天，她父亲告诉她，他得了艾滋病：

> 蛋糕端上来了，上面点着 18 支蜡烛，他们俩一起为我唱

> 起了生日快乐歌，父亲在桌子下面轻轻地捏了捏我的手——他的手颤抖着，笨拙地摸了一下。在他这个姿势中，我能感觉到，他隔着我们的距离，向我伸出手来，默默地向我保证：**“我知道，莉思，我跟你在一起。”**我无法把自己的目光从他身上移开，我被这样的景象吸引住了：在我熄灭的生日蜡烛的轻烟前，我的父亲鼓着掌，此时此刻，他如此虚弱，又充满生命的活力。我想抓紧他，保护他远离艾滋病。我想让我的家庭不再发生这样的事情，让他安全，让他重获健康。
>
> 我没有在我的蜡烛前许愿。我选择原谅我的父亲，并且发誓修复我们的关系。我不能再犯我对妈妈犯下的那样的错，我会一直陪在他身边。我们会再一次出现在彼此的生活中，是的，他不是一个最好的父亲，但他是我的父亲，并且我们爱着
彼此，我们也需要彼此，虽然这些年他无数次让我失望，但事 112
实已经证明，生命太短暂，我不能抓住那些不放。所以，我放下我的伤痛，放下这些年来我们之间的不快。最重要的是，放下改变他的意愿，接受他现在的样子。我释放了所有的痛苦，就像氦气球一样，我把它们释放到空中，我选择原谅他。（294-295）

莉思说，她原谅了她的父亲。但她所放下的，正如她在故事中所说的，是失望、“伤害”和“痛苦”，不是愤怒。我们从公开的描述中可以看出，她非常爱他，他也爱她。他们曾经疏远，因为她不能忍受一次又一次的失望：但她的观点是（和瑞典佬利沃夫一样），那是悲伤和无助，以及她越来越意识到注定要失败的对他的选择的控制欲。这里没有厌烦，没有怨恨，没有报复的愿望，过去和后来都没有。所以宽恕对她的意义是，不要因为他没有成为别样的、不同的人而难过，放下悲伤，承担起更加困难的任务，把他作为他本来的样子而支持他，照顾他（就像瑞典佬利沃夫去看望梅里，试着去关心她，直到她死去）。[31] 如果她想把这称为宽恕，也可以，但它与经典的交易性宽恕的模式完全不同（这里没有道歉，特别是她并不关心他是否对先前的行为后悔），也不同于无条件宽恕（如果有人想把它称为无条件宽恕），无条件宽恕是这个人先是非常愤怒，然后放下了愤怒。这里也没有转型，因为没有愤怒，也没有复仇的幻想。考虑到她父亲已经来日无多，她尽可能理性地关注未来。

作为一位励志演讲家，莉思·默里的理念是掌控自己的生活，创造自己的未来，而不是给自己找借口，让别人承担责任，她也不期望去控制别人，这一点都不奇怪。她的传记与那些敦促人们深入挖掘内在愤怒的治疗方案背道而驰——即使那些方案被认为是治愈的前奏。愤怒的时间到了，但她就是不愤怒。

莉思·默里对待生活的方法（也是她给别人的建议）也有问题：它全部是关于个人意志的，而忽略了政治。有的人真的可以通过意志和自我约束走向成功，但是这些人是幸运的例外。其他人可能真的需要治愈性的帮助，以使他们避免或消除愤怒。更重要的是，如果真的要解决莉思所遇到的问题，社会本身就必须改变。社会福利体系的非人性和低效率不应该通过斯多葛的超然来解决，而
113 应该通过政治的改变来解决。这个问题留待本书第 6 章和第 7 章来讨论，现在，我把她和她父亲的关系作为个人关系来关注，把制度

的影响放在一边。

Ⅵ. 感激与互惠

现在是时候回顾我们讨论过的愤怒的好的表亲了。正如我在本书第2章中所说的，感激通常被看作是愤怒的第一个表亲：假如我们对某些我们无法控制的人或事非常看重，如果有人不当地破坏了他们或它们，我们自然会感到愤怒，但如果有人特意对他们或它们呵护备至，我们会心存感激。斯多葛派说，两者都暴露出对财富的不明智的依赖，在第5章，在讨论中间领域时，我将基本同意这样的观点，承认感激只是在很狭小的领域才是合理的，在这个狭小的范围内，感恩只是一种美好的意外收获，不会暴露出一种不明智的依赖。

然而，针对亲密关系，我并不赞成斯多葛派的观点：我认为感恩对人们的幸福极端重要，虽然它也有相当的脆弱性。事实上，它似乎就是幸福的重要组成部分。[32] 我认为完全的愤怒从来都是不适宜的，那么，感激怎样呢？感激怀着对他人有利的愿望，这和愤怒怀着以有害报复他人的愿望相类似。

首先，也是最明显的一点是，助人为乐总是供不应求，做好事几乎不需要理由。所以，如果人们做了好事，对其动机和思想的一贯性进行持怀疑态度的审察似乎是不必要的。即使某人因为不融贯的想象而惠及他人，我们可能也应该说，“这样更好”。

在亲密关系中，感激与爱非常类似，表达了人们因为父母、孩子或者爱人给予他们的利益而感到的愉悦，这种愉悦的情感似乎更有意义：它就是这种关系本身的组成部分，这种关系不会因为互惠而衰竭，而是把它作为重要的组成部分。所有这类感激首先是前瞻性的，而不仅仅是工具性的。父母关心他们的孩子，不会仅仅是为了期望在年老时得到回报。即使他们知道他们可能甚至比孩子活得更长久，他们依然会关心自己的孩子。这种关心是建立一个有价值的关系的一部分，它历经时间的考验，在这种关系中，他们交换着很多种关爱和利益。虽然在严格意义上讲，孩子的感激是出于回报自己所得到的关爱，但它也有前瞻性的功能，无论这个孩子是否意识到这一点：这种情感有助于关系的深度和稳定性。所以，感激，包括它对利益的期望，似乎不仅是站得住脚的，而且是非常重要的。

114 然而，必须注意相反的事实。存在如下形式的感激：“我现在确实非常高兴，但因为你让我受益，考虑到我爱你而且相信你，因此我极易受到你的行为的伤害。我感激涕零，我也想有益于你。但我的脆弱性意味着，如果你背叛我，或者你的行事很恶劣，我会怒不可遏，并让你付出代价。”感恩有时甚至经常采用这种形式，但值得辩护的、作为健康的爱的关系的组成部分的感恩不包含这种潜在的威胁，它在背叛或关系破裂的情况下仍旧与宽厚大度、继续前行相容，我认为孩子与父母之间的相互感恩经常采取这种更大度的形式。也许这种健康状态的原因之一是，双方都希望孩子成为独立的个体，不会过于脆弱，父母理解自己是比孩子更具有核心地位的人，即使在孩子有不良行为他们也撑得住。我相信，这种对脆弱的限制是健康的，它们使感恩也是健康的。

现在，让我们来研究亲密伴侣关系之间的张力和背叛，不幸的是，其中条件性的、充满威胁的感恩太常见了，也许是因为个人认同的核心，并不总是稳定的存在，可以完全不受到对方不良行为的伤害。

Ⅶ. 恋人和配偶：张力

婚姻[33] 包含着巨大的信任。与父母对孩子的信任不同（至少在某些情况下），这种信任不纯然是策略上的和教导性的。夫妻在他们自己生活的很多重要方面信任另一方，包括性生活[34]、财务安全、照顾家庭，以及照顾孩子，等等。在一定程度上，信任以契约的形式呈现，尤其是在有“婚前协议”的情况下，还有明确的婚姻誓言，如果双方认真对待这些仪式性的话语，或者在仪式之外的承诺，这些都是某种形式的契约。在婚姻中的很多方面，人们把信任理解为隐含的，每一件事都依赖明确誓言的婚姻恰恰是缺少信任的，但如果双方的责任和期待在某些重要的领域，如要不要孩子、性的单一性等方面是不明确的，这样的婚姻也会是不幸的婚姻，因为夫妻双方共同追求一些他们个人的最重要的人生目标，这些目标本身就成为共同的目标，并且是由夫妻关系塑造的。

这样的关系中所包含的脆弱性也因此变得更为深刻。它完全不

同于父母与孩子的关系：父母希望他们的孩子拥有一切美好的东
115 西，也希望从孩子身上得到一切美好的东西，但他们也知道生活就是一场赌博，你真的不知道你会有一个什么样的孩子。父母规划自己的一生时，也不会假定孩子会给他们带来一些特殊投入：抚养孩子的关系被视为暂时的，不会被视为一个人所有的友谊关系、职业选择等等的基础。配偶却与此不同：伴侣的品性是已知的，至少在某些方面如此，人们通常也认为这种信任关系是至死不渝的，即使人们知道半数的婚姻以离婚告终。这些情况通常不同于亲子之间的关系，这种关系被认为是其他重要生活领域选择的基础，例如财务、职业关系、地理位置。而且我认为，无论如何都保持作为一个人的核心的自我意识是值得欲求的，但也是很难实现的，找到健康的自我保护和与自我克制之间的平衡也总是很困难的，自我克制常常是与深爱并不相容的。

在婚姻中有些小错只是让人感到失望：它们会破坏期望，但没有真正地破坏信任。如果一个人总是迟到，这确实令人讨厌，但这种感觉并不像背叛，除非严守时间在这段关系中有非同寻常的重要性，或者不守时被解读为象征某种更深层次的东西，比如缺乏尊重。然而，很多轻率的行为或者伤害行为会造成很深的伤害，并且成为有充分根据的愤怒的原因，因为它们包含了重大的背叛。

然而，在我们讨论有充分根据的愤怒之前，我们有必要知道，错误的社会价值观在调整人们的预期和行为方面具有重要的作用。特别是让女性完全放弃自主权的要求扭曲了女性应该如何行为的观念。在现代婚姻关系中，在很多情况下，愤怒产生自文化遗留：一方期待事情总是像它们过去的那个样子，另一方想让它们成为她所认为的应该的那个样子。当然，一旦双方达成了糟糕的协议，他们是否应该坚持下去是另一个问题：一方同意放弃职业，但当意识到自己已经真的这样做了之后又对另一方感到愤怒，这显然是有问题的。但是，至少在那种情况下，我们可以说，规范性的框架是问题的一部分，一方感到愤怒，是因为他期望等级制度和不公正状况持续存在。

和夫妻间的愤怒一样，夫妻间的宽恕也经常体现了错误的社会价值观。婚前有性行为的女性是不洁的和不被接受的，这种思想蒙蔽了很多人，让他们在实际发生的事情是公认的社会规范之外的无害行为，甚至是受害行为时，去考虑是否要宽恕这样的行为的问题。人们应该一生都要弥补他们婚前的“罪恶”——和孩子分开， 116
并且降低自己的形象——这样的思想是 19 世纪小说的主要内容。一个特别丑陋的例子是哈代的《德伯家的苔丝》，安吉尔·克莱尔向苔丝承认了他自己的婚前性行为，很快得到了苔丝的宽恕，苔丝也向他忏悔了自己被亚历克强奸和侮辱的往事，但却导致安吉尔·克莱尔为此而放弃了这桩婚姻。[35]

为了研究纯粹的亲密关系内部的不当行为，我们需要关注那些在我们有限的视野内，但不涉及这些错误的文化价值观的案例，我们也需要记住，有问题的文化规范经常很难与更一般的地位焦虑区分开来，而对于这种更为一般的地位焦虑，我们需要将其作为我们的核心关切来面对。事实上，确实很难判断，一个人如果憎恨其配偶的独立，其愤怒究竟是畸形的文化所产生的社会期望而导致的，还是个人的不安全感和地位焦虑而导致的——经常是二者都有。

首先，让我们先看一下一段正在持续的关系中的张力。由于我们研究的是有不同目标（在某种程度上）的两个人，他们尝试解决如何平衡自主性和分享生活，随着时间的推移，二者之间很可能存在很多张力。显然，当人们比较固执己见、不宽容时，会把任何与自己想法不同的东西都视为威胁，在这种情况下会有更多的张力。亚里士多德关于幽默和温和的性情的提醒是非常重要的：这种生活方式让人们不太可能经常愤怒。

当一方或多方感到非常不安全时，愤怒会更经常发生，因为在这种情况下，人们会感到有很多东西是有威胁的，事实上，包括另一个人纯粹独立的存在也是对他的威胁。［普鲁斯特（Proust）指出，对于一个非常没有安全感的人来说，另一个人非常独立的意志是他痛苦和愤怒的源泉。］大量婚姻内的愤怒确实是关于这种控制欲望的——由于这种情况是注定的，所以这种愤怒很可能难以根除。亲昵行为也让人提心吊胆，它使人无助，因为他人选择独立而不是亲昵，就可能会对自己造成深深的伤害，所以，同其他形式的无助一样，人们的反应是通过愤怒来寻求控制。人从来不可能通过控制他人或使他人承受痛苦来驱散自己的不安全感，但很多人却试了又试。而且，人非常擅长合理化，所以寻求控制的、没有安全感的人擅长合理地解释他人做错了什么，正如麦吉的妈妈擅长对麦吉的失败找出理由，即使她真正想要的正是一个长不大的女儿。

哈里特·勒纳在这里也证明了她的深刻洞察力。让我们看一下
117 她的书中涉及的真正的恶行的例子：没有尊重，没有倾听，不允许

独立。和她一样，我们的问题是：在这种情况下，愤怒有什么用呢，特别是道歉和宽恕又有什么用呢？[36]

桑德拉和拉里一起到勒纳这里寻求治疗。两个人都对婚姻忠贞不渝，但他们也有一些非常严重的问题。勒纳首先观察到，当桑德拉说话时，她把她的手挡在脸前面，这样她就看不到拉里了，然后她才开始她的控诉。拉里是一个工作狂，他忽略了孩子和桑德拉，把家务和孩子都扔给了她，当真有什么事的时候又对她的情感缺少共情。他因为她的情绪化和过多的需求而愤怒。他也会突然间为孩子们做些什么，但却完全不征求她的意见（例如，买昂贵的礼物）。他不知道如何交流，当她主动交流时，他又退缩了，要么打开一本书，要么打开电视。

拉里有什么要说的？勒纳观察到，他和桑德拉一样愤怒，但却以一种冷静的、克制的声音来表达。桑德拉不支持他。他整天工作很辛苦，回到家里又是一大堆的抱怨。“我六点钟走进家门，很累，想有一个安宁平静的地方，而她却喋喋不休地絮叨孩子们的问题和她自己的问题，要不就抱怨这件事、那件事。如果我坐下来放松五分钟，她就站在我背后讨论一些‘惊天动地’的事情——比如垃圾桶坏了。”很显然两个人都在相互抱怨，虽然他们彼此间有着深深的爱与承诺，这是勒纳后来才发现的。

我们可以看到，虽然文化期待确实塑造了这种关系，但某种程度上，他们每个人的愤怒都是有充分根据的。他们的愤怒也不只是关于地位的：它与很多重要的东西相关。拉里缺少对桑德拉所做的事的尊重，这一点很明显，他认为那些全是琐事，只有他是真正做工作的人。他对她的孤独，她需要陪伴也缺少足够的认识。就桑德拉这一方来说，她可能没有感同身受地想象到拉里在一天的工作之后有多累。当他真的在工作中遇到问题时（没有得到升职），她又一再地抱怨他——因为他没有公开表达足够的愤怒！

另一个背景问题是拉里父母的行为：他们非常富裕，住在国外，但他们不尊重桑德拉，也没有表现出他们有兴趣来看看他们的小孙女。桑德拉对此有情绪，而且会抱怨他们，这让拉里沉默不语、退缩，或者为他们辩护。

在更抽象的层次上，勒纳知道，桑德拉成为呼吁情感的那个人，而拉里则是冷静的、理性的人。这种情绪性的分工很早就已经发生作用，但它已经变得功能失调，因为拉里从来没有学会认识到他自己的情感，而桑德拉以一种无用的方式过度地表达情感。毕竟，两个人花了很多时间为他们的各种争吵分清责任，特别是还得意扬扬地辩解“谁先开始的”。

118 与麦吉和她母亲一样，即使某种意义上愤怒和责备是有根据的，但它也已经变成了自我延续的“循环舞蹈”，阻碍真正的理解和进步。同样和麦吉一样，进步始于打破这一循环，并且采取真正富有建设性和前瞻性的行动。有一天晚上，桑德拉平静地让拉里带孩子们睡觉，以便她自己去上瑜伽课。“当追求者停止追求，并且开始把她自己的精力放回到她自己的生活中——不再疏远对方或表达愤怒——这个循环之舞就已经被打破了。”（61）这样的行为可能变成操纵行为。但勒纳认为，只要一个人是诚实的，而不是冷漠或愤怒的，明确地说出来她想为自己做点什么，而不是因为她并不想要的东西而责备他人，这可能是会更有建设性的。这是一个漫长的故事，也包含了一些反复，但其主题却一直延续：愤怒是通过责备寻求优越地位，而不是简单地、转型性地培养独立的生活。即使愤怒是有充分根据的，它也转移了对潜在问题的注意力：桑德拉需要独立的生活，而拉里需要培育照顾别人的能力。

在勒纳的帮助下，两个人都实现了我所说的转型：不再因为他们自己的问题而去惩罚另一个人，他们都看到，他们两个人都想解决问题，正是这一点把他们转向建设性地面对未来。正如麦吉和莉思・默里的故事一样，认识到你能掌握自己的生活，这是转型的关键点。企图通过掌控某人而得到某种东西是没有用的，它只能带来怨恨，更多地依靠自己才能缓解关系中的压力。勒纳得出结论说：“这样，她就能够没有敌意地和拉里交流，让他知道她需要为自己做点什么，而不是针对他。”(65) 奇怪的是（因为背景如此不同），这再次与我们讲到的马丁・路德・金的例子很相似：好的，愤怒是有充分根据的，但让我们不要纠结于此，不要沉溺于责备，让我们面向未来，弄清楚什么是有效的，什么是我们可以接受的。事实上，我们想要的是责任在哪儿（明确说明什么才有重要价值），而不是持续地关注责任在谁：“责备游戏”转移了人们对建设性地解决问题的注意力。[37]

怎样看待道歉和宽恕呢？一路走来，会有很多道歉，这些是“循环之舞”的一部分，它们没有建设性的功能。如果宽恕意味着不沉迷于愤怒，那人们就确实把自己从沼泽之中解脱出来了——但这并不是通过任何看似合理的被称为“宽恕”的东西来实现的，因为宽恕是向后看的，而不是向前看的。去上瑜伽课是宽恕了吗？平静地讨论如何处理下一次姻亲的拜访是宽恕了吗？似乎不是，除非人们把每一件好的事情都用宽恕来称呼。

119 我们经常听说，人们，特别是女性，需要和她们的愤怒的连接。希罗尼米（Hieronymi）敦促我们“毫不妥协”，意思是我们应该坚持三件事：错误的行为就是错的，做错事的人是道德共同体的成员，而自己是不应该被错误对待的人。[38] 她似乎认为这三条建议都会产生愤怒。但哪种情况下的桑德拉更自尊？总是回忆每一件错事，试图把责任推给拉里的桑德拉（某种程度上也无可非议），还是过好自己的生活，平静地邀请他一起这样过的桑德拉？愤怒看起来是幼稚的和软弱的反应，而不是一种自尊的表达。我们可以坚持希罗尼米的三个观点，除去愤怒的报复愿望，但是我们需要在其中加入对建设未来的关注，而不是持续地沉溺于过去的不当之中。

拉里和桑德拉没有严重的错误行为，这也是他们之前非常不幸福的关系能够得到修复的原因。然而，有时，虽然关系仍旧持续，但我们却遗憾地发现关系赖以建立的信任的大厦已经受到破坏。我们将在下一节中谈到性的背叛和关系的破裂，但不是所有的对信任的背叛都是这种形式。当人们步入婚姻的殿堂，他们信任彼此，不仅要信守他们都同意的关于性的承诺，而且要做一个正派诚实的人，在社会中承担某种角色。在 19 世纪，特别是女性，她们把自己的全部生活和地位交托给她们的丈夫，相信他是她所相信的那个样子，而不是一个罪犯。当卑鄙的过去大白于天下，背叛和痛苦是必然的结果——正如乔治·艾略特（George Eliot）在《米德尔马契》（*Middlemarch*）中所描述的婚姻那样。这个案例会告诉我们宽恕的内涵，让我们理解没有宽恕能够达到怎样的效果。[39]

哈里特·文西（Harriet Vincy）嫁给了富有的银行家尼古拉斯·布尔斯特罗德（Nicholas Bulstrode），以为他就是他的外表所呈现的那样的人，虔诚而诚实。然而，布尔斯特罗德是通过不正当的金融交易发家的，当拉弗尔斯威胁要揭露他时，布尔斯特罗德默许弄死了拉弗尔斯。最终哈里特知道了所有这一切，她也明白布尔斯特罗德将会失去他的全部财富和地位。我们可能预料她会愤怒到极点，而且这种愤怒也是有充分根据的，或者还有随之而来的宽恕或不宽恕。来自他妻子的和来自上帝的惩罚都在布尔斯特罗德自己的预料之中，但他发现实际的结果却完全不同：

> 晚上八点，房门打开，他的妻子进来了。他不敢看她，坐在那儿，低着头。当她走近他，她觉得他看起来更矮小了——他看起来如此憔悴萎靡。心中升起的同情和旧日柔情如巨浪袭
> 来，她一只手放在他搭在椅子扶手上的手上，另一手放在他的 120
> 肩膀上，严肃而和蔼地说：
>
> “看着我，尼古拉斯。”
>
> 他抬起头来，有点吃惊地看了她一会儿，满是惊讶：她变了样儿，脸色苍白，穿着素服。她嘴唇颤抖着说：“我知道。”她的手轻轻地放在他身上，眼睛温柔地看着他。他突然哭了起来，他们一起哭了，她在他身旁坐下。他们无法对彼此谈论她因为他所承受的耻辱，或是什么行为带给他们这样的耻辱。他无言地忏悔，她无言地发誓忠诚。(ch. 74)

就像那个回头浪子的父亲，哈里特一点都没有表现出她感到了愤怒。相反，她看到了她的丈夫强烈的脆弱感，她感到同情，这种同情与她一直以来对他的柔情结合在一起。（也许正是因为他的新的脆弱，她的柔情才绽放出同情，之前布尔斯特罗德没有给她很多空间去关心他。）当他抬起头来，他没有看到他所预料的惩罚性的、愤怒的脸，特别是，他也没有看到因为原谅而充满道德优越感的脸。相反，他看到她穿上了表达哀伤的素服：她把这看作是巨大的、要分担的悲伤，而不是看作要责备的理由。她的素服表明她为了他而陷入悲伤之中，与他分担全部的悲伤和羞耻，她甚至把羞耻看作是带给“他们”两个人的。布尔斯特罗德是“忏悔”了，但哈里特，不是原谅，而是直接发誓“忠诚”。她甚至不想听他说他做了什么。

在这种情境下有宽恕吗？我没有发现。哈里特对他所犯的罪的态度我们无从得知，我们只知道她准备继续爱他，分担他的一切。这很像是回头浪子的故事：爱和大度超过了愤怒，因此不需要与愤怒的情感相抗争。似乎只有经过一种牵强的引申，人们才会把这种行为称为“宽恕”，或许是出于这样一种想法：对所爱之人的错误行为，任何温和而不怨恨的回应都应该被称为“宽恕”。但事实上，这真的只是无条件的爱。

Ⅷ．恋人和配偶：背叛、关系的破裂

在关于宽恕的通俗文学作品中，有大量关注婚姻关系破裂的作

品，特别是因性背叛而导致的关系破裂。不是所有的背叛都会导致 121
关系破裂：似乎我们每天都会听到这样的故事，出轨政治家的伴侣宣称，已经原谅了他，然后忠诚地和/或愚蠢地站在他旁边，但背叛的结果经常是关系的破裂。无论他们的关系是否终结，这些行为都对信任带来很深的伤害，并且会带来巨大的痛苦。在这种情况下的愤怒经常是有充分根据的——但它也伤害了所有各方（愤怒者本人，愤怒所指向的对象，孩子或其他附带伤害的人），愤怒是一个很大的问题，而且充满腐蚀性，很多文学作品都关注如何处理它，才不至于让它毁掉一个人的全部生活。事实上，在这里，人们普遍认为，虽然愤怒不好，人们（特别是女人）应该出于自尊，任愤怒滋长，并且公开表达他们的愤怒。如果某个女人不这样，她就会被指责为懦弱、不自尊，大度和接受往往被视为主要的弱点。同时，那个出轨的伴侣，不得不宣称他在寻求宽恕，已经坦白了，并且表达了他的悔悟等等，以便建立自己在社会中的地位，被背叛的一方也应该要求他去做这些。

再次重申，对婚姻背叛的愤怒有一段糟糕的文化史，会过度地处罚那个迷失的人，尤其是女性。《红字》（*The Scarlet Letter*）给我们展示了社会从各个方面施加给海丝特的愤怒——似乎没有任何东西能够缓解这种愤怒的攻击。西奥多·冯塔纳（Theodor Fontane）① 所描写的女主角艾菲·布里斯特就像海丝特一样，因为在

① 西奥多·冯塔纳（1819—1898），德国批判现实主义作家，著有《勃兰登堡漫游记》《暴风雨前》等，代表作《艾菲·布里斯特》讲述贵族小姐艾菲·布里斯特的婚姻悲剧。

婚姻中的行为失当（在16岁的时候!）而被社会排斥，这种行为失当如果在一个男性那里是能够被原谅的，但这样的事发生在艾菲身上，就连爱她的父母也不能接受。如果这是没有宽恕的愤怒，我们必定会觉得有宽恕的愤怒要更好一些。（艾菲的丈夫殷士台顿在几年后发现了这件事，在文化价值观干扰和阻碍之前，他是立即倾向于无条件宽恕的。）

有时，一个只是偶然有一次有做坏事想法的人会受到社会惩罚的严重打击。在安东尼·特罗洛普的《你能原谅她吗?》（*Can You Forgive Her?*）一书中，格兰科拉女士不幸地嫁给了刻板的政治家普兰塔格奈特·帕里舍，他因为他们没有孩子而责怪她，也不认可她诙谐幽默的性格，她思忖着和她之前的未婚夫布尔戈·菲茨杰拉德私奔，甚至在舞会上和他一起跳舞。这就是标题中的“原谅”（讽刺地）暗示的罪行，再一次地，虽然这里并没有一点真正的错误行为发生，而答案似乎是，除了宽恕之外，如果唯一的选择是冷酷的愤怒和社会排斥，那么宽恕确实要比那些好很多。（然而，特罗洛普没有陷入宽恕的游戏中，书中显示，帕里舍真的很爱他的妻子，他不像人们想象的那样愚蠢，没有要求格兰科拉道歉或者宽恕她，无论是有条件的还是无条件宽恕，任何一种方式都会被她认为
122 是致命的侮辱。相反，他只是关爱地带她到大陆去休假——因为之后不久她发现自己怀孕了，这个婚姻也就持续下去了。）所以，当我们认为夫妻间有需要得到宽恕的错误时，常常深受错误的社会价值观的影响。这里也让我们记住，普兰塔格奈特的不愤怒并不是不重视格兰科拉，相反他的爱比愤怒更加表明他对她的重视，因为社

会文化期待他表现出的愤怒是关于等级制度和财产控制的，而完全不是关于她本人的。

婚姻破裂的惩罚性和不对称的历史不是我们的主题，但它提醒我们，就像在亲子关系的案例中一样，即使不是大多数人，也有许多人对地位等级及其制度有着深刻的需求，由于有这样做的社会权力，他们就把一个亲密的人当作低等的、任性的孩子，视为个人财产。关于权力、地位和无助的焦虑是人类生活的普遍现象，当然也是即将解体的婚姻中的普遍现象。在社会经济上更缺少权力的一方会更为焦虑，比如女性，背叛会把她们带入悲伤和愤怒的深渊。由于这样的女性经常承受的风险不仅是失去爱情，也会失去金钱和地位，无助的巨浪使她们想要抓住任何机会，重建失去的控制，愤怒和指责似乎是达到这个目的的诱人方式。因为被背叛的一方感受到的不只是失去，也有耻辱，所以她也需要恢复失去的地位。这样，地位之路和报复之路就复杂地纠结在一起，难以区分。

美狄亚的故事是一个神话，然而，它历经时代的变迁仍在回响，因为它经典地描绘了婚姻内的愤怒所造成的破坏。（2013年7月，一个现代西班牙裔美国人根据这个故事改编的剧目在芝加哥上演，受到好评，后来获得“最佳新作”大奖。）[40] 美狄亚的故事有一些不同寻常的特征：在科林斯，她是外来的（现代改编版利用非法移民的问题进行渲染），她离开了自己的家人和朋友。作为一个外邦人，一旦伊阿宋抛弃她，她会变得很无助。而且，因为他将与富有的统治精英结婚，他还将取得孩子的抚养权，所以她无助到了极点。然而，在某种程度上，这个故事也是一个非常普通的故事，因为它涉及的事实就是，美狄亚已经失去了她深深地爱着的那个男人的爱，他为了另一个女人而背叛了她。很多这样的女性已经放弃了她们的职业计划，这使她们在相关方面变得更为脆弱。

无疑，美狄亚的深深的悲伤是有理由的，她的愤怒也是有充分根据的。伊阿宋的行为太恶劣了，明明知道那样做会深深地伤害她，却依然那样做。实际上，他摧毁了她大半的自我。她一再坚持，只有愤怒能够让她恢复完整的自我意识，重新成为美狄亚，这
123 在某种程度上有着非凡的意义。她觉得需要将他从她的整个存在中驱逐出去，创造一个完全不包含他的自我，因此她才幻想要恢复童贞。而且她还走得更进一步：

> 即使现在我的子宫中还安全地隐藏着来自你的东西，我也将用利剑探查我的腹部，毫不留情地把它拉出来。(1012－1013)

在这个堕胎的幻想中，美狄亚表达了这样的想法，他和他的一切都必须离开她的身体，她要把自己封锁起来，不受他的侵犯。

如果美狄亚的愤怒中不包含让伊阿宋遭受痛苦的愿望，它就不是愤怒，只是悲伤。正如我们所看到的，她想让自己摆脱他的想法中包含了暴力和痛苦的折磨，悲伤的幻想不是这样的。美狄亚想要的是未受伤害的完整的自己（一个处女），因为他在她身体里，未受伤害对于她而言就意味着，将他撕成碎片。做美狄亚自己，就会变得很强大；一切为了他，就会变得无助。她把孩子杀了，并不是因为对孩子的愤怒，她一再说，他们是无辜的，她爱他们。她只是想不出任何其他让他痛苦的方式。他不再爱她了，所以她让自己做

什么以及对自己做什么都是无关紧要的，但他爱孩子们，他们是他“活着的理由”(547)。因此，正如她指出的，“有广大的空间为伤害敞开”(550)。

但是，报复的想法还是没有任何意义。她无法得到她真正想要的，无法拿回她已经失去的东西，她从报复中得到的只有更多的痛苦。美狄亚的路很极端。包含于愤怒中的惩罚愿望通常会更文明，比如希望配偶新建立的关系最终会分道扬镳，或者第三者会遭遇不幸。然而有太多的情况是孩子遭受痛苦，因为他们确实是不忠的配偶内心深处的软肋。做任何事都不能恢复已经失去的，对被背叛的人来说，报复只会使生活变得更糟。

美狄亚的问题仅仅是她走得太远了吗？根据我对愤怒的分析，问题在于更深层次的原因：在于一种固有的想法，即伊阿宋遭受痛苦能够减轻或抵消她的痛苦。她当然能够找到这种或那种方式让他遭受痛苦。但这样做有什么益处呢？如果她的关注点是爱，这样做没有任何益处。报复不仅不能给予她爱，反而会让她没有能力去爱，更不可能找到真爱。所以，即使她的愤怒是有充分根据的愤怒，她也应该尽快地杜绝报复的想法，报复不是摆脱困境的好方法。在这部剧的结尾处，她踏上了有鳞的巨蛇拉着的二轮战车，飞向天际。“这是我的逃离方式。”她呼喊道。当然，在地位之路所暗
示的意义上，逃避到天空，她就把他（短暂地）降低了，而她自己 124
相对地升高了。但这并没有从实际的现实困境中逃脱，她依然没有爱人，没有爱，没有人可以交流，没有钱，没有孩子。

所以，即使是可理解的、有充分根据的愤怒，仍旧是不会带来

任何益处的，相反却会带来很大的伤害。那么，宽恕呢？当人们感到无助，或者需要重建控制，他们太容易用宽恕思想去控制其他人。想想那些政治婚姻的内部情况，这是很可怕的，政治家为了求得“宽恕”，使自己的公共职业生涯能够持续，他们不得不委曲求全，直到生命的最后。有时交易性宽恕没有这种污点，但在这种复杂纠结的环境中，人们很难自知，也很难确定一方是不是出于爱和纯粹的理性而让另一方经历道歉的仪式。我发现，至少在某些情况下，我希望宽恕之类的东西对美国公众来说只是一种逢场作戏，因为他们如此沉迷于基督教的忏悔，而在内心深处实际发生的心理过程则更具有建设性。即使无条件宽恕也似乎过于不对称，过于关注过去，而布尔斯特罗德太太在宽宏大量方面就做得很好。

道歉当然是有用的证据（正如孩子的道歉一样），表明道歉的人理解了其行为的不当性，也是未来关系（无论是婚姻的还是其他类型的）有持续下去的可能性的标志。[41] 但是主动要求道歉似乎有些控制欲过强了，与清教徒强加在海丝特脖子上的“A”别无二致。

真正的问题是什么？这是一种深深的失落。两个人自我深深地纠结在一起，以至于“被抛弃”的那个人，如果不是为了对方，都不知道如何获得乐趣，如何邀请朋友聚餐，如何讲笑话，甚至如何选衣服。所以，这就像重新学走路，对于没有强大的独立职业和社交网络的女性来说尤其如此，对那些职业女性来说，她们的生活有很多不同的侧面，所以她们不会因配偶的背叛而枯萎，她们有自己的朋友，也不依附于配偶，她们还有很多有益的工作要做。孩子在整个青春期都在努力学习如何逐渐地离开他们的父母独立生活，而且他们也一直期待如此，但被背叛的配偶通常没有准备分离，也没有独立生活的技巧。我经常看到一些刚刚经历分手的女性，当她们单独与朋友去外面聚餐，而不是作为一对夫妻的一方时，她们手足无措。她们整个的自我定位不是作为“路易 · B.”（她的婚前姓氏），而是（如文化所要求的那样）作为“乔治 · C. 夫人”，没有乔治，她就不存在。

所以这才是问题之所在。在那种情况下，很容易认为最好的未来是包含了某种类型的报复的未来，因为那样的未来与自我创造的未来不同，它是很容易想象的。那样的未来还是会与那个人相纠结，和没有分手一样，可以继续作为一对夫妻的一方存在，并且始终把那个人当作自己思考的中心。

但是，对于解决这样的真正的个人问题，愤怒百无一用，而且 125
它肯定会阻碍进步，其中的原因很多。首先，它把人们的思考的核心从真正的问题转向不可改变的过去。它让人们思考如果背叛者受苦，情况会有什么改善，而在现实中，这对解决真正的问题没有任何益处。它会消磨良好的品性，使人变得很难相处。它阻碍有益的内省。它使愤怒本身成为目标，取代或预先阻止其他有用的目标。更重要的是，它总是让你与其他人的关系变得更糟。对方总是有些讨人喜欢的方面，即使婚姻不再可能或者不再令人满意，其他一些联系形式仍然存在，这些联系有可能有助于获得幸福。当然，也可能确实不是这样，但是，如果愤怒的想法或愿望充斥心灵，那就完全不可能从这个角度思考问题。愤怒远远不是支撑自尊所需要的，实际上，愤怒阻碍了通过有价值的行为和有意义的生活确证自己的自尊。

理性的要求（当对方还在现场时）似乎是，让作恶者承认真相：他确实已经犯了错（这是我在第 6 章和第 7 章中关于政治领域的案例中将要讨论的）。对于被不当对待的一方来说，要求别人的倾听与承认是合理的，要求真相和理解与要求赔偿是并不相同的两件事情，事实上，前者经常有助于转型。然而，在**强求**承认的过程中，人们经常会令人不快地陷入报复甚至是耻辱的阴影中，这种倾向是应该避免的。

在现代生活中，愤怒是一个很大的问题，大量关于宽恕的治愈性文献关注人们如何从侵蚀心灵的、强迫性的愤怒中解脱出来。[42]一般说来，“宽恕”这个标签并不意味着可以设想在两个人之间进行交易，相反，另一个人通常是完全缺席的，而治疗师努力使被背叛的人不再被愤怒控制。克服消极的、报复性的愿望、幻想和计划（例如诉讼，影响孩子和朋友等等）是一个艰苦的努力过程。

在这个过程中，一个常见的手段是改变患者对背叛的配偶的看法，带着同情和理解去看待他，而不是把他当作残忍的人，等等。在某种程度上，这个过程与格里斯沃尔德所描述的宽恕的过程有某种联系，虽然是以单方面的形式，因为另一个人并不在这个情境之中。这是一种无条件宽恕，它并不能摆脱这种态度内在的道德风险：道德上的优越感以及对过去的过分关注。还有一个问题是，阅读这些治愈系的文本，很难辨别其目的是真正的宽恕，还是通过可
126 行的策略摆脱愤怒。如果催眠有效的话，我会觉得这些治愈师会使

用它，因为他们通常不关心宽恕的道德价值之类的，只关心它的工具性的用途。

那么宽恕的重点是在工具性上的有用吗？治疗师当然会这样说，但对他们来说：这是他们的生意。我们必须记住，与恢复自我的其他方法，如工作、友谊、购物、锻炼等相比，他们没有检验愤怒疗法的相对有用性。心理治疗会让被背叛的人数小时把精力和情感集中在那个已经离开的人身上，正如我已经建议的，她真正需要做的是学会如何往前走，去享受独处的乐趣，去扩大友谊和活动的范围。把精力情感集中于已经离开的人，确实可以成为一根拐杖，但这是让她们依靠过去，而不是依靠自己。虽然那个人已经离开了，但这样做对她来说，他就并没有真的离开，因为每天都会有关于他的一些新的戏剧性事件。应该说，除非这个人能“化解”她的愤怒，否则没有任何新的方案会奏效。但随着生活的继续，化解悲伤是一件简单的事情：新的关系会代替旧的，世界不会围着已经离开的人转。愤怒真的不同吗？如果是，为什么？就像悲伤一样，随着生活的继续，伤害的重要性实际上也会发生变化。当我们看到一个人在死者去世五年之后依然把死者当作生活的中心，我们会觉得这种哀悼是病态的。新的价值会取代旧的。愤怒也是这样，当生活继续，被伤害的以及伤害本身都会变得不再那么重要，愤怒不会像肿瘤那样固定在那里。人们必须接触并表达自己埋藏的愤怒，这种想法是最具破坏性的治疗故事之一。[43] 任何坚持触动埋藏的愤怒的治疗都会让愤怒像石头一样固定不动。毕竟真正的问题是失去，以及如何从失去中走出来。

简言之，如果一个人被愤怒和惩罚的思想支配，他就需要做些什么来改变这种状况，而且会有自我内部的斗争。寻求“宽恕”会是这种斗争的一个有用的形式吗？这就像一直想着上帝却努力想要失去信仰一样。愤怒治疗是一个有利可图的职业，所以那些治疗师让人们相信宽恕（内部的那种）是有价值的。但是参加唱歌课，或者去体育馆，或者更普遍地说，关注能力和自我评价的方面，结交新朋友（不是因为对愤怒和责备的持续关注而结交的新朋友）都可能是放下过去的负担的好方法。

也请注意，虽然这些治疗家通常也会引用亚里士多德的好建议，如关于同理心，但他们远没有严肃地对待亚里士多德的其他建议，如关于轻松和嬉戏。特别是当一个人阅读一系列这样的书时，
127 他会得到一个强烈的印象，这些人从来没笑过。把患者拉入冷酷、经常很残忍的过程中，他们当然不会鼓励轻松愉悦，而且他们会阻碍人们对无助感的创造性反应。

总之，亲密关系是有风险的，因为人在其中是完全敞开的，而且缺乏对这种关系的掌控，经常有可能受到严重的不当对待，因此，愤怒是一种持久而深刻的人性诱惑。如果脆弱是给爱以恰当价值的必然结果，那么悲伤就经常是对的、有价值的。然而，这不意味着愤怒也是如此。从我的分析来看，愤怒是有充分根据的：别人的错误行为所伤害的东西真的很重要，那个人真的是做错了。然而，这里和之前一样，愤怒的报复特征是一种没有意义的巫术思维——如果我们一直关注的是报复所无法取代的、真正的爱和信任。

也许有人会说，这种对待分手的方式很冷酷，过于理性，是对爱和脆弱的拒绝。我否认这一点。我在这个领域中的观点不是斯多葛主义的。当一个人失去了有重要价值的东西，悲伤和哀悼是合理的，也是必需的。我甚至承认，在某种程度上，如果受到损害的东西很有价值，愤怒也是有充分根据的，只是它给出了如此糟糕的建议。的确，我认为愤怒这只鞋不合脚。美狄亚，这个愤怒的人，她想通过投身于控制他人而使自己变得不再受到伤害，她的愤怒是她封闭自我的方式，而不是真正的哀伤或者接受自己的脆弱。

Ⅸ．对自己的愤怒

最后，我们必须谈到一种最亲密的关系：我们与自己的关系。在某些方面，这是一种特别的亲密关系：我们时刻与自我相处，从出生到死亡，所以关于自我，我们有很多别人所没有的证据。我们会对自己展现我们通常不会展现给别人的东西，而且我们也显得有能力改变自己的性格和行为，但对他人，我们没有能力改变他们。

然而，在很大程度上，这种非对称是一种错觉。在某种意义上，我们可能一直“与自我”相处，但我们会改变、会遗忘、会发展：对我们来说，我们自己年轻时的行为可能远比今天我们的朋友的行为更陌生。我们也经常欺骗自己，即使我们没有欺骗自己，我们也不知道自己的很多动机和模式，而且我们是有高度偏见的解释者——这就是为什么亚里士多德认为，朋友给我们提供了我们无法从自己身上获得的自知之明。[44] 最后，很多关于我们自己的事情，我们自己没有注意到，而其他人却能够注意到。我们甚至对自己的
128 身体也没有更多的知识。我们能够看到和感受到别人看不到、感受不到的事情，但其他人看我们却更加全面，所以他们有很多我们所没有的证据。

然而，自我与他人之间的差异，即使在很多方面是虚幻的，仍然有其伦理意义。我们有权对我们自己（甚至是未来的自己）做决定，但我们没有权利对其他人做决定，除非在特殊的情况下。自我控制可能会过度，或者变得具有破坏性，但总的来说，它是一件好事，但对他人的控制却不是一件好事。类似地，对自己很苛刻，或者严格地遵守标准，制定严格的时间表，如果这样做对某个特别的人有效，它可能也是件好事；同样，如果对他人很苛刻，甚至是对自己的孩子很苛刻，通常就没有那么好。即使在很细微的方面，自我和他人之间也存在着道德上的不对称。一个有很多工作要做的人为了放松一下，她可以对自己说，“现在，我允许你去读侦探小说了。”用这种方式对一个朋友，或者一个孩子，甚至是一个相当小的孩子说话，都会让人很厌烦。

关于对自我的愤怒，首先要说的是，转型-愤怒在这里很普遍，而且是道德发展的重要力量。注意到某些不合规范的行为（不论道德的或非道德的），人们会想：“多么无法容忍！我最好确保不再这样做了。”由于自己的行为是在当前的愿望和目标的背景下，被判断为无法容忍的，因此愤怒主要是前瞻性的（如果它是愤怒的话）、建设性的。与其让自己遭受痛苦，仿佛这种痛苦在某种程度上能平

衡自己的行为造成的损害（不管是对别人还是对自己珍视的理想的损害），不如下定决心，继续前行，更加谨慎，做得更好。

然而，很多对自己的愤怒也伴有自我折磨的痛苦，这也是一种报复的类型，而且人们经常认为这种痛苦是道德生活的重要组成部分。这种对自我的愤怒经常被称为内疚，事实上，内疚包含着大量对自我的愤怒。内疚是基于错误行为，或者自己认为由自己导致的错误行为，或者至少是希望导致那样的错误行为，而指向自己的一种否定性的情感。[45] 它与羞耻不同，羞耻是把自己的某种性格或特点作为关注点而产生的否定性的反应。内疚与愤怒是可以类比的，它们都关注行为。

关注行为而不是关注人是有益的，把行为和行为者分离开来是有助于道德（或非关道德）成长的建设性的方面。内疚的另一个有益的方面是，关注行为通常就会关注它对我们与其他人之间的关系所造成的损害，而这是我们的行为重要的并且可以改变（不像永久性的特征）方面。[46] 和往常一样，当我们关注报复的愿望时，就会出现问题。

我先前的分析表明，对自己的愤怒需要进行如下分析：（1）对 129
自己的真正愤怒，即使是有充分根据的、基于真正的错误行为的愤怒，也总是包含了让做错事的人受苦的愿望。（2）如果关注的焦点是严重的、应该被“报复”的恶行，这种报复的愿望没有任何意义：某人自己受苦并不能解除或“平衡”他已经造成的伤害。（3）但如果有人认为真正的问题是关于地位的问题，那么报复的愿望就确实有意义了：如果一个人的地位降低了，那么另一个人的相对地位确实会提高。然而，狭隘地关注地位在伦理上是有问题的。（4）因此，一个理性的人会关注已经产生的或者有意要产生的伤害，但会避开无效的报复的想法，并且寻求做些对未来有用的或者有益的事情来改善这种状况：所以要进行转型。

这种分析在自我关系的背景下是有意义的吗？（1）、（2）和（4）显然是有意义的。（3）乍一看似乎让人有些迷惑。当只有一个人参与的时候，这里的零和博弈是什么？现在我们必须进一步指出自我对自我与自我对他人之间的关系的对称性：二者都涉及多重的实体。我们不必援引任何分裂自我的理论，比如柏拉图的分裂的灵魂或弗洛伊德的超我/自我/本我的三位一体，去感受在自责的情况下所涉及的人格的不同方面。命令或评判的自我经常压制孩子气的享乐自我，而创造性的自我有时想压制严格评判的自我，有时则只是在当前的、高度专注的自我与从前的、放松懈怠的自我之间的斗争。无论如何，在内在争论的背景下理解（3）一点也不难。你多吃了那个百吉饼，你现在就该被收拾收拾了。

所以这种类比很有道理。我们需要问的是，迄今为止，已经建立的这种理论是否适用于这种不同寻常的情况。愤怒是偏离了有益的未来导向的思想吗？同样地，宽恕也在很大的程度上是在转移注意力吗？

这是我以前的想法。[47] 在道德生活中，对自己的具有侵犯性的或其他伤害性的行为和愿望的内疚是重要的创造性力量，因为它导向补救性的活动。根据梅勒尼·克莱因（Melanie Klein）和费尔贝恩（Fairbairn）心理分析的描述，我认为，我们对其他东西的道德关注，以及一般而言，人类的大量创造性努力，是出于补偿关心我们的人，补偿我们针对他们所做的或想做的侵犯性的行为的需要。所以，内疚，虽然它可能是过度的或错置的（正如士兵对自己战友死里逃生而感到内疚）[48]，总的来说，它仍旧是一种积极的力量。

内疚在道德发展中承担着重要作用。在人生的早期，小孩子对 130
阻碍他们追求自己目标的人或事都充满了攻击性的愿望，有时甚至是行动。他们沉浸在幼稚的自恋中，无法给他人的需要以任何独立的道德重要性。然而，因为他们已经产生了对照顾他们的人的爱，在他们的发展过程中，他们就已经达到了这样的程度，能够把他们自己的攻击性当作一个问题。突然间，他们意识到，他们想毁灭的人恰恰是关心他们、安慰他们的人。认识到这一点，他的人格就会发生深刻的危机，这可能会导致他的人格彻底崩溃，——除非在这个时候出现道德援救。费尔贝恩所称的“道德防御”（moral defense）是指通过采用保护他人权利的规则，孩子可以弥补他们的攻击行为。通过遵守这些规则，他们变得可以原谅他们自己。梅勒尼·克莱因进一步补充了这一思想，认为对内疚的焦虑使人们试图一生努力造福人类：内疚引向文化上的创造性。[49] 这就是我较早的观点。

赫伯特·莫里斯（Herbert Morris）以一种有力而微妙的方式描绘了一幅相关的画面。[50] 内疚包含着让自己遭受痛苦，并认为这种痛苦是罪有应得的。事实上，痛苦是情感的组成部分。这种痛苦表达了“对自己的敌意”，但它是关于世界的观念所固有的，在这个世界中，为了在一个共同体中生活得更好，我们需要学会道德规范。作恶者因为违反共同体的规范而将自己与共同体孤立，幸运的是，不道德行为是发生在这样的世界，这个世界有一条公认的重建破碎的共同体的道路："要求并接受宽恕，使做出牺牲、赔偿、授受惩罚具有回归共同体的仪式的意义。"[51]

下面是我的老师伯纳德·威廉姆斯的思想。（我必须在某种程度上推测地重建这一思想，因为他对所谓的"道德体系"的敌意在很多文本中都有表达，但并未发展为人们所希望的那样的完整形态。）康德主义的道德观点作为禁止的体系被内疚主导，是封闭的、压抑的，它扼杀了创造的激情和对理想的追求，与大度和自发的爱格格不入。威廉姆斯承认，在政治领域，道德规范有其合理的作用，但他质疑它们在伦理生活中的普遍性和至高无上性。[52]

有时候，人们只有在自己的老师去世后，才悲伤地承认老师的深刻洞察力中所包含的全部真知灼见。[53] 我现在认为，我受某些精神分析学家的康德主义观点的影响太大，我关于内疚的观点是很
131 有问题的。我们不需要用自我折磨的痛苦去纠正我们自己、帮助别人，我们也不需要把对良心受痛苦折磨的恐惧作为我们追求理想的动机。对他人的积极的爱，以及对他人困境的同情，似乎就足以成为我们的道德行为的动机，这种动机是更没有问题的动机。而且如果一个人只能通过撕裂自己去追求道德，他对道德的忠诚必定是不完全的。这就像亚里士多德对自我控制和美德的区分：如果你发现你自己通过内心的挣扎去阻止你偷盗或杀人，这就表明一定是哪里已经出现了严重的问题。公开承认我们对他人所犯的错误，但我们

爱他们，想要对他们好，似乎比内疚更有建设性，而内疚是关于自己的，而不是关于他们的。

像愤怒一样，内疚经常也是有充分根据的。但也和愤怒一样，如果它经常掺杂这样的想法“如果我让我自己遭受痛苦，事情就对了”，那这种想法就是非常不理性的，也不是建设性的。正如指向他人的愤怒一样，如果关注的焦点是真正的问题，那么，痛苦解决不了真正的问题。只有当关注的焦点转到地位，在这种情况下，一个人希望自己的自我贬抑来抵消假定的自我膨胀，让自我遭受痛苦才会有用。但是这个关注焦点是错误的，因为它是自恋的，与他人无关。如果一个人正确地保持对他人的关注，他可能也会感到内疚，也希望自己遭受痛苦，但他很快就会认识到，这是没有用的，并走向转型。在这种情况下，转型是一种高度理性的形式，它能够让人们对他人的权利和需要备加重视，更好地理解为了让他人生活得更好，自己应该采取怎样的行为。

内疚推进了创造性吗？这是一个不可检验的经验性观点，它之所以看起来是真的，仅仅因为它是不可检验的，而且它与犹太教-基督教文化对我们的熏陶相一致。有趣的是，我们观察到，希腊人不把内疚作为一种值得谈论的情感，他们认为创造性是各种各样的动机所推动的，包括对美德本身的热爱，也包括对实现不朽的渴望。这些积极的动机足以产生创造性的和其他方面的努力，它们比内疚更适宜，而内疚有着令人不快的沉闷和自恋的方面。如果我们考虑到爱，无论是夫妻间的还是父母和孩子间的，威廉姆斯似乎就很可能是在正确的轨道上了，内疚是错误的动机，而积极的爱和同情是正确的动机，内疚会阻止或抑制这些其他动机。

对于小孩子来说，内疚的积极作用似乎更强一些。试想尼采的判断，为了“培育一个有权利做承诺的动物”，内疚是富有成效
132 的[54]（在第3章讨论的）。其寓意是，孩子们就像粗心的动物，只有遭受痛苦才能让他们注意到并严肃地对待道德。痛苦是不是训练马和狗的最好方式，当然可以被质疑，而且应该受到质疑！即使在“野生”动物例如大象那里，积极的正强化也比痛苦更有效，这一点早已得到证实。[55] 研究海洋动物的科学家也发现，积极的正强化就足以训练它们，如果鲸和海豚不喜欢可能会发生的事情，它们就会游走，所以不得不对它们采用正强化的策略。到目前为止，这种正面的评价已经扩展到其他物种，所以，我们关于训练动物的陈旧观点需要尽快更新。[56] 就人类而言，我们现在比尼采知道更多的婴幼儿心理，而且我们知道，婴儿既能够同情，也会有早期的利他，而这些是与自恋相反的，虽然它们只是以早期的形式呈现的。费尔贝恩为了解释自私的婴儿如何变得有道德，提出了生硬的自我危机的观点，这种观点我们也不需要，这也意味着，我们不需要依赖灌输内疚感作为道德发展的动力。积极地关注他人的权利和需要，培养对他人困境的同情是可能的，而且更好，因为这样做会更多地关注他人，而较少地关注自己的内心世界。最多我们应该承认莫里斯的观点有一定的作用：一个人孤立于其他人（就像当一个孩子被关在他们自己的房间里反思他们自己的行为那样）的痛苦会促进有益的自我批评，并促进他以其珍视的人际关系所认可的方式行事。

威廉姆斯认为（同样，在某种程度上，是我对他的思想的概括），基督教的原罪观是我们看待罪与罚的方式的根源，而且这种关注带有摩德斯通育儿方法的味道：它本质上是压抑的和自我憎恨的，鼓励父母施虐，孩子受虐——无疑，一旦孩子长大，又轮到他们施虐。虽然我想对克莱因-费尔贝恩的精神分析与威廉姆斯的道义论（相当极端和不完整的）版本做出区分，但我现在看到了两者之间的亲缘关系，而这是我以前所未曾看到的，而且我更愿意依靠爱，就像我最喜欢的精神分析学家唐纳德·温尼科特（Donald Winnicott）那样。

自我宽恕呢？如果一个人被内疚主导，对自己愤怒，那么自我宽恕的实践一定好于自我愤怒。但是，这一过程中的警惕性，以及它对内心的过分关注，以其特有的方式使人窒息，而且肯定会妨碍外向的关注和活动。与其弄清楚如何使自己摆脱破坏性的内疚感，无论是有条件的还是无条件的，不如以不同的方式看待世界，这样
人就不会被那些情感碾压。即使人们已经处于那种不良状态中，最 133
好也是通过把注意力转向其他人，积极参与利他指向的计划来摆脱那种状态。

在这一点上，人们自然会反对说，在今日的世界，我们的主要问题不是对自己的愤怒太多了，而是太少了。在公共生活中，人们缺少自我反省或自我批评的能力，不用高标准来要求自己。我同意对这个问题的描述，但不同意对它的分析。问题不是太少内疚，而是太少同情，太少对正义的爱。就我们所知，公职人员经常表现出来的行事鬼鬼祟祟可能正是内疚感的结果。无论如何，对自己更多

的愤怒不是问题的解决办法。它最多是问题存在的信号，也可能是解决问题的动机，但是，它也很可能会阻碍解决公共生活问题所需要的面向未来的外向关注。内疚是一种不稳定的动机，因为它与真正目的——他人福祉的关联是不可靠的、偶然的。

那么，内疚的威慑价值呢？至少有些人避免恶行正是因为他们知道，这会使他们与自己的关系变得混乱，会让他们寝食难安。好吧，如果一个人就是这样的，不可能是别样的，那就没有什么可说的了，这样的人最好避免自己愤怒。但如果任何人都因为这样纯粹消极性的、自我关注的原因而避免恶行，这似乎是一件很悲哀的事情。下午不喝咖啡是因为你知道那样晚上你会睡不好，但如果不喝咖啡是一个带有重要道德内容的行为，那么人们会希望不喝咖啡的动机与道德的积极目标有关。与亲密关系中的信任一样，对自我的信任也是如此：依赖于对愤怒的恐惧的信任关系是一种不健康的关系。如果能培养更积极的良好的行为动机，人们当然应该这样做，尽可能地转向转型。

这些动机中可能包含一种痛苦，一种没有成为自己想成为的那种人的痛苦，或者做了没有达到自己的标准的事的痛苦。我认为，这种痛苦的感觉可能更像是一种悲伤，一种因为自我的一部分已经失去或正在迷失而感到的悲伤。像悲伤一样，这种痛苦关注外向的替代：我加倍努力去做好事，去成为我真正想成为的人。这种痛苦（我们可以称之为道德上的失望或失落，经常伴随着转型-愤怒）可以激发良好行为（对这种痛苦的意识可能会阻止不好的行为），但是，这不同于内疚的自我惩罚。

更常见的情况是，虽然自我折磨比折磨他人在道德上不那么令人反感，但它也不是非常可取的，对待自己的缺点采取大度和建设 134
性的态度似乎更可取。重要的是，人们应该因为他人而关心他人的福利，而不是因为自己和自己良心上的不安而关心他人。

这里有一种更进一步的复杂性需要说明。就像本节的其他内容一样，它要求我再次形式化地表达我先前的观点。有时，一个人做严重的错事是因为环境的压力。我关注的这种情况是众所周知的道德困境，条件就是那样，无论做什么，做的都是严重的错事。有很多种类型的道德困境，长期以来，我一直在讨论这些困境。[57] 像伯纳德·威廉姆斯一样，我也认为，把这些冲突同化于信念的冲突，认为如果两种义务发生冲突，最多它们之一是正确的，这是不对的。[58] 在威廉姆斯风格的文章中[59]，我也认为，通常典型的功利主义的成本-效益分析不能正确地描述这些情境，他们只提出这样的问题："我应该做哪一个选择？"而没有提出另一个非常重要的问题："是否还有其他可替代性的选择不存在严重的恶行？"我认为，在对第二个问题的回答是"没有"的情况下，即使行为人处于这样可怕的情境下，他自己没有任何错误，也做出了在这种情境下可能的最好选择，他仍然还是会感到类似"懊悔"这样的情感，这与此相关：即使不是他的责任，他也做了一个他自己在道德上极为反感的行为。[60]

为什么坚持否定性的情感会造成这样的差异？在较早的研究中，我提出了三个原因。第一，否定性情感的痛苦强化了道德上的承诺，这些承诺也有其他价值，而且也强化了一个人性格的整体性和连续性，表明她不是随着每一个情境而变的变色龙。（亚里士多德把这种动物作为道德上反复无常的象征!）第二，否定性的情感会推动补偿行为（前面提到了克莱因派的一系列观点），例如战争期间的一些恶行的补偿。[61] 第三，随着时间的推移，对我来说越来越重要的是黑格尔提出的一个观点：注意到悲剧性情境带来的特殊的“权利与权利”的冲突会帮助我们更深入地思考未来，尝试创造一个怀有美好愿景的人们不再面对这样的冲突的未来。

我仍然相信，区分悲剧性选择和其他形势下的选择是极端重要的，黑格尔对这种重要性的前瞻性论述也是强有力的。我认为，人们也会赞同做出这种区分的另外两个原因。但我们现在必须问一下正确的情感是什么。显然，悲伤和后悔都是不够的，因为它们没有
135 对仅仅是坏运气和这种糟糕的情况做出区分。另一方面，如果我们把内疚理解为一种自我惩罚的愤怒，就像我在这一节中所理解的那样，我认为没有理由内疚。“懊悔”是个很不清晰的术语，所以我们不能在没有进一步界定的情况下使用它。最好是用威廉姆斯的术语“行为者悔憾”（agent-regret），一种关注个人错误行为的特殊的悔憾。我们可以将此与道德恐惧结合起来，这种道德恐惧是一个善良的人在违反自己所珍视的道德规范所感受到的特殊的恐惧，也许还伴随着一种深刻的道德失落感，一种作为一个善良的人的一致性和完整性的缺失。但这些都不要求自我惩罚和自我愤怒，至少在我看来是这样。[62]

在后面讨论的政治语境中，我认为我们需要两样东西，**真相**与**和解**，承认我们已经做的，然后超越它，面向更好的未来。这也是

这里所需要的，承认这不是飓风或野火所带来的，而是我故意做的行为，虽然是在最坏的环境下的被迫的行为，然后采取超越恐惧的策略，对此黑格尔已经给了我们很有用的观点。

X．家庭关系中的法律

欧墨尼得斯免除了一个家族无休止地为很久以前的罪恶进行复仇的重负，这个重负从此以后由公正的法庭来承担。埃斯库罗斯的观点仍有重要性。根据我的观点，亲密关系内在地具有重要性，所以当严重的恶行发生在亲密关系中时，法律不可能完全承担处理所有的悲伤和涉及的损失的责任，但它能承担对已经发生的恶行追究责任的责任，有一大部分严重的侵犯（强奸、谋杀、虐待儿童或遗弃、暴力、偷窃等等）是发生在亲密关系中，而且当它们发生时，法律必须介入。假如埃斯库罗斯的意思是说，毫无保留地完全由法律处理受到不当对待的人的合理情感，那他就错了。和中间领域那些非理性的、粗鲁的人不同，那些是我们爱的人或者曾经爱的人，我们对他们仍旧有深切的情感关怀。但是，法律的介入肯定会减少长时间愤怒的诱惑，并帮助行为人实现转型。

在过去，法律经常通过"私人领域"这个有害的观念来逃避这项工作，认为私人领域与法律无关。今天，针对家庭犯罪的法律仍然严重执行不力。当法律不发挥其应有的作用，在亲密关系领域受
到不当对待的人应该抗议，并尽力让法律更好地发挥作用。莉 136

思·默里建议人们应该用意志和努力来应对父母的错误行为，而不是通过要求他们承担法律责任，这是一种误导。

然而，法律的重要工作不是让法律成为受害者发泄愤怒的工具，或者以惩罚的精神对待罪犯。问责制表达了社会对重要价值的承诺，它不需要报复的巫术思维。更好的替代性选择我们会在第6章讨论。而且在前法律世界，很多受害者的愤怒不是真的针对正在持续的亲密关系中所受到的伤害，而是世代相传的报复的重负，常常牵涉到当代人从未认识的人，对他们来说，除了报复本身之外，他们之间没有任何有意义的联系。这种类型的无用的报复想法可以而且应该完全清除。几代人以前的阿特柔斯做了什么根本不关俄瑞斯忒斯的事：这不是那种会赋予爱与悲伤的深切的情感关联。在这种情况下，家庭虽然关涉其中，但发生恶行并没有触及亲密关系领域。它可能是，应该说确实是属于中间领域，在中间领域，法律能够完全承担起错误行为的情感负担。

因为我们爱他们且信任他们，这是我们会受到伤害的主要原因。脆弱经常会带来悲伤，而且它也会带来强烈的愤怒。这种愤怒有时是有充分根据的，但不像悲伤，它从未是完全正当的：要么它包含了对地位的过分关注，要么它包含了没有任何意义的对报复的幻想。在这两种情况下，在承认坏的行为已经发生了的同时，人们应该重点关注他人福祉和创造未来。愤怒对这个任务没有任何帮助。如果一个人正在内心与愤怒进行艰难的斗争，宽恕有时是有帮助的，但那些专业人士（宗教人士或治疗专家）很可能夸大了它——他们的职业是帮助人们与这些斗争做斗争——因此他们需要把这种斗争表现得有必要而有价值。以转型的方式驱散愤怒似乎更有前途：人们停止思考自己的内心状态，开始思考如何为他人做一些更有意义的事，甚至是大度一些的事。

注释

[1] 全部译文都是我翻译的。我详细讨论了这部剧，见 Nussbaum (1994b, ch. 12)。

[2] 同样，我们可以注意到，希腊人和罗马人并不这样认为。事实上，他们倾向于认为，即使有些人认为愤怒在家庭之外很有吸引力，他们也会很快承认愤怒在家庭中具有破坏性。见哈里斯 (Harriss 2001, 29) 对西塞罗《图斯库兰论辩集》4.54 的讨论。西塞罗谈到了逍遥学派思想家，他们主张温和的愤怒（而不是像西塞罗所希望的那样，完全消除愤怒)，他说："你的这种勇士般的易怒，当你回到家，面对你的妻子、孩子和奴隶会怎么样呢？你觉得它在那里也有用吗？"

[3] See Hieronymi (2001).

[4] 兄弟姐妹之间的愤怒是很有趣的，但是我的观点很容易被推断出来。对伤害了我们所爱之人的陌生人的愤怒将在下一章讨论。

[5] See Sherman (1989, ch. 4 and 118–156).

[6] 贝尔于 2012 年 11 月在新西兰逝世，享年 83 岁。除了许多其他成就外，她是近百年来第一位担任美国哲学协会东方哲学分会主席的女性（1990 年任职，在此之前只有玛丽·惠顿·卡尔金

斯于 1918 年任主席），也是第一位在协会做卡鲁斯讲座（Carus Lectures）的女性。

[7] See Baier (1995), “Trust and Anti-Trust” 和其他论文，关于其他两个有参考价值的哲学观点，见 Hawley (2012) and O'Neill (2002)。

[8] 因此，我部分同意，部分不同意 Hardin (2006)。哈丁认为信任是“认知的”，也就是说它包含了信念。因为他没有告诉读者他是否也认为情感是部分认知的，所以他也不可能告诉我们他是否同意我的说法，即信任涉及一种认知评价，而这种认知评价往往在情感中起着重要作用。他接着说，因为信任是认知的，所以决定信任是不可能的——因此他绕过了一场关于一个人是否可以决定相信某事的哲学大辩论，只是没有考虑到在某种程度上脆弱意愿是一种生活选择。

[9] 见 Lerner (1985)，下文中会讨论。

[10] Butler (1827, Sermon 9).

[11] Williams, “Persons, Character, and Morality,” in Williams (1982, 1-19). 在最初的上下文中，这个短语指的是一个人在救生艇情形下所进行的道德推理，这个人救自己的妻子，但他考虑的并不是这是他的妻子，而是“这是他的妻子，并且在这种情况下，救自己妻子是允许的”(18)。而我对这一短语的使用则完全不同，也不需要否定公正的道德。它与威廉姆斯的联系是，我们两人都反对道德纪律和严格的道德审查精神，他把这种精神与康德联系在一起，而我认为这是犹太教-基督教伦理的一部分。

［12］ See Baier (1995), "Trust and Anti-Trust."

［13］ Dickens (2004, ch. 4). 也要注意，这种比较所暴露出的对动物的可怕看法。

［14］ Orwell (1952).

［15］ Trollope (2014, ch. 3)：我的分析见"The Stain of Illegitimacy," in Nussbaum and LaCroix (2013)。

［16］ 在19世纪的英国小说中，索恩医生的异端同僚通常是女性（辟果提、贝特西·特罗伍德）或真正的社会局外人（迪克先生）①。

［17］ 我这么说是为了包括离婚父母的孩子，如果这些离婚的父母也把自己的时间给了孩子们。

［18］ 当然，还有其他护理人员。本章着重于人们熟悉的核心家庭，但这些分析也适用于任何关注孩子幸福的亲密群体。

［19］ 再次参见 Baier (1995)。

［20］ Baier (1995).

［21］ 但是，在柏拉图的《会饮篇》中，只有相当低俗且缺乏想象力的人试图通过生孩子，而不是通过著书立说或参政来使自己不朽。

［22］ 这并不奇怪，兄弟俩不仅是作为个人相互对照，而且代表了两种不同的美国犹太人类型。瑞典佬的绰号说明了一切：体格健壮、身材高大、矜持，他是成功地被同化为盎格鲁-撒克逊族裔的白人新教徒的犹太人（他甚至娶了一位前新泽西小姐，尽管她是

---

① 这三个人物均为狄更斯的小说《大卫·科波菲尔》中的人物。

天主教徒，而不是盎格鲁-撒克逊族裔的白人新教徒)，而杰里则更接近于罗斯描述的他所痴迷的城市犹太人的标准。

[23] 对瑞典佬利沃夫的解释有一个缺陷。在祖克曼虚构的过去中，有一次，进入青春期前的女儿让他吻她的嘴唇，他简短而热情地答应了。人们可以把梅里后来的问题归咎于他——尽管在那之前，她已经有口吃，有对母亲的仇恨，以及强迫症的症状，这些都塑造了她后来的发展轨迹。实际上，我认为“吻”是罗斯的一个笔误，至少是祖克曼的错误，因为按小说的描述，这个人物不会这样做，尽管这种关系经常是俄狄浦斯式的，没有孩子、沉迷于性的祖克曼以他自己的方式重建了历史。但是，正如祖克曼所说，“让人们变得正确并不是生活的全部。生活就是让他们错了，让他们错了，错了，错了，然后，经过仔细的反思，又让他们错了”(35)。

[24] Lerner (1985, 69-70).

[25] Lerner (1985, 76).

[26] Lerner (1985, 77).

[27] Lerner (1985, 79).

[28] 另见 Tavris (1982)，他始终强调这一点。

[29] 我在这里省略了孩子们很少对父母做的暴力和可怕的事情，关于这些内容见 Condry and Miles (forthcoming), and Condry (2007)。

[30] Murray (2010, ch. 1).

[31] 让我们回到第 2 章提出的问题上，这个悲伤的案例似乎确实包含了改变过去的愿望，并且至少包含了巫术思维元素，然后

她就放弃了。

[32] 一个典型的与斯多葛派对照的例子见 Juvenal x，357-362，哈里斯进行了讨论，见（Harriss 2001，226 and n. 99），在这个例子中，拒绝愤怒是情感超脱的全球性项目的一部分。

[33] 实际上，是指任何一种亲密的成人伴侣关系，我用婚姻做代指。

[34] 当然，这不像人们通常认为的那样是一种笼统的许可。

[35] 关于苔丝被亚历克强奸/勾引的含混之处，以及羞耻和纯洁的更大问题，见 Baron（2012，126-149）。另一个相关的例子是盖斯凯尔夫人的《露丝》（原版于 1853 年），在这部小说中，露丝在很小的时候就被引诱，然后"无可指摘"地生活了很多年，并因她的性格和价值观而受到所有人的钦佩；但她很久以前的"罪"被揭露之后，她成为一个被排斥的人。

[36] 另见 Tavris（1982，ch. 8），"The Marital Onion"，其中包含许多类似的例子。

[37] 在这一点上我要感谢莎伦·克劳斯（Sharon Krause）。关于"责怪游戏"的无用性，我从艾丽斯·马里恩·杨（Iris Marion Young）去世后发表的非凡著作《正义的责任》（*Responsibility for Justice*，2011）中获益良多。作为那本书前言的作者，我对她否定回顾性分析表示了怀疑，但我现在完全赞同她的观点。

[38] Hieronymi（2001）.

[39] 我非常感谢艾米莉·巴斯（Emily Buss）提出这个例子。

[40] 这个剧目是《莫加达》（*Mojada*），剧作家是路易斯·阿

尔法罗（Luis Alfaro）。

［41］ See Martin (2010).

［42］一些有代表性的著作的标题是：《宽恕是一种选择：逐步化解愤怒和恢复希望的过程》［Robert D. Enright, *Forgiveness Is a Choice: A Step-by-Step Process for Resolving Anger and Restoring Hope* (Washington, DC: APA Life Tools, 2001)］，《宽恕不可饶恕的一切：克服亲密创伤的痛苦遗产》［Beverly Flanigan, *Forgiving the Unforgivable: Overcoming the Bitter Legacy of Intimate Wounds* (New York: Wiley Publishing, 1992)］，以及《宽恕是人性：如何把你的过去抛诸脑后》［Michael E. McCullough, Steven J. Sandage, and Everett L. Worthington, Jr., *To Forgive Is Human: How to Put Your Past in the Past* (Downers Grove, IL: Inter Varsity Press, 1997)］。

［43］ See Tavris (1982).

［44］ EN IX, and see Cooper (1981).

［45］ See Nussbaum (2004a, ch. 4).

［46］莫里斯对这个问题的敏感观察，见 Herbert Morris (1976, ch. 2)。

［47］ See Nussbaum (2004a, ch. 4), and Nussbaum (2001, ch. 4).

［48］ See Sherman (2011).

［49］关于所有这些，见 Nussbaum (2001, ch. 4)。

［50］ Morris (1976)，特别是 ch. 3。

[51] Morris（1976，96-103）. 其中用较长篇幅以一种详细而吸引人的方式讨论了这幅图景。

[52] 威廉姆斯提出了许多反对康德的不同观点（Williams 1985），而我只发展了一条显著的线索。他和我对有关羞耻感的作用的观点有分歧，我在这里不做探究。

[53] 当我还是一名研究生时，我饶有兴趣地观察到这样一个事实：重建亚里士多德著作年表的德国学者，通常会推断亚里士多德不愿在他的老师柏拉图有生之年对他提出尖锐的批评，而英美学者，尤其是我的论文导师 G. E. L. 欧文推断，只有在柏拉图去世后，亚里士多德才明白柏拉图学说中的真理。

[54] Nietzsche（1989，II）.

[55] See Croke（2014）.

[56] 关于动物情感的最新研究的文章，见 Halberstadt（2014）。

[57] In Nussbaum（1986，chs. 2 and 3）；"Flawed Crystals：James's The Golden Bowl and Literature as Moral Philosophy，" in Nussbaum（1990）；Nussbaum（2000a）；and Nussbaum（2013，ch. 10）.

[58] Williams，"Ethical Consistency，" in Williams（1973，166-186）. Compare Nussbaum（1986，ch. 2）.

[59] 意思是我遵循他对功利主义的批判精神，尽管他没有将其直接应用于道德困境的案例中：参见"A Critique of Utilitarianism，" in Smart and Williams（1973，77-150）。

[60] 为了正确地收回我原来的观点，我必须更加准确。在

《道德的一致性》一文中，威廉姆斯用的是“遗憾”（regret）一词，而不是“懊悔”（remorse）。[在《道德运气》（*Moral Luck* [1982]）一书中，在另一个语境中，他用了“行为者悔憾”（agent-regret）这个词，我将回到这个词。]《善的脆弱性》[*The Fragility of Goodness*（1986）]一书中，我说行为人的情感应该包括这样一种想法：“这是一种他个人和他的性格都深深排斥的行为。”因此“遗憾”这个词太弱了。“此外，他的情感不会是单纯的遗憾，这种遗憾可以由一个未涉其中的旁观者来感受和表达，并不意味着他自己的行为不好。这是一种更像是懊悔的情感，与他作为行为人所犯的错误紧密相连，不管他是多么不情愿地做这件事。”在《爱的知识》[*Love's Knowledge*（1990）]中，在谈到了詹姆斯的《金碗》[*The Golden Bowl*（1904）]时，我向前推进了一步。我把这种适当的情感说成是“内疚”，并指出这些冲突的普遍性，特别是在家庭中，是《圣经》原罪概念的世俗类比。我没有给内疚下定义，我真的不确定我的意思是不是对自我的愤怒，包括自我惩罚的愿望。在小说后面的两次冲突中，我确实观察到，用这种情感来回应，会对充满爱和信任的关系的未来有损害——所以我说，爱要求麦吉·维弗和她的丈夫做出道德上不完美的回应。至少在这些情况下，我会思考适当的情感是不是痛苦的自我谴责。然而，这两个案例并不是标准的道德困境，因为这两个困境的成因都涉及严重的道德错误，而不是环境对任何人的强迫。因此，我对这些案例所做的论述，虽然肯定与我在本章早些时候所说的、关于对背叛做出适当反应的论述不一致，但对我们在这里讨论的非自愿的困境并没有明显的影响。最后，在我最近的一篇关于成本效益分析的论文中，我有几次使用了“内疚”这个词，但在责任感和赔偿义务的意义上，我并没有暗示这种情感应该是自我惩罚的愤怒。

[61] See Walzer (1973).

[62] 简言之，我在 1986 年和 2000 年的著作中，都有正确的观点，但 1990 年的著作陷入了错误。分别参见 Nussbaum (1986，2000a，1990)。

第5章　中间领域：限定的斯多葛主义

137 波隆尼斯：殿下，我会依他们应得的方式来对待他们。

哈姆雷特：以上帝圣体之名，人啊，要做得更好！倘若凡事都依其所应得，那谁不该打？你应以你自己的荣誉和尊严来对待他们。

——莎士比亚（Shakespeare），《哈姆雷特》（*Hamlet*），2.2

Ⅰ．日常的愤怒

塞涅卡去他在郊区的庄园。房子的状况很不好，他向管家抱怨，但管家说，这不是他的错，是房子太旧了。他和塞涅卡都知道房子是塞涅卡年轻时修建的，但塞涅卡却把管家的话当作或有意或无意地针对他个人的评论，“对他的愤怒，在第一时间就抓住机会发泄了出来”。塞涅卡对管家说：是你忽略了那些梧桐树，它们没了叶子，树枝打结扭曲，树干光秃秃的。如果你好好地浇水施肥，它们绝不可能是那种状态。管家再次辩解：他以塞涅卡保护神的名义发誓，在他的职责范围内，他做了每一件应该做的事儿，它们确实是太老了。在复述这件事时，塞涅卡向他的记者卢西利乌斯承认，这些树是他年轻时就种下的，所以管家的话是有道理的。但怒火中烧的塞涅卡转向门卫，怒视着他们：“这个糟老头是谁？门口才是他该去的地方，他正该被扫地出门。你们在哪里雇的他？难道你们喜欢家里有具尸体晃来晃去吗？”这时，管家不再说什么，门卫替他说了：“难道你不认识我了？我是费里希奥，老管家费罗修 138
斯的儿子，我们过去经常一起玩，你把我叫作你的小兄弟。”[1]

塞涅卡所到之处，人们都会提到他的年纪（或者是他以为别人提到了），侮辱他（或者是他以为别人侮辱了）。幸运的是，塞涅卡大约 67 岁，这是一个撰写道德哲学著作的好年纪，只要受到挑衅时不那么容易被激起不适当的愤怒。[2]

当然，塞涅卡的行为很荒谬。他对任何事都反应过度，让愤怒支配他的日常生活。在这个过程中，他辱骂他人，让自己出丑，而他本可以和蔼可亲、慷慨大度，忽略他自己的年纪（如果他们真的提到的话），也许甚至可以**真的**在内心忽略那些人，只管做他的事。这就是他根据自己的愚蠢行为编写这些小喜剧的意义所在，卢西利乌斯（在文集前面的这封信中）在相似的年龄应该把这种喜剧性理解为一个广告，让他更深入地研究斯多葛哲学。[3] 也许塞涅卡不应该这样，因为他在大约 25 年前就撰写了《论愤怒》，他在其中说，他很容易暴发出类似的不合时宜的愤怒：所以，书中所描述的夜间自省的做法显然收效甚微。但是，我们不应该把这些段落当作文学性的自传，在这两个例子中，塞涅卡都是在用他自己的虚构故事来指导他人。（在接下来的论述中，我会把塞涅卡当作文学典型，用类似的自我描述来说明我的失败，同时也表明，我希望一种自我超脱，甚至一种自我嘲弄的方式能有助于解决这些问题。）[4]

这一章所要讨论的生活领域是“中间领域”，我们很多的日常生活都发生在其中：陌生人之间、合作伙伴之间、老板和雇员之间、熟人之间的往来都在此列，简言之，它包括了我们与那些不甚亲密也无深切信任的人之间的交往，但这些人也都是个人，而不是法律和政府体制。对名誉和荣誉的轻视，侮辱或想象的侮辱，以及一些真正有害和可怕的行为都会在这个领域引发大量的愤怒。塞涅卡的《论愤怒》把一个典型的罗马人的一天描述得就像一个雷区。到邻居家，你可能被一个粗鲁的看门人恶语相向；去参加一个晚宴，你会发现，主人把你安排在了一个别人会认为是很侮辱人的地方；等等。[5]

这种情况不难想象，尤其是在当代文明中，同样也包含了如此多的因缺少尊重而引起的愤慨，特别是有如此多的粗鲁和轻率的行为。随便举个例子，乘飞机旅行就是一个罗马式的雷区。几乎可以确定，你会遭遇到粗鲁的工作人员或空乘人员，草率的流程造成的延误和困难，以及声音太大、有异味和让人更加恼火的同程旅客。139
我自己最不能忍受的是，一个大块头的男人，通常身材都走了形，未经允许就先抓起别人的行李，试图把它放在头顶的行李架上——因此激起了塞涅卡式的因性别和年龄歧视而产生的愤怒。开车的时候，人们也经常会遇到类似的事情，虽然在那种情形下，冒犯的一方并不是紧挨着自己的身体，他们通常是包裹在 SUV 型汽车厚重的车身里恶劣驾驶，甚至看不见他们。当一个人所爱的人做了坏事，他的愤怒会有所节制：他们是我们爱的人，我们喜欢并且选择了他们。不幸的是，一个人一天中的大多数时光，陪伴我们的并不是我们所选择的人，愤怒就在拐角处等着你。

我自己的愤怒诱惑主要就在这个领域，正如随后的例子显示的那样，我也做不到不愤怒。事实上，我经常很荒谬，就像塞涅卡那样。我很幸运地发现，对我爱的人，我很容易快速地转向转型，我也经常会焦虑，有时会悲伤，但是，很幸运，愤怒很少，也很短暂。然而，对于令人气愤的陌生人，我发现，不愤怒很难。的确，像塞涅卡一样，精神上的努力帮助不大，虽然必须指出，考虑到这些互动的琐碎，我并没有在这方面下很大的功夫。显然，我应该下更多的功夫。

中间领域是各种异质因素的混合。它包含了主要存在于愤怒者眼中的刺激和明显的侮辱，包含了真正的对荣誉和名誉的轻视，也包含了从任何合理标准来看都可谓是粗鲁、轻率和敌意的行为。而且它还包含一些非常严重的恶行，会影响一个人自己或他所爱的人的福祉：不恰当的解雇，医疗中的疏忽，工作中的骚扰、剽窃、性侵，甚至谋杀。我们不能预想或期望所有的罪行都接受同样的分析，尽管如此，还是可以提出一些初步的观点。

总的说来，我认为在这个领域，斯多葛派基本上是正确的，这些事情多数（虽然不是最后一组）不值得为之烦恼，把它们当作严重的情感关切是错误的。甚至为糟糕的关系悲伤也是不合适的：这里的分析不同于我对亲密关系的观点，在某种程度上，亚当·斯密已经提出了这一观点，他认为，斯多葛派在很多问题上都是对的，只是在亲密关系领域不正确。

有时，错误是一种错误的解释造成的：人们认为某事是一种侮辱，因为他们焦虑或过度敏感，而实际上，我们没有理由从这个角度来看待问题。有时错误更严重，涉及错误的社会（或个人）价值观：人们对荣誉或其他无关紧要的事情给予了不恰当的重要性。错
140 误的社会价值观在个人的亲密关系中产生了重要影响，正如我已经指出的，在中间领域，它们几乎主宰了整个场景。正如我在分析降低等级时所得出的结论，在多数文化中，人们通常纠结于相对的社会地位，而这种纠结是不适宜的。我想说的是，在某种程度上，任何情感都是适宜的（除了对人们福祉有严重的损害，而这是我们要区别对待的），在最好的情况下它是转型的情感。如果行为实在令人愤怒，有我们称为转型-愤怒的前瞻性的情感态度是对的，转型-愤怒的内容就是，“多么无法容忍啊！一定要为此做点什么”。但完全的愤怒，即使很短暂，似乎也是相当不适宜的。而且，正如塞涅卡所指出的，如果不纠正这种倾向，实际上会让一个人一整天都充满愤怒，因为到处都有太多粗鲁、不体谅他人或以其他方式表现欠

佳的行为。如果想要过得好，就必须超脱。

但即使在这个领域，我的立场也不是斯多葛派的，因为我认为，一个人自己的福祉的重要组成部分很容易受到他人的破坏，这里的他人并非指我们的朋友和我们爱的人。一个人的福祉的组成部分包括：健康、安全、身体的完整性、工作，以及他所爱的人的健康、安全、完整性和工作，我认为对这些事情给予较多关注是适宜的，但是这些东西可能被陌生人和其他非亲密的人破坏，所以愤怒即使不是有充足理由的，也是有充分根据的。在这些中间领域的案例中，我要说的内容是非常复杂的。首先，我认为，在这些案例中，失落或悲伤的感觉经常是合适的，特别是考虑到如果认为自己福祉受到损害的方面具有（适宜的）高度重要性，这种感觉就是不可避免的。但是，这里的（适宜的）悲伤与在亲密关系中的悲伤相比，对象不同。当一个人爱自己的朋友、孩子，或者伴侣，这种关系本身有着内在的价值，当它终结了，无论是死亡导致的还是关系破裂所导致的，人们当然会悲伤。与陌生人的关系并没有那么重要，所以人们不会把情感关注的焦点放在那个人身上（比如电话另一端的惹人烦的销售人员、粗鲁的邻座，甚至小偷或行凶者）。如果一个人的健康或生计被这样一个人破坏了，他悲伤或沮丧的合理对象是所受到的损失，而这个人只是偶然的，尽管我们对这个人愤恨不已。所以中间领域的悲伤和沮丧，即使它们是适宜的，也与亲密关系领域有着不同的关注点。与在亲密关系中一样，完全的愤怒，包括报复的愿望，都是不适宜的，并且出于类似的原因，最好尽快地转向转型。

然而，这些中间领域的案例并不完全像亲密关系中的案例，因为这里有一条富于建设性的道路可以选择：把问题交给法律。即使是短暂的，我们也不必陷入毫无意义的愤怒和幻想当中，幻想对那些严重伤害我们的非亲密的人进行报复，因为如果他们做的严重到足以引起强烈情感反应的话，它就必然是违法的或者应该是违法的。

141 法律不可能完全处理这些案例中的悲伤——正如在亲密关系中一样，它仍旧是个人自己的事情。但是，法律能够处理一定要对罪犯采取措施的想法，从而使通常的愤怒变得多余。转型就在我们面前，而且转型-愤怒（或者在短暂的真正愤怒后立即转型）也有一个当下的方向：这是无法容忍的，让我们诉诸法律。无论在精神上还是在情感上，继续与已经造成伤害的、令人讨厌的陌生人纠缠不清都没有意义，让公正的法律机构以促进社会进步的方式来处理它。有时亲密关系中的案例也需要诉诸法律，而且在亲密关系中的暴力和中间领域的暴力一样，应该是而且也确实是非法的。但我认为，在情感上，亲密关系的重要性远远超过了法律所能提供的改善，但在中间领域却不是这样，我们可以忘掉那些侵犯我们的陌生人，并且我们也不需要跟他有任何进一步的来往。

而且，重要的是，在中间领域，人们需要欧墨尼得斯。埃斯库罗斯把问题简单化了，他建议通过这些好心的女神解决有一个嗜杀的母亲的问题，或者自己同父异母的兄弟被炖熟，被端给自己的父亲吃的问题。亲密的人之间的复杂的谈判很少能通过法律解决，也许从来没有完全通过法律来解决这些问题。但如果某个来自斯巴达的陌生人杀了你的父亲，你当然就没必要试图在未来与他建立合适的关系。你最需要做的就是哀悼你的父亲，起诉凶手，把他交给政府。[6]

此外，愤怒作为引起注意的标志能够起到一定的作用，因此具有潜在的威慑力。我曾经批评过那些用对愤怒的恐惧来阻止朋友的不良行为的人，但这不适用于中间领域粗心大意、粗鲁无礼的冒犯者。我认为，在很多情况下，愤怒（或者更好的是，小心控制的假装愤怒的表演）可以成为一种有用的引起注意的手段，也许可以阻止不良行为。再次重申，它作为问题存在的标志（对自己，有时是对别人）、作为解决问题的动力来源可能是有用的，虽然它经常是不牢靠的。

那么宽恕怎么样呢？在中间领域，如果损失非常严重，最需要的是哀悼和前行；如果损失没那么严重，那就只须前行。道歉可能是有用的，它是我们可以期待冒犯者在未来有所改变的一个标志。但是，接受道歉与强行要求道歉之间有着巨大的差异，通过宽恕仪式来逼迫冒犯者通常会适得其反。无条件宽恕更好一些，但是，它同样也经常会有一丝道德优越感的味道，正如我的例子将要表明的那样，这在中间领域中实在太普遍了。

Ⅱ. 中间领域的斯多葛

塞涅卡对愤怒的批判立足于有悠久历史的斯多葛传统。[7] 虽然 142

在这个主题下他的著作是唯一完整的斯多葛派著作，但我们知道，伟大的斯多葛派哲学家克律西波斯将愤怒作为论激情的四卷本著作的中心内容[8]，还有很多其他哲学家有关于愤怒的著作，但是我们只知道标题，有些有简短的摘要。[9] 而且愤怒似乎比其他个人激情更多地占据了斯多葛派的思想领域。例如，他们很少谈到悲伤、同情，甚至恐惧，令人惊讶的是他们对各种充满激情的性爱都很友好（他们小心翼翼地克制自己，以免让它成为愤怒的根源），虽然他们并不一贯如此。[10] 对愤怒的关注并不令人意外，因为他们把自己身在其中的社会描述为（可以想象）被轻蔑和侮辱困扰，对各种想象中的耻辱怒不可遏，具有毁灭性的报复倾向。

斯多葛派哲学家对愤怒的批评取决于他们影响广泛的蔑视**“外在善”**的价值观，它们不受人的理性和意志的控制。他们认为，家庭和朋友、健康、身体的完整性、工作，以及政治立场，这些都没有内在价值，甚至它们也没有巨大的工具性价值。尽管在其他条件相同的情况下，追求这些“好运”是合理的，但一个人没有这些，他的幸福仍旧是完全的，所以，如果因为偶然或者其他人的不良行为导致这些被转移走或被破坏掉，他不应该感到沮丧。这意味着，他们对愤怒的批判始于很早以前，以至于他们似乎对愤怒已经没有更多的东西可说的了：它只是暴露出人们对外部事物的不明智依恋的众多方式之一。我不接受这种价值观，他们对愤怒的批评对我自己的论述没有帮助。

然而，斯多葛派哲学家是灵活的劝说者，他们能够与不认同他们的极端观点的对话者打交道。他们喜欢寻找劝说不认同他们的人的方法，让他们在其全部立场暴露前就转向他们的结论。塞涅卡以准对话体的形式写作，无论是在给卢西利乌斯的没有回复的虚构信件中，还是在“对话”中，其中都有某些特定的人（通常是真实的，虽然被用作虚构的人格特征）作为收信人或对话者，虽然那个人没有直接地说什么，他或她的回应经常是塞涅卡想象的。《论愤怒》的收信人是塞涅卡的兄弟诺瓦都斯（Novatus），一个普通的罗马绅士，他在作品中认为愤怒是一种非常适宜的、有用的情感。塞涅卡带着他慢慢地走出那种立场，并在作品的第三部分的最后，一带而过地呈现了斯多葛派的全部理论，所以他的论述并没有在极端的价值观理论上花费很多笔墨，很多内容都是我们感兴趣的。而 143
且，大多数内容并没有涉及亲密关系，或者其他有关幸福的重要内容（根据我的论述），所以我们可以把我们的注意力集中在中间领域，同时也要注意到，斯多葛派事实上并没有把这一领域与亲密关系领域区分开来。

塞涅卡对愤怒有几个独具特色的论述。他宣称，愤怒关注的经常是无关紧要的小事。甚至当它关注有明显重要性的事物时，它也极有可能被对地位和等级的强烈关注扭曲——还有对金钱的关注，它一般被作为地位和等级的标志。愤怒非但无助于促进有益的行为，反而是一种非常不稳定和不可靠的激励因素。愤怒非但不是快乐的，反而是极端不快乐的，并且是更进一步的不快乐的原因。愤怒非但不是一种有益的威慑，反而使人们更孩子气，而且其孩子气无法阻挡。愤怒非但不是高尚的，反而是心胸狭隘和卑鄙低贱的，不值得真正自尊的人尊重。让我们依次论述这些观点。

塞涅卡通过指出一个明显的事实，即愤怒（1）关注的经常是一些可笑的小事，（2）或者那些不可能直接涉及任何恶行的事情，从而在诺瓦都斯面前站稳了脚跟。第二种情况是由无生命的物体、非人的动物、非常小的小孩、自然力或者那些追求善行的人的无心之失所导致的挫折。在这些案例中，愤怒都是不适宜的，因为其中没有故意的伤害（Ⅱ.26）。（塞涅卡显然是假设善良的人们没有应该受惩罚的疏忽。）然而，人们确实对所有这些事情感到愤怒。塞涅卡期望诺瓦图斯很快就会承认这些人是愚蠢的。第一种情况中的各种行为可能确实涉及一些错误的做法，但它们是如此琐屑，以至于诺瓦图斯立即明白，不值得为此而烦恼。它们是"空洞的影子"，不会使我们的愤怒变得合理，就一头公牛冲向红色一样不合理（Ⅲ.30）。这些琐事是：

> 一个笨手笨脚的仆人，半冷不热的温吞水，乱七八糟的沙发，随便乱摆的桌子——被这样的事情激怒简直是疯了。只有体弱多病的人才会在微风中起鸡皮疙瘩。……只有因过度放纵而身材不好的人，才会因为看到别人的努力感到浑身发麻。……为什么一个人咳嗽或打喷嚏，或者一条挡住你的路的狗，或者一个不小心把你的钥匙掉在地上的仆人……会让你发疯？如果一个人的耳朵受不了拖动的长椅的刺耳声音，你能指望他在议会或参议院，平静地忍受公众的辱骂和诽谤吗？（Ⅱ.25）

144 这些生动的例子表明，人有一系列不能忍受的东西和过于易怒的倾向，例如，谁发明了这种可以拖拽的长椅？[11] 塞涅卡在第12封信中重点强调了这一点：愤怒往往是错误地归咎敌意的结果。当别人告诉我们，我们被侮辱了，或者被恶待了，我们倾向于相信确实是这样，或者仅凭微弱的证据就相信是这样（Ⅱ.22），相反，我们应该对此非常怀疑才对。他还补充了一个有趣的观点：人们常常把令人惊讶的行为误认为是错误的行为（Ⅱ.31）——也许是因为我们是习惯的动物，会被任何偏离常规的行为震惊。

通过持续观察，我们发现，贯穿塞涅卡建议始终的是，在面对未来的困难与苦恼时斯多葛派的经典建议：如果你一直想着可能发生的所有坏事，你就会避免对幸运的不明智依赖。相应地（转向真实的现实生活），如果你期待每一个售货员都勤快、礼貌且乐于助人，你就会让你自己很失望。

但是，塞涅卡知道，当他取笑极度敏感和过于轻信的人时，诺瓦都斯会赞同他，而当他在罗马绅士高度赞赏的如名誉、声望、等级等领域倡导不愤怒时，诺瓦都斯就不愿意赞同他了。塞涅卡自己真正的立场是，一个善良的好人不应该把这些事情看得很严重，在给卢西利乌斯的信中，他经常把这些观点表达得很清晰。但诺瓦都斯不像卢西利乌斯，卢西利乌斯是一个严肃的斯多葛派的门徒。把《论愤怒》写成与诺瓦都斯的对话，塞涅卡实际上是致力于一项更棘手的任务，即在这些主流罗马人认为的至关重要的情况下反对愤怒——但他并没有把极端的价值理论摆到台面上来。

他使用的策略是，将这些侮辱和名誉损害的例子与诺瓦都斯会明确承认是愚蠢和低贱的例子相类比、相等同，这样，当他最终处理羞辱、虐待和情感疏远的例子时，他用以前他提到过的琐事（粗鲁的仆人、不守规矩的动物）包围这些例子，他还把重点放在金钱上，金钱当然是地位与等级的重要象征，而一个骄傲的罗马人会认为不值得把金钱作为强烈情感的理由。通过以继承和其财务诉讼为主题进行搞笑（Ⅲ.33），他强烈暗示对等级的关心是如此愚蠢。通常段落是这样开始的：

> 你问："我们怎样才能如你所要求的那样，记住对我们造
> 成的伤害多么琐屑、可怜和幼稚呢？我唯一的建议就是要有一
> 145 颗高尚的心，看清楚我们为之诉讼、奔波、喘不过气来的那些
> 事情是多么卑鄙龌龊。任何一个有深刻而崇高思想的人都不应
> 该考虑这些事！"（Ⅲ.32）

但塞涅卡同时也使用了一个补充性的策略：他想到了诺瓦都斯可能提出的论证愤怒的有用性的所有论点，并逐一予以反驳。诺瓦都斯的第一个论证——在这部作品中早就被论述过，并且反复提及——是，愤怒是有用的，是合宜行为的必要动机。塞涅卡首先向人们指出那些有适宜的男子气概但并不愤怒的人，比如猎人、角斗士和尽职的士兵（Ⅰ.7，8，11），然后指出愤怒使行为不稳定，不能很好地实现想要的结果。像北方部落这样的日耳曼人充满了愤怒，但他们在持久的军事行动中就没有效率，更多的功劳要归功于罗马人（比如拖延的费边①），他们准确地懂得如何在战略上保存自己的军队，并因此而获胜。而且，在公民社会中，愤怒会导致过度惩罚（塞涅卡列举酷刑和死刑的应用）[12] 以及与他人有关的个

① 费边（Fabius，约公元前280—公元前203，也译为非比阿斯或法比乌斯），古罗马政治家、军事家，以拖延闻名。

人行为过度。

愤怒不是令人快乐的，恰好与之相反（Ⅱ.32）：它就像生病发烧（Ⅰ.12），野兽的聚集（Ⅱ.8），一旦一个人对愤怒让步，它就会用不开心填满这个人的一整天，因为如果一个人想要愤怒的话，就会有太多的坏行为让人愤怒（Ⅱ.9）。

愤怒会阻止坏行为吗？塞涅卡把这个问题和动机问题一起讨论，他认为向别人表现愤怒并不总是有效的：起威慑作用的军队是不断取得胜利的军队，而不是制造噪音的军队。

最后，塞涅卡就“愤怒是高尚和伟大品格（Ⅰ.20，Ⅱ.15，Ⅲ.38）的表现，因此是避免被轻视和要求尊重的方式”这一观点（反复地）表达了看法，他告诉诺瓦都斯，愤怒实际上是失控、疾病和无意义的自我膨胀的标志，就像走了形的或者有病的身体，有轻微的碰触就会疼痛，所以它是虚弱的、病态的品格，会对每一件事感到沮丧（Ⅰ.20）。的确，情况完全不是人们通常所说的那样，事实上，真正忠诚的、高尚的和值得尊敬的人，他们能够忍受侮辱，并且不受其影响，忽视敌人的挑衅，使敌人看起来很渺小。就在这部作品的最后，塞涅卡终于推出了斯多葛式的英雄加图，他当然也是一个广受赞赏的罗马英雄：

> 加图在为一个案子辩护的时候，图卢斯，那个不受控制的人（我们的父辈还记得他），吐出了一大口唾沫，正好落在他的前额中间。加图擦干净他的脸，说：“图卢斯，我对任何人发誓，那些说你不会用你的嘴巴的人是错的。”（Ⅲ.38） 146

被人吐一口唾沫是最耻辱的事情之一，它可能发生在任何一个进行公开演讲的罗马人身上。然而，塞涅卡让吐唾沫的人，而不是他的目标看起来令人厌恶而卑鄙，成功地扭转了诺瓦都斯的预期。能够以体面甚至幽默态度战胜羞辱——在拉丁语里，这句话其实很有趣，因为 *os habere* 既是“有嘴巴”的意思，也是“有演说家的能力”的意思——这比被对手诱惑而表现得低微和不值当显得更高贵。

正如我们所看到的，塞涅卡把他自己描述为一个有愤怒问题的人，他的愤怒问题是关注地位和侮辱。在《论愤怒》中，他提供了一个对自己在夜间进行的自省实践的著名描述，在这个过程中，他发现了一个有趣的事实：拒绝自我愤怒是斯多葛式自我治疗的重要组成部分。

> 如果一个人知道，他每天都要在自己面前接受审判，他就会停止愤怒而更加克制。因此，有什么比这种检讨全天的习惯更美妙的呢！当心灵受到赞扬或训诫，作为自己的隐秘调查者和评估者，在了解了自己性格之后，伴随着这种自我认知的睡眠是多么美好，多么宁静，多么深沉，多么自由！我利用这力量，每天在自己面前为自己辩护。我妻子很久以来一直知道我的这个习惯，当天色暗下来，她就不再说话，我开始反省自己的全天，衡量自己的言行。我在自己面前不必隐藏任何东西，不必回避任何东西。因为，当我能对自己说：“注意，你不要再这样做了，这次我原谅你。”我为什么要害怕自己的错误呢。(Ⅲ.36)

接下来，塞涅卡提供了这种有代表性的自我批评的例子：对某个人进行不恰当的严厉谈话，对其他人的略带侮辱性的玩笑过于敏感，对门卫太过粗鲁，对宴请他时给了他不好位置的主人愤怒，甚至对得到了“好”位置的客人也愤怒，对诋毁他的才能的人冷淡等等。在所有这些中，他的立场是责备自己，但没有对自我的愤怒：面对自我，没有恐惧，有的只是准备下一次做得更好的前瞻性决定。甚至转型-愤怒也不在场：他对自己的行为没有愤慨，只有耐心地下决心改进。

塞涅卡的观点有待评估，但他显然提出了很多与极端斯多葛派价值理论无关的好观点。塞涅卡没有区分中间领域和亲密关系领 147
域，也没有安全地将其与政治领域区分开来，尽管在这部作品的早期，他有关愤怒与法律规范不相容的言论是一个埃斯库罗斯式的开头（Ⅰ.16）。但这些不足没有降低他的观点的价值，对诺瓦都斯各种支持愤怒的主张的完全拒绝未免有失片面，除此之外，他的观点没有给转型-愤怒留下空间，而转型-愤怒是能够发挥真正的作用的，尽管作用有限。但是，他的大多数观点是有相当进步性的。

特别有价值的是，这部作品提醒我们，对愤怒的斗争不仅要在社会领域进行，也必须在自我内部进行。在这个意义上，中间领域有时也是亲密关系的领域，因为人们会由于许多与幸福无关的事情而对自己愤怒。然而，从转型的观点看，也许塞涅卡要求的自我省察的方法太过神秘，太过理想化了。稍后，我将讨论对自我的幽默感（自我解嘲）和大度的重要作用。

Ⅲ．随机交往中的错误归因和扭曲评价

现在让我们借助塞涅卡的深刻洞察力来自己评估一下中间领

域，当然，这种评估也会用到我们自己的分析和对生活的经验。首先，在这个领域，很多人的愤怒是对侮辱和恶意错误归因的结果，而且这些错误归因又经常是病态自恋所导致的过度敏感的结果，在这一点上，塞涅卡绝对是正确的。他对身体健康的类比也是对的，有良好心态的人不会把每一件小事都当作可能的轻视，他们有更多重要的事吸引了他们的注意力。

塞涅卡认为这个领域大量的愤怒是社会高估了荣誉、地位和等级的结果，他也是对的。当每个客人在餐桌上坐在什么位置被赋予太多意义时，这种文化中就有些东西出了差错。古罗马宴会的真实情况在当代生活的无数领域得以生动再现，互联网提供了一个特别恰当的例子，让人们有可能花一整天的时间寻找耻辱和侮辱，仔细地审视世界，寻找自我的迹象，以及自我等级的上升或下降。这个问题与错误归因问题不同，因为人们有时真的被别人降低了等级，但这些问题是密切相关的。你越是痴迷于等级，你越是有可能把一些无关紧要的言论视为侮辱。而在中间领域，等级问题很可能占据了超大比例。在亲密关系领域，我们选择的人是出于爱，或者出于
148 对家庭的关心，而陌生人则没有这些特质。有时，他们似乎不过是我们的社会声望或我们缺乏社会声望的象征。所以在中间领域首先要把重点放在遏制对等级的过分关注上，因为等级破坏了太多的社会互动。关注身份等级的错误往往会扩大，而报复的错误完全在自身，它不那么经常成为问题，至少当幸福的核心元素不存在问题的时候是如此。

塞涅卡指出，大量愤怒进一步以两种方式变得很荒谬，这也是

对的。一些愤怒是因为把恶意归于一些事情，或者不可能有这样的恶意的人，另一些愤怒是因为关注的是那些太琐碎而不值得认真对待的事情，尽管我们确实会这样。试想关于乘飞机和驾车的例子，我们可以看到，这两种错误都很常见：虽然很多麻烦根本不是恶行，但我们经常相信就是那样，而且我们也对一些实际上并不值得严重关注的挫折赋予了非同寻常的重要性。

但我们在这里发现了塞涅卡的分析的一个裂痕。因为，虽然被陌生人尊重并礼貌地对待，并不是重要的、持续的幸福，但它确实有足够的重要性，一旦缺失，我们会立即关注它。当人们礼貌、互助并且遵守一系列的隐性的社会规范，充满善意，公平竞争，知恩图报，这个社会会变得更好。当这些规则被打破时，愤怒是适宜的吗？我们有塞涅卡的正确论点，即这些事情不值得我们付出认真的情感能量，这个论点的附属观点是，如果我们每次都为那样的事愤怒，我们的日子就会被不快乐填满。同时，我们需要以某种方式强化这些规范，让损害这些有益的社会规范的事情不再发生。但在大多数情况下，在这个领域中没有法律，那么愤怒难道不是一种强化方式吗？

这正是转型-愤怒发挥作用的地方。一个人不需要在感情上走弯路，或者只走一点点弯路，就可以做出真正的感情反应，其内容是："这是无法容忍的，它不应该再次发生。"作为威慑，表达这样的情感经常是有用的。然而，人们也必须小心。有时，平静地表达愤慨会让事情更糟。我已经发现，当一个女人平静地告诉那个抓起别人的行李箱把它放到舱顶行李架上的男人，他用这样的方式来对待另一个人的行李很不合适，这个男人会非常憎恨。这样的回应不会推进社会福利，只会让人进一步卷入与这些人令人不快的争执中。所以，我发现了另一种不让他们知道的转型–愤怒的隐秘的表达方式，我说："非常非常抱歉，箱子里装了易碎物品，我还是自己拿着它，如果万一有什么事儿，我知道责任在我，不在你。"或者有时，我会有一瞬真正的愤怒，认为它们就应该在它们本来在的地方，但这种愤怒很快就会转向转型。

149 不过，最好不要过早祝贺自己。在我做完洛克演讲乘飞机回家的航班上，我正在把我的随身小行李（重的大行李已经托运）举到舱顶架上，一个大块头的男人问我是否需要帮忙的时候，它已经进去了 90%。我说："不用了，谢谢。"并且正准备感谢他的询问，这时，箱子已经完全进去了，他抓起它把它推到更里面。我礼貌地说："如果你无论如何都要做这件事，为什么还要问呢?"他说，他是一个德国外科医生，有"很多经验，当一个患者做……"——然后，他停了下来，看着我的脸，也许我的脸提醒他我不是他的患者。我不太礼貌地说，我不想每天花几个小时在健身房举重，结果却还是被侮辱，我敢打赌我做过头推举能比他举的重很多（因为他虽然块头大，但身体状况不佳）。显然，他是那种医生，外科医生经常是这种类型的，他们对患者的个人经历毫无兴趣。他一定是想到了某个完全没有日常锻炼的女人在这样的行为中伤到了她们自己，这个女人在他眼里没有脸，只有脖子和肩膀。然而，我真的很愤怒，而我的回应也非常愚蠢。我被气疯了，我问乘务员，能不能给我换一个座位，因为我觉得，我应该好好享受进行完洛克演讲返回家的航程，不想有个会激起我的愤怒的人坐在旁边。但后来发现，他坐的是别人的位置（他就是那种外科医生），所以，当他被一个开朗风趣的英国人取代时，我的问题就解决了！

尽管如此，这仍然会给人造成心理障碍，甚至在两周以后，我仍旧意绪难平。我发现，我想象自己与这个德国人的对话，讽刺他，我假装我们在语言上有误解，我以准确的德语告诉他，在英语中，当我们说“no”，它的意思是“Nein”，如果一个人想说“Ja”，他会说“yes”，以此来侮辱他，因为他的英语实际上非常好。显然，我还是很愤怒，在某种程度上，这有点可笑。虽然我也享受被一个朋友这样取笑，但我发现，在这个例子中，我没有能力自我取笑，也不愿意进行冷静的沉思练习，以摆脱自己非常荒谬的、不合宜的愤怒。

请注意：我选择无条件地原谅这个粗鲁的男人，我的宽恕很可能有我在第 3 章所指出的道德困难：自以为是的优越感，并且没有对未来的建设性的考虑。（当你不会再见到那个人时，很容易不做这样的考虑。）

这个故事所暗示的中间领域的困难是，与一个陌生人的唯一一次接触可能刚好暴露出这个人性格中令人恼火的一面，而没有表现出这个人的其他方面，如果人们想达到不愤怒的目的，那么他可能
最好专注于那些其他方面。（有一个有着同样令人恼火的性格的外 150
科医生，他是我在芝加哥大学的一位领导，当他修复了一个最有天赋的学生的手时，他就展现出了让人不愤怒的丰富基础。）

那么，假装愤怒呢？有时，不需要真的愤怒，进行一场假装愤

怒的表演会达到很好的效果，特别是在我们这种喜欢诉讼的文化中更是如此。某个周六，我在理发店躺好等着洗头，我的头在洗头池里，美发师去拿洗发水，她打开乱糟糟的装满各种瓶子的柜子，一个塑料瓶子碰巧掉下来砸到我，砸在了我的眉毛上。我被吓着了，但并没有真的受伤或者很难受。但我认为，向他们传达这件事的重要性是有用的，因为将来别人可能会因此而受重伤（如果重的瓶子掉下来，或者是瓶子被打碎了）。所以我表现出了礼貌的愤怒，并补充说他们真的应该在柜子里安装卡条以保证瓶子不会掉下来，然后美发师回答说，他们已经把这件事跟管理者说好几周了。于是，我在前台用更强烈的情绪重复这一表演，我想这样做既能帮助顾客，也能帮助员工，因为通常美国人怕惹上官司。对我来说，这个例子中的情况和乌特库人在圣殿中对耶稣的解释相类似，为了产生好的效果，进行符合文化期待的表演。让我们再次给塞涅卡以信任，离真正的愤怒越远，越容易控制和操纵事情的进程。这种表演达到了效果，愤怒作为给他人的信号的效果已经达到，而且更可靠。真正的愤怒即使很短暂，也可能膨胀为一种侮辱他人的企图，并要让他人感到狼狈，而目的在于达到好的社会效果的愤怒表演则没有这样的风险。处于中间位置的转型-愤怒是另一种理性的回应，但它也比单纯的表演多一些风险，很有可能不知不觉地就滑向了真的愤怒。[13]

在下面这个例子中我也不能完全避免风险。在法兰克福机场安检，我被挑出来进行额外的全身拍摸检查，这是由一些特别粗鲁而且没有良好训练的工作人员进行的，我决定平静地用我能发挥出来的最好水平的德语告诉他们，“以礼相待要好得多”[14]。但是，当我说出这些话时，听起来就像滑稽地模仿德国人的固执和执迷，特别是当我试图在时差反应状态（我从印度飞过来）发清所有的辅音——我意识到这里有真正的愤怒，因为在某种程度上，我真的想嘲笑他们、贬低他们。

这些故事提出了一个问题：因为愤怒是社会生活结构的重要组成部分，所以不愤怒的回应本身往往就被误解为侮辱或不尊重。我已经发现，人们期待女性会做情绪化的回应，所以，当她们平静地谈话或分析时，朋友们会被惹恼，他们觉得有人在居高临下地跟他们讲话。（就像我可能确实是在用居高临下的口气在对德国的工作人员讲话。）这里有两个问题：不愤怒因此就有道德上的问题吗？ 151
而且，它有时会使事情变得更坏吗？我认为第一个问题的答案是“没有”，当然，最好确定它是真的不愤怒，而不是有理性外表的愤怒，但不幸的是，第二个问题的答案是“是”。我恐怕不得不说，当一个男人因为女人的平静、条分缕析（尤其是，毫无疑问，当她用一种只有在布林莫尔学院才能学会的、不自然的口音说话时）而发疯时，那真的是他们的问题，而且我们没有责任为了避免他们的愤怒反应而表现得像个孩子似的。但有时，既然知道这种反应的可能性，为了让这种互动更加人性化，最好表现出恼怒或其他情绪，即使你不希望这种互动人性化。我认为这也有助于避免用理性来对待他们而产生的真的伤害，这种诱惑很少是没有代价的。

不过，我还是不能不注意到更多的观察。男人尤其认为，如果他们能让一个冷静而理性的女人发疯，他们就已经取得了某种成就。他们把试图让你发疯当作调情的一种方式，毫无疑问，他们认为释放这样一个女人的压抑的情感是性的胜利。（请注意，他们假定这些情感通常是被压抑的，而不是仅仅对他们没有这样的情感！）这个极其乏味的做法表明，他们很少有或根本没有有趣的调情资源（例如幽默或想象力），这确实会产生与其预期相反的效果，让以前肯定见过这种情况的女人感到厌烦，也使他们看起来非常愚蠢。

然而，正如我们所知道的，魔鬼有很多伪装，即使我们已经学会了在手提箱被陌生人提起的情境中避免愤怒，但中间领域毫无道理的行为往往让人难以抗拒愤怒的诱惑。当然，这个领域中充满了非理性，它的形式又是如此多样化，如此让人惊讶，很难预料，而举箱子的行为则是乏味的、可预测的。互联网服务人员以惊人的创造力自相矛盾，而银行职员，除了几乎不能说英语的（无论是否在美国接受教育），则鹦鹉学舌般复述那些没有意义的荒谬政策。这里就有一个这样的例子：我收到一封电子邮件的提醒，说我的信用卡可能存在一笔欺诈性的收费。我打电话给银行，他们让我在线等了 25 分钟，然后给我接通了反欺诈部门的工作人员。我们很快就达成了一致，这笔所谓的欺诈收费，并不是我的，它也没有真正被收费：号码显然是随机的，而且对方没有其他信息（卡片有效期、CVC 代码），所以收费被拒绝了。然而，这位反欺诈部门的工作人员坚持要给我办一张新的卡片，这纯粹是浪费时间，而且很不方
152 便。我拒绝了：如果号码是随机的，它也可以是任何其他号码，这样我和银行都没有在安全性上有所提高。但他说，他们的操作规则要求他必须再给我办一张新卡，无论是否存在欺诈。我以最尊重法

律的方式说，这里没有产生欺诈，因为这笔费用已经被拒绝了，最多它只是一个欺诈的企图。因为我正有一个较长时间的国际旅行，所有的预定都是以旧卡号进行的，一旦换卡，就意味着有一长串的国际长途要打，我开门见山地指出，他给我重新发卡的决定与他引用的规则并不相符，因为规则提到的是欺诈，而不是欺诈的企图，他的行为对他们公司的生意没有好处，也毫无意义。经历了一个小时这样的争执之后，我发脾气了。（而且之后睡得也很差。）

一个人应该立即向生活中的非理性屈服吗？这个世界经常提出这样的问题。相信世界应该是理性的，简单地指出有些东西是非理性的，这样的信念就会导致改变，这是塞涅卡式的对付经常的愤怒的处方，也是对付梦到那些令人讨厌的人的处方，这些人在人们的内心世界应该没有任何位置。

然而，有时中间领域的侮辱不仅是一种对个人的轻视：它们把群体特征污名化、低贱化。在这一点上，它们还不只是轻视，在某种环境下，可能还会构成一种对我们作为公民的同等尊严的侵犯，以及对政治合作条款的违反，就像美国民权法第七章所界定的性骚扰和种族歧视的侵权行为一样。在这一点上，侮辱涉及幸福的重要方面，因为政治平等是非常重要的，一些这种类型的诋毁行为构成了非法歧视。所以，我把这种类型的侮辱放在下一部分讨论，然而，请注意，我们在这里发现了塞涅卡的分析的重要裂隙。他确信侮辱和贬低都是微不足道的小事，他甚至不认为奴隶的地位是一个人应该感到不安的一件事儿。在劝导非暴力且尊重地对待奴隶的同时，他让地位本身贬值，告诉奴隶内在的自由是唯一重要的事情。[15] 无论如何，这是一种非常不融贯的观点，如果地位是一件小事，为什么其中会有大量的粗鲁和不尊重的对待？然而，无论融贯与否，这个观点都是错的，某些类型的侮辱具有政治意义，并且涉及不可接受的歧视。

塞涅卡论述中的另一个裂隙，也是“中间”领域辐射到政治领域的一个类似的例子，这就是污告。有些虚假陈述只是让人不舒服，有的则会产生实质性的名誉侵害，这样的侵害就不能仅仅当作小事。什么时候污告会变成人们应该严肃对待的对幸福的伤害？当它确定地影响到就业或职业前景时，当它影响社会关系时，让人在与朋友交往、工作甚至保持健康中都感到困难时，就像很多的网络
153 诽谤、网络霸凌，或者也涉及其他领域，它可能完全没有真假可言，因此也很难严格地说是诽谤。当然，如果过度地把重要性附加于地位之上，人们经常会感到非常沮丧，会发现他们的工作和人际关系陷于混乱，我同意塞涅卡所说的，有些小事不值得过于重视。所以，如何把这些小事同真正成为幸福障碍或幸福内容的事情区分开来，这是重要的挑战。有关诽谤的法律试图划清这条界限，就像“故意造成精神痛苦”的侵权行为那样。如果一个人在种族融合的工作场所工作，即使他真的感到非常不舒服，他也不能因此而提起诉讼，因为法律所持的观点是，种族融合是一种非常重要的公共利益。什么时候真的感到非常不舒服会被法律认可？什么时候相反，我们应该告诉这个人成熟起来？正如社会在不断发展，这条界限也在两个方向上不断变化。性骚扰，曾经被划入应该“成熟起来”的范畴，现在则被认识到，它涉及公民平等和尊严平等的重要方面。

这些复杂的问题我将在第Ⅵ节中尽最大努力加以解决。

塞涅卡的幸福概念太过简单，他对愤怒的作用也有着扭曲的观点。否认愤怒曾经有过有用的威慑或激励作用是不对的，但他提醒我们这种作用是不稳定的、不可靠的，这是对的，而且谨慎地控制假装愤怒的表演，或者用他不用的概念，谨慎地监控转型-愤怒是更有效果的，因为它更可控。即使当我们考虑到驾驶，在这个领域经常有很多坏行为没有法律规定，愤怒有时能起到一定的威慑作用，但它也会引起或者促成愤怒的升级，因而谨慎地校准愤怒的表达可能会更有效率。

然而，最重要的是，塞涅卡正确地回应了反对他的观点，即，我们的自尊要求我们对严重的错误愤怒。他正确地指出，情况正好相反：能超越这些错误的人才是真正高尚的人。我们认识到很多行为是不符合标准的，但我们不认为我们应该把自己降低到那些侵犯者和侮辱者的水准。正如哈姆雷特所说，人们总是有机会反击其他人的恶行，但我们为什么要那样做呢？为什么有些人做了一些令人愤慨的事，就证明我的行为放纵或有攻击性就是正当的呢？“你应以你自己的荣誉和尊严来对待他们”的意思是，“不要做他们那种人，不要因为他们那样做而让我们自己堕落到阴沟里去。想想你是什么样的人，你的性格对你有什么要求。树立良好的行为榜样”。

但我们自己想象的对话者会说，愤怒的人经常会成功，对此，我们应该回答说，“经常并非永远”。在政治生活中，暴躁的人总是很快就会陷入麻烦，而阳光、平静的类型如富兰克林·德兰诺·罗斯福、比尔·克林顿、罗纳德·里根则会更好。假如人们发现顶层 154

暴怒，那一定不是在民主制国家中，在民主制国家中，即使有这种统治也会很快被推翻：克劳狄一世（Claudius）和尼禄（Nero）只有短暂的统治，而平静的奥古斯丁（Augustus）和图拉真（Trajan），更不用说斯多葛派哲学家马可·奥勒留（Marcus Aurelius）则有长期的统治——而且他们本人都终其天年。[16] 在体育领域，运动员们被教导要对侮辱和轻视做出回应，但深层的观察表明，愤怒的人通常会面临一段崎岖之路。人们重视保罗·柯纳寇①、吉姆·汤米②或布莱恩·乌拉赫③的不愤怒，很难理解罗恩·阿泰斯特④的奇怪行为，阿泰斯特在接受了必要的愤怒管理治疗后，以梅塔·沃尔德·皮斯（Metta World Peace）的新名字重新回到了成功而且也不那么混乱的职业生涯。[17] 虽然人们称赞自我愤怒的激励作用（这是塞雷娜·威廉姆斯⑤的一贯作风），但他们不赞成用愤怒来震慑或羞辱他人（这有时会破坏约翰·麦肯罗⑥的出色表现）。

---

① 保罗·柯纳寇（Paul Konerko，1976—），美国芝加哥白袜队著名棒球选手，曾任白袜队队长。

② 吉姆·汤米（Jim Thome，1970—），美国棒球选手，效力于芝加哥白袜队。2007 年 9 月 16 日成为 500 本垒打俱乐部的一员。

③ 布莱恩·乌拉赫（Brian Urlacher，1978—），美式足球球员，是最受喜爱的美国运动员之一，6 次入选全明星。

④ 罗恩·阿泰斯特（Ron Artest，1979—），美国职业篮球运动员，因 2004 年在奥本山宫群殴事件中冲上观众席暴打球迷而被处罚。2011 年改名为梅塔·沃尔德·皮斯，意译为慈善·世界·和平，简称“慈世平”。

⑤ 塞雷娜·威廉姆斯（Serena Williams，1981—），美国女子职业网球运动员，曾坦言以击败世界为第一乐趣，是女子网球历史上史无前例的单打双打同时实现金满贯的球员。

⑥ 约翰·麦肯罗（John McEnroe，1959—），美国网球运动员，世界排名单打双打同时排名世界第一，但脾气怪异，经常在比赛中无缘无故地大发雷霆，被人们称为“坏小子”。

很明显，这些规则也不是没有例外，特别是当你是一个暴君的时候，但它值得深思。

道歉会有什么不同吗？当然，在其他条件都相同的情况下，它会引导我们期待道歉者做好的事情，推动事情的进展。道歉可以消除抗议或表演愤怒的必要性。

请注意，到目前为止，我们一直在关注那些并不严重威胁幸福的恶行：塞涅卡的建议太简单了，因此我已经列了一个清单，以便排除陌生人可能对我们实施的恶行。关于这些问题的观点，我将在第Ⅵ节做进一步的阐释，敦促我们不要卷入报复性的愤怒之中，而是将这些问题交给法律处理。

Ⅳ．中间的中间：同事与合作伙伴

然而，关于不严重的恶行我们还没有讨论完。到目前为止，我们已经讨论过陌生人的恶行和我们只是偶尔或很少见到的人的恶行。不幸的是，生活要比这复杂得多。我们与很多非常熟悉的人一起工作或合作。他们不是与我们很亲近的人，我们对他们没有深层的个人信任，但我们对他们有其他类型的相互依赖甚至信任，我们之间有由制度确定的关系，也由此来界定我们之间的交往规范和期望。但这些规范经常被违反，有时我们的同事以和缓的方式激怒我们，而我们却不能选择不与他们合作。事实上，我们称之为“中间的中间”的领域，既不是深入的亲密关系，也不是与陌生人的随机

互动，由于好的喜剧通常是以人物性格为基础的，所以在这个领域与随机的领域相比能拍出更多好的喜剧，自从人们看到情景喜剧
155 《我们的布鲁克斯小姐》中盖尔·高登饰演的高中校长奥斯·古德康克林的搞笑愤怒之后，这一点就为人们所熟知。

职场中的关系不是很亲密，但我们在其中追求生命中一些最重要的目标。[18] 所以，这是一个奇怪的场所：你真的没有任何理由用你的生命信任你的同事，然而，在真正的意义上，你又不得不信任他们。这种奇怪增加了喜剧性（有时是悲剧，我们稍后讨论）。

职场喜剧由来已久。虽然塞涅卡在他的严肃哲学作品中关注的是偶然关系——给人的印象是，他是一个身边没有同事的孤独个体——但在克劳狄一世死后，他写了一部讽刺喜剧作品，关注的都是他非常熟悉的人物——皇帝、他的自由民、他的律师，以及其他宫廷人物。这表明，作为一个人，塞涅卡经常被各种事情激怒：被克劳狄一世令人讨厌的喋喋不休，他的跛脚结巴，他的肠胃气胀，等等激怒——在我们读到对公众福祉的严重损害之前——这些事情占了大部分篇幅。[19]

同事不同于偶然的合作者，因为我们很少能自己选择是否与他们打交道。他们也不同于亲密的人，因为我们不是自己选择和他们打交道的，而且我们可能实际上并不喜欢他们。因此，肯定会出现许多令我们感到愤怒的情况，在我们几乎肯定需要再次处理这些问题的情况下，我们需要考虑如何处理与他们的关系。塞涅卡是对的，他敦促我们避免让令人恼火的人出现，而这可能是在选择工作场所时需要明智考虑的一个因素。（这当然也是避免在一个更大的

工作场所——互联网上花费时间的一个理由，那里确实有很多令人愤怒的情况。）但只能是在一定程度上如此，因为人不可能真的根据自己的趣味来控制工作场所，或者每次感到非常恼火时都采取行动（尽管有些人尝试这样做）。

我把同事之间对彼此造成严重伤害的情况留待以后处理：例如，剽窃、性骚扰、歧视、不当地解除劳动合同，这些是法律关注的焦点。我们这里的关注点是引起愤怒反应的长期的行为模式，但不是对幸福的严重伤害。我之前说的有关侮辱的错误在这里也适用，当与他人日常工作相处时，不要太过敏感，最好的办法是养成习惯，用宽容的态度对待一些可疑的言论。但是，确实有很多同事做的事情真的是有问题的，他们聊天太多、说话太粗鲁，他们想对一项大家共同处理的工作指手画脚，在共同的工作中他们不肯做好自己应该做的，在重要的承诺上违约，想得到没有人得到的特殊待遇，等等。这些事情一直在发生，而且正如塞涅卡所说：如果一个 156
人为这些事情愤怒，那他会发疯的。即使一个人自己能够成功地不把对荣誉和地位的侮辱当作非常严重的事情（很少有人完全而稳定地赢得了这场战斗），但如果其他人做不到这样，他还是不得不处理那些人错置的价值观和随之而来的相应行为。所以你不得不想清楚，如何与这些人生活、工作在一起，你不能把这些当作偶然的事情简单地转身走开。那么，愤怒是合适的回应吗？宽恕有用吗？至少我们会看到，在这里道歉是有意义的，并且对于未来也有潜在的积极作用，但它也可能是一个陷阱。

让我们用四个生活中的真实例子来探讨一下这个问题。由于涉及的人不是与谁都不认识的陌生人，这里我介绍一下虚构的自我，名字叫作路易丝，增加一层虚构的色彩，以便保护这里被描述成虚构人物的人。

案例A 路易丝和一个同事一起教一门课，这位同事的职称和成就都与她相当——学生们的申请需要得到通过，才能允许他们上课。在经过一段时间共同审读申请后，她的同事写道："我很乐意把决定权留给你，我这段时间太忙了，没有时间理他们。"

案例B 路易丝在组织一个重要的会议。另一个院系的同事和她很熟，这个同事同意提交论文——他明确地、毫不含糊地，在写论文（她已经审读过了）！9个月过去了，会期很快就到了，他轻描淡写地发了一个信息说，他不能来了，因为他要去参加一个在澳大利亚召开的会议。他没有表现出他认为自己的行为有什么不妥，而对路易丝来说，她已经来不及找人替换他的发言。

案例C 路易丝有一个在很多方面都很了不起的同事，才华横溢，慷慨大方，对别人充满善意，但他也是一个大孩子，会一直说个不停。除非他被打断，他会不停地说。在小组讨论会上，他经常会让年轻的同事沉默，一点点恶意都没有，只是缺少对他自己的行为后果的敏感，同时又不加约束地自我表现。

所以这些事都是招人烦的，而且都有充分的理由。我们可以说，愤怒是有充分根据的。在第一个例子中，路易丝的同事可能不是有意侮辱，但他暗示他自己的时间比路易丝的时间重要，这就确实是在侮辱她，而且也表现出了一种在学术场所并不合适的浮夸。（虽然它普遍存在。）在第二个例子中，事情就更严重一些，路易丝的那个同事对会议的成功召开造成一定的损害，由此也损害了所有为会议投入时间和精力的人的幸福感，同时，他也破坏了规矩。因为他想去澳大利亚就接受后一个邀请，这有违先前的承诺，或者当他接受她的邀请之前就已经对澳大利亚会议有更早的承诺，他当时没有意识到时间的冲突。他对整个事情的随意处理，没有任何懊悔 157
和道歉，表明他既不知道他已经对别人造成伤害，也不知道他破坏了规矩——尽管他已经知道这些规矩很久了。第三个例子是潜在地最严重的，一个完全没有恶意的人因为缺乏自制而对整个共同体产生破坏。

请注意，先看看这里道歉能够有什么效果。在案例 A 和 B 中，如果同事道歉，虽然侮辱依然存在，但路易丝可以更有信心，继续与他们交往合作，因为如果这两个人能认识到他们行为的问题，他们就不会再犯。（在案例 C 中，她可能没有这样的信心，因为其中的问题是缺乏自制。）所以，道歉可以表明，在未来，规矩是能被认识到的，这就为在正常的集体交往互动中与当事人继续打交道奠定了基础。[20] 但是，应该怎么做呢？这些例子以一种有趣的方式展开。

在第一个例子中，路易丝通过邮件让他的同事知道，他的话似乎很不合适，因为她和他一样忙，他的话传达了这样的意思，好像她相对清闲而无所事事，尽管如此，她愿意审读这些申请。（因为她继续审读这些申请，比她把邮件发给他，然后等好几天才得到他的回复更省时间。）他没有回复她的邮件，这不太好。然而，鉴于多年来路易丝对他这个人的了解，他有许多优秀的人格和智力特征，但对自己缺乏足够的认识，绝对不愿意承认自己的错误，于是她决定放手。请注意，让这个同事知道这是一种侮辱，这个决定路易丝是小心翼翼地做出的，因为她不想激化矛盾影响到他们未来的交往，也不想像其他人多次做的那样，惯他的坏毛病，所以她想给他一个暗示，告诉他应该道歉，如果他给她一个回应，就表明这样的无心之失不会再发生了。但他不理睬这个暗示，这时候情况就不一样了：路易丝不得不加大赌注，要求道歉，她可能成功，也可能失败。但是，这样是有风险的，可能有损他们未来的交往，而且在工作上也会有一种紧张气氛，将来总会以这种方式或那种方式暴发。所以，路易丝就必须考虑，是否想接纳他所有的缺点并继续保持密切的工作关系。如果答案是“是”，不强行要求道歉似乎是最有效率的办法。人们通常不会因为回应别人要求他道歉而有什么改变，所以你要做的只是决定怎么处理这样的事儿。但你应该记住，你只是不得不跟这样一个人一起教学，而不是和他一起生活。

第二个例子实际上也很类似，因为这两个案例中涉及的人都不愿意说自己错了。事实上，路易丝尝试了两次，去解释她和其他人一起如何精心准备了会议，为什么随意取消参加这个会议很不合
158 适，但让她很震惊的是，她得到的只是电子邮件中的粗鲁回应：“我不需要向你解释。”因此，路易丝真的做了一个决定，因为她不必再见那个人，或者和他一起教学，但她反复想，也许他只是出现了记忆差错，羞于说明，为自己日渐衰老而焦虑。而且她真的很想要他的论文。所以，最后她决定，如果进一步要求对方道歉，这将注定会毁掉双方未来的交往，但考虑到大家的福利（!），她建议他

无论如何都要把论文写出来，让别人代为发言，她邀请他边喝边谈。他接受了。（不过，路易丝可能不会这么快就邀请他参加未来的活动。）

我认为这两件事都得到了非常好的解决。（毫无疑问，这受到路易丝撰写关于愤怒及其应用的著作的影响。）他们之间的关系得以维持，她对她能从这两个人那里期待什么、不能期待什么有更清晰的想法，并且她保留了丰硕的智力合作成果，以及准友谊（在案例 A 中是真正的友谊）。路易丝愤怒了吗？当然，但只是很短时间的愤怒。在第一个例子中，它可能是转型-愤怒，没有其他更多的东西：路易丝非常了解这个人，不会因为他而使自己真的生气（经常如此）。在第二个例子中，路易丝真的很烦躁，但在深渊前悬崖勒马，并认为从长远来看，积极应对这种情况将会为所有人创造更多的福利。所以在瞬间短暂迸发真的愤怒之后，她紧接着就转向了转型。毕竟，当你和别人一起工作时，你会了解他们是什么样的人。期待改变他们是愚蠢的，所以你只需要想清楚如何面对现实。

现在讨论第三个例子，这个例子所反映出的问题很棘手，因为整个团队都牵涉其中，而且不同的人有不同的反应。无效的做法是：明显地表达对这个人的愤怒，粗鲁地对待他。这种反应在一些同事中很自然，但它只能在整个团队中制造紧张气氛。就这件事跟他谈也没什么效果，他的行为构成他是谁的重要组成部分，而问题的关键是，他不知道他如何影响了别人。起作用的往往是坚定而频繁地打断他，而他也能很好地接受。但在所有的方法中，最有创造性的、强化福利的解决方式是一个行政人员设计的，他更改了这个人的教学课表，这样他就会在午餐时间的讨论开始后几分钟才下课，他就迟到了，结果就是他不能安排好话题，因此也就少了些破坏性。这个案例表明：前瞻性的思考才是一切。生这个人的气有什么用呢？就像跟一个两岁的天才生气，甚至转型-愤怒也可能是浪费情感能量，而且重要的是，这是一个善良而慷慨的两岁天才。

159 让我们把它和另一个例子进行对比，**案例 D**，也是关于两岁天才的，只不过这个人没那么好。不幸的是，大学里充满了这样的人。这是一位重要学者，受邀参加一个新成立的研究中心的座谈会，路易丝的大学要在一个发展中国家设立这样一个研究中心。路易丝负责筹备这个重要的座谈会，这个人是筹备计划的重要组成部分，因为他的研究工作的重要价值被诺贝尔奖认可，只有他的参加得到确认，另一些高水平的参加者才可能接受邀请。这个人采取了典型的拖延战术，后来要求坐头等舱赴会，同时还要会务组承担他妻子的商务舱费用（!），这种事通常不符合大学的规定，是不合法的，提出这种要求明显是幼稚自恋的标志。但以路易丝的痛苦经验来看，为此生气，甚至对 D 提到这些规定都是没用的，所以她告诉学校管理者，他就是这么一个人，我们想要他来，最好就放弃自己的坚持，给他他想要的。学校管理者也知道他的为人，所以就同意了路易丝的意见。在这种情况下，即将到来的不是愤怒，而是厌倦的超然，但这里也没有和解和工作关系的恢复：路易丝认为，如果你能回避这样的人，就千万不要和他有任何关联，但如果你真不得不跟他打交道，你就把他当作一个自私的两岁的天才。这个例子表明了不愤怒的局限：当人们遇到这样的人时，不愤怒不会带来良好的工作关系（案例 C 则完全不同，在不愤怒的帮助下，人们可以继续喜欢这个主角），但不愤怒至少使这个学术会议成为可能。（与 D 一起工作的困难臭名昭著，路易丝先前与 D 合作时，是在他们自己学校开会，他们邀请了另一位演讲嘉宾，也是 D 的研究领域的诺贝尔奖获得者，这位演讲嘉宾对他的朋友，也是同一领域的诺贝尔奖获得者说，他正在去 Z 城的路上，要在路易丝和 D 共同组织的会上进行演讲，这个朋友的回答是："这是我所听到的最难以置信的事情！"所以，不愤怒能够实现这种难以置信的事情。）

简言之，在同事关系领域中，我们说的关于偶然领域的一切或多或少都是对的，考虑到职场提供了更深的自恋倾向，特别是学术界，在其中发生的一切甚至更富喜剧性。认为生气是出于自尊的想法在这里比在偶然的交往中更加有害。在全部四个例子中，当事人可能会有一种正义的愤慨，并且被证明是正当的，但这种愤慨却会导致破坏性的后果。主要的不同在于，在同事关系领域，道歉可能是真的有用，尽管作用有限——它可以作为事情在未来会变得更好的证据，因此，也是作为寻求密切的合作关系可能会富有成效的证据。

但是，接受道歉不同于要求道歉，要求道歉是错的。如果有的 160
人有性格上的瑕疵，不想承认他们的任何错误，哪怕是非常普通的错误，你与他们争辩到世界末日，也是徒然浪费情感，什么都得不到，除了坠入深渊。然而，与其把事情看成关于自己和自己的"应得"，不如认识到，有些人只是不喜欢承认自己错了，但他们还有其他一些好的性格特点，人们可以珍视甚至喜欢——只要想清楚今后如何与他们合作就好。有的人是真的有幼稚的自恋倾向，这种自恋有很多种，有些比较温和——然后我们同样必须找出应对这种自恋的方法。

我们从这些案例中学到的另一件事是，想象站在他人的角度看问题，是纠正只关注自己被侮辱的报复需求这种自恋的重要方式。要求道歉是一种实现报复的方式（表面上如此），但它并不能以一种有用的方式改变现状。意识到每个人的特点和局限（在第一个和第二个例子中，那两个人都有一种特别幼稚的倾向，不愿意承认他们错了，第二个人对他自己忘记重要的事很恼怒，但却不想承认，而第三个人充满善意，但就是不能倾听），有助于建立有益的回应。人们之间的关系充满了需要解决的问题，把它们解决好需要同理心和幽默感：因为它有助于把这些互动看作是一个学术情景喜剧的剧本。

路易丝的这种不愤怒的待人方式是没有郑重对待这四个人吗？如果"郑重对待"意味着不觉得他们做的可笑，甚至孩子气，这确实是不郑重对待。但是，我们应该怎样界定"郑重对待"？如果路易丝与这四个人是亲密关系，她的态度可能会导致他们之间的关系很糟糕（尽管毫无疑问，强烈的母性本能是与同事C和D建立良好亲密关系的重要因素——对其他人也是如此！），但是，幸运的是，亲密关系不是这里要思考的内容。也许在案例B中，路易丝是操纵性的，把同事当作成功举办会议的手段，在案例C中，行政人员是操纵性的。但是，这恰恰表明，在非亲密关系中，为了公共善而影响人们的行为并不总是错的。

Ⅴ. 无偿的感激

虽然感恩在很多方面和愤怒一样是回顾性的，但我在第 4 章中论证了，它在亲密关系中是有价值的，因为它有助于建立互助的善良意愿，而这正是亲密关系题中应有之义。但在中间领域是什么情 161
况呢？如果斯多葛派是对的，我们在这个领域中的关系不值得严重关切（例外情况将在下一节中讨论），那么还要感恩吗？出于同样的原因，它似乎基本上是不合适的：正如我们不应该因为航空旅行、驾驶以及日常生活中其他方面的种种侮辱和轻慢而愤怒，当其他人使事情变得更好时，我们也不应该有感激之情：这样的情感暴露出过分依赖外在事物。但是，和以前一样，我们需要注意到，感激并非完全与愤怒相对称。

首先，感激涉及为他人做好事的意愿，这比对他人做坏事的意愿较少产生问题，并且它与愉快的情感相伴，这种情感不会破坏幸福，相反，痛苦的情感经常有损幸福。其次，它似乎不太会被巫术思维影响：感恩的人不会幻想给予帮助过他的人一些好处会改变过去，她通常会认为，要么它会促进未来的利益，要么它只是一件要做的好事。斯多葛派提出的真正的问题是不适宜的依赖。

在中间领域，有一种感激是没有这种问题的，我把它称为“无偿的感激”（gratuitous gratitude）。人们往往对旅行和其他日常互动中的坏事情已经习惯了，以斯多葛派的方式避免愤怒，通常意味着降低在互动交往中的预期，践行斯多葛派常用的对未来的困难与苦恼进行负面预想（*praemeditatio malorum*）。那么，当好的事情真的发生时，它会令人惊喜。一个非常聪明能干的汽车修理工，一个康卡斯特公司（Comcast）的在线技术支持，他们真的知道自己在做什么，和他们聊天很令人高兴；沃尔格林（Walgreens）的售货员很耐心地回答顾客的问题，不会不耐烦；一个人在等我在健身房使用的举重器械，他没有表现出暴怒和不耐烦，反而会有善意的微笑和玩笑；在同一个健身房，一个十多岁的女孩把我掉在地上的一张纸捡起来还给我，礼貌地说，“对不起，女士”。所有这些日常生活中的意外收获，因为罕见而令人惊讶，而令人感到愉悦。这只是快乐？还是也是一种感激的情感？我相信，经常是后者。

这种愉悦的情感是否恰当？人们可能这样认为，你，路易丝，用斯多葛派风格的预期最坏的情况来避免愤怒，已经在侮辱你自己，但你并没放弃对这些事情的真正关切。在你的防护盾之下，你真的在乎礼貌和良好的行为，你在思想上是主流的孩子，为了避免
162 一直愤怒，你只是假装你不在乎。当意外遇到好的行为，你所感受到的强烈情感就暴露出你对这些脆弱好运的残余依恋，而这些情感也成为你的斯多葛化不幸失败的标志。

可能吧。但也可能感到突然的快乐，并且认为举止良好的人值得有好的回报是完全正确的（要么只是感谢和温暖的微笑，要么在网上给予好评）。我更喜欢善意的解释，因为毕竟我正在论及快乐与做好事，而这些总是供不应求，不需要详尽的理由。

让我们来研究一个例子，以使这些直觉更加精细化。有一天晚

上，我要在家里举行一个大型的聚会，早晨起来我去市场买鱼，准备做一道细致的印度菜。我满心以为我需要自己去掉鱼皮，而这要花掉很多时间。（市场不是一个可以期待有非凡服务的地方，所以我也没有抱这样的指望。）我从一个人那里买了 6 磅鲑鱼，他问我愿不愿意让他帮我去掉鱼皮，并且切好鱼片（因为我跟他提到我准备怎么做鱼）。我惊讶地睁大眼睛，说当然愿意。看着他用高档的刀具和灵巧的力量运用所展现的高超技巧，我觉得非常非常享受，他不仅节约了我大量的时间，而且他做的比我好很多。我的情感部分是因为他的技艺而感到的愉悦，但另一部分则是对他给予我的慷慨相助的感激。

如果他没这样做，我绝对不会感到恼火，他能这样做完全是意外惊喜。所以，我不认为我在情感上暴露了任何对外在事物的残余依恋。但它真的是美好的情感，并且我除了衷心地感谢他之外，还希望能以某种方式回报他（不过，既然他是他所在部门的负责人，我不知道除了写下他的名字之外，我还能做些什么）。

在大学里，这种情况有更复杂的形式。我举两个例子，我重新回到路易丝的身份来叙述这些例子。在第一个例子中，路易丝参与的项目要举办一个系列演讲，她突然接到了一位同行长篇的、极有帮助且富洞见的评论，她跟这位同行很久没有联系过，而且他先前对她的工作不屑一顾。他听了她的一篇演讲，然后就费心去仔细阅读了她手稿的相关部分。她当然没有期待他的任何评论，如果他没有发来任何论文，她也不会感到一丝一毫的不悦。事实上，30 年过去了，她终于让自己达到了不愤怒的地步，他在大礼堂里出现，并没有塞涅卡拖长椅的心理效果——或者至少，只有长椅已经拖得很远的心理效果！尽管如此，她还是非常高兴和感激，因为这些评论对她的修改非常有帮助。但在她的职业生涯上，对这个人有任何
163 依靠都是错误的，邀请他参加她的晚宴来表达感谢也过分了，因为她不喜欢他，对他有感激之情是对的，因为这些评论内容广泛，至少要花不少时间去写。（他是一个快手，但尽管如此……）也许他这么做只是出于严格的道义上的好客标准，但那又怎样？这也很好啊。

至于第二个例子，我们回到先前讨论过的案例 D，并且做一个更新。这位难搞的同行最终参加了在发展中国家举行的开幕式，在经历大约 20 个小时的旅途劳顿后，他终于到了，但他没有感到疲倦和厌烦，反倒能量满满。他不仅在开幕式上做了一个精彩的演讲，还出去参观了这座城市的历史古迹，兴冲冲地带着许多问题回来了。路易丝很感激他所做的精彩演讲，感谢他的出席为这次活动做出的额外贡献，因为他确实非常杰出，而且也感谢他对这个国家的喜爱，这也是她所爱的国家，以及他的出乎意料的善意和积极性。

同事也可能会给人以令人愉快的惊喜。由于他们中的很多人就是没有长大的孩子，与他们一同工作所产生的问题就源于此，所以我们应该记住，孩子也会快乐并让别人快乐。就像在更偶然的案例中那样，我们可以批评和无情地解读路易丝的反应，说她的感激暴露了对两个不可靠的人的依赖，既不明智也不适宜。但是，为什么不允许她不受批评地享受这种惊喜，感受她祝福他们的情感呢？只

要她不改变小心谨慎的基本策略，为什么不能享受这种意外惊喜呢？简言之，如果对自我的大度是一件好事，为什么不在这里也实践一下呢？

这两个例子不同于偶然关系中的例子，因为它们涉及的重要利益正是路易丝关切的，在第一个例子中是她的工作，第二个例子中是她所在学校创办的研究中心开幕。考虑到她的情感恰恰与这些重要的利益联系在一起，意外地推动这些利益的人会引起她更强烈的感激，比在那些偶然的情况下更强烈。这不是最后“**终于**有一个能力非凡的康卡斯特的技术人员把事情处理好了”，这是“这个人真的推进了一个重要的项目”。如果这个人被证明没有什么帮助，甚至是带来了损失，路易丝应该避免愤怒（如果损失太严重了，可以诉诸法律）。她当然也能从其他人那里得到好评，并且她得到了。但在这个意外惊喜的案例中，为什么未感到一种适当的感激？为什么不希望那个人得到有限的互惠利益呢？如果他打算发给她一些东西征求意见，她会给予回报，而且考虑到她的基本原则是同事优先，其他人随意，这将会是无偿相助。再说一次，生活中没有太多 164
快乐。当感激如意外惊喜来临，过多的吹毛求疵的质疑暴露了一个人的吝啬性格。

在这样的案例中，还有一个进一步的观点支持适当的感激：这种情感能够促进未来的合作。职场关系是有限的，这种关系不涉及在亲密关系中那种深度的信任，只有浅度的依赖。但它确实强烈地关注重要的事情，所以促进人们的道德情感是有益的，会使每个人生活得更好。

Ⅵ. 福祉受损：诉诸法律

正如我们所分析的，中间领域是一个有趣的领域，其间的喜剧性常常与一个恶习有关，即在那些实际上无足轻重的事情上过度投入，如虚荣、吝啬、过分关注名声。对于斯多葛派而言，整个中间领域都是喜剧性的，因为别人对我们所做的事情没有一件是重要的。但这种说法是错的。在这个领域里，当人们理应珍视的东西被非亲密的人破坏时，比如生命、健康、身体的完整、工作和就业、一个人财产的主要方面，甚至是有情感但没有经济价值的财产，那才是真正的悲剧。这里也包括严重的名誉损害，以至于影响到工作、就业和友谊，包括对尊严的损害，这种损害构成了对政治平等的侵犯。最后，还包括对于我们爱的人的伤害，不只是对我们自己的伤害。

甚至在这里，我的分析也没有把中间领域等同于亲密关系领域。我认为，在亲密关系领域，关系本身是有内在价值的，所以当出现问题时，我们理所当然地会感到悲伤、失落和焦虑，把对方和关系本身作为目的。在中间领域，我们对自己或自己所爱的人的福祉受到损害会感到悲伤，或者感到焦虑，但是造成伤害的陌生人只是我们偶然关注的焦点。尽管如此，对损害采取措施是正确的，而这正是我们需要欧墨尼得斯的地方。

法律把这些造成严重的福祉损失的行为当作需要严肃对待的罪

行不是偶然的，在某些情况下，这需要一段时间（如性骚扰）；在某些情况下，边界是有争议的，在不同的国家有不同的划分（如仇恨言论）；在某些情况下，它非常模糊，很难裁决（如诽谤）。然而，法律提出的重要问题是关于福祉损害的严重性。例如，在性骚 165
扰法中，“敌意的工作环境”必须是超越偶然的冒犯而构成严重障碍的工作环境，这种行为必须是“严重的，或普遍的”[21] 行为，具有“威胁性或以其他方式令人深感不安”[22]。

我们将在第 6 章讨论这些案例的法律的/政治的方面。但我们必须考虑一下受害者。在这里，有许多被他人严重伤害的案例，通常是出于恶意，或者至少是疏忽大意。我们稍后会探讨，受害人地位如何被法律体系恰当地承认。但是，受害者恰当的情感反应是什么？再一次说明，这些案例不像我们在第 4 章讨论的那些案例，因为双方之间不存在互惠的信任关系，通常是没有任何关系——除了是托马斯·斯坎伦（Thomas Scanlon）所谓的“纯粹的道德关系”(bare moral relationship)[23]，只是因为他们是人、是道德的，才会有一系列预期和约束人们的规范，而这些通常是一个政治共同体的成员所共有的。但这是一种弱关系（thin relationship），并且在大多数情况下，双方不需要存在未来的联系，除非他们在一个法律程序中联系起来。

很清楚，在这些案例中，悲伤是一个极端重要且合理的部分，它是对造成痛苦的损失的重要性做出的反应（不像在亲密关系中，这里不是关系本身的损失，而是福利的损失）。而且受害人不得不面对这种悲伤，这通常是非常困难的。但愤怒呢？

在这样的案例中，对作恶者的愤怒是可以理解的，如果多数受害人没有一段时间是真的很愤怒，想让作恶者受苦，或者想以某种方式让作恶者处境很糟，反倒是让人感到惊奇了。然而，我们首先要说的是，受害者应该把与作恶者打交道这件事交给法律，而不是自己处理。这是埃斯库罗斯向我们展示的最基本的转型，我们将在下一章进一步讨论。受害者还有一个愿望是亲手惩罚作恶者，甚至法律在一定程度上也很理解这一点。通常在关于过失杀人的法律中，对“合理的挑衅”的辩护就包含这样的思想，如果一个人在“足够”或“充足”的挑衅（根据“理性的人”的标准形象来定义）之后，在“激情”中杀人，并且没有足够的“冷却时间”，那么他的犯罪等级从谋杀降低到过失杀人。然而，挑衅辩护是一种减缓，而不是借口：这个人仍然会因为没有把事情交给法律而受到法律的严厉审判。但有趣的是，法律也认同我们的观点，即愤怒需要一段时间才能得到控制，而且人们会认为，在受到损害一段时间之后，愤怒的程度会比刚刚受到伤害的当时更缓和一些。

然而，在大多数情况下，受害人没有变成作恶者，而是把事情
166 交给了法律。甚至在这些情况中，也存在挑衅辩护的类似情感。也就是说，如果人们在短时间内对肇事者非常愤怒，如果他们在这段时间内专注于让伤害他们的特定肇事者受到惩罚，我们不应该对他们进行很严苛的评判。这是非常容易理解的，作恶者这个人和他的面孔会在一段时间内一直在受害者的思想和梦境中浮现，然而，如果受害者对作恶者的执念变成持续的执念，我们就会认为受害者不对了（并敦促她为这个问题寻求治疗）。可以接受的是，短暂的愤

怒之后，随之而来的是转向转型，受害者关注的焦点变成社会福利，以及如何让法律体系推进社会福利。与其关注谋杀者、施暴者或者小偷的个人特征，不如以更普遍的方式关注犯罪，寻求法律的支持，以促进其他受害者或潜在受害者的福祉，这正是第 2 章中的安吉拉所做的转变。受害者往往只关注他们自己所遭受的犯罪类型，就像生病的人关注自己（或家人）的特定疾病来寻求社会福利一样，虽然这样并不理想，但似乎也是可以的，只要这样的努力集合起来就能够充分促进整个社会福利。

正如我们所认为的，受害者需要为已经遭受的损失悲伤，并且直面这种损失，但这并不意味着要对作恶者有持续的报复幻想。把事情移交给法律，这种伤害就得到了转化，不仅与他们个人有关，而且与促进社会进步密切相关。我们有必要重申，个人尊严的实现不需要纠缠另一个人，不需要对这个人感到愤怒，让公平的正义走正常的程序并不是懦弱。错上加错怎么可能推动事情的进步？执着于让作恶者在未来受苦，只会让我们联想到作恶者敌对和有辱人格的行为。作恶者是否应该受到惩罚应该变成一个纯粹的、由制度以自己的方式处理的前瞻性问题。

宽恕怎么样呢？出于同样的原因，关注对特定冒犯者的宽恕也是有问题的，因为这是一种将思想铆定在个人和过去的方式。这和第 4 章中的问题一样：如果与愤怒的内在斗争不能以其他方式赢得胜利，也许关注内在的宽恕是适宜的。但当治疗师告诉我们这些的时候，我们应该保持怀疑，因为那是他们的职业。也许关注工作，关注建设性的政治努力也很好，甚至更好。当涉及悲伤时，人们通

167 常会认为没有必要去做与悲伤抗争的长期治疗——只有在强迫性的病态悲伤的情况下才有必要治疗。为什么我们对愤怒要有不同的观点？在亲密关系的情况下，那个人与自己的生活深深地纠结在一起，所以破裂的关系，例如死亡，需要花费时间和精力去治愈。但是，与陌生人的互动没有这些特征，人们应该用任何有效的方法来阻止强迫性的专注。

但是，难道受害者的愤怒不能阻止作恶者伤害受害者吗？在这个问题上，我们必须小心地将这种观点与用惩罚阻止他们的观点区分开来。以惩罚威慑的观点是合理的，我们将会在下一章探讨，但这种观点是不合理的。当然，如果受害者从来没有注意到强奸或谋杀行为，就不会有法律处理他们，从而没有威慑。受害者和其他人都需要在这样一种心态框架下，即支持任何有助于遏制犯罪的政策。有时，对受害人的支持是有利于引发公众对某种类型的犯罪重视，比如酒驾和性骚扰。但是，在这些案例中，起到有益作用的是受害者（及其家人）的**巨大损失**和**痛苦**，而不是他们的愤怒，而且受害者的行为大多是转型性的而不是报复性的。因此，我认为没有理由因为人们猜测愤怒会有助于实现最佳的威慑，就让受害者和他们的家人去滋养和纵容一种毫无用处的、充满幻想的愤怒。

Ⅶ. 温和的性情

塞涅卡的建议容易表述而难以追随——正如他自己承认的，即使在多年的自我关注之后，他仍然反复陷入愤怒。（在这一章中，在我自己和我的另一个自我路易丝的画像中，我都以他为榜样。）但他提醒我们，我们可以做很多事情来远离愤怒的诱惑。他力劝诺瓦都斯，不要让自己跟让人讨厌的人在一起，这至少有时是能实现的。更一般情况是，一个人可以尽量避免让自己被激怒的情况（例如，不要总是在网上搜索自己的名字，不去阅读对自己的书的评论）。最后，针对我们这些从事法律职业的人，他提出了警戒性的建议：避免请律师和诉讼！

他也总是提供很好的建议：对各种不同的生活要培养一种幽默感。“愤怒必须以多种方式加以限定，让许多［可能的愤怒场合］转变成嬉戏和开玩笑”（Ⅲ.11.2）。（虽然塞涅卡没有这么说，但朋友的调侃可能是实现这种“转变”的最好方式。）转变通常需要走 168
出沉浸在自我伤害中的状态：“退一步海阔天空”（Ⅲ.37）。亚里士多德关于温和性情的见解在此得到进一步的支持。但塞涅卡还提出了更重要的建议：对自己保持一种有趣的超脱态度，这样我们就不会把发生在自己身上的事情当成是最震撼世界的事情，它可能也真的不是。如果它真的很重要，我们应该把事情交给欧墨尼得斯。

注释

［1］Seneca，*Moral Epistles* 12. 1-3，我的译文译自牛津古典本。这个词的原文是 *deliciolum tuum*，字面意思是“小可爱”，意思是相当亲密。（罗宾·坎贝尔的企鹅版写的是“你的受宠玩伴”。）

［2］塞涅卡生活在公元前 4 年到公元 65 年。《道德书简》很可能在公元 63—64 年出版，在这之前不久完成。塞涅卡确实在这些书信中表明自己身体不好，不管是疑病症，还是真的身体不好，还是仅仅为了达到哲学效果，他都这样表达过。由于在参与推翻尼禄的阴谋后不久，他就出于政治原因而被迫自杀，除了指出希腊哲学家通常在有益健康的环境中享有高寿之外，很难评估他的健康状况。哲学家们的死亡年龄如下：苏格拉底 70 岁（被杀），伊索克拉底 107 岁，柏拉图 80 岁，亚里士多德 72 岁，斯多葛的芝诺 72 岁，克里安西斯（拳击手和斯多葛的第二代领导人物）100 岁，克律西波斯 73 岁，西塞罗 63 岁（被杀）。当我在 2014 年发表洛克演讲时，我刚满 67 岁。

［3］卢西利乌斯是一个虚构的人物，大致以一个真实的罗马骑士为原型，但重要的是要看到，这部作品集既用自我也用他人作为哲学范例，不应直接视为传记或自传。见格里芬的权威著作《塞涅卡：政治哲学家》(*Seneca: A Philosopher in Politics*, 1976)。这些书信是按照虚构的哲学发展理念来安排的，所以前面的代表卢西利乌斯的书信并不像后来的书信那样表现出纯粹的斯多葛主义。

［4］我之所以如此明确地表述，因为我以前被误解过。我也做了同样的事情，见 Nussbaum (2001)，该书开篇讲述了我母亲去世时的悲痛。和塞涅卡的读者一样，我的读者也是这样的：这本书被广泛理解为私密的自传，除了我确实有一个母亲这一显而易见的事实外，这些人根本没有理由知道其中的事情是否真有其事。事实上，我的想象力是如此贫乏，这一章的趣闻逸事（像是相当多的

“剧变”一样）都是基于实际发生的事情，任何想抓起我的手提箱的人最好小心。但这真的不重要：我的目的和他的目的一样，就是提醒读者那些可能会激起日常愤怒的事情，并让他们思考自己的例子。

［5］Seneca，*De Ira* Ⅲ.38.

［6］希腊人在这里犯了个大错，因为没有公诉人，死者家属必须自己提起诉讼。我们将在第 6 章中解释为什么这样很不好。

［7］在下面的内容中，我通常引用的翻译见 Procope（1995），尽管我偶尔会为了更好的表达而进行修改。

［8］克律西波斯于公元前 207 年左右去世，比塞涅卡出生早了两百多年。

［9］See Fillion-Lahille（1984）. 并非所有的作品都是斯多葛派的：我们知道菲洛德穆（Philodemus，伊壁鸠鲁派）有关于愤怒的片段。塞涅卡自己还知道一部由中期斯多葛派波塞多纽（Posidonius）创作的关于愤怒的作品，以及（毫无疑问的）克律西波斯的作品。

［10］See Nussbaum，“Erōs and Ethical Norms：Philosophers Respond to a Cultural Dilemma，” in Nussbaum and Sihvola（2002，55–94）. 这种爱被想象为一个年长的男性对一个年轻的男性的爱，而年轻的男性并不会以性爱作为回报，这符合希腊求爱的既定规范。斯多葛学派的芝诺将“Erōs”定义为：“试图建立一种友好的爱情关系，由年轻人全盛时期的美貌所引发。”在《图斯库兰论辩集》中，西塞罗取笑他们，认为他们仅仅因为普遍存在的希

腊同性恋而对“避免强烈的感情”这一规定做出例外，但克雷格·威廉姆斯（Craig Williams）权威的《罗马同性恋》（*Roman Homosexuality*，1999）中令人信服地表明，罗马的规范非常相似。虽然西塞罗似乎从来没有和男人发生过性关系，但他最好的朋友阿提库斯（Atticus）却因此而闻名。

[11] 不过，这并不是说它不可能是虚构的，也不是说它不可能是从别的作家那里借鉴的，这正是他们不能忍受的事。

[12] 塞涅卡原则上并不反对死刑，他只是暗示死刑常常因为情感而被误用。

[13] 关于假装愤怒的古代例子，另见 Harriss（2001，415）。

[14] 英文为：“It's really a lot better to be courteous.”

[15] See Letter 47.

[16] 图拉真和马可都统治了 19 年并死于疾病，奥古斯都统治了 41 年。

[17] 沃尔德·皮斯（现已从 NBA 退役并在意大利打球），他将自己在湖人队获得 NBA 总冠军的功劳归功于他的心理医生，他为学校心理健康法案而长期努力；他还为孩子们录制就寝故事，并与善待动物组织合作反对虐待动物。一个与此相关的远离愤怒的“历程”突出地体现在前熊队外接手布兰登·马歇尔的职业生涯中，他现在正积极为边缘性人格障碍基金会奔走呼号。他早先很容易愤怒，曾经几次因各种暴怒而被停赛，并在 2004 年的著名斗殴中达到高潮，其间他殴打了几名球迷和球员。2007 年，他还被判犯有家庭暴力罪，并再次被停赛。2015 年 10 月，现效力于纽约喷气式

飞机队的马歇尔在国家电视台承认，他在一次严重失利后，曾与队友愤怒争吵。但是，他说："我们说出来了，我们彼此相爱。"

[18] 我们这些人，也就是说，是幸运地拥有有意义的工作且有所回报的人。

[19] Seneca，translated in Nussbaum (2010c).

[20] See Martin (2010).

[21] *Harris v. Forklift Systems, Inc.*, 114 S. Ct. 367 (1993).

[22] *Baskerville v. Culligan*, 50 F. 3d 428 (1995)，理查德·波斯纳（Richard Posner）法官的意见认为，这些冒犯性事件是愚蠢的，只是不够集中或严重，不足以构成性骚扰。

[23] Scanlon (2013)；参见附录B。

第6章　政治领域：日常正义

169 所有法律都具有或应该具有的共同目标是：增加全体人民的整体幸福，因此，首先要尽可能排除一切会使幸福减少的东西，换句话说，排除伤害。

但一切惩罚都是伤害，一切惩罚本身都是恶的。如果它应该被承认的话，那也只有它能排除一些更大的邪恶时才应该被承认。

——杰里米·边沁，《道德与立法原理》第8章

“斯克鲁奇先生，”绅士拿起笔说，“在一年中的节日期间，我们应该给穷人提供一些微薄的捐赠，这比平时更令人期待，他们目前正遭受着巨大的痛苦。成千上万的人缺乏生活必需

品，成千上万的人缺乏最普通的舒适，先生。”

“没有监狱吗？”斯克鲁奇问道。“好多监狱。”绅士说着，又放下了笔。

——查尔斯·狄更斯，《圣诞颂歌》

Ⅰ．欧墨尼得斯

埃斯库罗斯描绘了从报复性愤怒的古老态度转向创立法律与政治正义的过程，那些为追查作恶者而造成痛苦和病痛的复仇女神变得仁慈和向前看，她们开始祝福这片土地并寻求其居民的幸福，她们也变得理性，倾听劝说者的声音。作为法律的守护者，她们继续通过激起恐惧来阻止违法行为，但她们平息了愤怒（832－833），
专注于阻止恶行，而不是报复。她们的预防策略包括制定促进社会 *170*
繁荣和福利的广泛计划，覆盖所有公民，改善饥饿和疾病状况，也包括建立刑事司法制度。

下面两章研究政治领域，考察愤怒的批判对政治体制的影响。埃斯库罗斯给我们提供的是暗示性的意象，而不是理论。公元前 5 世纪，雅典人观看了他的戏剧之后，对民主充满了热情。但在我们感兴趣的领域，他们对制度设计考虑得太少。当时还没有公诉人这样的设置，没有公务人员或机构对哪些罪行应该受到起诉做出公正的判断，所有起诉都必须由公民自己提起（也没有刑法和民法的区别）。[1] 这会引发许多问题，包括有可能对有争议的个人进行充满

敌意的起诉（例如，对苏格拉底的起诉就是由他的敌人提起的）。凭借财富和地位提起的诉讼不可能是完全公平的（起诉需要时间，如果你请律师，就需要钱），如果没有一个相对富裕的公民来承担诉讼费用，这样的罪行就不会被起诉。柏拉图的《游叙弗伦篇》(*Euthyphro*) 谈到了后面这个问题，表明这个制度强加在善良的人身上的负担。游叙弗伦的父亲杀死了一个日工，一个非公民，结果什么事都没有，因为没有人为这个日工提起诉讼，最后游叙弗伦决定自己代表这个日工起诉自己的父亲。正如这个对话所表明的，儿子把父亲告上法庭是有问题的，而杀人却不被起诉同样是有问题的。当公诉人缺席，这样的问题就不是个案。

最糟糕的是，自诉制度鼓励了报应主义的热情。本书第 5 章认为，对受害者来说，可取的做法是，为自己的损失悲伤，但要摆脱与作恶者进一步的个人牵连，让公正的司法机关来处理后续的事宜。但雅典的体系阻止了这种摆脱，让受害人处于复仇女神的位置，被迫对某个特定的作恶者穷追不舍。这个体系本身就鼓励愤怒和固执。因此，虽然经典的雅典体系在其他方面重视《欧墨尼得斯》戏剧化地呈现的问题——把愤怒作为政治共同体的一种疾病，将治愈病态的人际关系和重建良好的人际关系作为公共任务——但在结构性方面，这个体系还是太多地延续了它所继承的复仇道德。[2]

无疑，这个无法令人满意的特征以及它在苏格拉底之死和对苏
171 格拉底的审判中所起的作用，有助于解释很多希腊哲学家会痴迷于
批判政治报应主义，以及一再尝试以改造和威慑并重的法律体系来

取代它。事实上，这种研究可能始于苏格拉底本人，他已经拒绝将同态复仇（以眼还眼）作为处理作恶者与受害人之间的关系的基础。[3] 当然，这项研究在柏拉图相对早期的《普罗塔哥拉篇》中占据了突出地位，其中对威慑和改造进行了详尽的阐述。在这一对话中，普罗塔哥拉宣称如下策略[4]：

> 一个要理性地进行惩罚的人，不是为了从现在看已经过去了的恶行——因为已经做过的事情是无法挽回的——而是为了将来，无论是被惩罚的人，还是看到他受惩罚的其他人，都不应重蹈覆辙。……这个人是为了威慑而惩罚。(324A–B) [5]

如果说对丹妮尔·艾伦（Danielle Allen）来说，古希腊的惩罚一直以来都是为了寻找治愈愤怒这种疾病的方法，那么，这些思想家并没有像艾伦所说的那样打破先前的传统，而是采取了合乎逻辑的下一步——论证在政治生活中治愈愤怒疾病的最佳方法就是拒绝以此为基础的制度安排。[6] 无论如何，寻求对惩罚和更普遍的刑事司法的前瞻性的、非报复性的解释，并不是从杰里米·边沁开始的：这是柏拉图和斯多葛学派哲学家对待恶行的一个主要特征——不仅是个人关系的特征，而且是法律和制度的特征。在这方面，他们遵循埃斯库罗斯所创造的暗示性意象，主张要实现这个有吸引力的理想，需要摒弃雅典实践的一些突出特点。但他们提出的积极的制度建议既过于单薄，又与他们对民主的拒绝联系在一起，不能给我们提供太多帮助。

在本章中，我将考察当不正当行为受到日常的政治正义的工作体系关注时，它的后果是什么，以及它会激起的情感：这一体系的哪些特征最有助于严肃对待恶行而又不愤怒？在下一章中，我将考察从深刻的结构性不公正的时代到超越这些不公正的时代的转型。这种区别并不总是很明显。从普遍的不公正到更公正的政权的转型可能在现行的宪法基本框架内发生，比如在美国的人权运动期间，这是一个重大变革的时期，这一运动涉及对宪法的重大重新诠释，但不是对宪法的否定；或者这种转型涉及一个政权被新的政权取代，比如在南非的例子中那样，会采用新的宪法体系。但两种情况
172 的不同更多的是在程度上而不是在种类上，两者都被视为我所说的“革命性的正义”（revolutionary justice）的情况——本章将在现行的法律框架内处理针对个人或团体的不法行为，而这一法律框架本身至少在最抽象和一般的层面上不是以根本的不公正为基础的。[7]

在这两种情况下，我都遵循对愤怒进行批判的思路，探讨在这种新的背景下，对愤怒的批判会面临什么情况。长久以来的传统认为，政治正义要求愤怒的情感。人们经常宣称，愤怒的情感是我们与其他负责任的主体相互交往时的必要特征，表达了对被不当对待的人的尊严和自尊的关切。

然而，这种传统的观点到底是什么意思呢？有时，它是经验性的观点，旨在说明为了激励和支持人们寻求正义所需要的是什么。它很有意思，但它是猜测性的，很难在日常法律事务的背景下进行评估，因为每个案件都涉及大量行为人（受害者、被告、律师、法官和许多其他人），而在这些案件中，不同的人无疑是受到了许多种不同的情感和情感组合的激励，很多时候，人们甚至不知道是什么在激励着他们。一个更易驾驭的问题是，这也是我的问题，法律

制度本身的结构表达了什么样的情感，从规范的角度看哪些情感是可取的？换言之，如果我们把正义想象成拟人的，正义是否应该对罪犯愤怒？如果不是，这个虚拟人物应该表达什么态度？

我们还将把宽恕和道歉作为附带的关切。在政治正义中，这些表达思想和情感的仪式有什么作用呢？

我认为，政治制度应该效仿欧墨尼得斯：它们应该表达对社会福利的前瞻性关注，避免回顾性的愤怒态度，埃斯库罗斯的三联剧正确地指出了这种态度既荒谬（流出来的血不会倒流）又对国家有害（鼓励造成私人之间循环复仇的报复幻想）。政治制度不该体现不融贯和有规范性缺陷的思想。然而，作为社会福利保障功能的一部分，它应该认真对待恶行，力求阻止恶行，一旦恶行发生，就以欧墨尼得斯精神（我将试图描述）处理恶行。制度可以有很多特殊的方法防止复仇女神的再度肆虐，我们可以举例说明，尽管详尽的描述超出了我的讨论范围。

正如雅典娜所强调的，制度必须公正无偏，为人们所赞同。同时，它也应该基于善良的目的，就像好的父母、伴侣、同事，它应
该不仅体现出对公正的热爱，而且也应该体现出超越严苛法律的大 173
度精神。我们在其他领域对愤怒和宽恕的研究，已经让我们对大度的前瞻性态度有了更深入的认识。我们在本章的任务是在这一领域中，勾画出公平的正义、承认所犯恶行和富于同理心的大度的恰当结合。

我们必须对信任问题保持警惕，它在我们对亲密关系的分析中非常重要。我认为，只有当各方都愿意在主要方面让自己的脆弱性

掌握在彼此手中，而且让彼此繁荣的关键因素掌握在彼此手中，亲密关系才会蓬勃发展，而不是仅仅**依赖**对方（这种情况下信任可能与对方的玩世不恭并存），类似的情况也适用于政治共同体。如果公民仅仅**依赖**制度以某种方式运作，那么一个拥有良好制度的社会将不会保持稳定：因为这种依赖再次与制度的不可依赖和官员的玩世不恭相容。例如，在一个非常腐败的社会中，公民所**依赖**的经常是官员的腐败、司法系统的腐败等等。在种族主义社会中，少数民族民众则**依赖**占统治地位的大多数对他们的压榨。在这些情况下，依赖会产生自卫性的逃避和抵抗。如果一个良性的社会要保持稳定，而不只是勉强的**权宜之计**，正如约翰·罗尔斯（John Rawls）所指出的，要“出于正确的理由”保持稳定，就需要建立对其原则的依赖，而依赖会带来脆弱性。[8] 这种脆弱性如果没有信任是无法忍受的。因此，产生信任是一个良性社会必须持续关注的问题。

政治共同体需要培育的信任与使亲密关系充满生机的信任是不同的，其中的爱也是不同的，但这两种类型的爱和信任都意味着愿意将自身利益的重要因素置于他人手中——在政治领域是交付于社会制度，而不采取自我保护和逃避的行动。

既然我要为一种最普遍意义上的结果主义或福利主义路径辩护，我需要在一开始就说明我的观点究竟是什么。正如我对政治正义所做的其他研究工作一样[9]，我认为一个有最低限度的公正的社会的必要条件是，它保护一系列人类的核心机会，或“能力”，使之达到某种适当的基本水平。这些能力是复合能力，除了它们可以带来其他利益之外，每一种能力都有其内在价值。一个忽视这些能力而追求财富和增长的社会实现不了最低限度的公正，也不能把这些能力公正地在社会成员之间相互交换，这意味着把一些公民的某种能力推到基本水平之下。这些能力包括经济利益，也包括基本的权利和自由，而且人类尊严的观念在把它们整合起来的方面发挥了重要作用。[10] 虽然这些能力是各自独立的，但它们也相互支撑， 174
并且在某种程度上是参照可行的政治利益的总体目标来定义的。

因此，我的观点既不同于边沁的观点，也不同于人们最熟悉的经济功利主义的形式，但它在精神实质上是相当密尔式的，总的来说，把它归结为一种哲学知识类型的福利主义并不合适。[11] 它当然包含了义务论的元素，在这个意义上，能力的损害是非正义的，无论它能产生什么福利或其他益处，而且保护每个人的能力本身在政治上就是一种内在的善。此外，能力是关于（最低限度的）福利的部分政治原则，而不是一种全面的原则。然而，在我看来，这个观点作为一个整体，被归类为一种政治福利主义是正确的，与许多其他观点相比，它有着更丰富、更多样化的福利图景。

Ⅱ．再论错误的社会价值观

像在亲密关系领域和中间领域一样，在政治领域，我们也会遭遇普遍存在的错误的社会价值观的问题。如果人们强烈反对一个法律制度的基本价值观，他们就不会长期支持甚至遵从这个制度。此外，某种类型的民众支持不仅是一种实践上的限制，而且是对政治合法性的约束。任何不被人们认可的程序都不可能通过基本的规范性测试。例如，亨利·西季威克（Henry Sidgwick）所推崇的“总督府”功利主义，根据这种功利主义，只有少数精英才知道政治选择的真正原则，它蔑视透明性和民众同意的约束，而这些约束在某种程度上对政治合法性是必要的。但当前的价值观往往是有缺陷的，那么，我们需要什么样的价值观？

约翰·罗尔斯的《政治自由主义》（*Political Liberalism*）认为，要获得合法性，就必须证明，提出的价值观可以成为主要的合理宗教和世俗教义的信奉者之间的重叠共识的目标。然而，他没有坚持认为，重叠共识必须是目前的现实。更为合理的是，他认为，人们只需要表明，随着时间的推移，通过辩论，达成这样的共识是有可能的途径的。[12] 我认为，而且我也同意罗尔斯的看法，我们无须证明，政治的概念是一个完备性的学说，但需要表明对持有各种合理的完备学说的公民给予同等的尊重。我们面临一个严峻的挑战：在一个多元化的社会里，什么样的确切形式的不愤怒学说才会为公民所接受？现在看来，在大多数现代社会中，许多人（如果不是大多数人的话）都有竞争、追求地位、男子气概和复仇等观念，
175 这些观念使他们不仅不会同意我所捍卫的关于愤怒和报复的观念，而且会嘲笑这些观念软弱、没有男子气概。

我相信，这个挑战是可以克服的。我们可以首先举出一些最近的例子，在这些例子中，正是这些观念获得了巨大的成功：莫汉达斯·甘地和马丁·路德·金的抗议运动以及纳尔逊·曼德拉作为新南非领导人的所作所为。所有这些例子都会在第 7 章中做更深入的

考察。除了这些，我们还可以加上南卡罗来纳受害者家属的不愤怒的反应，关于这一点我在第 3 章里已经讨论过了。这些案例告诉我们，这里对愤怒的批判不仅对知识分子有说服力，他们的职业特点可能导致他们不喜欢熟悉的“男子气概”范式，而且对广大民众也有说服力，他们通常是在看到这些运动的说服力之前不接受这些观点，或者没想到他们会接受这些观点。在相对较短的时间内，这三位领导人让数百万人接受了他们的准则，他们迅速取得成功的部分原因可以归结为他们利用人们熟悉的宗教传统的能力：基督教的重要分支，印度教、非洲传统宗教以及整个佛教。这种宗教上的资源在某种程度上帮助人们感觉到，他们已经在致力于批判性的思考：在他们看来，他们的领导人的说服与其说是外来的强加，不如说是要求他们自己理清思路，摆脱一些非常深刻的、与未经检验的承诺相冲突的文化包袱。

因此，我们不应该夸大这种观点，认为所有现代文化都反对我们。如果这么多人能够在马丁·路德·金、甘地和曼德拉的影响下，或者在震撼人心的个人经历的影响下，如此迅速地改变，这就证明我们的文化实际上是被撕裂的。[13] 人们可能会在小说中把自行报复者浪漫化，但总的来说，人们不希望在生活中遇到他，他们乐于欣赏这种虚构的典型人物，同时支持一个基于不愤怒的对话和讨论的法律秩序。[14]

在哪些领域，法律需要抵制流行信仰的强大趋势？首先要确定法律干预在哪里是适宜的。正如我所说的，并不是引起愤怒的每个常见的原因都涉及对福利的严重伤害，但人们经常会这样认为。如塞涅卡所说，他们把鸡毛蒜皮的小事夸大成大事，其结果往往变成惩罚性的："路怒"就是一个例子。在许多文化中，对别人荣誉的侮辱都是引发愤怒并产生暴力行为的原因，但法律并不支持这种关于侮辱的流行观点（或者曾经流行的观点）。决斗早就是非法的，跟踪和亲密伴侣之间的暴力现在也被认为是一个需要法律干预的问题。再次重申，即便流行文化有时仍旧赞赏所谓男子气概的暴怒，
176 但现代民主国家普遍否认侮辱或其他对地位的伤害可以使暴力变为正当的，不管它使人们多么愤怒。

在美国，在有关凶杀案的法律中，"合理挑衅"辩护是一个前欧墨尼得斯社会的遗物：一个人如果因"足够的挑衅"而发怒杀人，有时其犯罪严重程度至少可以从谋杀降低到过失杀人。过去，够得上"足够的挑衅"的，是对荣誉的侮辱或其他地位伤害引起的愤怒，特别是通奸；现在更有可能的是，这种冒犯必须是密尔意义上的真正伤害：例如，对自己或家人的攻击。正如我在第 5 章中主张的，挑衅辩护通常要求被告证明，报复性的暴力是在没有足够的冷静时间的情况下发生的，这符合我的观点，即人们在头脑恢复正常并诉诸法律之前，可以因短时间内的不恰当的愤怒而受到较轻的审判。尽管如此，对侵犯者使用非法暴力始终是不可原谅的，正如这种辩护所承认的那样——这只是一种减轻，而不是免除责任，而这种辩护本身在我看来是不幸的过时做法，它在法律体系内给有关侮辱和地位伤害的旧观念留下了空子，使之渗透进刑法。[15] 然而，在大多数方面，我在这里对愤怒的批判已经内化到法律之中。[16]

然而，罪行的分类并不是错误社会价值观威胁法律秩序的唯一

领域。一旦罪犯被起诉和定罪，许多人对惩罚的看法会更加顽固，更加反埃斯库罗斯风格，尽管报复的观念已经被批判了 2000 多年，而且这种批判很容易理解，但这时报复观念仍旧继续占据主导地位。虽然有苏格拉底、柏拉图和边沁的所有论证，更不用说甘地、马丁·路德·金和曼德拉，但许多人仍然喜欢符合报复模式的惩罚，按照这种模式，“作恶者必须受苦”，而且必须“付出代价”。即使他们也赞同威慑，他们还是倾向于认为只有报复性的惩罚，以痛苦抵痛苦，才能有威慑作用。关于惩罚的其他观点则反复被嘲笑为软弱和缺乏男子气概，政客们会因为对罪犯不够“严厉”而输掉选举，“严厉”一词的意思是“严酷的”，“施加报复性的痛苦”（不管它是否能阻止犯罪）。[17] 如果有人像我一样，认为对伤害的恰当反应应当是前瞻性的和福利主义的，除此之外，还应当包括大度和重新融入社会的想法，那么，他将不得不面对大批民众的反对情绪，而这本身很可能不利于我的提议在实践中取得成功，即使在理论上并不能证明其合理性。（因为人们也许能够指出一条道路，随着时间的推移，人们会通过这条道路在这个问题上达成重叠共识，即使他们现在离这个目标还很远。）

尽管如此，即使在这一问题上，实践的任务也并非没有希望，177
由于严厉的监禁形式完全没有起到威慑作用，于是“明智地打击犯罪”（意思是做能够显示出威慑力的事情）开始逐渐取代“严厉地打击犯罪”的说法，以回应公众情绪。[18] 总的来说，人们需要的是有助于阻止犯罪的方案，他们明白惩罚的最终目的是保护人类的重要利益。

严酷惩罚这一问题涉及的内容非常广泛，不可能在这里详尽地讨论。但是，怎样以不愤怒的精神面对恶行，并对此进行有说服力的解释是消除反对意见的有益方法。人们可能已经注意到，传统的惩罚观念已经包含了某些不愤怒的观念，比如在惩罚中拒绝羞辱和残忍。美国宪法禁止“残忍和不寻常的惩罚”，事实证明这条禁令很难解释，而且从未被适用于美国一般类型的监禁，但宪法中出现的这一用语无疑表明，即使是18世纪的宪法制定者也看到了国家惩罚作用的道德限制。那么，接下来让我们转向建设性的理论任务。

Ⅲ．不法行为与法治：报应主义和改造主义的挑战

那么，国家应该如何处理不法行为及其引发的愤怒？我的观点是，如果伤害涉及对幸福的重大损害（不仅仅是地位），法律必须非常认真地对待。但是，当然，如果法律拒绝区分事故和自然事件造成的损失，以及故意的恶行，那么法律可以认真对待伤害，而未必认真对待恶行。这样的法律体系仍然可以对受害者表示同情，对他们进行补偿，并试图保护他们免受此类损害，但它无法表达愤怒，因为它甚至不包含不法伤害的概念。

然而，这样的法律体系是粗糙和低效的，无法保护公民的未来，因为保护人们免受地震、洪水和其他自然事件的伤害所需要的策略完全不同于保护他们免受他人不法伤害所需要的策略。而且，它也无法让公众承认这样的行为不仅不幸，而且不合法，而受害者

有权要求公众的这种承认。既然这个体系把一个杀人犯当成一只老
虎，只是碰巧撕咬一个受害者，那么它就不能防止这种暴虐行为在未
来还会发生，因为阻止人类的行为和阻止老虎的行为采取的是完全不
同的策略，而且它也没有给予受害者和我们所有人以应得的尊重，因 178
为它不承认法律保护的人类价值的重要性。在这个意义上，制度需要
回顾过去，才能向前迈进。即使修复病态的社会关系是首要任务，修
复的工作也需要在承认这样的行为是错误的这一基础上进行。[19]

为什么承认错误如此重要？有很多原因，但我认为其中最重要的是前瞻性：为了保护和强化信任，或者为了恢复信任，公众承认这种行为是恶行是非常必要的。在某种程度上，一旦信任关系被破坏，甚至完全崩溃，恢复信任就需要对什么是合法的、什么是不合法的达成一个共识。[20] 即使在一个运行良好的共同体中，如果政治法律制度不认真对待恶行，并以某种公开的方式承认它的重要性，人们对政治制度公正性的信任就会受到损害。社会契约是关于保护人类生命和其他人类利益的，国家必须宣布生命和其他人类福利要素是重要的。

所以制度不应该把被杀害当作像被老虎伤害那样对待。它们应该清晰地表达出这样的思想："X 做了这个，而且这是错误的。"一方面，如果我的说法是对的，那么在这一点上，他们一定不能落入愤怒的两个陷阱中的任何一个。另一方面，他们不应该假设，按相应比例受苦就可以让错的恢复为对的。这种古老而有强大影响力的思想困扰了我们大多数人，但它是魔幻的形而上学形式，不符合理性。因此，它在规范上是有缺陷的，因为我们希望我们自己和我们

的法律是理性的。行凶者所受的任何痛苦都不能消除谋杀，其他任何罪行都是如此。作恶者遭受了痛苦，我们就觉得某种程度上“平衡”被恢复了，——人们此时所说的这些，意思就是，折磨 Y 使 X 的痛苦减少，或者消除了伤害。但如果法律表现得好像它可以改变过去，那么它就是非理性的。尽管这些思想普遍存在，而且有着深刻的人性根源，但我们不应该忽视它们的不融贯性。[21] 正如柏拉图所说：理性地进行惩罚的人不是为了过去的不义而惩罚，而是为了将来。

法律也不能把犯罪仅仅看作是对 X 的“降级”或羞辱，可以通过相应地羞辱 Y 并将 Y 降低到 X 之下来解决，这也是错误的，虽然这在概念上是合理的，但在规范上是有问题的。法律不应与对地位的执迷沆瀣一气，这种执迷对社会造成很多危害，而应坚持人人都有平等的人格尊严。（如前所述，人的平等和尊严具有特殊的地位，内在于所有受保护的能力，并由所有这些能力更为充分地界定；它不是一个相对等级的问题。）

那么法律能怎么说呢？它可以说，首先，O 实施了恶行，并且
179 这种恶行是严重的。如果有人想把这种说法称为法律中的报复性元素，我觉得没有问题，但大多数常见的报应主义形式都不止于此——边沁的功利主义惩罚观也这么说。如果法律既理性又注重正确的事情——注重幸福而非地位——那么，在做出上述声明后，它将首先把重点放在未来，选择既能使人丧失作恶能力，又有具体而普遍的威慑力的战略。在这个过程中，法律当然可以表达转型-愤怒，说恶行是无法容忍的，并且应该对此做点什么。转型-愤怒是我设想的立法的两种主张所体现的情感的混合：一是恶行是极其恶

劣的，二是我们要向前看，好好思考如何处理它，在这一点上，一个理性的立法者会完全拒绝辩论的方法，因为关于恶行管理的辩论通常会演变成关于“惩罚的正当性”的辩论。事实上，我倾向于认为，理性的做法是，在几十年的时间里完全拒绝使用“惩罚”这个词，因为它使思想变得狭隘，使人们认为处理恶行的唯一正确方法是通过某种类型的“伤害”来处理，如边沁所指出的，让作恶者受苦。摆在我们面前的问题是，如何处理整体的不法行为的问题，而不是如何惩罚已经作恶的人。惩罚，如果我们还是使用这个词，它就会与其他解决犯罪问题的策略一同争夺我们的注意力，而关于“惩罚的正当性”的辩论，本来应该是关于社会如何使用**事前**（在某种程度上也有**事后**）减少犯罪的策略的辩论。在这个问题上，即便最精致的报应主义也会犯错误，它会把重点放在这个罪犯的“应得”上，而不是放在更广泛的人类福利，以及如何保护它的问题上，这个问题当然应该像引起功利主义者的兴趣一样，引起报应主义者的兴趣。

我们当然可以把事后惩罚作为一种威慑（既在具体事件上，也在一般意义上），因此也作为一种保护人类利益的方式。也许许多罪犯可以改过自新，尽管不是像美国所知的那样由监狱改造。但我们必须考虑更重要的问题：事前威慑。正如边沁所强调的，阻止恶行是一项复杂的任务，我们需要以尽可能广泛的方式来考虑这个问题，探讨营养、社会福利、教育、就业和各种建设性政策将如何发挥作用。他认为，如果真的想要减少犯罪，注重事后的惩罚是非常低效的，“这些都能以较低的成本发挥作用，例如，通过指导与通过恐吓，通过讲清道理，与通过对意志施加直接的影响，可以获得同样的效果”[22]。事后惩罚是一种备用机制，在使用这种机制时，就意味着我们承认，在某种程度上我们的事前策略失败了。

180 无论如何，我们必须研究整个问题。边沁在其他著作中对事前惩罚这个更重要的问题有很多论述，其中许多内容并没有出版（边沁项目正在逐步发表），他的杰作并未完成。在《道德与立法原理》一书中，他专注于以功利主义精神重建“惩罚”的狭隘任务。但我们应该同意他的观点：大多数社会没有在对预防问题进行广泛调查的背景下考虑“惩罚”，这是一种荒唐的失败。

我们不能总是以这种方式犯错。让我们思考一个电梯的例子。一个旅行者到了一个遥远的国家，他发现电梯非常不安全。电梯的构造和维护都很糟糕，经常出故障。没有关于电梯的法律，没有监管者，电梯制造不需要执照或许可。“没关系，”她的东道主告诉她，“我们不会在这样的问题上花钱，但我们会花大量的钱去追踪犯罪者，判处他们很长的刑期，由国家承担费用，要让他们知道，他们的恶行应该付出怎样的代价。”我们的旅行者有理由认为这是一个非常奇怪的、不合理的社会，在某种程度上，它没有认真对待人类安全的整个问题。（关于地震、火灾等等也可以这样说。）我认为，在某种意义上，这就是大多数社会对待大多数犯罪的方式。这种疏忽甚至更奇怪，因为这些罪犯不是电梯，而是平等的公民，社会应该致力于保护和推进他们的福利。

为什么关于犯罪的讨论变得如此狭隘？第一个可能性的解释是，“惩罚的正当性”对哲学家来说是一个很有吸引力的话题，这个话题似乎很适合展现哲学技巧，而更大的犯罪问题显然需要多学科的研究，而且无论如何都非常困难。但这些问题并没有让我们的社会像我想象的那样，以轻率的、事后的方式对待电梯、洪泛区和地震带的建筑施工等。

第二个让这一讨论变得狭隘的解释是，福利主义的威慑理论家的关注点也在变得狭隘：不同于边沁，他们中的许多人为了回应报应主义者，也注重惩罚而忽视其他福利主义策略。

第三个可能性的解释是，人们认为事前的福利策略会花费更多的钱，但他们忘记了监狱也是一个极其巨大的花费。美国监禁制度的花费各不相同，联邦政府的囚犯每年大约花费30 000美元，各州的囚犯可能要高得多（加利福尼亚每年超过40 000美元）。在纽约，根据最近的研究，这个数字是60 000美元，但如果把监禁的总费用（包括警卫的工资和福利、建筑物的维护等）考虑在内，这个城市的监禁费用高得惊人，每个囚犯高达167 731美元。[23] 美国人口只 181
占世界人口的5%，但在押囚犯却占世界在押犯人的25%。据估计，纳税人每年为此支付的总成本为634亿美元。[24]（随着监狱人口的老龄化，由于医疗费用高昂，监狱的费用也在大幅上升。）当然，我们很难将这些费用与教育费用、就业费用等进行比较，但我们至少可以理解将它们与假释费用和社区服务费用进行比较，因为许多囚犯是因非暴力犯罪（如毒品犯罪）而入狱，在“三振出局”(three strikes)① 和“严厉打击”之前，这些犯罪本来是以社区服

① “三振出局”，原指在棒球比赛中，击球手若三次都未击中投球手所投的球，则必须出局。“三振出局”法案意指罪犯在两次实施严重犯罪之后再一次犯罪，将受到严厉惩罚，其中的“出局”被视为与社会隔离、被社会淘汰，也有“不受宪法保护”之意。

务等方式处理的，在其他许多国家也都是这样处理的。

这些费用很容易被发现，但对监禁的痴迷仍在继续，我认为至少还有一个进一步的解释：这种报应主义深深植根于民众的情绪，深刻地影响了这场讨论，以至于对“应得”的回顾性考虑完全压制了对福利的关注。这种情况在电梯和建筑的问题上并不多见，因为占主导地位的群体就居住在建筑中，他们也要使用电梯。它确实发生在暴力犯罪的问题上，也许我们并不是真的爱我们所有的同胞，不希望他们都能兴旺发达；而哲学家和许多其他美国人一样，倾向于认为犯罪的人离“我们”很远。或者，我们假设有一类人（肯定不是我们）天生就对暴力和掠夺情有独钟，只有通过对可怕惩罚的恐惧才能被吓住。但“我们”对“我们自己的”孩子的发展并不会这样想，这表明，有必要对要求严厉惩罚的思想基础进行严格的审查。

关于犯罪，我们确实知道，儿童教育的早期干预会减少这些儿童变成罪犯的可能性——如果实施的计划是正确的。詹姆斯·赫克曼（James Heckman）的这项开创性工作，在2000年获得了诺贝尔经济学奖，它是对一组学前项目进行长期研究的成果，这些项目不仅涉及课堂教育，还涉及营养和与家庭合作。[25] 其成果在很多年之后仍旧是非常优秀的，无论在就业方面，还是在遵守法律方面都是如此。令人遗憾的是，没有一个社会真正重视这些研究成果，这说明，尽管我们拥有充足的知识，人们仍然喜欢基于关于愤怒的不融贯的、低效的思想来解决犯罪问题。有迹象表明，在美国，这种效率低下的心态正发生转变，不仅在纽约，而且在其他许多地区，人们对学前教育的兴趣正在上升。然而，总的来说，人们对赫克曼令人信服的分析置若罔闻。

为什么会这样？在美国，种族主义是一个原因：如果你以恐惧和厌恶来看待一个群体，你很可能不会强烈地意识到其中内含的报复的思想，你很可能不会选择明显地能够改善这个群体的生活的方 182
式，即使有时这种方式也会改善你自己的生活。边沁正确地建议进行更大规模的调查，但这很少成为公众关注的焦点，这一事实暴露了人们对报复的直觉观念的强烈固执，但也暴露了针对少数群体的污名、厌恶和恐惧的潜在影响。认为简单地将更多的人关押起来，让他们处在恶劣和有辱人格的环境中，所有的恶行就能得到最好解决，而且很容易解决，这已经成为一个非常普遍和直观的想法——伊利诺伊州参议员马克·柯克（Mark Kirk）最近的声明就是，应该通过关押芝加哥主要帮派的所有18 000名成员来解决帮派暴力问题。这样的想法中不只是包含了报复的想法，至少也包含了使他们变得没有能力的想法，所以它也与人类的福利相关，但它通过报应、严厉惩罚的想法来吸引人。而且，正如柯克本人很快意识到的那样，这种想法经不起理性之光的考验。[26] 对于一系列复杂的社会问题来说，美国的规模化监禁是一种快速但低效的“解决方案”，因此它并不起作用。我认为，人们之所以认为它是解决犯罪问题的可以接受的主要策略，其原因包含了有意或无意的种族歧视。

很难厘清越来越多的监禁要求所涉及的情感纠结。恐惧确实是一个动机，而厌恶基础上的种族主义是另一个。但愤怒也有着强有力的力量：因为这些少数群体伤害我们，让我们的生活变得不安全

（人们认为的），所以我们应该因为他们所导致的不安而惩罚他们。因此，对无受害人犯罪（如毒品犯罪）的狂热关注，在一定程度上是出于厌恶，但也很可能是因为人们普遍希望惩罚那些被视为给人带来不适和不安全感的人。在下一章，我将研究艾伦·佩顿（Alan Paton）的《哭泣的大地》（*Cry, the Beloved Country*），进一步研究其中的情感关系。

除了“惩罚”之外，以福利为导向的法律思想家们最好暂时把“刑事司法体系”这个词加上引号，提醒我们自己，我们通常所谓的“刑事司法体系”，只是推进社会正义的体系的一小部分，它涉及所有人，包括那些在某个时候可能成为或已经成为罪犯的人。[27]

鉴于传统的“惩罚”的情况，前瞻性的法律体系可以继续使用监狱，这会使犯罪者失去能力，也可能有助于威慑，但必须认真研究监禁只会培养出没有任何积极生活目标的惯犯这一证据——考虑到这些惯犯在其社区的影响力，它会削弱特定的威慑和改造，甚至
183 可能削弱普遍的威慑。这项调查必须认真对待那些很少使用监狱的国家的经验。当然，我们没有理由认为，不卫生、暴力和羞辱性的环境能够产生任何特殊的威慑价值，众所周知，这些环境只能产生绝望，感到犯罪是唯一的未来，以及作为行为主体能力的基本崩溃，同时也会破坏家庭和社区（从而进一步破坏一般性威慑）。进而，由于更大的任务是重建和支撑政治信任关系，国家必须考虑，如果使用侵犯尊严的惩罚（即使没有违反第八修正案），公民间的相互信任和尊重会受到怎样的影响。

因此，关于“惩罚正当性”的老生常谈似乎既过于狭隘，又过

于粗糙：说它过于狭隘，是因为它把我们所有对恶行的处理，包括威慑，都看作是各种形式的事后报复，而不是详细地考察其他更多的可能性；说它过于粗糙，是因为通常被称为惩罚的东西之所以受到追捧，是因为在人们看来，惩罚就像是一种报复，而报复的想法阻止了人们认真考虑可能的、实际上更好的处理方式，以促进普遍福利和公民之间信任的纽带。

我们必须对此稍做解释，因为在我先前讨论的基础上，我已经直接假定，正确的方式是向前看，拒绝“追责游戏”[28]，但我还没有完全面对最强的报应主义观点。我反对愤怒，我认为，愤怒要么是非理性的（在报复幻想的控制下），要么是过度关注相对地位。但是，报应主义的观点并不总是支持愤怒，或者以愤怒的认知内容的有效性为基础（实际上，他们也不总是提出极其严厉的惩罚方式）。所以，我需要对我的观点与报应主义的微妙形式之间的联系做更多的解释。因为关于这个题目有大量的文献，而且我的这部著作不是一部关于惩罚的著作，我必须高度精选，略去许多对这一论题有价值的学术贡献，对其他人的观点加以压缩，我不可能满足所有读者的需要。[29]

到目前为止，我的论证是以使任何形式的依赖于同态复仇的报应主义失效，它认为任何错误行为在某种程度上都用类似的痛苦来报复或抵消。正如我已经说过的，这种报复的幻想根本就是非理性的。而且，在日常生活中，我们都会同意这种观点。我们从来不认为，如果钱包被偷了，正确的回应方式是去偷别人的钱包，或者对强奸的正确回应是安排强奸者被强奸。那样做有什么好处呢？美国

监狱系统的运作是基于这类幻想（在那里被剥夺和羞辱性的条件满足了受害者的报复意愿）这一事实并没有使它变得更加理性。不法
184 行为已经发生了，无法挽回；假设过去被未来可怕的痛苦所抵消，这纯粹是一种奇怪的宇宙平衡的形而上学的巫术思维。

但是还有两种形式更复杂的报应主义需要考虑。第一种是赫伯特·莫里斯的著名观点。[30] 第二种是迈克尔·摩尔（Michael Moore）的抽象报应主义。[31] 这两种观点乍看起来似乎都不依赖于我所批评的“巫术思维”。然而，我将论证这两种观点最终都依赖于此，同时也有其他问题。

根据莫里斯的观点，社会是通过利益和责任体系联系在一起的。犯罪者背离这一体系，拒绝承担其应承担的责任，和（或）攫取其无权享有的利益。惩罚的体系让罪犯按一定比例地丧失相应能力，以纠正这种不平衡，因为他宣称他有权享有更多的自由，他自己的自由就需要被成比例地限制等等。莫里斯继续讨论道，人们有权被惩罚，因为这种对待他们的方式与将他们幼稚化和简单地把他们视为病人的制度形成对比，是以尊重、理性的方式来对待他们的。

我先列举一下我所赞同的莫里斯的见解。法律体系应该把不法行为当作不法行为，把不法行为与只是事故和仅有极小责任的情况区分开来。而且，我也准备同意他对社会和犯罪的基本描述的某些方面，尽管我怀疑，过多的自由的思想是不是抓住强奸、杀人等明显错误的最好方法。这个思想太抽象，以至于我们丧失了法律是用来保护人类生活中重要而独特的方面的感觉。[32] 强调人类的繁荣

是重要的，因为如果我们正在这样做——而不是首先保留一个抽象的结构——那么我们似乎就应该选择一个能真正促进人类繁荣的解决方案，这无疑将推动我们朝着福利主义的方向发展。社会契约是**关于**并且**为了**某种目的的，它不是为了达成协议而达成协议。

但是，即使我们承认莫里斯的基本观点，即罪犯夺走了他人的空间或自由，我们现在也有一个问题，为什么正确的反应就应该是罪犯的自由成比例地减少？当然，就莫里斯自己而言，重要的是保护平等的自由制度和公平的机会制度。那么，问题不应该是，如何对待罪犯才最有可能促进、维持这种公平和平衡的制度吗？就这个真正重要的问题而言，似乎没有理由认为按比例报复是最有效的回应。为什么莫里斯会敦促我们选择一个和其他可想象的制度一样的并不保护人类自由、机会的制度？

我认为，在这一点上，莫里斯的观点开始倒向同态复仇，虽然 *185*
莫里斯关于报复的思想比通常的观点更为精细，更具有象征意义，但它的报复幻想体现了报复思想的精髓。只有按比例报复有意义这种直觉，才使他能够绕过按比例报复的价值问题：它是不是维护社会契约的一种方式，更重要的是，它维护的社会契约是否真正关乎人类福祉？让我们回顾一下第 4 章：婚姻是一种契约。有时一方破坏了契约，攫取了“不应有的自由”，报复的幻想认为，成比例地缩小这个人的自由是对的（通过惩罚性的离婚协议）。这似乎与莫里斯的描述是一致的。然而，如果真正重要的是人类的幸福，这就是婚姻合同的全部内容，那么惩罚性诉讼显然不是适当的策略。即使真正重要的是为所有人维护一个理想而平等的抽象自由体系，我们也需要问，离婚时的惩罚性报复能否做到这一点，包括我们要考虑的孩子。莫里斯会选择刑事的（或与诉讼相关的）痛苦作为对犯罪问题的回应，他并不觉得有必要为此做辩护，我相信，他依靠的是关于报复和比例的强大直觉，这是一种神奇的思维方式，并不是促进实现他的现实社会目标的特别好的方式。此外，他的观点似乎使他忽视了这样一个事实，即许多罪犯是在最严酷的环境中开始他们的生活的，任何巩固社会契约的努力都应该高度重视这一事实。

莫里斯观点的另一个有问题方面是它对人类的基本看法。显然，人们都渴望偷窃、强奸和杀戮：这就是他们会用“更大的自由”来做的事情，而这些“自由”被视为积极的优势（在莫里斯看来，大多数人也是如此）。[33] 这看起来很奇怪。（我还想补充一句，这与莫里斯在其他文章中对人类情感的微妙理解也不一致。）当然，这并不是我们想要的一个体面社会的法律体系传达给人们的信息。我们不应该传达这样的信息：“这个［强奸和杀戮］行为……是……内在地值得欲求和理性的，而且我们反对这样的行为只是因为，如果每个人都这么做，它们会集体造成伤害。”

我们可以补充说，即使就莫里斯自己的观点而言，他对惩罚的关注也是片面的。他完全无视受害者，是他们的权利被侵犯了，但他只考虑对肇事者造成伤害，而不考虑纠正或恢复的问题。此外，任何对受害者的明智关注都会要求对威慑进行一般的前瞻性考量，
186 判断哪种惩罚可能更好或更糟，但我们没有理由认为按比例惩罚能够很好地服务于这一目的。简言之，社会契约是关于人类福利的，这应该是任何支持莫里斯观点的人最关注的问题而这也没有违背对

他的思想中的报复直觉的深刻把握。

迈克尔·摩尔倡导的极端抽象的报应主义似乎与此不同。摩尔谨慎地对他的观点和基于愤怒情感的观点做出了区分，也与其他版本的同态复仇观点进行了区分。根据他的观点，报应主义认为，对于惩罚而言，道德应得既是必要的也是充分的，惩罚并不是从福利或后果的角度来理解的。因为这个观点是如此简单，与任何类型的后果都没有联系，所以很难证明它是正确的，摩尔也同意这一点。然而，他认为，它可以通过两种方式来证明，要么表明它遵循一套有吸引力的一般原则，要么表明它最好地解释了我们的特定判断。他认为莫里斯选择了第一个方案，而他则选择第二个。

在这一点上，摩尔又回到了标准的我们都能想到的满足报复情感的例子。一个有重要意义的例子是判谋杀者死刑的例子，这个谋杀者犯了令人毛骨悚然的罪行，受害者的朋友对他被判死刑欢欣鼓舞，并认为这是非常正确的，尽管存在反对死刑的抗议者。[34] 对我来说，这不能令人满意。没人会怀疑报复是非常流行的、符合许多根深蒂固的直觉。但我们需要更多的东西，需要全面解释为什么应该认为是这些直觉而不是与之冲突的直觉是可靠的。正如第2章已经表明的，即使是典型的"男子汉"也常常为了福利而避免报复。我们都有与马丁·路德·金方向一致的强大的直觉，也有（毫无疑问）与之相矛盾的报应主义直觉。因此，在我看来，必须以更系统、更有原则的方式提出案例。更成问题的是，摩尔对这个例子的解读依靠的是报纸上的充斥着令人毛骨悚然的修辞的描述，据他自己所说，这是许多"例子中的一个……被（这个记者）用来吸引眼球”[35]。当然，在某种程度上我们要依赖直觉——我同意罗尔斯的观点，我们仅仅依赖直觉作为原则、理论和判断的整体网络的一部分——我们所依赖的判断应该是“思考过的判断”，也就是说，判断是一些检验和反思的结果，而不是被设计为最大限度地绕过反思而得到的结果。摩尔否认他的理论是以情感为基础的，他的意思是，它不是一个情感表达的理论，不能通过发泄情感的能力证明惩罚是有理由的。这是对的。但是，在正当性这个层面上，这个观点似乎确实是以情感为基础的，而且是基于那些要接受批判性审视的情感。

187 我确实认为摩尔的理论也是不融贯的。他宣称，他的报应主义形式不依赖于同态复仇，但接下来他在论证中使用的直觉可能正是依赖于此。至少他没有试图表明有一种可靠的直觉支持他的理论，而不在某种程度上依赖于同态复仇，或者我所谓的“巫术思维”。

至于摩尔的抽象内容，即恶行足以受罚[36]，难道我们不需要对此问问“为什么”吗？难道他不需要给我们某种回应性的解释？他试图回避“为什么”这个问题，诉诸他的观点的内在吸引力，但似乎我们并不能就这样解决这个问题。当一个孩子做了错事，我们不会不考虑后果而一味惩罚。的确，我们通常首先想到的是后果：我们想让这个孩子将来成为一个道德的、理性的成年人，我们会理性地选择以此为目标的策略。我们寻求专家的理论，试图找到能产生最好效果的方式。如果某种类型的惩罚显示出是有用的，我们就应该选择它。但我们这么做是因为，它是达到我们的目的的正确路径。如果父母把孩子关进她自己的房间，仅仅“因为这是她的应得”，而并不管这是不是培养成人的品德的有益方式，他们就不是我最赞同的那种类型的父母。自斯波克（Spock）博士时代以来，在惩罚儿童方面发生的革命是建立在临床和经验数据的基础上的：严厉的对待是不起作用的。如果父母不关心什么会起作用，只是认为恶行足以受罚，他们就不会关心数据，也不会有所改变。难道摩尔认为父母关心怎么做会有效，是错了吗？（当然，我认为，即使严厉惩罚确实奏效，人们也不应该使用它，至少在这一点上，我们会有一场真正的辩论。）

摩尔当然会反驳这个例子，根据在于孩子不是完全理性的，因此也不是有完全的责任能力的道德行为人。我怀疑这一点，特别是当我们考虑到大一些的孩子和年轻的成年人，他们也都是我们的孩子。我在第4章已经讨论过，惩罚不是我们与成年孩子打交道的好方式。但我们要公平地对待摩尔，思考一下朋友之间的关系，一个人得罪了他的朋友，他们当前仍旧保持着这种朋友关系。（而且请记住，摩尔认为，道德上的应得足以惩罚。）正如我们在第4章讨论的，建立在应得基础上的加大惩罚力度并不是没有问题的或者显而易见的策略。对我来说，在这种情境中的人如果只是根据事后的责任追究来处理事情，而不把主要的注意力放在未来，他将会是孤独的和不幸的。在一般的人际关系中，我们总是错误地忽视未来，但未来是我们唯一可以改变的，实际上是我们唯一享有的人生。

总体而言，我更喜欢莫里斯的论证方法。虽然我认为它在具体 188
的案例上并不成功，但它至少建立在他所提供的有吸引力的讨论原则的基础上。摩尔的赤裸裸的报应主义似乎抓住了一些强烈的情感，但这些情感正是我们对其合理性和有用性提出质疑的情感。

在关于报应主义的辩论中，有必要思考两种更微妙的干预措施，人们可以称之为“边缘报应主义”：这是 R. A. 达夫（R. A. Duff）和丹·马克尔（Dan Markel）的理论。[37] 根据达夫的观点，“报应主义的核心思想”是“使惩罚具有意义，规范正当性的核心不是它可能带来的任何偶然的未来利益，而是关系，是过去实施的犯罪”（3）。根据我的观点，这是一个坏的开始，因为它排除了处理犯罪的其他策略，只关注惩罚，而且它拒绝关注未来的一切。然而，正如达夫阐述的回顾性关注的本质一样，这个观点也有着有吸引力的特征：其核心思想是一种“呼吁问责”，其意义是政治性的，表达了核心的政治价值。所有这些我都同意，并且我已经表明，回顾性关注只在这个意义上是重要的，即公开承认过去的真相是对的，而且是重要的。能力本身是内在的善，因此一个旨在保护所有人能力的社会应该注意到伤害行为：对社会福利的内在的破坏已经发生。但在很大的程度上，这种关注的原因是前瞻性的：我们正努力建设一个能力受到保护的社会，所以我们需要注意我们的方式中的问题。而且，我已经论述了，一个体面的社会需要在公民之间产生信任的纽带和相关的道德情感，如果他们感觉到政治原则只是纸上谈兵，只是宣称某种能力是重要的，但在实践中对它们被侵犯却毫不在意，公民就不会信任政治体制。

在这篇文章中，达夫没有说明为什么这种“呼吁问责”有着社会性的重要性。但在他的早期著作《惩罚、交往与共同体》（*Punishment*，*Communication*，*and Community*）中，达夫表达的观点与我的观点相类似：如果法律真如它所说，“它致力于谴责那些做出这种行为的人”[38]，那么，保持沉默就等于背弃对自身价值观的承诺。达夫在这里并没有明确提到信任，但它肯定是这种论述的一部分。（但如果是这样，这个观点就是前后矛盾的，在某种程度上，它正式否认了前瞻性的指向，但却用前瞻性元素来为自己辩护。）达夫坚持民法关注损害赔偿，刑法关注恶行，这似乎也是对的，我同意。并且我也欢迎达夫的观点，刑法不应该把自己看作道德律的 189
代理人：这样的道德主义观点不适合多元自由的社会（14）。然而，当达夫突然改变方向，声称“报应主义思想的核心”是“有罪者应得承受（某些）痛苦，并且刑法的适当目的是使他们遭受痛苦”（16）时，所有这些有希望的观点似乎都被破坏了。这里他似乎接受了他先前拒绝的道德主义，并且赞同一种与他开始时的观点不同的报应主义的核心观点（一种更熟悉、不那么“边缘”的观点）。无论如何，达夫所描述的“呼吁问责”的过程实际上是前瞻性的和改造取向的：“通过施加沉重的惩罚，我们希望使犯罪者更难忽视这一信息，使其注意力集中在他已经做过的事情上，并提供一种框架，使他能够正视自己的恶行，同时也使他的注意力集中在他必须做什么上，避免重蹈覆辙”（17）。在一个重要的脚注中（45n. 21），他再一次指出，惩罚的目的是“为了影响他未来的行为”。

总而言之，达夫的建议有积极的元素，但为了将自己的观点完全置于报应主义传统中，它没有将这些因素发挥出来。

马克尔的基本观点体现在达夫的最后摘录中：他赞同的报应主义是与犯罪者的对抗。它应该关注沟通，而不是痛苦，它的目的应该是影响未来的行为，它的关注点是一个人的不法行为，而不是这个人自己。和达夫一样，他强调，惩罚的概念是政治性的，不是全面的伦理学或形而上学学说的一部分，因此，他明确地放弃了一切基于形而上学的平衡或宇宙适应的观点。尽管如此，他坚持惩罚一定是与犯罪的严重程度"成正比的"，显然因为他相信，只有经过仔细校准的严厉程度才能准确地传达出所感受到的犯罪的严重程度。

在我看来，马克尔或多或少地放弃了报应主义，而倾向于一种着眼于罪犯改造的前瞻性理论。[39] 如果这是他的目的，对经验研究他肯定应该比他看起来更感兴趣。惩罚是真的带来了承认和改造，还是它更经常地造就累犯？一个仍然是一种惩罚手段的制度如何能真正传达出对改造有益的信息呢？[这是布雷斯韦特（John Braithwaite）的问题，并且我认为马克尔真的应该成为布雷斯韦特主义者。] 有没有其他更多的变量与一个罪犯是否重复犯罪有关——例如技巧训练、就业机会和教育？在这一点上，马克尔确实
190 注意到有补贴的毒品和酒精治疗以及技能培训可能减少犯罪，但他说，这些计划与惩罚的区别是，它们应该对所有人开放，而不是只对已经犯罪的人开放（59）。虽然目前还不清楚，这种传统的惩罚方式是不是我们能设计出来的唯一一种特别适合刑事罪犯的方案。（也许刑事罪犯需要一种特殊类型的咨询和治疗，正如布雷斯韦特似乎合理地主张的那样。）同样不清楚的是，为什么某种方案对每个人都有利这一事实被用来证明，它不是解决罪犯问题的最佳方式。所以当马克尔断言，改造罪犯最有效的方法是经过校准的、与

犯罪的“严重程度成正比”的惩罚，他只是在进行猜测。这对我来说难以置信，虽然如果真的这么做，而不是对毒品犯罪等无受害人犯罪表现出过分的严厉，确实会是一种进步。

这两个以微妙的报应主义的形式呈现的提议，它们特别令人感兴趣的地方是未来的不可阻挡的力量。这两个理论家没有沉溺于我已经拒绝的宇宙平衡的思维类型，转向了交流和改造——与此同时，他们仍旧保持在报应主义阵营中。

被称为“表达的报应主义”的一系列观点，情况也大致如此——实际上，达夫通常被归为其中一个主要的范例，尽管由于他的观点的复杂性，我对它进行了单独的处理。这些观点结合了两个主张：一是，某些罪行是严重错误，应该公开承认这些罪行；二是，也可以这么说，“空话是不费力气的”——只有严厉处理才能恰当地表达社会对这些罪行的极端负面评价，以及社会对人的生命和安全的重视。[40] 现在我同意第一个主张，并且我的密尔式的后果论可以容纳它，而其他类型的福利主义则不可能。第一个主张的意思确实并不是纯粹回顾性的：这些都是社会承诺要持续保护的。说“这个已经发生的事非常糟糕”，其意义远远超出了不费力气的空话，在某种程度上，它加强了保护人类生命和未来安全的承诺与决心。所以，这只是部分回顾性的，但它在一定程度上也是前瞻性的。

但是，只有严厉处理才能恰当地表达社会对其进行的否定性判断的严重程度，这一主张需要具有前瞻性的实证评估。仅仅让暴力犯罪者逍遥法外并不是保护人类生命的好策略，我们都可以同意这

一点。但是，使用经过实证研究证明的、最能保护人类生命的方
191 法，无疑是社会表明其重视犯罪问题的最佳途径。沉溺于关于比例的幻想，问题并不严重，在我看来，这倒确实是一堆“不费力气的空话”。相反，让我们真正研究一下问题，看看究竟什么会起作用。当然，回到我们先前的观点，这意味着不仅要考虑事后惩罚的威慑效果，它也意味着要在教育、营养以及其他事前策略上进行投入。认为许多人天生就有犯罪的倾向，他们只是因为害怕某些非常不愉快的事情发生才被阻止，这样的想法很常见，但完全不可信。只有认真的社会投入才真的表明社会认真对待犯罪——并非只是把他们扔进残酷的、有辱人格的环境中，而是要认真地把钱花在真正有利于未来的地方。我们可以称之为社会福利支出的表达理论。[41]

实际上，对表达理论的最好解释之一（其本身并不呈现为报应主义的形式）是简·汉普顿所谓的“惩罚的道德教育理论”，她认为，推进社会福利是惩罚的一个重要理由。接着她补充说，惩罚功能的一个重要部分是，它是既能“教育作恶者，也能教育普通民众，使他们基于道德的理由而选择不去实施犯罪”[42] 的一种方式。这样，她把我对公开承认的强调和对未来改造罪犯的兴趣结合起来。她似乎对如何最好地实现这些目标的经验证据持开放态度。[43]

在某些政治价值尚未得到普遍承认的情况下，公开表达这些政治价值尤其重要。因此，在从工作场所的性骚扰到金融欺诈的这些案例中，行为越是气焰嚣张无视他人，就越有必要发表公开声明，公开承认这种行为的错误是非常严重的。在这种情况下，对这种行

为加以痛苦的惩罚，从具体的威慑的角度，特别是从一般威慑的角度，很可能是必不可少的。“给某人一个教训”的想法在这些例子中得到了真正的支持，也是合理的期待。更重要的是，惩罚对社会进行了行为教育，这些行为他们曾经可能不假思索地赞同。然而，即使在这些案例中，人们也不应该假定人一旦有机会就会做坏事，只是由于恐惧才退缩。在性骚扰的案例中，教育和公共讨论已经做了大量工作，使这种行为的危害性显而易见，不进行这样的教育而仅仅进行惩罚，就如同惩罚电梯的制造商而忽视事前规范电梯标准一样愚蠢。

现在让我们转向“惩罚”讨论的另一面。苏格拉底坚持认为国家绝不能做错事。即使这些人道的和前瞻性的惩罚并没有冤枉人， 192
我们解释为什么要惩罚了吗？显然，说“X 自找的”是不够的，因为我们已经拒绝了报复的思想；说“社会福利要求我们用 X 来实现我们自己的目的”也是不够的，因为我们已经说过，法规要求平等地尊重人类尊严，把某人仅仅当作手段与这一思想相冲突。改造主义者肯定会坚持他们的反对意见。

如果我们指出，我所捍卫的后果主义包含着把保护尊严和不羞辱作为最基本的“后果”之一的意思，对后果主义惩罚理论（它可以为严厉或有辱人格的惩罚或对无辜者的惩罚做辩护）的一些常见抨击就消失了，因为这些都体现了公民基于正义的权利。[44] 因此，它们是需要促进的后果的核心组成部分，政治立场也表达了（政治）信任和平等尊重。[45] 边沁在这些问题上经历了一段艰难的时期，尽管他努力证明公共福利不是由严厉的惩罚或对无辜者的惩罚所促进的。我的观点（我认为更像密尔的观点）从一开始就让这一点不成问题。我的论述也消除了功利主义观点几乎不重视承认错误的感觉，我认为承认过错是重要的（虽然我没有说“应得”，因为到底什么样的处理才是对罪责的恰当回应仍然是一个有待讨论的问题）。

真诚地承认错误是本身就有价值，还是仅仅有工具性的价值？我的观点是两者都有可能。我倾向于认为最重要的问题是工具性价值的。一个认为真相有重要价值的制度，比一个没那么关心真相的制度能够更好地促进保护人类的重要权利，因为在这些重要问题上的真相有助于保护人类福祉，推进人们之间的信任，既包括公民之间的信任，也包括在公民和政府之间的信任。信任在革命正义中是一个核心问题，并且与真相委员会的作用有关，我在这里不再深入阐述，而是在第 7 章中会再次讨论。

因此，我对社会福利的观点要求，政府使用强制手段需要满足非常苛刻的约束条件：它必须符合平等的尊严和不羞辱的原则，必须公开承认恶行的严重性，而且，对于相关的人来说，它必须是合理的，作为更为全面的措施的一部分，我们的合理目标是促进社会福利。通常改造的目的有助于我们证明使用强制手段是合理的。但对犯罪者说，“为了公共福利，我们暂时剥夺你的自由，促进你所在的社会的福祉”，这也是允许的。在我看来，如果监禁真的是人
193 道的和尊重的，而不是令人厌恶的、暴力的、对基本尊严的侵犯，那么证明监禁的正当性就不会比证明罚款或社区服务的正当性更困难了，事实上，也不会比证明税收或征兵的正当性更困难，这些是

为了所有人的福祉而付出的令人不快的代价。反对功利主义的人通常不会认为税收是将人作为社会福利的手段，除非他们支持一种不常见的极端形式的自由意志主义。一个体面的社会有权使用强制手段使人们为普遍的福利做出必要的贡献。我们当然可以说，我们选择对你实施监禁（而不是罚款），是因为你实施了一种危险的恶行。[46] 如果这是报应主义，那就充分利用它。当然，这里的国家利益在于使罪犯丧失行为能力和威慑，而不是把监禁作为对某些犯罪按比例地报复的宇宙适配性的体现。这不是说，我们让你付出代价，或者说你在得你应得的，或者说在用你的痛苦平衡你所造成的伤害，或者你的痛苦与你所造成的伤害成比例地相称。我在陈述中避开的这些主张，被正确地视为即使是非报复性的报应主义的本质特征。[47] 此外，我们可以说，我们给予某种惩罚的原因之一，是为了表明我们对基本政治原则的承诺，这同时也承认了所有公民平等尊严的重要性。如果惩罚就是我们针对犯罪问题所做的一切，那么这种说法就是廉价的空话了。但我认为这个国家终究会采取一系列明智的策略。

Ⅳ．不愤怒与刑法

当我们需要谈犯罪与刑事司法体系时，我们已经错过了社会进步的最有意义的机会。刑法制度和“惩罚”是一种后备机制，当转向这种机制时，就意味着我们承认其他预防和威慑战略有一定程度的失败。只有当我们相信某些人或群体天生就是做坏事的，我们才会对求助于刑法来解决社会问题感到安心。在第 7 章，我们将看到，即使是那些看起来似乎很邪恶的人，例如执行邪恶的种族隔离制度的南非白人，他们也拥有向善的能力，如果本着这种精神接近他们，而不是严厉地追究他们的责任，他们可能会成为合作的、有生产力的公民。的确，当我们感到不安，我们应该把这种不安注入我们对刑法的思考。

除此之外，人们对边沁的《道德与立法原理》的批评也同样适用于我：因为，我只是简单地说一下现存“刑事司法”制度的几个方面（也请注意，我甚至没有谈到我的思想在民法方面的意义——
194 不是因为没有，而是因为我的法律知识在这一领域还有所欠缺），而不是全盘考虑用所有政府可用的手段来预防犯罪（包括教育、营养、社会保障、非歧视等等）。我们需要广泛的、多学科的和有丰富背景的调查，我的论述表明有必要进行更深入的调查，而且它对该主题一个狭小领域的现有机制也有意义，这些意义很复杂，这里只讨论了几个有代表性的问题，以说明该理论可能提供什么。

1. 受害者在刑事审判中的作用：受害者影响陈述

在当代的审判中，对罪犯的愤怒导致了人们对向组织化的机构发泄这种怨恨的需求。正如第Ⅴ节将讨论的，刑法在量刑阶段提供了一个制度化的机会，可以同情地考虑要被定罪的罪犯的整个一生，这可能会导致减轻处罚。但是，如果同情在法庭上有有用的时候（据说），为什么怨恨不应该有同样的机会？[48] 许多受害者和受害者的支持者坚持认为，受害者本人，或者更经常的是他们的家人，有权出庭并描述犯罪给他们造成的损失。通常这类请求是在凶杀案中提出的，大概是因为如果受害者还在，有关这一行为所造成的损失，受害者往往自己就可以提供证词，并且在审判时就已经以某种方式被接受。因此，争论的焦点是，在法庭上是否允许似乎与实际罪行及其实际受害者无关的证词，理由是朋友和家人也遭受痛苦，应该能够影响量刑过程。由于这些证词相当于在发泄愤怒，我对这些提议感到不安也就不足为奇了。顽固不化地将复仇女神带回法庭的想法，正是欧墨尼得斯精神所反对的：复仇女神在进入国家的过程中，应该转变为前瞻性的、考虑整个社会福利的女神。

我们也可以说，这个程序太像雅典的自诉习俗，其中受害者的声音取代了公正的法律机构。虽然它们现在不会取代法律，但它们肯定会使之发生偏离。

请注意，与给罪犯定罪有关的一切都已在审判中体现出来了。假设 O 被定罪，那么他的不法行为就已经被确认。而且，在确定
罪行的轻重时，已经考虑了不法行为对受害者和社会中其他人的影 195
响，因此受害者影响陈述在相关方面是多余的，只是用来激发报复情感。至于威慑和一般福利，完全不清楚受害者影响陈述对此有何影响，也不清楚受害者在寻求什么。他们的目的是表达愤怒，并确保对罪犯实施更严厉的惩罚。因此，他们的要求是存在问题的，我们在报复性陈述中发现的所有问题在他们的要求中都存在，其中包含着持续的非理性愤怒：在公共场合表达愤怒，对罪犯从重判刑，但死者仍然不能复生，也无助于为这个家庭创造更美好的未来。事

实上，延长与刑事司法系统的纠葛，鼓励人们固执己见，往往会使未来更糟。

我们现在来介绍另外两个问题。第一个问题是，谋杀案的受害者并不一定都有为之悲伤的家庭。就像游叙弗伦父亲的仆人一样，他们可能缺少站在他们一边的人。因此，受害者家属的要求是一个影响罪犯 O 的判决的机会，而罪犯 P 和 Q 的判决不会受到影响，因为只有罪犯 O 的受害者家属在场并且很愤怒。这似乎不是一个很有说服力的理由：犯罪就是犯罪，同样的犯罪应该同样对待。一个没有人爱的、孤独的人，和一个受人爱戴的人一样值得拥有人们的关心。第二个问题是，经验证据表明，陪审团更可能与更像他们的人建立联系。在绝大多数案件中，受害者的家人看起来比被告更像他们时，受害者的家人额外出现在现场会妨碍他们全神贯注地倾听被告的陈述。[49]

一个明智的政策应该解决受害者的关切，只要这些关切是真正实际的关切。例如，如果犯罪行为使一个家庭失去了主要的收入来源或家庭劳动力，这个家庭应该得到补偿。但是，受害者影响陈述通常不是前瞻性的补偿要求，这种补偿要求通常可以进行民事诉讼，这些陈述通常是报复性的谴责，目的是让作恶者得到更严厉的刑事判决，而这种陈述要求正是应该拒绝的。

惩罚对罪犯家属的影响如何？[50] 正如犯罪本身一样，这里也必须考虑到每一种做法的广泛社会福利影响。在考虑监禁是不是一种适当的惩罚时，我们应该考虑它对家庭和社区的影响，特别是在某些亚群体中，很大一部分男性被监禁，从而脱离生产性社区生活的时候，我们更要考虑这种影响。非暴力犯罪（如毒品犯罪）的监禁是有问题的，其中的原因之一肯定是对整个社会的影响。

在第 2 章中，我考虑了反对意见，即受害者的愤怒对犯罪是一 196
种有价值的威慑。在刑事审判的背景下，这种说法似乎特别站不住脚。人们真的会因为想到（通常是未知的）受害者的家庭成员可能出庭作证而停止犯罪吗？（也许他们会被刺激而去杀了受害者全家！）似乎也没有充分的数据表明犯罪者了解受害者的家庭情况，或者知道某一特定司法辖区是否允许进行受害者影响陈述。似乎大多数犯罪者对这些事情一无所知。受害者的损失和悲伤在对议员进行游说以制定更好的法律（例如，反对儿童性虐待或酒后驾车）方面确实非常有效，但这与在审判的惩罚阶段受害者的愤怒会阻止犯罪的说法完全不同。

关于受害者影响陈述，最好的说法是，在某些情况下，满足受害者讲述自己故事的愿望可以帮助他们向前走。好吧，如果受害者影响陈述有帮助而没有伤害，我们都应该赞成陈述。但是，我们必须记住，受害者从小就被灌输了有关报复的故事，而且他们最近又被这样的观点引导，即如果没有（通常）谴责被告的陈述，争取更严厉的判决，他们就没办法“了结”。[51] 我们不应支持受害者满足他们的报复愿望，因为这涉及公平对待被告的问题。或许我们应该为受害者提供一种创伤咨询服务，这种服务的基础是让他们直面遭遇，在一个小组的范围内讲述他们的故事。这种疗法在创伤后应激障碍治疗和强奸的创伤治疗中是众所周知的。但这些疗法并不鼓励受害者的报复性想法，也不会在这些报复性想法可能对已经被审判和定罪的人产生现实后果的背景下发生。诚然，表达报复愿望的满足感是一种真正的满足感，但一个明智的社会不会把刑法政策建立在经济学家约翰·海萨尼（John Harsanyi）所说的“虐待狂和恶意偏好”[52] 的基础上。

但是，受害者需要被倾听——不仅是被治疗师倾听，而且要在公共场合让伤害他们的罪犯倾听。正如在亲密关系中，即使是不希望报复的人，也希望伤害他们的一方能够**倾听**和**理解**，刑事案件中的受害者也是如此。他们在社会中的平等尊严感，他们对社会制度的信任，甚至可能取决于这种回应感。如果正像我认为的那样，受害者的叙述过于偏颇，无法在判决前进行，那么我们可能会谨慎地考虑在判决后为受害者的叙述设置一个制度安排。这样的叙述可能在内容上仍然大多是报复性的，但它们不会破坏法律程序。[53]

197 然而，请注意，人们假设受害者有两种截然不同的要求。一个要求就是让作恶者倾听和理解。我建议安排在判决后的设置可以满足这一需求。另一个要求通常与表达报复性的谴责混杂在一起，通常这一要求的整个要点是影响法官和陪审团。在某种程度上，就像我认为的那样，第二个要求通常是首要的，受害者不会对我安排在判决后的建议感兴趣。

在南卡罗来纳州的查尔斯顿，发生过一个引人注目的受害者对质事件，当杀手迪兰·鲁夫出现在他的审前保释听证会上，出现在他承认杀害的九个人的代表面前，他承认他杀人，试图发动一场“种族战争”。我在第 3 章中对受害者陈述进行了分析，我认为他们以一种异常纯粹的形式表达了无条件宽恕，没有优越感的主张，也没有报复的暗示。这样的陈述令人惊讶，因为它们是如此不同寻常，如果有相当一部分美国人同意查尔斯顿教会向其成员传达的严格的无条件的爱的观点，即没有怨恨的无条件的爱，那么肯定会给整个受害者影响陈述问题带来新的面貌。

2. 尊严与羞耻

不加约束的愤怒的一个更令人不快的影响是，它倾向于让别人感到耻辱，或者说让别人“降级”。愤怒通常并不总是过分地把注意力集中在地位或降低等级上，它的愿望是逆转位置，把犯罪者推到先前已经被降级的自我的地位之下。正如我所说，如果恶行被视为纯粹的地位的伤害，羞辱犯罪者确实能取消恶行，这是愤怒变得有意义的方式。尽管如此，我也说过，这是一种非常不愉快的、在规范上不合标准的感觉。当然，在公共生活中，我们不想鼓励对相对的地位的痴迷，尤其是当它在实践中导致羞辱。

如果公共生活原则避免降低等级，那么在我们所依赖的惩罚机制中就应该避免羞辱。显然，一个不希望让人感到羞辱的良好社会，应该从人们在童年开始，就有相应的住房、教育等政策。像前面说的一样，真要进行刑事处罚就太晚了。在某种程度上，社会不要简单地说出“不要残忍、罕见的惩罚”的口号，而是真的必须做到惩罚而不羞辱人。替代性的制裁，比如社区服务，是有用的，但是监狱本身可以是别的样子的，而不是羞辱和耻辱的持续来源，正
如跨国比较所显示的那样。一般来说，欧洲监狱比美国监狱（除了 198
白领监狱）要体面得多。如果美国不是决定以站不住脚的理由监

禁，从而监禁了很多人，它更容易提供体面的条件。

监禁能尊重人的尊严吗？考虑到目前的做法和真正尊重的做法之间的差距，很难说它能不能做到。但有些东西是囚犯有权拥有的，做到这些有助于监狱不羞辱人的尊严。即使在美国，他们也有权拥有清洁的卫生设施和体面的排污系统，有权拥有某些形式的个人财产（照片、纪念品等等）。重要的是，他们有权结婚，即使是终身监禁。[54] 一些法官也希望看到囚犯的个人隐私和庄严感得到比目前更好的保护。[55] 在欧洲，囚犯通常保留基本的公民权利，包括选举权和福利权，许多人还获准在监狱外工作和探望家人。需要研究这些做法，看看它们是否消除了这样的观念，即暂时丧失行为能力就意味着丧失了基本的人格尊严。[56]

社会也不应该接受引入明确以公开羞辱为基础的惩罚——这在历史上曾经非常普遍，在历史上，刑事文身、烙印和红字都很有名。[57] 有时，这些当代的羞耻性惩罚被作为监禁的替代性方案，在这种情况下，它们只是不同形式的侮辱，至少在美国，考虑到监狱的条件，它们也许会更有吸引力一些。但在通常情况下，它们被提议作为较轻罪犯罚款和社区服务的替代性方案，因为它们更好地表达了社会降低罪犯等级的愿望。相反，有人认为，社区服务让人们去做一些好事，可以创造个人的骄傲和自信——而羞耻惩罚的主要理论家丹·卡亨（Dan Kahan）认为，这与社会核心道德价值观是不相容的。[58] 因此，让我们思考一下用羞耻惩罚来替代社区服务，因为这是卡亨的关注点。

给教唆、随地小便或酒后驾车等非暴力犯罪的人身上施加污名

（以标志、标语牌等形式）是令人反感的，原因有很多。[59] 第一，这种侵犯尊严的方式令人感到非常痛苦，即使它不令人感到痛苦，基于基本正义它也是不可接受的。正如我所强调的那样，我的福利主义的观点认为，保护尊严和自尊的社会条件本身具有一种内在价值，因此，我们拒绝在政府管理上把公民降低等级，即使它在遏制犯罪方面非常有效（我们将看到，事实并非如此）。

第二，基于羞辱的惩罚是对群众的报复发出的一个邀请：标志或标语牌是由法庭下令的，但惩罚者是一群普通公民，是他们在嘲笑和羞辱，因此，这些惩罚满足了大多数人的愿望，使某些不受欢 199
迎的人降低等级，蒙受耻辱。对于一个基于公正和法治的社会来说，将惩罚转向这种有偏见的和不合法的力量，在规范上是有问题的。

第三，正如我们所料，历史表明[60]，这种倾向会很快失控，从给真正有害的行为加上污名蔓延到只是不太普及的生活方式也被污名化：因此，在许多时代、许多地方，宗教和性倾向上的少数群体成为污名和烙印的目标。[61] 让暴民有给他人以"污名化的身份"的能力，是对一种非常普遍的欺凌的公开邀请。这种蔓延趋势也表明，基于羞耻感的刑罚不会真止阻止犯罪，因为它们不会（或不会首先）针对真正的罪犯，它们向整个社会发出了一个信号，污名化的身份，而不是严重的犯罪，是刑事司法系统的主要对象。

第四，基于羞耻的惩罚鼓励报复性愤怒。欧墨尼得斯必须解决的问题之一是愤怒无休无止的本性，它在每一代新人中不断地循环。因此，污名和羞辱也是如此，詹姆斯·吉利根（James Gilligan）对暴力的优秀实证研究表明，这种惩罚实际上增加了社会中的暴力，增强了犯罪分子自我定义为不法分子，并与其他不法分子联合起来报复社会的倾向。因此，它们是极坏的威慑。[62]

第五，这样的惩罚会导致刑法理论家斯蒂芬·舒尔霍弗（Stephen Schulhofer）和其他学者所说的“网络扩张”，即简单地增加社会上的惩罚总量。因为它们看起来不像监禁那么严厉，常常被用来替代直接释放或假释，从而增加了社会上的“严厉处理”的总量。[63] 我们有理由认为，这种非常昂贵的“网络扩张”不利于遏制真正严重的犯罪。

这五个反对羞辱惩罚的观点中，有三个是经验性的，支持的观点是：它们不具有很好的威慑力（第三个观点涉及具体威慑力和一般威慑力，第四个和第五个观点主要涉及具体威慑力）。只有第一个和第二个观点是规范性的，留下了开放性问题，“假如它有效，我们不应该这样做吗?”事实上，所有的社会都以与效率无关的理由，回避某些形式的“残忍、罕见的惩罚”以及例如奴役等做法。我的福利主义的看法与他们的一致。不过，有必要指出的是，基于各种理由，这种惩罚实际上相当低效。

但是，正如我在第 2 章中所说，一些地位伤害属于特殊类别，因为它们涉及剥夺人们的平等尊严。基于种族、性别或残疾的歧
200 视，工作场所的性骚扰，某些类型的欺凌或威胁性的仇恨言论，所有这些都是特殊种类的羞辱行为，一个承诺法律面前人人平等的社会需要非常认真地对待。无论如何，将此类行为定为非法，通常是以前瞻性的福利主义论点为依据的，因为人们似乎有理由相信，这

种行为有高度的可威慑性，可以被阻止。因此，我们不需要敦促改变公共观点的常见模式，即使是对仇恨犯罪的额外惩罚通常也具有威慑力。[64]

一个追求整体福利的社会必须非常谨慎地权衡言论问题，因为欧洲那种有关仇恨言论的法律（包括反对“群体诽谤”的法律）无法证明能够提高福利，对此密尔在《论自由》一书中已经给出了理由。它们很容易被多数人用来贬抑少数民族：像英国和印度这样不同的国家都有亵渎神明法，将冒犯多数人的宗教定为犯罪（或者，大多数人在要求一般法律的执行方面处于最有利的地位），时间证明，这些法律对少数人的言论和内部的宗教批评都是极端严厉的。[65] 但更狭义的、针对个人的、关注欺凌和威胁的法律似乎没有这个问题。改革互联网匿名的现状，使被诽谤的个人能够在现行法律之下成功地提起诉讼似乎是当务之急。[66]

简言之：我强烈反对痴迷于地位，并不意味着政治原则不应该关注地位。我反对的目标是相对的地位和等级。我们作为人和公民的平等尊严是一种特殊的地位，理应得到宪法保护。因此反歧视法、禁止性骚扰，以及（我个人要补充的）平权法案（affirmative action）① 等具有重要作用。（因此，平权法案不能仅仅作为身份政治或相对的群体地位的主张而被接受：必须从平等的角度进行辩护。）

① 1960 年代伴随非洲裔美国人民权运动、妇女解放运动等兴起了平权运动，通过了一系列“平权法案”，主张在大学招生、政府招标等情况下照顾如少数族裔、女性等弱势群体，允许教育、就业、工程承包和医疗方案考虑少数群体的劣势而给予优待。平权运动的目的是，扳回历史上对少数族裔和女性等弱势群体的歧视，把他们在历史上承受的痛苦折算成现实的利益。

3. 冲突与重新融合

当一个孩子做了一件坏事，一个好的家庭会向他传达一个明确的信息，告诉他这个行为是不可接受的，但会本着慈爱和大度的精神，鼓励孩子把自己和自己的错误行为区分开来，肯定他将来有能力做好事。如果父母自己能够树立美德的榜样，孩子通过对父母的爱和效仿，他们对冲突与重新融入社会所做的精心整合就会更为有效。

有较大影响的澳大利亚犯罪学专家约翰·布雷斯韦特认为，许多犯罪，特别是青少年犯罪，最好是以一种支持性的父母之心通过
201 社区会议的方式来解决。布雷斯韦特的方法很复杂，包含社区的社会控制、公众耻感和由社区而不是公正的政府机构（至少在第一次）管理惩罚等复杂的理论。[67] 我认为他的观点有些方面非常有吸引力，有些方面则并非如此。因此，我要做的是描述“布雷斯韦特的核心观点”，即代表了其思想核心特征的重新融合会议的建议；然后，我将以批判的精神审视这个思想；最后，我要提到布雷斯韦特犯罪理论的其他方面，这些内容似乎与有吸引力的核心观点是分离的，而且其本身并不那么吸引人。[68]

布雷斯韦特的基本思想是，如果罪犯，特别是年轻罪犯，想要改变自己的行为方式（以及如果其他人想要威慑），他们需要明确的道德信息，需要明白他们的行为究竟错在哪里，同时还需要有与他们所侵犯的社会进行重新融合的途径。他的方法大体上是功利主义的：目标最终是阻止犯罪，他认为重新融合方法比其他方法更有

效。[69] 他指出，大多数没有人情味的刑事处罚都会使罪犯更加疏离，特别是年轻的和有可塑性的罪犯，会使他们认同犯罪亚文化，并使他们在犯罪的道路上变得更加坚定。当刑事司法系统传达出一种污名化或羞辱的信息，将罪犯视为卑微、缺乏尊严、不值得太多关注的人时，这种结果尤其可能发生。这种情况的确经常发生。布雷斯韦特认为，大型的、缺乏人情味儿的机构以这种不尊重的、污名化的方式行事是其通病。[70]

他还认为，犯罪是不能为社会所接受的，但大多数改造努力并没有成功地让这一道德信息给青少年留下深刻的烙印。他们往往依靠理性的劝说，而布雷斯韦特则认为，一个社区就像一个家庭一样，在激发人们对社区道德规范的强烈情感方面效果最好。他把这种关键的情感称为“耻感”，是一种痛苦的情感，承认自己不符合某种社区理想或规范。

正如一个好家庭（在他看来）通过爱和尊重强调的那样，孩子与孩子的犯罪行为是分开的，所以对少年犯的成功干预也必须将犯罪者与犯罪行为分开。布雷斯韦特认为，做到这一点的最佳途径是通过举办社区会议，去机构化和个性化地处理罪犯，实际上，社区本身就是刑事司法体系，如果一切顺利，年轻罪犯就永远不会再落入正式的司法体系中。这种会议——他和他的同事们在澳大利亚的
沃加沃加、新西兰的奥克兰进行了试验和研究——只用于掠夺性犯 202
罪，从而避免了一个明显的问题：即使没有受害者，社区也喜欢以侵入性的方式对人民的自由进行压制。在他看来，大多数惩罚制度都是让良心变得残忍；相比之下，这一体系的目的是唤醒良心，向

犯罪者表明，他的行为让社区付出的代价和社区的强烈不满，但始终向罪犯表明对他的尊重，始终将罪犯视为有行善潜力的人。布雷斯韦特特别强调这一点，将自己的做法与其他以污名和羞辱为焦点、以耻辱为基础的惩罚建议进行了明确的区分。[71]

实际怎么做呢？会议通常包括一个或多个受害者，他们可以向罪犯说明犯罪行为让别人付出的代价。[72] 一个原本不知其名的人变成了“一个脆弱的老年妇女，她因为丢了钱而失去了重要东西”[73]。参加会议的也包括亲戚、教师和其他年轻人钦佩或爱戴的社区人物，因此在整个会议仿效一种家庭结构来组织。[74] 而且，即使受害者没有把痛苦传达给罪犯，即使受害者没有直接触动罪犯的情感，因为有的罪犯可能已经发展出逃避责任感的能力，受害者也很可能打动罪犯的亲朋好友，他们的痛苦反过来可能会传到罪犯身上。[75] 整个过程由协调员来保持前瞻性和积极性，因此，当一位母亲在某个时候说，“他以前是个好孩子，直到那时，”协调员立即插话说，“他仍然是个好孩子。这里没有人认为我们在对付一个坏孩子，他是一个犯了错误的好孩子，我希望他现在知道，这是我们对他的看法。”[76] 罪行被表述为一个好人的坏行为。同时，罪犯生活中的任何恶劣条件都会被曝光，以唤起同情。

协调员代表谁？代表什么？布雷斯韦特说，这很复杂，而且颇具挑战性。因为协调员必须确定他或她自己与犯罪者、受害者、家属的身份，但也必须确定“法律所规定的超越个人的价值观”[77]。这的确是一个很高的要求。最重要的是，协调员必须传达这样的想法，即，这是一次关于重新融合的会议，而不是一次通常的、与惩罚想法相关的“伤害”。这个过程应该是有耐心的，布雷斯韦特描述了一个案例，在这个案例中，为了触动一个惯犯连续召开了八次会议。

如何实现重新融合?[78] 这个想法是为了让所有相似的人，罪犯、受害者和朋友，承认行为和人之间的分离，表达对人的亲近和包容，同时表达对行为的严厉反对。“重新融合仪式”由协调员根据他或她对社区的了解进行设计。道歉在这里被认为是一种仪式性的姿态，罪犯通过道歉把自己一分为二，把自己从犯罪行为中分离出来，支持社会规范。[79] 但是，道歉的结构是精心设计的，所以 *203*
它不包含贬抑，而是积极地加强自尊。人们所希望的是，犯罪在各方之间所造成的距离被拉近，从而创造“机会……让犯罪者和受害者彼此表现出（出乎意料的）宽宏大量”[80]。

就我们的“转型”和着眼于福利的前瞻性的观点而言，这种方法有着明显的吸引力。这确实是一种转型惩罚：不愤怒，宽宏大量的精神，但坚持错误行为的错误性质。如果这样的会议能够巧妙地进行，似乎会很有成效，正如实验证据所表明的那样。当然，一个训练有素的协调员比检察官和法官更善于以一种前瞻性的方式与罪犯合作。布雷斯韦特的观点无疑是正确的，官方的刑事司法系统常常对罪犯很疏离并且会污名化。

但是，根据我们的欧墨尼得斯理念，将愤怒交给公正的司法机构来处理，这一提议有着值得怀疑的特点。布雷斯韦特很清楚，会议似乎是对程序正义和正当程序的藐视。基于这个原因，如果罪犯否认指控，他就会被移送到正式的司法系统，他不是必须在会上认罪。[81] 尽管协调员尽了最大努力，但会议现场仍旧会产生对愤怒、羞耻和羞辱的明显担忧。布雷斯韦特也知道这一点，但他回答说，一旦受害者和一个真实的人同处一个房间里，听他讲他的事儿，受害者的愤怒和复仇情绪比人们预期的要少得多。[82] 他也没有忘记这样一种危险，那就是建立在模仿好的榜样的基础上的羞耻感会滑向排斥和污名化，他提议通过一种“包容仪式”来阻止这种情况的发生。至于社区规范本身可能包含对亚群体的污名化的观点，他建议通过只关注抢劫罪来避免这种情况的发生，因为这种犯罪在不同群体之间有着高度的共识。至于会议设置本身很难避免的权力不平衡（通常遵循外界的种族和阶级的不对称），这些都是通过周密的会议安排，特别是协调员的警惕而避免的。

我们应该怎么看这些建议？一个明显的困难是，布雷斯韦特是将他自己设计的程序的理想化和精心控制的版本与刑事司法系统日常运作进行比较。如果他的体系制度在不同的国家得到广泛的实践，那么有多少协调员能真正承担起分配给他们的艰巨任务？平均值是多少？和所有的自由裁量制度一样，我们需要看规则，而不是
204 理想状况。会议以常规化或不加特别关注的方式运行时，它就缺乏刑事司法系统的程序保障，同时也缺乏布雷斯韦特体系令人印象深刻的美德。

我认为，布雷斯韦特是对的，确实有必要用一些私人的、坚持前瞻性的东西来补充司法正义，专注于唤醒而不是践踏良心，这种干预很可能会产生意想不到的力量，因为它们传达了爱、大度和尊重等少年犯罪司法制度中很难找到的美德。只要我们相信

协调员有必要的专门知识和判断力，这确实是对正式做法的有益补充，而且肯定会比通常的社会对待青少年犯罪的强烈复仇态度要好。

事实上，我们不需要等待犯罪发生，就可以使用一些布雷斯韦特式的技巧。芝加哥有一所问题青少年高中，这些青少年曾经被其他公立学校开除过，这所学校的校长就利用相似类型的会议，让这些可能会犯罪的孩子以不同的方式思考自己，这种会议是由有精神病学研究背景的社会工作者组成的小组举办的。当我访问这个项目时，团体治疗的协调员强调，他们认为自己的主要贡献不是什么特别的方法或专业知识，而是倾听孩子们的心声并认真对待他们，在孩子的世界中，其他成年人通常不这样做（尽管他们尽可能让家人参与进来）。我认为，只要我们能将这种个人关怀和倾听的美德注入这个体系中，就肯定应该尝试这种做法，这所学校中的社会工作者进行的那种团体治疗也可以在学校和青少年犯罪司法体系进行更广泛的尝试。

然而，在这里，我要把我的观点与布雷斯韦特在其著作中提出的更广泛的理论区分开来——使用这些替代技术的正确方法是，将它作为公正司法体系授权的，实现其目标的一种方法，特别是对青少年的方法，但完全没有理由接受一个整体理论，即社区是正义的中心，或者像布雷斯韦特所说的那样，正义的首要代理人始终应该是社区，而法律体系只应该是第二位的代理人。这就像任何东西的私有化一样：如果有理由相信私有化系统会比通常的公共方法更有效，政府可能会选择私有化，但这种替代方法必须对公众批评保持透明，对选民负责，并受到基本正义的程序限制。这样的做法也可以让受害者放心，他们的担忧得到了认真对待：但布雷斯韦特很难回应女权主义者的批评，他们批评非正式会议以一种不好的方式把家庭暴力和性侵犯“私有化”，以低于法律规定的标准对待这些受害者的尊严。[83]

205 在我看来，布雷斯韦特也应该更了解他试图激发的年轻罪犯的情感。“羞耻感”通常被认为是一种总体上不够好、有弱点的感觉，与一种持久的特质有关，不是单一的行为。[84] 因此，对于将行为与犯罪者的分离开来的情感而言，它是一个误导性的名称。我想说，“悔憾”和“行为人悔憾”（见第 4 章）是针对行为的否定性情感的好术语，两者都与模仿生活中的好榜样和好方式相容，模仿与通常设想的羞耻感有很大不同。布雷斯韦特似乎是从一幅以羞辱为基础的惩罚画面开始的：他的书中关于日本的章节表明，他赞同一种包括严厉审讯、大量忏悔和贬低的制度；直到后来，他才转向更吸引人的画面，使他的实证工作充满活力，但这些概念从未得到足够的澄清。因此，我认为，布雷斯韦特的提议虽然与我已经拒绝的基于羞辱的惩罚的提议完全不同，后者包含耻辱，而他没有，但他在这一点上仍然可能会引起误解。

布雷斯韦特的具体建议是为少年犯罪司法系统的需要量身定做的。但是，转型心态可以有许多方法对刑法中的回顾性实践进行批判。在许多方面，现行的制度根本不是前瞻性的，而是坚持把罪犯与他们先前的不良行为捆绑在一起。三振出局的法律，基于“前科”的量刑和“职业犯罪”的分类只是一些实践，理性社会会以前瞻性的精神进行实证研究，探究它们是否促进了社会福利。看来，它们中至少有些可能无法通过检验：它们之所以受欢迎，是因为报复心态。

Ⅴ．仁慈：连接事前与事后

在我对事后惩罚的讨论中，我强调了事前思考的巨大重要性。如果社会能更好地保护人类福利，虽然毫无疑问还会有犯罪，但犯罪会减少。教育、就业、营养和居住条件的改善确实会带来不同的效果。现在，在结束对惩罚的讨论时，我想说，一种斯多葛学派大力推崇的态度做出了有价值的贡献，它将我们对同情地想象的持续兴趣与对好法官（或陪审员）的规范性描述联系起来。

根据古希腊罗马的概念，仁慈（希腊语 *epieikeia*，拉丁语 *clementia*）是好法官在决定如何处理不法行为时的一种属性[85]，塞涅卡将仁慈定义为"在实施惩罚时倾向于宽大的心态"。那么，仁慈 206
和同情（拉丁语 *misericordia*，意大利语 *pietà*，希腊语 *eleos* 和 *oiktos*）就不是一回事。仁慈是一种心理倾向，但不一定是一种情感；同情则是一种对他人困境的情感反应。仁慈承认这个人有过错：仁慈出现在审判定罪之后的刑罚阶段。相反，同情与过错一点关系也没有：事实上，正如人们通常所理解的那样，同情承认，不受控制的事件在使人们陷入糟糕的境遇中起着很大的作用，这种境遇激发人们产生痛苦的情感，它包含的意思是，这个人要么完全没有责任，要么部分没有责任。[86] 然而，这两种态度之间存在着联系：正如斯多葛学派哲学家所定义的那样，仁慈承认一个人的不良行为在一定程度上是由不合标准的先决条件造成的，对此不应责怪他们。

我所说的只是希腊罗马的仁慈观，而不是西方法律思想史上的一个截然不同的观念，我称之为“君主”的仁慈观。[87] 例如，我们在莎士比亚的《威尼斯商人》中波西娅关于仁慈的著名的演讲中发现，君主的观念认为仁慈是上帝或统治者的无偿的礼物，他们永远位于犯了错误的凡人之上。它以等级制度为前提，暗示仁慈的源头是完美无瑕的。君主之所以能施以仁慈，不是因为承认普遍的人性，而是因为对永恒的差异和优越感有确定认识。君主的仁慈也不需要任何同情或想象的努力：因为所有人都一样低贱、卑鄙和罪恶，所以想象别人的内心不会给我们任何减轻惩罚的特别理由，完全是浪费时间。众所周知，波西娅完全没有做任何努力，去想象一个在威尼斯的犹太人会有什么感受，什么样的污名和仇恨的经历会导致他冷酷无情地坚持他的契约。

君主的仁慈观念与我们在第 3 章批判地考察的宗教宽恕思想有着密切的关系。相比之下，希腊罗马的仁慈不是君主的仁慈，而是平等主义的：它说我们都在一起，我们理解人类生活，因为我们都身处其中，背负着它的艰难，尽管有些人比其他人更沉重。没有人是安全的，法官和罪犯一样。这种观念有其悠久的传统。当然，它在莎士比亚的作品中也扮演了一定的角色，莎士比亚的《一报还一报》与其说是君主主义的，不如说是塞涅卡主义的。

塞涅卡的（或更一般的希腊罗马的）仁慈从一个简单的观点开

始：要想做好事会有很多障碍。因此，当人们做坏事的时候，有时
完全是他们自己的错，但我们常常会说，他们是受制于不寻常的环
境和压力。环境，而不是与生俱来的邪恶倾向，是我们所看到的许 207
多犯罪的根源。因此，仔细了解环境条件往往会在判决时表现出宽
大的精神。一般来说，这些考虑都发生在审判的刑罚阶段，但它们
可以为刑事司法提供更为普遍的思路（例如，布雷斯韦特对青少年
犯罪的处置方法）。

在某种意义上说，仁慈的法官是溯及既往的。但法官在承认恶行的事实，从而表达社会对核心价值观的承诺的同时，也是向前看的，期待着一个重新融合的世界。整体的精神就是那种转型-愤怒：对所做的恶行感到无法容忍，但宽宏大量的精神取代了单纯的惩罚精神。除了关注具体和普遍威慑，有时还关注限制行为能力，这样的法官还会探询，在一个人性脆弱的世界里，我们如何才能尽可能地生活在一起。这种关切有时可能采取对某个特定被告的特殊仁慈的形式。但是，由于法官试图了解与犯罪有关的背景条件，他或她的关切也会引发一般的事先考虑，以防止今后案件的发生，事后的态度带来了对**事前视角**的新贡献。同情地理解被告所处的环境，不会也不应该导致在每一个具体案件中减轻处罚。（很明显，这在很大程度上取决于预期减刑的底线，以及关于威慑的经验事实。）但它有更好的作用：它提醒我们，我们有共同的人性，但它会受到我们有能力改变的环境条件的损害。太多时候，妖魔化被告，会滋生强烈的报复性，并且人们讲述的这个人的故事通常是虚假的，认为他们与社会上的“好人”的故事完全不同，这种心态妨碍了良好的

社会思考。

像边沁一样，既然我们暂且将我们的观察局限于“刑事司法事件”领域，我们就可以想象出许多方式，让转型心态能够在这个领域起作用。以福利为中心的体系肯定会避免对无受害人的罪行进行强制性的最低量刑和严厉惩罚。在可能的情况下，特别是在对待青少年犯罪时，也可以使用布雷斯韦特的技巧。对于成年人，仁慈的法官可能会在司法体系内设想其他替代性的途径，做出包含治疗（药物和酒精治疗、家庭暴力和愤怒管理计划）而不是监禁和残酷的判决。在宣判阶段，法庭可以鼓励被告讲述他的人生经历，讲述对他而言良好行为的艰难，尽管正如我所说，这不应导致在每一个案件中都减轻处罚。[88] 一般来说，社会应该表达的是：这一罪行
208 无法容忍，但我们可以同情地看到，罪犯是一个比罪行好得多、将来有能力行善的人，我们可以根据这一思想调整量刑。同时，我们加倍努力，为所有人创造更加有利的条件。

我强调了无助在报复中所起的作用：报复的愿望往往是对潜在的无力感的一种替代，它给人一种幻觉，仿佛这样人就可以对自己的糟糕处境做些什么。我们可以假定，人和制度，在对自己的稳定和权力更有信心的情况下，往往能够变得更仁慈。事实上，尼采更有说服力地论述了这种联系。[89] 尼采和塞涅卡一样（他深受塞涅卡的影响），他认为，他在基督教中看到的基于复仇的道德观在心理上与软弱无能的感觉有关。他追根溯源，分析了这种无力感如何导致人们在幻想上帝在来世会实施报应时感到快乐。他认为，报复不太可能是一个强势的人或社群的特点。事实上，在强势的人或社

群中，对报复本身的兴趣会逐渐被克服，朝着仁慈的方向发展。他和我一样，关注“刑事司法体系”：

> 随着权力的增加，社会不再严肃地对待个人的违法行为，因为它们不再像以前那样被视为对整体是危险的和破坏性的。……随着社会的权力和自信的增强，刑法总是变得更加温和；而对社会权力和自信的削弱或危害都会带来刑法更为严厉的形式的恢复。“债主”总是在他变得更富有的情况下变得更加人道，最后，他能忍受多少损失而不感到痛苦成为他的财富的实际衡量标准。社会获得这样一种权力意识，从而允许自己拥有最高贵的奢华——让那些伤害它的人免受惩罚，这并非不可想象。……正义以“一切都是可清偿的，一切都必须被清偿”开始，最终以睁一眼闭一眼，让那些无力清偿债务的人获得自由告终：正义以克服自身而告终，正如世界上的所有好事一样。这种正义的自我克服，人们知道它给自己起了一个美丽的名字——仁慈；毫无疑问，仁慈仍然是最有权势的人的特权，或者最好说，是他的超越法律的特权。[90]

放弃惩罚的能力是个人和社会有力量的标志，这一观点是本书一贯的主旨。

塞涅卡式的仁慈与宽恕有什么关系？如果我们把讨论限定于交 209
易性宽恕的核心案例，那么仁慈和宽恕乍一看是相当接近的。不是因为两者都是由于一个人的悔恨而中止或放弃了愤怒的情感吗？既是，也不是。仁慈坚持真相，所以它永远不会抹去或“忘记”不法行为，而宽恕在某些情况下则会，这是一个非常显著的区别。但是还有另外两个更重要的区别。仁慈不需要以愤怒为先导：它可以且经常表达为一种纯粹的转型-愤怒的形式，简单地承认行为的错误，但要以前瞻性的和宽宏大量的精神承认。在这一点上，宽恕是不同的，它全部是关于我们如何对待过去的。塞涅卡式的仁慈从一开始就是关于未来的，它期待着重新整合。如果愤怒短暂地出现，仁慈会迅速转向转型。最后，第三个区别，交易性宽恕要求道歉。仁慈只是让事情往前走，期待明天。过去的已经过去了，现在请你不要再这样做了——还有，让我们看看我们的社会怎样才能比现在更好地解决问题。因此，它接近于无条件宽恕，或者更好的，无条件的爱，我们的一些不同的宗教文本体现了这种爱，我们的革命正义的例子也将体现这种爱。它拒绝玩“责备游戏”，或建立一个好（受害者）和坏（罪犯）的等级制度。因此，它不会让罪犯处于一种卑微或羞辱的地位。相反，它的观念是，我们都在同一条船上，我们最好尽可能地生活在一起。

正如我们将在第7章中看到的，这种前瞻性的精神产生了一种实现革命正义的方法，它与基于宽恕的方法截然不同。当我们讲到相关内容时，就会更好地理解两者之间的对比。

我关注的是“刑事司法体系”的制度，而不是其中行为者的情感。然而，到目前为止，我们看到这个体系中的许多角色都有内在的自由裁量权，这在一定程度上要求人们能够很好地适应这些情感角色。如果是无情感的机器人，他们不能成为好的法官或者陪审员，然而，同样重要的是，他们也不能让自己的情感泛滥——他们要精心扮演这个体面的体系为他们精心安排的情感角色。[91] 因此，他们既需要发展情感能力，也需要相当的自我克制。后一种美德尤其重要，因为在许多社会中，愤怒的塞壬①之歌是如此诱人。

欧墨尼得斯不会满足，也不应该满足。因为她们要求的是“与
邪恶的成功毫不相干的东西”，“邪恶的成功”指的是通过报复获得
的成功。“不要让风毁坏了树木”可以理解为，或迟或早，让我们
用好营养、好住房、好教育、好医疗培养公民。[92]“不要让疾病蔓 210
延而致命。”没有一个现代社会在意这些话（当然，古代雅典也不
在乎，这个奴隶社会允许巨大的不平等甚至在公民之间持续存在，
同时在周边发动残酷的征服战）。我们为监禁和“惩罚”机制所困，
因为我们在其他任务上失败了。如果我们做得更好，这些机制可能
还会存在，但它们要做的事情会少得多。

回想一下埃比尼泽·斯克鲁奇（Ebenezer Scrooge）②：圣诞节时，有人邀请他给饥饿的人捐赠食物，他惊讶地问，看守所和济贫院是不是还开着，它们是不是还起着有效的作用。在现代社会，也许美国比其他国家更像是斯克鲁奇——想象着通过任何社会都不应依赖的默认制度来实现正义，把它视为理所当然的永久模式。关于“惩罚的正当性”的辩论应该与斯克鲁奇关于“济贫院的正当性”的辩论一样——在这场辩论中，为了给济贫院一个位置，他必须说服我们，已经尽一切可能防止饥饿和痛苦。“与惩罚相对应的是什么?”这应该是我们的问题，与惩罚对应的不应该是一些温和的替

① 塞壬，希腊神话中的女妖，歌声如同魔音。

② 埃比尼泽·斯克鲁奇（Ebenezer Scrooge），狄更斯《圣诞赞歌》中的人物，是性情刻薄、冷酷的守财奴。Scrooge 的英文意思就是吝啬鬼、守财奴。

代性选择，比如在令人厌恶的监狱里进行治疗，而应该是彻底改变我们看待贫穷和不平等的方式，特别是在对待我们最年轻的公民时。尽管如此，我们离这个目标还很远，就目前而言，我在这里为之辩护的一些温和的提议似乎是唯一可能赢得听证会的提议。

注释

[1] 杰出讨论，见 Allen（2000；1999）。

[2] 艾伦对愤怒是一种疾病给出了一个很好的解释，但她随后为雅典的起诉结构提供了一个辩护，把它作为解决畸形社会关系问题的好方法，在我看来，这并不令人信服。

[3] See "Socrates' Rejection of Retaliation," in Vlastos（1991，179-199）. 他的主要资料来源是柏拉图早期的对话，特别是《克里托篇》。

[4] 虽然这是普罗塔哥拉而不是苏格拉底说的，但他被描绘成一个富有同情心的人物，而且柏拉图很可能赞同这一说法。

[5] Trans. Vlastos（1991）.

[6] See Allen（1999）.

[7] 当然，这是一个宪法解释问题，涉及公民权利和妇女权利、男女同性恋者的权利。有许多问题可以说明美国宪法仍然承认（社会经济领域的）根本的不公正。但人们也可以像富兰克林·德拉诺·罗斯福（Franklin Delano Roosevelt）那样说，国家的核心承诺包含着对社会和经济权利的认知。

[8] See Nussbaum（2013）.

[9] 例如，见 Nussbaum（2000b；2006；2010a）。

[10] 在我看来，对于尊严概念的作用，不能脱离一系列其他概念和原则来定义，见 Nussbaum（2010a）。

[11] 当然，阿马蒂亚·森对此有非常深刻的理解，他以密尔为参照，提出了他的版本的“能力进路”，并且不遗余力地主张，后果主义可以将权利视为内在善（参见 Sen 1982）。我的规范性政治观点不同于其他形式的后果论的一个方面，在于它的界限：因为我介绍的能力进路只是作为多元社会中政治原则的基础，而不是作为一种关于美好或繁荣生活的全面的理论，然而，大多数结果论者把他们的观点描述为全面的理论。然而，这种差异在接下来的讨论中并不重要。

[12] Rawls（1986），“The Idea of an Overlapping Consensus.”关于罗尔斯的概念的介绍，见 Comim and Nussbaum（2014）。

[13] See Levmore and Nussbaum（2014），Introduction.

[14] 华莱士·斯特格纳（Wallace Stegner）的小说《安息角》（*Angle of Repose*，1971）对这些复杂性进行了引人入胜的反思。小说讲述了一个健谈的东方女人，爱上了一个坚强而沉默寡言的（19 世纪）西方男人，并嫁给了他：参见 Levmore-Nussbaum（2014），这本论文集中退休法官霍华德·马茨（Howard Matz）对这一悲剧故事与美国法律之间关系的思考。另请参见同一本论文集中，Saul Levmore，“Snitching，Whistleblowing，and ‘Barn Burning’：Loyalty in Law，Literature，and Sports”，对福克纳的故事和美国法律与文学中“告密者”的“无男子气概”形象的解读；以

及参见 Nussbaum，“Jewish Men，Jewish Lawyers：Roth's ‘Eli，the Fanatic’ and the Question of Jewish Masculinity in American Law”，认为（正如罗斯的祖里夫所坚持的那样）法律是典型的犹太人的法律，其含义是法律基于讨论而不是“男子气概”的自作主张，基于同情而不是义愤填膺的荣誉。

[15] 关于随着时间的推移，从冒犯地位（尤其是男性荣誉）到真正的伤害的一些变化，见 Kahan and Nussbaum（1996）。

[16] 威廉·伊恩·米勒（William Ian Miller）认为，即使在早期的“荣誉”文化中，对地位的报复性竞争也通过一种把人们引导到谈判桌上的方式而受到社会的约束。见 Miller（1990）。

[17] 卓越的社会语言学研究，见 Coyle（2013，ch. 3）。

[18] See Coyle（2013，ch. 3）.

[19] See Allen（1999）and Walker（2006）.

[20] See Walker（2006）.

[21] See Mackie（1982）.

[22] Bentham（1948，177）.

[23] Santora（2013）.

[24] CBS News（2012）.

[25] 我提供了赫克曼的研究结果摘要和他的最重要贡献的参考书目，详见 Nussbaum（2010a）附录。

[26] 最初的声明见 Zorn（2013）；让步的内容见 Huffington Post（2013）。

[27] 见 Coyle（2013），通常是因为我们的术语在塑造思想方

面的重要性。

［28］ See Young (2011).

［29］ 关于这个主题有很多非常好的概述，其中概括得特别好的，见 Tasioulas (2010，680－691)。很明显，我不同意这篇文章的所有观点，但它的清晰性令人钦佩。

［30］ See Morris (1968).

［31］ Moore (1995).

［32］ 达夫提出了一个相关的观点：莫里斯的观点没有将强奸和谋杀等犯罪行为当作错误的行为，只要没有刑法的存在，它们就不错，参见 Duff (2001，22)。

［33］ 见 Jean Hampton，Hampton and Murphy (1988)，她称这个观点“奇怪甚至令人反感”(115)，她还说她的合作者墨菲称之为“令人不寒而栗”(116)。

［34］ Moore (1995，98-99).

［35］ Moore (1995，98).

［36］ 请注意，他认为道德上的应得对于惩罚而言是足够的，因此，无论是合法的还是不合法的错误行为，都应得到惩罚。

［37］ Duff (2011) and Markel (2011). 两位作者关于这个问题都发表了大量的文章，但最近的这些文章提供了他们的观点的简明摘要。2014 年 7 月，马克尔在佛罗里达州的家门外被谋杀。他的死仍是个谜。

［38］ Duff (2001，28).

［39］ 在这方面，他的观点与汉普顿的观点非常相似，见下文。

[40]“空话是不费力气的”这个短语要感谢我的同事理查德·麦克亚当斯（Richard McAdams）。除了达夫的观点外，这类观点的突出例子还包括 Bennett（2001）；Hampton（1984）；Primoratz（1989）。关于这些观点的评论，见 Boonin（2008）。

[41] 这个提法我也要感谢理查德·麦克亚当斯。达夫承认，到目前为止，国家什么样的行为能够传达谴责，还是一个悬而未决的问题，但这不意味着“严厉对待”就能达到最好的效果。他用惩罚是一种“世俗的赎罪”的观点来证明对事后严厉对待的关注是有道理的，但除了在这些准宗教的术语中，监禁是否被合理看待的问题之外，我们还需要问，为什么不在罪犯犯罪之前进行干预，而不是等待犯罪之后再进行忏悔。

[42] Hampton（1984，213）. 她补充说，尽管报应主义“把惩罚理解为执行‘否定错误’和‘重申正确’的相当形而上学的任务”，但惩罚旨在实现一个“具体的道德目标”，这包括使罪犯和社会都受益。她还有力地论述，这种做法尊重了受害者的需要，让他们受到的伤害得到承认。

[43] 在几年后出版的 Hampton and Murphy（1988）一书中，汉普顿同情地探讨并且似乎赞同一种不同的立场，一种报应主义的形式。她探索了理解“报复观念”的两种不同的方法：一种是将惩罚理解为“通过保护来维护价值”，这种观点似乎与她之前赞同的观点相似，很难理解为报应主义的一种形式，因为这是一种带有前瞻性目标的表达性陈述。另一种观点显然是报应主义的一种形式，即惩罚是由受害者“打败”罪犯的一种方式。现在，如果把这种思

想放在一般意义上，比如，社会正是在以此表明，不当行为是不可接受的，而且会受到抑制，那么，这是她早期教育/表达立场的一种形式。但相反，她似乎从个人角度理解了这一点：一个特定的受害者通过确保对作恶者的惩罚，打败了一个特定的作恶者。除了用一种错误的方式考虑刑事处罚（当然是由国家而不是受害者来处罚）之外，它似乎还引发了同态复仇的所有问题：对遭受强奸或其他罪行的人来说，对个人施加痛苦究竟是如何构成了他的胜利的？仅仅是通过宣称受害者的价值？但这样就又陷入了第一种（表达的、一般性的）解释。但是，如果汉普顿真的想说，随着O的痛苦加剧，V的尊严也随之上升，那么这似乎确实是同态复仇的一种形式，并受到了我的批评。汉普顿的这一章是探索性的，她从来没有宣称对两种思想形式的承诺，也不否认她先前的观点。

[44] 关于后果论可以容纳权利的重要性，将其作为结果的一部分，见Sen（1982）；另见Nussbaum（2010a）。

[45] See Nussbaum（2010a）.

[46] 一些改造主义者会敦促人们避免使用“恶行”（wrongdoing）这个词，因为它与妖魔化罪犯有着太密切的联系。我不同意这种观点。科伊尔确实展示了“邪恶”（evil）这个词是如何妖魔化罪犯，如何转移人们对非惩罚性的、预防犯罪的策略的注意力的（Coyle 2013，ch. 5）；但在我看来，“恶行”这个词似乎没有“邪恶”的那种过度的含义。它涉及的是一种行为，而不是整个人，它只是告诉我们什么是对的：我们应该区分人类的故意行为和野生动物的掠夺或自然的意外。然而，我的直觉与麦凯（Mackie 1982）

不同，他认为“挑起敌意回应”是“恶行”概念的一部分。在某种程度上，如果同意麦凯的语言直觉（我认为这种直觉不寻常），那么人们就应该怀疑这个术语。威尔·杰斐逊（Will Jefferson）告诉我，“非暴力沟通”是一种解决冲突的方法，由马歇尔·卢森堡（Marshall Rosenberg）在20世纪60年代提出，现在在全世界范围内应用于多种问题，他认为必须将道德语言从我们的思维中清除，这是消除愤怒所必需的。我不确信这种观点。但这一观点值得给予比这里所能做的更广泛的考虑。杰斐逊的博士学位论文将对这一问题做出重要贡献。

[47] See Brooks（2012，ch. 1).

[48] See Gewirtz（1998).

[49] Bandes（1997). 最近的研究，见 Bandes（2016)。

[50] 这个问题要感谢杰夫·麦克马恩（Jeff McMahan)。

[51] 关于“了结”的社会建构思想及其相对较新的起源，见 Bandes（2016)。

[52] 海萨尼认为，这些偏好应该被排除在社会选择功能之外，见 Harsanyi（1982)。这种观点和功利主义一样古老：密尔的《妇女的屈从地位》并没有将男性因不正当特权被剥夺所遭受的痛苦视为对提高女性平等地位的成本。并不是说这些成本会被收益抵消，而是根本没有考虑这些成本，就像海萨尼所建议的那样。

[53] 关于这个建议我要感谢玛丽·安妮·凯斯（Mary Anne Case)。

[54]《特纳诉萨弗利案》[*Turner v. Saffley*，482 U. S. 78

(1987)] 认为，没有假释可能的终身监禁的囚犯仍然有结婚的宪法权利，尽管他们很可能永远无法过完整的婚姻生活。法院认为，婚姻具有表达和宗教意义。

[55] 见波斯纳法官在《约翰逊诉费兰案》(*Johnson v. Phelan*, 65 F. 3d 144) 中的不同意见，其中一名男性囚犯抱怨说，让女性警卫在他洗澡和使用厕所时监视他，侵犯他作为基督徒的庄严感。波斯纳评论说，一些法官"认为囚犯是不同种类的成员，实际上是一种害虫，没有人的尊严，无权得到尊重。……我本人并不这样看待美国监狱和监狱里的 150 万名囚犯"。

[56] 一项有价值的、应该有英文翻译的研究是 Archimandritou (2000)。作者口头向我详细概述了这本书的内容。

[57] 我对这个问题的广泛论述，见 Nussbaum (2004a)。

[58] 见 Kahan (1996)；我的评论见 Nussbaum (2004a)。

[59] 我详细阐述了这五个论点，见 Nussbaum (2004a)。

[60] 许多羞耻惩罚研究的参考文献，参见 Nussbaum (2004a)。

[61] See Posner (2000). 见 Nussbaum (2004a)，详细论述了他的论点以及其他相关的历史论点。

[62] Gilligan (1997).

[63] See Schulhofer (1995).

[64] See Nussbaum (2004a).

[65] 关于这一点有一个很好的尽管简短的讨论，见 McConnell (2012)，又见 Nussbaum (2014b)。

[66] See Levmore and Nussbaum (2010).

[67] 该理论的提出，见 Braithwaite (1989)；见 Braithwaite and Mugford (1994)，提出了单薄的理论框架下的实际实施方案。关于“恢复性司法”各种做法的全面评估，见 Braithwaite (2002)。

[68] 在很大程度上，我同意书中后面的文章对这种方法的叙述；前面的内容包含了许多不必要的对实践的描述材料，而且不那么吸引人。

[69] See Braithwaite (1989, 81).

[70] 然而，布雷斯韦特澄清说，我们应该区分恢复性程序（对话、会议）和恢复性价值（改造、重新融合），见 Braithwaite (2002)。恢复性程序可能会实施惩罚性和报复性制裁，而一个原则上应包括而实际上并未包括所有社区成员的恢复性程序，也可能推进恢复性目标。

[71] 见 Braithwaite (1989)，以及 Nussbaum (2004a, ch. 5)，引用的我与布雷斯韦特关于丹·卡亨的提议的通信。

[72] Braithwaite and Mugford (1994, 144).

[73] Braithwaite and Mugford (1994, 144).

[74] Braithwaite and Mugford (1994, 142).

[75] Braithwaite and Mugford (1994, 144).

[76] Braithwaite and Mugford (1994, 145).

[77] Braithwaite and Mugford (1994, 147).

[78] 关于所有已知此类项目效果的更充分讨论，见 Braithwaite (1989, ch. 3)。

［79］Braithwaite and Mugford（1994，150）.

［80］Braithwaite and Mugford（1994，152）.

［81］Braithwaite and Mugford（1994，159－160）.

［82］Braithwaite and Mugford（1994，144，149）.

［83］布雷斯韦特将此描述为“对恢复性司法的最有力的批判”，见 Braithwaite（2002，152）。

［84］See Nussbaum（2004a，ch. 4）.

［85］我对这个问题的处理，见“Equity and Mercy，” in Nussbaum（1999a）；以及罗伯特·卡斯特的《论仁慈》（*De Clementia*）和《论愤怒》（*De Ira*）新译本，见 Kaster（2010）。

［86］See Nussbaum（2001，chs. 6－8）.

［87］我以前写作论仁慈时不明白这种区别。我在 Nussbaum（forthcoming a）中更充分地进行了讨论。

［88］关于《伍德森诉北卡罗来纳州案（1976 年）》［*Woodson v. North Carolina*（*1976*）］以及死刑案件刑罚阶段的同情，见 Nussbaum（1993）。

［89］斯多葛主义对尼采道德心理学的影响，见 Nussbaum（1994a）。

［90］Nietzsche（1989，II. 10）.

［91］See Nussbaum（1996）.

［92］这种关注对于古老传统而言并不陌生，亚里士多德的《政治学》广泛讨论公共食物和干净的水，就清楚地表明了这一点。再想想古印度阿育王（公元前 3 世纪）这道奇妙的圣旨吧：我在路

上种了榕树，给动物和人遮荫。我种了芒果林，挖过井，每隔九英里就有水井和休息室……我还在各处修建了许多供野兽和人们饮水的地方。但这些利益很重要，事实上，全世界在许多方面都受到了前国王和我的关注。我做这些事是为了使我的子民遵从佛法。

第7章　政治领域：革命正义

当我说我们不应该怨恨的时候，我并没有说我们应该默许。

——莫汉达斯·甘地，《非暴力不合作运动修道场规则》，古吉拉特邦，1915[1]

Ⅰ．愤怒是高贵的吗？

在社会腐败和残忍的时候，愤怒难道不是高贵的吗？当人们被压抑时，他们太过经常地学会默默接受“命运”，形成“适应性偏好”，将自己的命运定义为可接受的，默许为适合的。但如果他们默许了，就不可能发生改变。唤醒人们认识到社会对他们的不公正待遇是迈向社会进步的必要的第一步。难道我们不期望唤醒并激发正义的愤怒吗？如果人们认为自己受到了错误的对待而不愤怒，他们的想法是不是有什么不对的地方？例如，他们难道不是把自己的尊严和权利看得太低了吗？

愤怒似乎有三个重要的作用。首先，它被视为一个有价值的信号，即被压迫者认识到了他们被不当对待。其次，这是他们抗议和反对不公正，并向更广泛的世界传达他们的不满的必要动机。最后，愤怒似乎很简单地被证明是正当的：对可怕恶行的愤慨是正确的，愤怒表达了一些真实的东西。

当社会的基本法律结构健全时，人们就可以求助于法律，寻求救济；欧墨尼得斯推荐了这个程序。但有时法律结构本身是不公正
212 的和腐败的，人们需要做的不仅仅是为这个或那个特定的恶行伸张正义，而且是要最终改变法律秩序。但这项任务不同于维护日常正义的任务，尽管日常正义也要持续维护；维护日常正义不需要愤怒，而这项任务似乎需要愤怒。

此外，如果我们审视过去一百年来为革命正义而进行的成功斗争，我们会立即看到，其中三位最杰出、最稳定的成功者，对不愤怒有深刻的承诺，但绝对不是以默许的精神进行的承诺。甘地反对英国统治的不合作运动、美国的民权运动和南非克服种族隔离制度的斗争都非常成功，都在理论和实践上拒绝愤怒。某种程度上，它们都承认愤怒是可以接受的，其中的愤怒既是我们的“转型-愤怒”

的边缘种类，一种并不希望痛苦降临到罪犯身上的愤慨，也是一段短暂的真愤怒，但会很快转向转型。

莫汉达斯·甘地完全拒绝愤怒，显然，他也成功地做到了不感到愤怒，他向世人表明，不愤怒不是软弱和卑躬屈膝的姿态，而是力量和尊严的姿态。他表示愤慨，但总是以一种前瞻性和不愤怒的精神表达的。

马丁·路德·金追随甘地，支持不愤怒（或至少迅速转型到不愤怒）和非暴力。马丁·路德·金似乎不像甘地那么超凡入圣，他既经历了愤怒（或者至少在演讲中表达了愤怒），又在一定程度上鼓励听众的愤怒——但他总是快速地走向转型，同时严格强调非暴力——尽管他认为在自卫时暴力在道德上是正当的。

纳尔逊·曼德拉敦促非洲国民大会在非暴力手段不起作用的情况下停止使用非暴力手段，并以有限的战略方式使用暴力；但即便在最坏的情况下，他也从未停止以宽宏大量的前瞻精神审时度势。显然，人容易愤怒，但他有惊人的能力，通过让自己从对身份的焦虑中解脱出来，以同样惊人的宽宏大量迅速超越愤怒。研究这段历史有助于我们看清为什么把“高尚的愤怒”作为革命形势下的信号、动机和正当表达的思想是一种错误的引导，以及为什么宽宏大量，甚至过分宽宏大量的心态更为恰当和有效。

本章的另一个主题是宽恕在这种情况下的作用。和以前一样，我要说的是，有条件的、交易性宽恕并不是替代愤怒的唯一选择；无条件的宽宏大量不仅更有用，而且至少在很多情况下，在道德上更具辩护性，因为它未被报复心态污染。

最后，我们必须把很多注意力集中在信任的问题上，信任是任
213 何社会稳定的必要组成部分，因此也是合法性的一部分。在处于沉重压迫和系统性不公正的环境下，信任是不存在的。被压迫者很容易相信，信任是不可能的，他们只能通过轮流统治来赢得斗争，或者建立一种勉强的妥协，每一方都保护自己不受另一方侵犯。这种令人不安、缺乏信任的妥协不太可能是稳定的。因此，本章所研究的三次革命运动都认识到，建立政治信任是他们工作的重要组成部分。我认为，无论革命的愤怒对许多革命党来说有怎样的吸引力，基于不愤怒和宽宏大量的策略都被证明，它们在这一领域有着重要的价值，能够让先前的敌对团体在政治制度和原则方面有信心向前迈进。

我从一个历史小说中的案例开始，在这里，个人没有安全的前进道路，不公正无处不在，政治动员才刚刚开始，体制严重腐败。正如我们可能认为愤怒表明了前进的方向，持未来导向的不愤怒观点的人则认为不愤怒的观点更有成效，并且充分表达了被压迫者平等的人格尊严。接下来我分析甘地和马丁·路德·金的运动背后的不愤怒理论。[2] 在他们的作品中，我发现了一幅极富吸引力的关于革命的不愤怒的图景，以及一些对反对不愤怒的有力反驳，但他们反对愤怒的论点仍然存在一些关键的空白。为了填补这些空白，我转向纳尔逊·曼德拉的事业。[3]

尽管曼德拉以理论为指导，但他并没有创作出深入的理论著作。然而，正如其他人所写的和他自己的两卷传记所记录的那样，他的整个方法令人信服地说明了在正义斗争中选择不愤怒的理由。

鉴于对愤怒的批判，我接着转向宽恕在革命运动中可能发挥的作用，最后就真相与和解委员会发表一些评论。

Ⅱ．一个转型故事：佩顿的《哭泣的大地》

阿兰·佩顿（Alan Paton）1948 年的小说《哭泣的大地》（*Cry*，*the Beloved Country*）是一个热情而专注的抗议者的呐喊。[4] 佩顿是一位自由派青少年司法的改革家，后来创立了一个非法的种族融合政党。他的小说在国外撰写出版，其主要目的是让世界了解南非的种族关系及其对国家造成的毁灭性影响。

从表面上看，这部小说是一部私人的悲剧。两个父亲都失去了他们的儿子。其中一个父亲叫詹姆斯·贾维斯，是富裕的白人。另一个父亲叫斯蒂芬·库马洛，是贫穷的黑人。一个是谋杀案受害者的父亲，另一个是凶手的父亲。阿布萨洛姆·库马洛在入室行窃的 214
过程中杀死了贾维斯的儿子亚瑟，严格意义上说，按照重罪谋杀规则，他是有罪的，但他是在恐慌中疯狂射击，本无意伤害，在道德上，他的有罪程度也远远低于他的两个年长且更坚定的同伴，他只是那两个同伴的随从。[5]（但这两个人通过巧妙的法律手段被无罪释放，尽管其中一人故意攻击贾维斯的仆人姆皮林，意图明显，并且造成了严重的人身伤害。）读者会觉得，在一个彻底的种族主义的刑事司法体系中，阿布萨洛姆从来没有被当作一个人来对待；他请求宽恕，这显然是有道理的，但却被置若罔闻。

因此，斯蒂芬·库马洛眼睁睁地看着他唯一的儿子将被处死，作为父亲和英国国教牧师，他有理由对白人社会感到愤怒。在詹姆斯·贾维斯这一方，他也有理由对凶手极度愤怒，也许还有理由对凶手的家庭感到愤怒，这个家庭让儿子在没有家庭的监督，也没有做好充分准备的情况下，搬到约翰内斯堡，让他受到了犯罪和不良同伴的诱惑。“我向上帝祈祷，希望他们能抓到他们，然后把他们吊死。”（182）贾维斯的朋友哈里森说。

另一方面，阿布萨洛姆·库马洛为什么离开他的家？这部小说从一开始就引起了人们对恩多切尼这个地方缺乏生计的关注，因为水土流失，河谷干涸，一切都枯萎了。贾维斯和其他住在这一地区的富裕白人都意识到了这个问题及其原因，但却没有采取任何措施来解决这个问题。阿布萨洛姆为什么犯罪？毫无疑问，很大一部分责任要归咎于这个种族主义社会，这个社会既没有教育他，也没有为他提供就业机会。这些正是亚瑟·贾维斯正在写的一份未完成的手稿中的内容，他悲痛的父亲在他的书房里发现的。阿布萨洛姆确实受到了一些好的对待：他遇到了一位以佩顿本人为原型的改造派管教官员，佩顿本人在现实生活中就创建了一个开创性的青少年管教机构，对于白人的偏见而言，这一切太成功了，因此很快被政府拆除。但是，阿布萨洛姆也遇到了犯罪的诱因，他的堂兄，一个累犯，阿布萨洛姆对城市的全然恐惧和对法律的合理的不信任，使他成为一个顺从的共犯。如果不是他害怕这个城市，并决定他要学会自卫，他本来根本不会有枪。

在小说的开头，我们看到了“把他们吊死”这种形式的报复，它终将毫无用处。南非是一个被可怕的恐惧和仇恨控制的社会，恐惧和仇恨彼此共生，相互依赖。对黑人多数的恐惧驱使白人社会不断升级惩罚性和强制隔离的策略。（小说出版时，种族隔离的缔造者南非国民党人刚刚赢得了他们第一次选举胜利。）法律就是这种恐惧的表现，它的报复热情只是表达了社会的愿望，通过越来越严厉的措施来控制恐惧。在占多数的黑人一方，也存在着巨大的恐 215
惧：对城市危险的恐惧，对白人的仇恨和惩罚的恐惧，对无望的未来的恐惧，对法律本身的恐惧。尽管白人说他们想要的是威慑的结果，但他们并没有采取合理的战略来实现目标，这一目标包括教育、农村发展和就业机会。相反，他们的策略是简单地加重惩罚，因为他们所感到的恐惧和不适而给予严厉的惩罚，仿佛占多数的黑人的存在对他们而言就是一种错误。与此同时，黑人犯罪是一种绝望、恐惧激发的生存策略，不是仇恨的表达，但酝酿着对报复的渴望。最有可能的未来似乎是双方相互报复的暴力和血腥内战。

小说中的父亲们，和他们的社会一样，显然开始了一个顽固、恐惧和仇恨的冲突过程，这种冲突完全无法解决寻求国家繁荣必须解决的真正的社会问题，而且（如小说中所表明的）会适得其反，占少数的白人没有进行有效思考正是他们的失败。“我们不知道，我们真的不知道。我们要日复一日地生活，在门上要上更多的锁，如果隔壁那条漂亮凶猛的母狗有了小狗，我们也要领一条回来养，我们要更紧地抓住我们的手提包……我们的生活将会萎缩……良知必被压制：生命之光将不会熄灭，但却要暂存光芒，保存给后代，在将来的某一天，他们会再次依靠它生活。”（111）

佩顿的小说以预言诗的形式写成，首先是一个国家的寓言。它呼吁南非进行痛苦的清算，走向充满希望的遥远未来。两位父亲的个人故事是在这样一个社会背景下展开的，这个社会志在表达，但拒绝倾听，发表意见，但拒绝思考。对他们来说，佩顿表达了对承认和真正的思考的迫切要求，他的书名由此而来：

> 哭吧，深爱的大地，为未出生的孩子，我们恐惧的继承者。让他不要太深地爱这片土地。当清水流过他的手指时，不要让他笑得太开心；当落日把草原染红时，让他也不要默默沉醉；当田野里的飞鸟歌唱时，让他不要太激动，也不要过多地醉心于高山峡谷。因为怕他付出太多而一无所有。(111)

这个痛苦的声音从远处传来，却带着对近处的强烈爱。它所传达的信息是，少数白人的恐惧和仇恨正在扼杀一个美丽的国家——而且，不管未出生的孩子是被想象成黑人还是白人，都走向毁灭之路。

216 斯蒂芬·库马洛和詹姆斯·贾维斯的故事既有强烈的特殊性，又有寓言般的政治意味，是这部小说的希望预言。愤怒的捍卫者会说，两个父亲都应该愤怒，因为他们都严重地受了不当对待。难道他们的自尊不要求他们对对手横眉冷对吗？

然而，我们很早就了解到，两个人都不容易发怒，也不容易产生徒劳的报复念头。斯蒂芬·库马洛认为，基督教牧师的职责要求放弃愤怒，因此，当他发现自己产生对兄弟约翰的愤怒时，他就毫不留情地批评自己，正是约翰通过玩弄技巧的法律辩护救了自己的儿子，但却放弃了阿布萨洛姆。至于贾维斯，他读他儿子的手稿时，他发现自己希望亚瑟没有下楼去查看（闯入者的）发出的声响。“但这些想法是没用的；他不习惯沉湎于假设的而永远不可能发生的事情中。”（186）那么，这两个人的转型时机都成熟了，这是一个转型的故事，佩顿想把这个故事作为希望的预言摆在我们面前，这个预言他已经沿途散布线索：一个白人司机的宽宏大量，他在公共汽车抵制运动期间公然反抗警察，帮助黑人（81-82）；一个白人狱警的富有成效的实验；城市黑人部长姆西曼古的大度哲学，“对任何人都没有仇恨的姆西曼古”（311），其简单的“帮助你将是我的快乐”的想法和做法帮助库马洛走出了他的抑郁、低落（116）。

这种转型始于孤独的冥想，贾维斯好几个小时独自坐在儿子的书房里，阅读儿子的手稿《南非进化论私人随笔》，还阅读了亚伯拉罕·林肯的演讲，这些演讲是亚瑟灵感的来源，特别是林肯的第二次就职演说格外吸引他。佩顿没有引用这篇演讲，读者们应该知道，其中包含了一个治愈国家创伤的良方，即“对任何人都不怀恶意，对所有人都慈悲为怀”。（佩顿的小说是在美国写的。）不久之后，纯属偶然，贾维斯遇见了斯蒂芬·库马洛：当时贾维斯在儿媳的家里，库马洛来敲门，他来打听在这里当佣人的邻居的女儿，正是贾维斯开的门。贾维斯对库马洛的惊愕和悲伤感到困惑，渐渐地，他意识到了库马洛的身份。“我明白了我先前不明白的，”他说，“我没有愤怒。”（214）从那一刻起，父亲们就开始了一段不安却又深刻的关系；他们既不道歉，也不要求或给予宽恕。（事实上，英国国教的主教敦促斯蒂芬·库马洛进行苦修，离开他的社区以求宽恕，这被证明是愚钝的和无益的。）他们只是相互理解，分享彼此的悲伤。在斯蒂芬·库马洛的儿子被处死的那天，他独自一人爬上山，贾维斯在路上从他身边经过，也很能理解那种情感。

217 转型的主要动因是一个小孩，这也是佩特的寓言的意图，表明必须由没有怨恨的精神倾向来指导政策。贾维斯的孙子，他的“阳光”让每个人都想起了他死去的父亲。他在外出骑马的时候拜访了斯蒂芬·库马洛，他想让他教他科萨语，但当他要一杯牛奶时，他得知恩多切尼没有牛奶，因为收成不好，对牲畜造成了可怕的影响，许多儿童又因为没有牛奶喝就快饿死了（270）。这之后没多久，牛奶被“装在闪亮的罐子里”送到库马洛家门口，上面写着这是给镇上的孩子们的。贾维斯派来的人对完成了他的任务感到很高兴，兴高采烈地驱车离开。斯蒂芬·库马洛“笑了……一个成年男人应该这样做，因为库鲁斯的孩子可以活下来了，他又笑了；一想到那个严厉沉默的男人在高处，他又笑了。他笑得满脸通红地回到屋里，妻子好奇地看着他”。两个父亲都开始着眼于未来，而不是过去。

新的未来就从这个起点开始了：贾维斯雇用了一位年轻的、受过科学训练的黑人工程师来到恩多切尼，制定农业拯救计划。在斯蒂芬·库马洛和部落首领的配合下，他们说服人们采用新的耕作方法。黑人工程师本身已经是一种新型种族间合作的结果：他把自己对真理的热爱归功于一位白人教授，这位教授教导他“我们不是为一般的人工作，我们是为这片土地和生活于其上的人们而工作”（303）。作为一个初出茅庐的自由斗士，他把《上帝保佑非洲》①

① 由黑人牧师诺克·桑汤加在1897年谱写，1912年首次在南非土著国民大会上作为黑人民族主义赞歌唱出来，在非洲深受广大黑人欢迎。在种族隔离时期，这首歌曲是黑人反抗运动的标志性歌曲。1995年通过的南非国歌由这首歌和《南非的呐喊》共同组成。

的歌声带到了村子里。但他也听了斯蒂芬·库马洛的话："不要憎恨人，不求权势凌驾于人。因为在我们的土地上已经有足够的仇恨了"(303)。恩多切尼得到的不是仇恨，而是努力工作、理性规划和希望。

当两位父亲抛开愤怒，宽宏大量地设想不同种族间的合作和建设性工作的未来时，他们在腐败的法律秩序之外，创立了一个新的法律和政治秩序的愿景或寓言，一个人们致力于正义，但在精神上宽宏大量和向前看的，建立在历史、科学、经济真理的基础上的愿景和寓言。在小说的结尾，希望是真实的，但它的时代还没有到来：

> 乌姆齐姆库鲁（Umzimkulu）的大峡谷仍在黑暗中，但光明会来到那里。恩多切尼仍在黑暗中，但光明也会来到那里。因为黎明已经来临，千百年来一直如此，永不失败。但我们解放的黎明，从对奴役的恐惧和恐惧对我们的束缚中解放出来的黎明，何时会来临，还是一个秘密。(312)

Ⅲ. 革命的不愤怒：理论与实践 218

莫汉达斯·甘地和马丁·路德·金的革命的不愤怒不是作为遥远的希望，而是作为一项紧迫的任务，应该在此时此地，在与不公正的对抗中为人们所接受。它最终涉及一系列心理和行为实践，需要被在这一运动中的成员接受并深深地内化。但因为这不是个人心理治疗，而是一种对大众进行培养的方式，所以需要伴之以一个明晰的理论，这样运动中的每个人都能意识到自己的目标，并把态度和做法传授给新成员。我们的运气很好，甘地和马丁·路德·金都给我们留下了大量的理论来描述、论证不愤怒的情感和行为的方方面面。曼德拉给我们留下了一系列引人注目的非正式的观察，从中我们可以提炼出不愤怒的有力论据。我认为，甘地和马丁·路德·金在这场争论中留下了一个空白，他们用让人产生共鸣的宗教意象来填补这一空白，激发了许多追随者，但这并不能回答我们所有的哲学问题，而曼德拉则填补了这一空白。[6]

首先我们必须问：不愤怒还是非暴力？这两者经常结合在一起，许多尊崇甘地和马丁·路德·金的人相信非暴力是首要概念，不愤怒是一种超级理想。他们认为人可以为自己的行为负责，但肯定不能为自己的情绪状态负责，要求人们改变自己的内心状态太过分了。甘地和马丁·路德·金不同意这种观点，他们认为，革命运动只能通过一场精神革命来实现对非暴力的可靠承诺，在这场革命中，人们以新的目光、以爱和宽宏大量的精神看待自己的目标和压迫者。他们相信，通过训练和团结，这场革命是可能的，尽管马丁·路德·金对人类的脆弱做出了重大让步。他们还认为，最终，在创造一个新的政治世界的过程中，不愤怒是最主要的，因为在暴力事件过去之后的很长时期，我们必须能够以这种宽宏大量和不愤怒的精神共同努力。非暴力可能仅仅是消极的：我们克制自己不做什么事，但只有通过以爱和宽宏大量取代怨恨的内在转变，非暴力才能变得富有创造力。我同意这样的观点以及对这一观点的强调，即这种与他人联系的方式是可以教和学的，创造一种公众情感氛围并不是不切实际的理想主义。不过，我也同意马丁·路德·金的看法，即我们必须对人们的愤怒倾向做出一些让步，只要这种倾向稳定地走向转型。

但我也认为不愤怒并不意味着非暴力。甘地不同意这种观点。
他似乎接受了一种形而上学的观点，根据这种观点，正确的内心倾 219
向意味着非暴力行为，而暴力则意味着不正确的内心倾向。[7]（他在自传中对吃肉和暴力的推测只是这个想法的一个标志。）正如理查德·索拉布吉（Richard Sorabji）所说，对甘地而言，确实有一些例外，主要与杀死危险动物有关：但限制条件始终是，身体暴力，只有在对被施加暴力的人有利的情况下才允许使用。这种约束条件在人际关系中几乎从来没有得到满足。[8] 我们不应该仅仅因为甘地的观点植根于对身体的形而上学的观点就拒绝它，虽然这些关于身体的观点并没有被广泛认同，而且在我们许多人看来是迷信的。但我们必须追问，当甘地认为一个宽宏大量而充满爱心的人永远不会赞同或参与暴力时，他是否有说服力。

他没有说服力。甘地对战争的看法是不明智的。他认为对待希特勒的最好的，也是完全适当的方式，是通过非暴力和爱的方式，这简直是荒谬的，如果有人认真对待的话，那将会造成极大的伤害。他犯了两个严重的错误。首先，他把对希特勒的暴力回应等同于“希特勒主义”，他说“希特勒主义永远不会被反向的希特勒主义打败”（G 337）。这根本无法令人信服：自卫在道德上并不等同于侵略，对体面的政治制度的捍卫也不等同于对它的颠覆。其次，他还认为希特勒会对非暴力和充满爱心的提议做出回应："人性本质上是一体的，因此对爱的推动总会做出可靠的反应"（G 340）。[9] 一个想象中的反对者说，所有的非暴力行为都会成功地让希特勒轻易获胜，有趣的是，在回应这个反对者时，甘地回避了这个荒谬的经验预测，简单地得出结论说，无论如何，采取非暴力行为的欧洲，在道德上将会是更优越的："最后，我希望，最重要的是道德价值，其他的都是渣滓。"（G 338）很幸运的是，尼赫鲁在陪同妻子前往瑞士疗养院时，目睹了德国法西斯主义行径，他对甘地的提议没有兴趣，当然，身在欧洲的英国人也没有兴趣。甘地更为不堪的提议是，如果日本人入侵印度，不要抵抗他们，对此无须评论。

所以甘地并没有证明不愤怒意味着非暴力。正如我们将看到的那样，曼德拉的想法是正确的，他认为非暴力和谈判是首选策略，但如果这样的策略在很长一段时间内不起作用，就应该放弃。马丁·路德·金，一个更忠实的甘地主义者，人们通常认为他对非暴力有着明确的承诺。但事实上，马丁·路德·金更支持曼德拉而不是甘地。他经常承认，暴力在道德上有合法性——自卫是他常用的字眼（K 32，57）。他不反对一切战争，甚至不反对一切个人防御
220 性暴力。然而，他确实认为，在争取自由的运动中，在这种特殊情况下，给自我防卫的诉求留下一个漏洞太危险了，会给模糊自私自利的界限留下很多机会，最终强化怨恨的力量。如果人们能够轻易地诉诸自卫来为报复行为辩护，那么他们就不太可能做出他所要求的内在转变。这样一个不可预测、容易产生愤怒的运动，也不会具有马丁·路德·金所说的必需的连贯性和稳定性，以赢得多数人尊

重，实现运动的社会目标。

在接下来的内容中，我将大量借鉴甘地雄辩的著作，但我将追随曼德拉路线（有时也是马丁·路德·金的路线），将非暴力视为工具性的和战略性的，将不愤怒（以及与其有积极相关性的、充满爱意的宽宏大量）作为主要内容，并将其视为既具有战略意义，也具有内在的政治意义。

哲学家和非哲学家都认为愤怒在被压迫的情况下是适当的，并且与维护自尊有关。因此，不愤怒让许多旁观者感到奇怪、没有男子气概，甚至反感，这毫不奇怪。合众社记者韦伯·米勒（Webb Miller）在1930年报道了德拉萨纳（Dharasana）盐厂的非暴力抗议行动［由诗人沙拉金尼·奈都（Sarojini Naidu）领导，因为当时甘地被囚禁在监狱里］，他观察到许多游行的人被警察击倒以及他们的反应，他在后来的回忆录中表达了自己的困惑：

> 没有一个游行者举起手来抵挡殴打。他们像保龄球一样倒下了。从我站的地方，我听到了棍棒在没有保护的头骨上发出的令人作呕的撞击声。……有时，那些毫不抵抗的人被人有条不紊地打成了血肉模糊的样子，让我非常恶心，我不得不转身离开。西方人很难理解不抵抗的概念。我感到一种无法言喻的无助的愤怒和厌恶，对那些毫不抵抗地屈服于被殴打的人所感到的愤怒和厌恶，几乎和对那些挥舞着棍棒的警察的愤怒和厌恶一样，尽管我来到印度时，我同情甘地的事业。（G 250－251）

游行者并不是简单地默许这种情况。他们继续前进，高喊着

“革命万岁”的口号。然而，正如米勒所说：在人们的思想中，有某些观念拒绝接受这种对野蛮行为的反应方式，不仅是西方思想如此。（有趣的是，警察对奈都夫人极端尊重，当她要求他们不要碰她时，他们甚至都没有碰她。如果他们也攻击了她，人们对非暴力的承诺还会不会坚持?）甘地和马丁·路德·金会对那些认为愤怒
221 是对压迫行为的正确反应，也是唯一符合自尊的反应的人说什么呢?

首先，他们指出，他们建议的立场绝不是消极的。甘地很快就拒绝了“消极抵抗”（passive resistance）的说法，认为这是对他的观点的误导性的英文翻译。正如丹尼斯·道尔顿（Dennis Dalton）在其重要的哲学研究中所写的那样，早在从1907年开始，甘地就否定了“消极抵抗”一词，坚持认为“消极抵抗”可能是软弱和被动的，而他的想法是主动抗议；他最终选择了萨提亚格拉哈（satyagraha），即“真理力量”（truth force）作为一个更适当的术语。[10]他和马丁·路德·金都坚持认为，他们所建议的是一种非常积极的，甚至是“主动出击”的思想和行为姿态（K 7），因为这涉及对不公正条件的抵制和抗议。甘地说道：“当我说我们不应该怨恨的时候，我并没有说我们应该默许。”（G 138）马丁·路德·金也同样说道：“我没有对我的人民说‘消除你们的不满’，相反，我试图说，这种正常的和健康的不满可以加以引导，以非暴力的直接行动的创造性方式表达出来。”（K 291）和我一样，两人都认为愤怒与报复心理有着内在的联系。甘地说，怨恨意味着希望对对手造成伤害（即使只是通过神力）（G 138）；马丁·路德·金谈到“反击”

心理（K 32）。这正是他们想要摆脱的，我们很快就会看到他们用什么来取代它。

此外，这种新的态度不仅是内在的主动，而且通过具体行动来表达，这些行动需要相当大的勇气。马丁·路德·金称之为“直接行动”：在“自我净化”（即拒绝愤怒）之后，身体力行自己的主张（K 290—291）。这一行动是对自由的强烈而不妥协的要求（292）。抗议者游行示威，通过违反不公正的法律寻求正义，拒绝与不公正的当局合作，目的是什么？对马丁·路德·金来说，目的是促成谈判，走向法治变革和社会变革（291，294）。对甘地来说，这不亚于推翻一个不合法的政府，“迫使它服从人民的意愿”（G 193，195）。让韦伯·米勒反感的大概是在面对残忍时的默许，但他误解了：这里没有默许，而是一场为激进目标而进行的勇敢斗争。[11]（在阿滕伯勒的电影①中，韦伯·米勒的角色由马丁·辛扮演，这部影片把米勒描述为准确理解了他所看到的一切，并向世界报道印度人的尊严战胜了英国人的残忍暴行。当然，不管米勒的真实感受如何，他的报道确实向人们展示了真实的情况。）

他们提议用什么样的新态度来代替愤怒？有趣的是，马丁·路德·金允许给真正的愤怒一些空间，他认为示威游行是一种引导压抑情感的方式，否则可能导致暴力（297）。[12] 他甚至似乎承认， 222

① 指电影《甘地传》，理查德·阿滕伯勒（Richard Attenbobough）导演，本·金斯利饰甘地，马丁·辛饰韦伯·米勒，获1982年奥斯卡最佳影片、最佳导演、最佳男演员（本·金斯利）、最佳原创剧本、最佳艺术指导、最佳摄影、最佳服装设计和最佳剪辑共八项大奖，并获奥斯卡最佳化妆、最佳电影音乐和最佳音效三项提名。

愤怒可能在激励一些人参与其中方面发挥着重要作用。尽管如此，即使是真正的愤怒，它也必须很快引向对未来的关注，对正义的可能性抱有希望和信心（K 52）。同时，对敌人的愤怒要通过一系列训练有素的做法来“净化”，并最终转化为一种谨慎地将行为与行为人区分开来的精神态度，批评和否定不良行为，但不将无法改变的邪恶归之于人（K 61，GAut 242）。（请注意，这与布雷斯韦特的少年犯会议有着惊人的相似。）行为可以受到谴责，但人，总是值得尊重和同情。毕竟，最终目标是“创造一个男人和女人可以生活在一起的世界”（K 61），这个目标需要所有人的参与。

因此，最重要的是，人们不应希望以任何方式羞辱对手，也不应希望他们遭遇不幸（K 7，G 315），而应寻求赢得他们的友谊与合作（K 7）。甘地说，在他的职业生涯早期，他就已经感到《上帝保佑女王》第二节不恰当，该节祈求上帝“歼敌人，一鼓涤荡。破阴谋，灭奸党，把乱盟一扫光”（G 152）。我们怎么能认为这些对手是“奸”党呢？他问道。不愤怒的信仰者当然不应该鼓励这种态度。我们的对手是一个犯了错误的人，但我们希望能通过友谊和宽宏大量来赢得他。[13] 这种态度可以被称为爱，只要我们理解甘地和马丁·路德·金所指的态度不是软弱和多愁善感，而是坚定而不妥协的正义要求。这是一种尊重和积极关心的态度，一种寻求包括所有人在内的共同利益的态度。[14]

甘地的一个重要见解（在佩顿的小说中也有呈现）是，愤怒常常植根于恐惧。在尼赫鲁的精彩分析中，甘地留给追随者的最大礼物是，一种摆脱了英国统治在印度人身上激起的“无处不在的恐惧”的新自由。那“恐惧的黑幕从人们的肩上被掀开”——怎么掀开的呢？尼赫鲁认为，这种巨大的“心理变化”（他将其比作一次成功的精神分析）源于甘地的能力，他能够指出一条摆脱恐怖统治的道路，同时用他们自己的价值和他们行动的价值来激励人们。这使得一种平静、有尊严、有策略的抗议形式成为可能，而不是鬼鬼祟祟、绝望、容易招致报复的暴力。[15]

抗议者的最终目标必须是一个人人共享的美好未来：“创造受人爱戴的共同体”（K 7）。马丁·路德·金著名的《我有一个梦想》的演讲是一幅情感地图，我已经把它作为一个转型的例子来讨论，它让曾经愤怒的、挑剔的抗议者尽可能快地转向一个美好的未来，已经被证实是可能的，并且很快就会出现的未来，这个未来植根于 223
真实美国的具体特征，她现在已经被视为自由之地。[16] 相信这样一个未来的可能性在转型过程中起着不小的作用。马丁·路德·金在这方面真的很杰出，而甘地则略逊一筹：由于他的禁欲主义，他一直把未来描绘成贫穷乡村的简朴生活，这对大多数人来说不是很有激励性，就思考如何建设一个繁荣的国家而言，也相当不切实际。此外，马丁·路德·金对未来进行了预言性描述，将敌人重新定位为建设美好未来的潜在合作伙伴，那么问题自然就变成：我们如何才能确保他们的合作？我们怎样才能让他们站在我们这边，和我们一起努力？马丁·路德·金不仅告诉人们他们应该努力合作，他还通过描绘一个需要所有人合作的、令人信服的目标来鼓励人们的合作心态。甘地的策略有点不同，他想要的只是让英国人离开印度，而不是想让他们帮助建设印度。英国人已经试图“建设”了足够长的时间，但效果并不好。但他赞同这样一种思想，即一个自由国家的建立不是通过仇恨和流血，而是通过谈判。他们不必将英国人视为同胞，但必须将他们视为理性的人，他们最终会做正确的事并且离开，他们之间要保持和平的英联邦伙伴关系。

我把有些愤怒与过分关注地位联系在一起，甘地运动的一个非常重要的方面是，通过详尽而全面的同情，放弃人为的地位区分。有权有势者要以无权无势者的简单生活方式生活，从而开始建立一个人人都能在所有人的生活中看到自己命运的国家。律师们也洗盘子，上层种姓的人也清扫厕所，种姓和性别的界限被完全打破。正如我们在调查中经常看到的那样，不愤怒经常以这种方式与支持同情地参与他人生活的实践联系在一起。这也是马丁·路德·金的运动的一个显著特点，在这场运动中，黑人和白人无视法律而联合起来，这场运动要求白人支持者想象黑人生活中的耻辱和艰辛。

在试图回应对甘地/马丁·路德·金的思想可能的批评时，我们必须面对这样的反对，即它强加给人们一系列非人的要求。我们已经开始对此做出回应，展示了他们是如何让人们接受并内化不愤怒的实践的，但甘地对情感和性的超然观点无疑加剧了这种担忧。甘地几乎是一个彻头彻尾的斯多葛派。他反复强调，不与所有的激情进行斗争，尤其是情欲和情感进行斗争，就不可能充分地追求非暴力不合作或不愤怒的抵抗，他也不培养会引起深深悲伤和恐惧的
224 个人的爱和友谊。如果他坚持认为斯多葛派的超然对于不愤怒是必要的，那我们就有理由认为这是一个不可行的，也是一个没有吸引力的目标。

首先，我们必须探询，甘地是否提出了一个工具性的主张（情感和激情的超然是成功的非暴力不合作运动所必需的）或提供了一个规定性的定义（非暴力不合作运动体现为非暴力和不愤怒的抵抗，以对情感和激情的超然的承诺来实现）。答案还不清楚。对于甘地自己来说，考虑到他有系统的自我约束，他很可能是指后者。然而，对于他领导的运动来说，他似乎并不赞同哪怕是有限的工具性主张，因为他没有试图说服尼赫鲁和其他主要领导人放弃特定的爱和其他形式的强烈激情。[17] 也许他的想法很简单，一个成功的非暴力抵抗运动的**领导人**必须（无论是工具性的还是概念性的）追求斯多葛派的超然。然而，即便如此，现代读者也可能会担心：如果不愤怒之路要求其领导人采取令人难以置信的、在某些方面不受欢迎的超然态度，那么作为一条正义之路，它能有多大吸引力？

我们可以从考察历史开始，在历史上，马丁·路德·金和曼德拉（实际上也包括尼赫鲁）的例子似乎驳斥了甘地的理论。这三个人的个人生活都充满激情，没有人放弃性生活。当然，马丁·路德·金的风流韵事使他落入埃德加·胡佛的掌控之中，损害了他的运动的成功。但这恰恰表明，领导者最好遵守社会规范，否则最好隐瞒自己的行为。

曼德拉的案例告诉我们一些不同的更进一步的东西，他反复说，运动的领导者会在成功地追求爱情和家庭生活方面遭遇更大的障碍。早年的时候长期离家，后来又长期监禁，这就导致不可能有成功的婚姻，做一个成功的父亲也成了问题。但证据（比如他在狱中写给温妮的信）表明，爱情仍然是他政治生活中的激励力量，他的著作中也没有任何东西表明，如果他追求超然，而不是爱情和家庭关怀，他会是一个更好的领导人。尼赫鲁也差不多如此。

此外，如果人们有时喜欢受到甘地这样的非同一般的领袖的鼓舞，在涉及政治的场合，或许会更经常对一位明显脆弱的、需要帮助的但更能够自我控制的领袖做出回应。尼赫鲁像曼德拉一样，在他的自传中非常小心地强调了自己人性脆弱的一面，包括他对妻子的热恋和对妻子去世的悲痛。[18] 乔治·奥威尔（George Orwell）
225 总结的“圣徒在被证明无罪之前，应始终被判有罪”，道出了许多人的心声，——他将这句话套用到甘地身上，结果却很复杂。[19]

心理学家埃里克·埃里克森（Erik Erikson）撰写的关于甘地的书颇有见地，他进一步把甘地对一般的人类之爱的态度，特别是对性的态度，看作一种自我愤怒，实际上是一种对自我的暴力。他直截了当地对死去的领袖说：“你应该停止恐吓自己，应该用非暴力的方式接近自己的身体。”[20] 然后，他将精神分析，一种通过真理自我改变的非暴力艺术，与甘地的惩罚性态度进行了对比。在甘地的传记中，有很多东西可以印证埃里克森的观点，自我愤怒不断地表现在他对自己身体的态度上。甘地认为，所有的性欲都是破坏性的，根据他自己的说法，他的这种观念源于一种非常特殊的经历。作为一个已婚的年轻人，甘地在父亲去世的那一刻正和妻子做爱。他父亲病了很久，他觉得坐在那里陪着他是他的责任。尽管如此，他还是让自己为欲望的诱惑所迷惑，去陪妻子了，当时他父亲的状态看起来很糟糕。结果父亲死的时候他不在父亲身边。“这是我无法抹去或忘记的污点。我花了很长时间才摆脱欲望的桎梏，我不得不经历许多磨难来克服它”（GAut 27）。埃里克森认为，对自我的愤怒是一种报复，这种观点是非常有说服力的，就连甘地的回顾性叙述也以最轻蔑的眼光描述他自己的行为。如果我们接受埃里克森的主张，我们还有一个更进一步的理由认为，不愤怒并不意味着甘地一定要禁欲：在这种情况下，禁欲本身就是愤怒的表达，也许在其他情况下也是如此。乔治·奥威尔同意关于甘地的说法：“如果一个人能从心理上追根溯源，我相信，他会发现‘不执’的主要动机是想逃避生活的痛苦，尤其是爱，而爱，无论是性的还是非性的，都是一件非常艰难的事情。”[21]

因此，不愤怒不仅不要求非人道的禁欲，而且与之不相容（至少是这种形式）。在这一重要方面，马丁·路德·金、尼赫鲁和曼德拉是比甘地更成功的不愤怒的实践者，尽管他们都发现，由于政治职业要求巨大的付出，他们很难成为足够好的伴侣和父母。[22]一个人可以强烈地悲伤和爱，同时避免愤怒的特定错误。

我们现在有一幅不愤怒的革命行动的画面，对一些强有力的反对意见，我们有一些有说服力的答案。对不愤怒的革命者，我们也有一幅有吸引力的画像：庄严、勇敢、骄傲，但并非缺乏感情或不人道的超然。也许我们还没有足够的知识来回答我们开始时提出的规范性问题。如果说我们已经证明了不愤怒是可以接受的，但我们 226
还没有最终证明，当受压迫很残酷的时候，不愤怒仍然是更可取的。即使可以找到另一种进行革命的有吸引力的方式，愤怒到底错在哪里？

为了回应这个想象中的挑战，甘地和马丁·路德·金反复转向宗教形而上学，向我们讲述了神圣的爱。[23] 这种形而上学的叙述曾经并仍然深深地吸引那些持有其中一种宗教观点的人，但它们似乎不足以回答我们的哲学问题，也不足以说服多元社会中的公民。但在曼德拉那里，我们得到了更多的收获。

Ⅳ. 曼德拉的大度

在曼德拉的著作中，我们发现的不是系统的不愤怒理论，而是一个有着非凡洞识的具有自我意识的人。我将把他对各种事情、各种问题的回应构建成一个准理论，阐释斯多葛理论对他的个人发展产生的可能影响。但必须注意的是，我这样做并没有增加任何东西：我只是指出他思想和行为中隐藏的结构。

我认为愤怒引向两条路，每条都有让人遗憾的谬误。要么愤怒的愿望是要让坏人遭殃，这是毫无意义的，因为报复于事无补，如果影响人类幸福的重要因素已经被破坏，报复并不能使之得以修复；要么它专注于相对地位，在这种情况下，这个目标可能会成功(相对地贬低对方)，但这个目标本身毫无价值。我现在要说的是，曼德拉在监狱 27 年时间里，通过长期的自我反省，其中包括每天的内省冥想（LW200—212)，他本能地得出了同样的结论，他说这段时间对愤怒的沉思卓有成效。

在他所谓的“与自我对话”的漫长时间里，他认识到了什么？[24] 曼德拉的“与自我对话”，会让人想到马可·奥勒留的《沉思录》，这个文本几乎肯定是由艾哈迈德·卡特拉达（Ahmed Kathrade）带到罗本岛，并被其他囚犯读到的。首先，他认识到对地位的痴迷是不值得的，因此他拒绝走这条路。（也许他的王室出身帮助了他，减轻了他的焦虑。）他从不担心一个特定的角色或活动是否“有失身份”。通过反省，他对任何事情的反应中都不会有任何一种地位焦虑的暗示，即使这种焦虑是可辩护的和自然的。罗本岛上有一名囚犯不得不在早上 5:00 动身去开普敦，早上 5:00 还没有到倒马桶的时间，所以他没倒马桶就离开了，一个新囚犯被要求替他倒空马桶，这个新囚犯不愿意，说他永远不会替另一个人倒
马桶。于是，曼德拉介入了。“所以我为他清洗了马桶，因为这对 227
我来说不算什么；我每天都清洗我的马桶，你看，我清洗另一个马桶也没有问题”（C 149；笔录报道，曼德拉笑着讲述了这个故事）。

他也没有表现出对说南非荷兰语①的丝毫不情愿，而那些充满仇恨和愤怒的黑人革命者常常表现出这种不情愿。到目前为止，他并没有认为说南非荷兰语有失身份，而是在监狱里专门学习这门语言课程，并争取每一次机会用南非荷兰语交谈，例如与狱警（Inv 28）交谈——他并不觉得这让他们高高在上了，他只考虑这对未来的效用和现在对他们的尊重。他反复告诉狱友，学习南非荷兰语和南非白人的历史是很重要的，可以了解他们的对手是怎么想的，因为谈判的时间迟早会到来。[25] 1975 年，他在狱中给温妮写信时说，大多数人错误地把注意力放在地位上，相反，他们应该关注自己的内在发展（C ⅶ）。

① 南非白人使用的语言。

然而，曼德拉知道，大多数人确实非常担心地位。对他来说，领导力意味着要像一个运动员那样耐心地训练你自己的能力，而他不断训练的一种能力就是理解别人的想法的能力（Inv 138）。因此，他明白，要消除抵抗首先需要消除焦虑，愤怒或痛苦的表达绝对不会实现这一点，而只能通过礼貌和尊重他人的尊严来实现。与狱警保持良好关系的关键——他们经常被等级焦虑困扰——是“尊重，普通的尊重”（Inv 28）。在曼德拉来到罗本岛的第一年，他的律师曾经到过这里，曼德拉特意把这位律师介绍给狱警，他说：“乔治，对不起，我还没有把你介绍给我的仪仗队。”然后他一一介绍每个狱警的名字。律师记得“狱警们都惊呆了，他们实际上表现得就像个仪仗队，每个人都恭敬地跟我握手”（Inv 29－30）。一个狱警告诉曼德拉，狱警们不喜欢相互交谈，因为他们“**讨厌**自己的身份”（219）。曼德拉的反应是去了解这个人的故事：他在孤儿院长大，不知道自己的父母是谁。曼德拉总结道：“他没有父母，没有父母的爱，还有他的痛苦，对我而言，就是因为这些。我很尊敬他，因为他是个白手起家的小伙子，是的，他很独立，他也在学习。”（219）

因此，愤怒的地位之路不仅是曼德拉小心翼翼回避的道路，而且是他以同理心去理解他人，并因此而巧妙地避免的道路。

至于报复的愿望，曼德拉非常理解，并且也能在自己的生活中
228 感受到。他回忆起那些让他非常愤怒的事情，“这种不公正让人痛心。”他说的是在福特海尔（Fort Hare）学院的早期事件（LW 62）。此外，愤怒不仅仅是一种持续的可能性，它曾一度是决定其

从政的重要动机：

> 我没有顿悟，没有天启，也没有真理显示的关键时刻，但是，千百次轻视、千百次侮辱和千百次已经记不起的时刻的不断积累，在我心中产生了愤怒、叛逆，以及与囚禁我的人民的制度做斗争的欲望。我没有哪一天说过，从今以后，我要致力于解放我的人民；相反，我只是发现自己在这样做了，而且无路可退。(LW 109)

但他告诉我们，他认识到报复并不能带来任何好处。愤怒是人的天性，我们可以理解为什么恶行会激起愤怒——但如果我们仔细思考一下，报复是徒劳无用的，如果我们真的想为自己和他人带来好处，那么我们很快就会发现，不愤怒和宽宏大量的性格会更有用。

正如他在讲述自己的故事时所说的，这些态度的早期根源是他在部落会议上学到的东西，在会上主持者平静地倾听每个人的意见，并尊重每个人（LW 25）。历史上的英雄故事也强调英雄们的“宽宏和谦卑”（LW 26）。当然还不清楚这些究竟是具有严格意义上的真实性，还是只是为了重建适合于现在和未来的非洲传统，但重要的是它传递给生者的信息。[26]

曼德拉不是圣人，愤怒的倾向也是他自己经常遇到的问题。正如他所记录的，他在狱中的许多内省冥想都针对他希望报复的愤怒倾向。有一次，他觉得自己对一个狱警说话太尖刻了，于是他向对方道歉（C 219）。他有意让自己的对话框架类似于马可·奥勒留的《沉思录》，显示出一种坚定的自我观察，这可能是直接模仿斯多葛学派的思想，尽管他的想法也与非洲的乌班图（*ubuntu*）概念有着深刻的联系。[27]（相比之下，他从未记录过他试图摆脱失望和悲伤，事实上，他总是直率地承认这些失望和悲伤的经历，尽管他也强调不要失去希望很重要。）他一再提醒人们注意系统的自我省察的重要性。1975 年，他在狱中在给温妮的信中写道（鼓励温妮接受同样的冥想训练）："牢房是一个学习了解自己，现实地、有规律地探索自己的思想和感情过程的理想场所"（C ⅶ）。

请注意，即使在被曼德拉看作是有重大影响的愤怒的早期经
229 历中，也是前瞻性占主导地位。他想改变制度，解放人民，而不是给他人带来痛苦，造成恶劣的条件。因此，他早期的愤怒，虽然看起来是真正的愤怒，而不是转型-愤怒，但仍然非常迅速地朝着转型-愤怒前进。但即使是这种愤怒，他也通过监狱冥想小心地消除了。

总的来说，曼德拉似乎从来没有认为，让南非白人受苦，或者让他们遭受任何形式的报复，会有哪怕是最小的一点点的利益。因为他明白，目标是改变这一制度，但这个目标很可能需要白人的合作，至少如果没有白人支持，这个目标的实现会变得不稳定和不断受到威胁。自由运动的重要（白人）成员、后来的南非宪法法院的创始大法官之一阿尔比·萨克斯（Albie Sachs）说，他们总觉得自己在为实现政治平等这一积极目标而奋斗，这个目标在原则上包括了所有人。[28]

在曼德拉看来，不报复的态度对于一个国家的管理者来说尤为重要。一个负责任的领导人必须是实用主义者，愤怒与前瞻性的实

用主义是格格不入的，它就是一种障碍。一个好的领导者必须尽快走向转型，也许他一生中的大部分时间都停留在这个阶段，表达甚至感受转型-愤怒和失望，把真正的愤怒抛在脑后。

曼德拉对采访者理查德·斯坦格尔（Richard Stengel）说的一个小寓言可以很好地概括曼德拉的做法，他以前也对他的追随者们讲过这个故事：

> 我讲过太阳和风之间的争论。太阳说："我比你强壮。"风说："不，我比你强壮。"于是他们决定用他们各自对一个旅行者的影响来测试一下他们的力量，这个旅行者披着一个毯子，他们商定，谁能让旅行者脱掉毯子谁就更强壮。于是风开始了。他开始**刮风**，风吹得**越猛烈**，旅行者**越是拉紧**毛毯。风刮了又刮，但他还是不能让旅行者把毯子扔掉。正像我说的那样，风**刮得越大**，游客**越想**把毯子在身上**裹紧**。风最终放弃了。然后太阳开始了，他把光线照耀在人身上，非常温和，并且不断增加光线的强度，随着强度的增加……旅行者觉得毯子是不必要的，因为毯子是用来保暖的。所以他决定放松它，放松它，太阳光变得越来越强，最后他把它扔掉了。所以，用一种温暖的方法，就可以让旅行者扔掉他的毯子。这是一个寓言，通过和平方式，你将能让最坚定的人民改变，你看，…… 230
> 这才是我们应该遵循的方法。(C 237–238)

值得注意的是，曼德拉用前瞻性的语言将整个问题框定为让对方做你想做的事情。他接着表示，如果你能让对方与你合作而不是与你作对，这项任务就更可行了。对方的防御性和焦虑性的自我保护阻碍了进步。而愤怒无助于事情向前发展，它只会增加对方的焦虑和自我防御。相反，温和而愉快的方法可以逐渐削弱防御，直至让对方放弃整个自我防御的想法。

当然，曼德拉既不幼稚，也不过于理想主义，所以他不会拒绝承认现实，因此，他永远不会提议放弃对希特勒的武装抵抗，不会试图用个人魅力改变希特勒。他的寓言是在特定背景下给大家讲的，那就是结束了一场解放斗争，这场斗争有时是暴力的，而对方中有许多人是真正的爱国者，他们希望国家的未来是美好的。他从职业生涯之初就坚持非暴力只能在战略上使用。尽管如此，在诉诸暴力的战略背后，始终是转型的观点，其重点不是报复，而是创造一个共同的未来。

所以曼德拉想象对手会说，对立的报复心态是适当的，是替代不愤怒的一个好选择，他准备好了自己的回答：报复确实没有任何好处，这种接近对手的方式会使他正在为之奋斗的事业倒退。他欣然接受这样的批评，即他看待对手的方式只是一种选择，而不是道德诫命，因此他提出了更弱的主张。他表示他的做法是有效的：

> **斯坦格尔**：人们说，“纳尔逊·曼德拉最大的问题是他太愿意看到别人身上的优点”，你对此有何回应？
>
> **曼德拉**：很多人都这么说，从我年轻时就这样说，我不知道为什么。……这里面可能有些真实的元素。但当你是公众人物时，你必须相信别人的正直，直到有相反的证据。如果你没有相反的证据，人们做了看起来很好的事情，你有什么理由怀疑他们？说他们做好事是因为他们有不可告人的动机？在证据

> 出来之前，你要么接受这个观点，要么接受那是个不老实的例子，然后忘掉它。因为这样你才能与他人相处。你必须认识到，在你生活的社会里，人是泥做的，因此他们是凡人。他们 231
> 有优点，也有缺点。你的职责是把人作为人，而你不是因为把他们当作天使，才与他们一起工作。因此，一旦你知道这个人有这样的美德，有那样的弱点，你和他一起工作时，你就要去适应这些弱点，试图帮助他克服这些弱点。我不想被某个人犯了某些错误吓住，他有人性的弱点，我不允许自己受这些东西的影响。这就是为什么很多人批评我。……所以这也是我必须忍受的批评，我也试着去适应，因为不管是不是这样，我认为这样做是有好处的。……你在发展人际关系方面取得了很大的进步，因为你（做出）了一个基本的假设……即与你打交道的人是正直的人。我相信这一点。(C 262-263)

对曼德拉来说，愤怒和怨恨的方式根本不适合一个领导者，因为领导者的角色是要成就事业，而宽宏大量和合作的方式才是行之有效的。

他也以这种方式向他的盟友和追随者证明了这一点。当一群来自黑人觉醒运动（Black Consciousness）的囚犯来到罗本岛，他们决心用愤怒和对警卫的攻击来表达抵抗时，他逐步地、耐心地说服他们，让他们明白，不愤怒的策略也能表达战斗精神，而且更有效。[29] 很久以后，在南非建国的头几天，在黑人领袖克里斯·哈尼（Chris Hani）被一位白人谋杀后，真正的危险是，报复的心态会破坏团结。曼德拉在电视上表达了深深的悲痛，但他以一种父亲的口吻呼吁人们保持冷静，人们就会觉得，“如果父亲自己没有咆哮着要报复，那其他人有什么权利去寻求报复呢?”（Inv 119）紧接着，他指出，凶手是一个外国人[30]，一名南非白人妇女的行为非常英勇，她记下了肇事者的车牌，让警察能够追踪到他，他希望这样能转移人们的情绪。他说：“这对我们所有人来说都是一个分水岭。我们的抉择和行动将决定我们是否用我们的痛苦、悲伤和愤怒，朝着我们国家唯一的持久解决方案前进，这就是通过保持一支纪律严明的和平力量，建立一个民选政府”（Inv 120）。再也找不到更令人感动的转型的例子了，因为曼德拉像爱儿子一样爱哈尼，他在哈尼死后显然正经历着深深的悲痛。

我们现在准备考察三个不愤怒的态度发挥作用的例子，看看曼
232 德拉的宽宏大量的精神是多么出人意料，以及这种合作形式多么不同寻常：他与白人安全部队的交往，包括 1985 年与司法和惩戒部长科比·库切（Kobie Coetsee）的会面，以及随后在他获释后对白人安全部队的处理；他对两段式国歌《圣歌》问题上的说服工作；他对南非橄榄球队跳羚队的支持。所有这些都是在拥有坚定信念的背景下发生的，这个坚定的信念就是，正确的目标是建立对一个联合的国家的信任和信心，双方“携手走向未来”（LW 744）。

1. 科比·库切：信任与安全

从武装抵抗到谈判的转型必须从某个地方开始，而它的发起方式、发出的信号将极大地影响新国家的前景。建立信任的问题至关重要。在曼德拉似乎即将获释（经历了一系列复杂的转型运动）的

时候，他一度因反复的肺部感染而被送进监狱医院。正是在这个时候，一位非常重要的政治人物，国家司法和惩戒部长科比·库切，安排去拜访他。这次会面的结果关系重大：如果曼德拉表明自己是一位愤怒的革命者，就将阻碍他获释，甚至可能使他根本不可能获释。这次会面充满了极度紧张的气氛：因为警察和安全部队对暴行负有责任，库切绝不是无辜的。尽管如此，曼德拉仍然是局势的掌控者。尽管在医院的病房里穿着睡衣，曼德拉还是完美的主人。他以帝王般的优雅和热情迎接了几乎比他矮了一英尺的库切，两人很快建立了轻松融洽的关系。[31] 他们用幽默和温和的语气交谈，而且很容易互相倾听。曼德拉多年的自我训练，他了解南非人民的历史、关切和情感，在这一天开始结出硕果。

他与库切的和解也不是孤立的事件。1994 年，作为国家第一位民选总统，曼德拉在就职典礼的当天，就在阅兵式上表达了对白人安全部队的尊重和包容。2013 年，一位当时还是年轻新兵的南非白人回忆说，他看到曼德拉出乎意料地走向一位军官。曼德拉直视军官的眼睛，说：“你已成为我们的和平力量。你就是我们的和平力量。”那位军官原以为会受到某种敌意或冷淡，听到曼德拉这样说，他大吃一惊，放下了武器，开始哭泣，他周围的人也跟着哭了起来。几年后，曼德拉去世时，这位前警察还记得这件事，这事件引发了他对国家未来思考的一个革命性的改变。[32] 他从小就与 233
所有的年轻的南非白人一样，把非洲国民大会当作邪恶的和毁灭性的。但那天他看到的完全不同，这激发了他的信任和友情，取代了恐惧和怨恨。

这两件事都表明，曼德拉拥有赢得公众信任的至关重要的力量。他明白愤怒会滋生不信任，只有尊重和友谊才能维系这种信任。

2. 两部分的国歌

今天的南非国歌是由两首历史迥异的圣歌组成的，即《上帝保佑非洲》（“Nkosi Sikelel’ iAfrica”，“God Bless Africa”）和《南非的呐喊》（“Die Stem”，“The Call”）。前者本身就是一个混合体，因为它的歌词使用了三种主要的非洲语言：科萨语、祖鲁语和塞索托语。这首1897年创作的歌曲成为反种族隔离运动的自由之歌。1918年创作的《南非的呐喊》是种族隔离的南非的国歌（1957年前与《上帝保佑女王》同台演出）。现在混合起来的国歌以《上帝保佑非洲》开头，然后转到南非语的《南非的呐喊》的第一节，但以《上帝保佑非洲》的另一节的英语新歌词结尾：“呼唤的声音不间断地传来/团结的我们将会挺立/让我们生活并为自由而奋斗/在南非，在我们的土地上。”1994年在曼德拉的就职典礼上，两首歌各唱各的，分别独立地唱起来，正如我们看到的那样，后来南非跳羚队学会了唱合并版；合并版于1997年代替了独立版。

国歌有着深刻的情感共鸣，这两首歌表达了完全冲突的目标和情感。非洲黑人学会了在内心深处痛恨《南非的呐喊》，就像犹太人痛恨《德意志高于一切》一样。南非白人在很大程度上痛恨和害怕《上帝保佑非洲》，那是抗议的圣歌。但事情并不是那么简单：因为《上帝保佑非洲》为自由派白人演唱和支持，许多白人一直对

《南非的呐喊》持保留态度，因为《南非的呐喊》这首歌有布尔战争遗留下来的反英共鸣，它的一些诗句赞扬了布尔人的具体成就。在这种情况下，一个新的联合的国家应该怎么做？其中一个方法可能是把它们都抛弃，然后另写新歌。然而，这样就会使人们丧失在这两首歌曲中所蕴藏的情感联系，其中包含着追求国家利益的强大动力，这些歌曲讲述了和平、繁荣和自由的崇高目标，同时又喻指风景优美的特征，这些内容人人喜爱。出于相似的原因，尽管德国对纳粹意识形态进行了彻底的否定，但德国并没有废弃《德意志高于一切》，理由是海顿的旋律和许多歌词没有污点：无疑议的第三 234
段歌词“统一、正义和自由”取代了其他三段歌词。[33]

大多数非国大领导人想直接取消《南非的呐喊》，代之以《上帝保佑非洲》，事实上，在曼德拉因国际电话离开会议室时，他们已经决定这么做。但他提出反对，要求他们重新考虑他们的决定。“你们如此轻易地对待这首歌，它承载了很多人的情感，你们代表不了他们。你们大笔一挥做了这个决定，实际上是决定摧毁我们正在建立的和解的唯一基础。”（Inv 147，cf. LW 747）这是一个很高的要求：每个群体都必须学会通过对方的眼睛看世界。

下一步是让每一个群体唱与对方群体相关联的国歌，这是一个尚未完成的工作，因为有时人们只唱他们知道或最喜欢的部分，但决定性的进展与曼德拉的下一个策略一起出现了。

3. 橄榄球队

1995 年世界杯橄榄球赛事件在约翰·卡林（John Carlin）的

《成事在人》(*Invictus*)一书中详细地叙述过，2009年，克林特·伊斯特伍德(Clint Eastwood)执导的同名电影中也较为简略地描述过，所以很多人都很熟悉这些事件，摩根·弗里曼(Morgan Freeman)饰演的曼德拉有力地传达了他作为领袖的宽宏大量、自足和快乐的精神。[34]

下面简略地概述一下这件事。曼德拉意识到，体育运动能够激起深厚的爱国情绪，因此它是激励一个国家和解与团结的重要途径。但体育运动和其他一切运动一样，一直是按照种族界限划分的。橄榄球是白人的运动，非洲黑人对此嗤之以鼻。白人球迷和球员很可能站在他们自己这边，以怀疑的眼光看待非洲黑人。

通过与国家橄榄球队跳羚队的教练和球员的耐心交流，当时已经是总统的曼德拉改变了一切。首先，他给球员留下了深刻的个人印象，创造了信任、希望和友谊。他与球队教练莫恩·杜普莱西斯(Morné du Plessis)以及队长弗朗索瓦·皮纳尔(François Pienaar)建立了一种特别牢固的关系。随后，他说服球队在公开场合饱含激情地演唱了国歌的两个部分，从而为白人球迷创造了一个可以效仿的典范。同时，他还组织了训练班，队员们把橄榄球运动教给几十个黑人小孩，孩子们“向他们目瞪口呆的长辈们透露，布尔人大哥哥也可以成为朋友”(Inv 196)。在这些事取得成功之后，他成为球队最热情的啦啦队队长，激励他们在世界杯上
235 取得胜利。如果说这是一场表演，那么，所有人都相信这场表演的情感温暖而真诚——而且，很可能，它根本就是真实的而非表演。如果说这是一种刻意和计划，这是一种选择相信和关心的刻

意。曼德拉并不冷酷，而是愉快和放松，充满了温暖和幽默（Inv 185）。最重要的是，曼德拉的行为完全抛弃了怨恨或种族分裂，他说，这个球队只是“我的孩子”（Inv 194），他父亲般地与之前的对手亲切拥抱，丝毫没有提及过去，而他们和他在一起感觉很舒服，也接受了他的关怀，队员们逐渐成为新的团结的南非的狂热支持者。

在1995年的世界杯决赛中，南非击败新西兰，这对这个国家来说是一个至关重要的情感盛事，让所有不同背景的南非人聚集在一起庆祝国家认同。当曼德拉穿着弗朗索瓦·皮纳尔的6号球衣出场时，大部分是白人的人群暴发出欢呼声，高呼着曼德拉的名字。[35] 在曼德拉去世后不久，皮纳尔描述了当时的情景，他认为这种转变令人难以置信。他还谈到了曼德拉的谦逊和他对球队的真诚热爱：当他试图告诉曼德拉，他，曼德拉，为南非做了一件伟大的事情时，这位领导人并不接受。他说：“我要感谢**你**为南非所做的一切。”18年后，这位高大健壮的运动员说到这件事仍旧眼中带泪。[36]

任何一个仔细思考这个故事的人都会惊叹于曼德拉的好运：因为即使他的支持给球队注入了活力，那也肯定不足以战胜一支更强大、更有天赋的球队。因此，他让自己在重大情感事件上的判断力在一定程度上取决于比赛结果，这一点令人质疑，但他先前在建立统一的公众方面所取得的成就则不容置疑。

至关重要的是，曼德拉不是出于政治上的考虑而不冷不热地接受橄榄球运动，他是作为一个真正的体育迷和前运动员（他是一个优秀的业余拳击手）而热衷于橄榄球运动。世界各地的体育迷都能看到，他个人从内心深处理解体育的力量。2013 年 12 月 5 日，他去世时，除了预期的悼念，还有来自体育界的深切悼念。ESPN 网站援引他的话说，“体育拥有改变世界的力量……它拥有激励人心的力量，拥有其他方式所没有的力量，能够把人们团结起来。体育运动用一种年轻人能听懂的语言对他们说话，可以在曾经只有绝望的地方创造希望。在打破种族障碍方面，它比政府更有力量。”从著名体育明星穆罕默德·阿里（Muhammad Ali）到国际足联主席塞普·布拉特（Sepp Blatter），重要的体育界人士都对曼德拉在自由事业中拥抱体育充满敬意。[37]

这些事件都表明，以浪子之父的精神宽宏大量，并忘却过去的错误，具有巨大的创造力。曼德拉并没有说，愤怒永远是不正当
236 的，因此他提出的要求比我的要求弱。他声称，并在他的行为中表明，愤怒在政治上是无用的，而宽宏大量则有着积极的意义。如果他让白人产生戒备之心，取消他们的国歌，把橄榄球运动员当作种族主义的偏执狂和压迫者，他可以声称这种报复有历史的正当性，谁能责怪非国大拒绝唱压迫者的国歌？但是怨恨会破坏他们的事业。当一个国家的未来岌岌可危时，愤怒的报复心理会是一种毫无意义的、幼稚的自我放纵。

难道这一切不是可以通过不愤怒和宽宏大量的表演，而不是真正的行为来实现的吗？或者：这是显示了不愤怒的优越性，还是只是不愤怒的行为的优越性？曼德拉当然认为这两者是不可分割的。事实上，他在狱中的岁月给了他时间反省和磨练自己的整个人

格。[38] 他非常喜欢威廉·欧内斯特·亨利（William Ernest Henley）的诗《成事在人》（一部深受斯多葛主义思想影响的作品），这正是他热切致力于成为"我的灵魂的船长"的一种体现。他已经倾向于转型，但他还需要克制愤怒的冲动，他说，他认为这种内在的自律是必要的。

我们真的能想象吗？一个完美的伪君子能愚弄这么多人，愚弄这么久吗？无论如何，即使这样的事情是可能的（我当然不反对表演，如果唯一的可以替代的选择是不好的想法或者坏的行动），它也是一种心理上的表演，重要的是，我追随曼德拉的观点，这种观点在革命性的背景下和在其他背景下一样显示出优越性。正如甘地一再坚持的那样，一个没有进行内心转变的人的灵魂是不自由的；被愤怒控制的状态在规范上是一种不稳定和不受欢迎的状态，即使在一段时间内，由于某种奇迹，这种状态没有使人在外在行为上产生任何差异。[39]

因此，我们论述的这三位思想家向我们清楚地展示了不愤怒的战略优势：因为它赢得了世界的尊重和友谊，它最终也可以赢得对手，在国家建设中争取他们的合作。当然，他们的观点并不能否定愤怒在某种程度上、在工具性上作为信号和动机的有用性。（事实上，马丁·路德·金强烈建议这样做。）在某些情况下，需要解决的主要问题是公众的消极态度——那么，将愤怒作为动机的有限使用可能确实有相当大的作用，因为几乎可以肯定的是，在英国转向抵抗希特勒的问题上就是如此。但我们这三位思想家的案例表明，从战略上讲，转型至关重要，这使我们带着信任与合作迈向未来成为可能。[40] 我还认为（超越了曼德拉的明确观点，并同意马丁·路德·金和甘地的观点），转型在道德上也更为优越：愤怒之路的确错了，它要么会不当地提升地位的价值，要么会错误地认为，报
237 复可以达到某种目的，弥补不公正造成的损害。内在世界在道德和政治上都是有价值的，即使它对外部选择和行动有时（但很少）没有影响。[41]

在这三个案例中，不愤怒是由一个占主导地位的群体所实践的，这个群体以前曾被嘲笑并被妖魔化。愤怒的言语和行为会滋生有害的成见，因此，对形势所需的审慎思考会引导人们转向不愤怒。这是否表明，对于从未被如此妖魔化的群体（比如欧洲白人男性）而言，愤怒是一种可以接受的策略？我认为没理由这么想。人们是否应该仅仅因为没有人指责他们非理性，就觉得自己可以非理性呢？曼德拉给出了不愤怒的理由，显然不愤怒的理由并不依赖于压迫的偶然性。如果有人仅仅是因为害怕加深不光彩的刻板印象，而接受他的领导，那么他们接受他的领导是对的，但理由却不对。

国家建设需要的不仅仅是不愤怒。它需要良好的经济思维、有效的教育体系、有效的公共卫生服务以及其他种种。詹姆斯·贾维斯在恩多切尼承担的任务需要在全国范围内完成，而这一进程在印度和南非都还不完整。国家建设还需要仔细考虑如何构建法律制度，以纠正权力失衡，宽宏大量并不能改变处决阿布萨洛姆·库马洛的腐败的司法体系。但是，不愤怒给这些考虑注入了一种富有成效的精神，南非宪法法院的成就令人印象深刻，这在很大程度上要

归功于它的开端。

Ⅴ. 没有宽恕就没有未来吗?

当时，新南非的精神是詹姆斯·贾维斯和斯蒂芬·库马洛的精神：一种前瞻性的和宽宏大量的友谊。然而，它还包含另一个著名的要素：真相与和解委员会，该委员会目前已成为其他国家数十个类似委员会的典范。它的一位主要缔造者、大主教德斯蒙德·图图在他颇具影响力的著作《没有宽恕就没有未来》中讲述了它的故事。[42] 因为图图用基督教的忏悔、悔罪和宽恕的思想来描述委员会的工作，我们必须考察这些思想是否符合委员会的实际做法，如果符合，这是否违背了曼德拉的宽宏大量的精神。

真相与和解委员会的专题目前已经产生了大量的文献，我不打算对此进行调研。[43] 相反，我提供一些从我思考的案例中产生的一般的思路。每一种情况都需要敏锐的情境思维，我认为，鉴于历史和文化的多样性，任何笼统的描述都是不合适的，除非是在最抽象的层面上。

到目前为止，我的论点表明，在革命性的转型中有两件事是必 238
要的：一是承认恶行及其严重性，二是具有前瞻性的和解努力。前几章（以及曼德拉的实践）提出的另一个有用的因素是同理心的培养，即从另一方的角度看世界的能力。[44] 相比之下，谦卑、忏悔、悔罪和最终宽恕往往会产生羞辱而不是相互尊重，从而阻碍和解，而且它经常充当一种隐蔽的惩罚形式，释放出一种隐藏的（或通常不是如此隐藏的）怨恨。

承认所发生的事情的真相是至关重要的，因为不坚持以前的人类利益所受损害的严重性，人们不可能进入一个公正的制度，建立信任，这种坚持是尊重这些利益，并使国家不再重蹈覆辙的一种方式，它赋予基本政治原则以重要性和现实感。因此，甘地严肃地如实描述了英国在印度的统治，马丁·路德·金严肃地如实描述了白人种族主义的恶行，尽管没有进行正式的质询，但他们确信这些真相是所有人都能看到的。在马丁·路德·金的案例中，马丁·路德·金和其他民权领袖对不法行为的控诉与正式司法诉讼过程相伴随，并且这种控诉持续进行。

审判是告知公众真相的正式手段。如埃斯库罗斯所看到的那样，在一个法律体系拥有公信力的国家里，这正是一种更可取的手段。通过审判，并坚持公正地审判，一个运转良好的民主国家表达了反对持续不公正的立场。就甘地而言，所需要的是英国人离开后的新的宪法秩序。因为他们走了，所以不能审判他们，但他们肯定受到了舆论法庭的审判，而且早就被定罪了。甘地与国际新闻界的友好关系是他进行真相调查的方式，事实证明，它非常有效。

人们可以看到，在大部分真相被掩盖的地方，即使经过长期的和解努力，信任也会受到严重威胁。北爱尔兰在和解方面取得了长足的进步，无论是北爱尔兰的抗议者和天主教徒之间，还是两者与不列颠之间。2013 年，女王愿意身着绿衣访问北爱尔兰首府贝尔法斯特，随后还与格里・亚当斯（Gerry Adams）① 和前恐怖分子马丁・麦吉尼斯（Martin McGuinness）② 握手，这一切都大大促进了和解。2013 年 6 月，我碰巧坐上了英国航空公司从伦敦飞往贝尔法斯特的首架航班，绿色纸杯蛋糕在飞机上迎接我们，机上洋溢着喜悦的气氛，这是一个令人振奋的迹象。然而，到 2014 年春天，在波士顿学院进行的对前爱尔兰共和军成员所做访谈的“秘密”录音引发了持续争论，导致格里・亚当斯的（短暂）逮捕，原因是他 239
与 1972 年绑架、处决和秘密埋葬让・麦康维尔（Jean McConville）③ 有关。这一事件表明，当过去的真相被刻意掩盖（但却被记录在未公开的档案中），未来前景的脆弱性就显示出来了。[45] 在与一个致力于和平进程的非政府组织领导人的谈话时[46]，我了解到许多人不相信格里・亚当斯，因为人们认为他的许多真实行为被隐藏起来了。（有趣的是，有些人认为麦吉尼斯更值得信任，因为他杀人活动的真相是众所周知的。）北爱尔兰是否可以拥有或仍然

---

① 格里・亚当斯，北爱尔兰新芬党主席。新芬党主张建立一个全爱尔兰共和国，与爱尔兰共和军关系密切。

② 马丁・麦吉尼斯，反对英国统治的爱尔兰共和军指挥官。

③ 让・麦康维尔 1972 年 12 月在位于北爱首府贝尔法斯特的家中遭两名爱尔兰共和军成员绑架，下落不明，时年 38 岁。2003 年 8 月，她的遗骸被意外发现。爱尔兰共和军指认麦康维尔是效力英国政府的告密者，而她的家人坚决否认。此事成为谜案。后来，波士顿学院的贝尔法斯特项目收集了 26 名爱尔兰共和军老兵的采访录音，他们“开口”的前提是他们活着的时候录音要保密，这些录音后来被北爱警方获得，有录音显示格里・亚当斯涉嫌与暗杀麦康维尔有关，他本人予以否认，但因此事被捕。参见《爱尔兰新芬党主席被捕》，新浪新闻 http://news.sina.com.cn/o/2014-05-02/141030049463.shtml。

可以拥有真相与和解委员会，我无法判断。显而易见的是，即使在四十年之后，缺乏真相也会危及和解。

现在回到我们一直在研究的三位领导人，他们都以各自不同的方式促进人们了解真相：在这三个案例中，和解问题也采取了不同的形式。马丁·路德·金和林肯一样，不得不“包扎国家的创伤”，他这样做，是因为他预见到了美国即将发生转变，在这个发生了转变的美国，自由和平等将会产生真正的兄弟情谊。从那时起，和解通过积极利用现有的法律制度、社会和教育策略得以促进。和解的努力仍在继续，因为要建立信任，就必须更普遍地纠正警察实践和刑事司法系统中的种族歧视行为。2015 年全国各地发生的恐怖事件，有许多警察对非裔美国人表现出了极其恶劣的行为，至少引起了全国的注意，并在真相与和解方面做出了一些努力。已经取得的成就可能是零碎的、渐进的和区域性的，但人们至少可以希望，实现正义的决心将会取得进展。尤其令人振奋的是，马丁·路德·金非暴力抗议的方法在许多受其影响的城市中得到了应用。尽管毫无疑问，在许多情况下，抗议活动并没有摆脱报复性的愤怒，但它们至少表达了马丁·路德·金博士的精神，并效仿他坚定不移、毫不妥协地追求正义。

甘地所面临的挑战与马丁·路德·金不同。由于英国人最终离开了，和解成为外交政策的一个问题，共和国初期谨慎的不结盟政策巩固了独立，促进了对主权的尊重，没有怨恨和敌意。与此同时，甘地的运动，自觉地以印度而不是英国的符号和语言为基础，为这个历经磨难、高度多样化的新国家提供了一种共同的国家语言，产生了一个稳定的民主国家，尽管它有持续的紧张局势、深刻的经济和宗教问题。[不用说，创造印度的民主是许多人的工作， 240
尼赫鲁和宪法之父 B. R. 安贝德卡尔（B. R. Ambedkar）在一些重要问题上都与甘地观点相左，但他们都发挥了核心作用。甘地是一位鼓舞人心的领袖，而不是一位法律或制度方面的思想家，其他人的思想也做出了重要贡献。]

南非的案例具有独特的复杂性。因为从某种意义上说，它有一个有效的法律体系，但它被白人至上主义统领，因此它没有获得公众的信任。新国家要求并接受了新宪法，但它也需要一个机制去承认过去的错误，恢复公众对政府的信任，并建立公众共同的是非观。简而言之，它既有美国的一面，也有印度的一面。

是否可以像在纽伦堡那样，让那些犯下罪行的人接受特别法庭的审判？图图和其他南非领导人提出了这个问题，但他们很快就拒绝了这个选择。第一，如果那样，他们担心一系列漫长的审判会加深白人和黑人之间的裂痕，加剧黑人的怨恨和白人的恐惧。审判将被证明是一个持续报复的机制，并将破坏对新宪法的共识和善意。[47] 第二，审判将是非常昂贵的，浪费国家的稀缺资源。第三，其结果也可能是真相更加隐而不彰，因为被告可以接触到有权势的律师，他们会教他们什么都不承认。[48]

然而，立即实行大赦也会破坏公众对未来的信任，因为大赦相当于不承认已经发生了令人发指的行为，而承认本身似乎是未来对国家和宪法的信任所必需的。[49] 图图认为，这种沉默将使受害者再次受到伤害，因为他们的痛苦没有得到承认。[50]

因此，领导者们一致致力于一个具有创新性的过程，这一过程后来被大量模仿：真相与和解委员会。实际上，这个委员会的结构就是我所说的转型愤怒：强烈愤慨、无法容忍的声明，然后是宽宏大量的前瞻性想法。

真相与和解委员会的想法是，人们将被传唤出庭证实已经发生的事情，而承认的回报将是大赦。正如图图所说，这种结合是非常有争议的：很多人认为，如果没有惩罚，承认就没有用。他们甚至怀疑，在没有惩罚的情况下，真相是否还会浮现。但是，鉴于有这么多受害者作为目击者在场，鉴于犯罪者没有通常掩盖真相的最强
241 烈动机，即害怕惩罚，因此他们有强烈的动机不去掩盖真相。而且甚至出于社会地位的动机而掩盖真相也不成立，因为在这个新的国家，人们已经清楚，不可能再以声称错的是对的，或以其他方式抵制承认错误为荣。此外，委员会还重点调查非国大成员和其他革命党人以及白人的不当行为：正是通过这种方式，温妮·曼德拉的行为才得以曝光。这种不偏不倚的态度在很大程度上有助于激发人们的信任。

我说过，曼德拉对以前压迫过他的人表示尊重，从不羞辱他们。委员会是追随他的领导，还是会出现羞辱的情况？这是一个非常困难的问题，在某种程度上，是个别问题。但是，这些程序是有尊严的，并显示出尊重；未来的大赦作为明显的贯穿始终的存在向人们保证了，那些进行了证实的人随后将作为平等的公民在一个新的国家中被接受，而不是被污名为罪犯。如果如实地告诉别人自己的所作所为是未来获得信任和平等尊重的先决条件，那么它就不是

羞辱。或许证实已经发生的事情最令人感到不安的特点是，它往往不仅涉及讲述一个人自己做了什么，还涉及讲述朋友和同事做了什么。这种“背叛”可能会被看作是深深的羞辱和软弱。[51] 但是，考虑到大赦，告诉别人的内容并不会给自己的朋友带来被鄙视和羞辱的命运，而只是简单地陈述一个事实，随之而来的是一个平等尊重的未来。因此，在我看来，如果在实践中委员会的设计并不是完善的，在原则上它是很高明的，它确切地强调了新国家的福利所需要的两件事：其一，用关于过去的真相让公众建立信任和对是非的尊重[52]；其二，以大赦的形式和解，这提供了一个新的开始。

如果你读了图图对委员会实际做了什么的详细叙述，你会得到这样的画面。但至少在随后的一些演讲中，他对此的描述则是另一回事，他在书中结论部分引用了这些演讲。在这里，他介绍的完全是交易性版本的基督教关于忏悔、悔罪、道歉的观点和有条件宽恕，我说过我们应该以怀疑的态度看待交易性宽恕，把它视为惩罚性的，通常是一种隐蔽的愤怒形式。重要的是，那些接近曼德拉的人也对这种忏悔式的语言持怀疑态度。[53] 根据图图的说法，和解是一个神圣命定的宇宙进程的一部分，它使人类逐渐走向基督的统一。这本质上是一个超越于人类的过程，是一个“处于宇宙中心的过程”[54]。个人可以加入这个过程，也可以成为这个过程的阻碍。为了加入这个过程，他们必须“走忏悔、宽恕与和解的道路”[55]。这条道路要求作恶者承认真相、道歉、表达“悔恨或至少一些悔恨 242
和悲伤”，并“请求宽恕”[56]。当这些条件得到满足时，受到不当对待的一方应该放下怨恨。图图补充说，作恶者可能偶尔会在没有忏悔的情况下得到原谅，但在这种情况下，“作恶的根源”将不会暴露，整个过程可能仍然不完整。因此，作恶者有责任通过揭发自己、忏悔、表达“相当的谦卑”[57]，并悔恨地请求宽恕来启动这一过程。然后，受害者应该以“信仰的行为”接受道歉——这是耶稣告诉我们的，作恶者忏悔时要重复多次。[58] 他继续讲述更多的基督教宽恕的内容及其暗示的形而上学的目的论。

在这里，我们看到了基督教宽恕画面中的交易性和条件性：不是浪子之父的行为，而是忏悔者和接受忏悔的神职人员的行为。显然，图图深深地相信这些宗教概念，并相信它们是使和解进程发挥作用的因素。最近，他谈到了这些想法的根源，即他自己亲眼看见父亲虐待母亲而感到愤怒的经历。[59] 这些概念显然对许多人有意义。比较而言，如果我们试着想象曼德拉用这些术语来与橄榄球队对话，那么它的局限性就变得很明显了。悔改的要求就像他寓言中的阵阵寒风，肯定会加剧反抗。曼德拉对这种宗教目的论没有兴趣，也不喜欢从别人那里得到道歉和悔恨。他相信只有敞开心扉的大度，才能使他和团队朝着相互尊重和友谊的方向前进。事实上，在他与之前所有压迫过他的人的交往中，轻松、善良和幽默的突出作用是显著的。图图说得对，他把曼德拉描述为“具有高贵的尊严，宽宏大量，渴望献身于让那些因种族隔离、种族主义的不公正和痛苦而彼此疏远的人达成和解，为此而热血沸腾”[60]。

因此，图图描绘的是自己的画面，正如他自己所展示的那样，这与曼德拉制定的程序有着显著的不同，与他自己所描述的委员会制定的程序也有着显著的不同。考虑到基督教思想的现代影响，曼德拉的遗产经常被用图图的语言描述为一种宽恕，这并不奇怪。但在阅读曼德拉发表的著作时，我发现这个词和那些想法都没有在书中体现。阿尔比·萨克斯也不记得曼德拉使用过忏悔和宽恕的观念，他说这些观念与曼德拉的运动完全不同。在最近的关于曼德拉的电影中，当暴力迫近，曼德拉出现在国家电视台上，他说：“我原谅了他们，你也应该原谅他们。”萨克斯告诉我，这完全是捏造 243
的。曼德拉从没有说过这样的话，但编剧们一定认为他们的观众会对此有共鸣。[61]

当然，真相与和解委员会并不是一个可以被描述为轻松愉快或“为宽宏大量所鼓舞”的过程，它是庄严的，在许多方面是悲剧性的，因为有那么多人讲述了他们的损失和受到伤害的故事，有那么多人讲述了他们自己的不良行为。然而，至少如前所述，在这个过程中，人们是会受到尊重的，不需要卑微，当然也不需要羞辱，而且这个过程也会保护作恶者作为未来国家潜在的平等公民的尊严。没有人被要求以道歉为特赦的条件，而真相陈述也不是对权威者的忏悔，而是对发生的事情的直接复述。没有人被要求要表现出悔恨，或者要承诺不再这样做——如果通过贬低一个人来让他做出承诺，肯定会被证明适得其反。如果你真的希望有人与你平等合作，最糟糕的开始是把他当作一个可能的罪犯。所以就像我说过的，如果“想得太多”，不再犯罪的承诺会把这个人打上嫌疑犯的烙印。

一个向前迈进的国家需要信任和相互尊重。真相对于信任是非常重要的，但有一种确定真相的方式会危及尊重，从而危及和解。通过大赦，南非明智地摆脱了报应主义框架，虽然人们很容易在此误入歧途，但南非则在正确的道路上促进了信任和民族团结的情感。然而，图图的重新解释，以一种包含一方卑微一方优越的忏悔形式，让一种微妙的报应主义回归。他的标题说“没有宽恕就没有未来”，我们更建议说“没有大度和理性就没有未来”。[62]

值得注意的是，图图自己也有了新的想法。在他最近与女儿默福·图图（Mpho Tutu）合著的《宽恕》（*The Book of Forgiving*）中，他描绘了一幅世俗的、无条件宽恕的画面。[63] 事实上，两位作者对他们所称的“最常见的宽恕模式”（20），即有条件的、交易性宽恕模式颇有微词。他们说，这就像是一份有“附加条件”的礼物。他们只是简单地陈述了我对有条件宽恕的反对意见，即有条件宽恕可以是一种隐蔽的报复形式（20，另见“相互怨恨”，21）；相反，他们更强调地论述了，有条件宽恕使人与作恶者保持联系，并且使是否宽恕依赖于另一个人的行为（21）。不过，他们现在更喜欢的模式是完全的无条件宽恕。由于他们的书着重于个人关系、与自我的关系以及独自工作的情况，我在第 4 章讨论了他们的建议；但很明显，他们也打算在政治领域提出建议。在政治领域里，尽管
244 他们大部分的精神修炼都不适用，但基本的思想是适用的，与图图先前支持的有条件宽恕的图画相比，它更符合真相与和解委员会。

一个被恐怖行为蹂躏的国家可能会发现自己无法前进。愤怒的情绪可能深深地控制着人们的思想，以至于他们无法转向前瞻性的计划与情感。本书第 4 章认为，在个人关系案例中，如果能证明面向过去的宽恕仪式确实是让人们摆脱过去束缚的方法，特别是在其他方法都没有成功的情况下，那么面向过去的宽恕仪式有时是有有

限作用的。这个观点也与政治领域有关，因为被他人伤害而无法释怀的、愤怒的人可能会发现一种宽恕仪式是有价值的——就像众所周知的“铁路劳工”埃里克·洛马克斯（Eric Lomax）①，在多年无法摆脱阴影之后，终于与折磨过他的日本军官达成了和解。[64] 在南非也有类似的案例。[65] 不管是否符合哲学规范的约束，任何有助于人们放下无法抗拒的愤怒和痛苦的互动都应该得到支持。

按照图图父女新书的大致思路，我们现在可以对国家提出类似的观点。有证据表明，在卢旺达这个伤痕累累的社会里，宽恕仪式产生了良好的效果。这些努力得到了国家的鼓励，并在许多方面得到实施，其中一个这样的项目是由一个名为 AMI 的非政府组织运行的，该组织在几个月中为胡图人和图西人的小团体提供咨询，最终是正式请求宽恕和给予宽恕——通常是由犯罪者给受害者赠送食物，并共同举行歌舞庆典。[66] 宽恕仪式显然不能取代诸如真相与和解委员会这样的正式程序，后者建立公众信任并给予大赦。正如图图父女所说，无条件宽恕在许多方面优于有条件宽恕。但是宽恕仪式，即使在某些方面是有条件的，对于那些可能拒绝转向宽宏大量的爱和前瞻性思考的人来说，可能也是对更正式程序的有益补充，让过去以一种有效的方式得以释放。在南非，人们必须与那些做过坏事的人为邻，这种基于个人宽恕，但被提升到公共层面的方法有时是有价值的，它使曾经相互疏远的人之间建立起联系。[67]

---

① 埃里克·洛马克斯（Eric Lomax），二战期间英国士兵，被日军俘虏，被迫做铁路苦工，受尽难以想象的摧残，他一生都难以走出阴影。30 年后，当他获悉曾经折磨过他的一个日本兵还活在人世，他决定去见见这个人，不是为了报复，而是想要与过去和解。埃里克·洛马克斯著有自传，他的故事被拍成电影。

尽管如此，这种面向过去的仪式很容易被报复心挟持，而有条件宽恕本身也可以成为报复的一种形式。帕姆拉·戈波多-马迪基泽拉（Pumla Gobodo-Madikizela）在三个月的时间里采访了南非警察局原局长尤金·德科克（Eugene de Kock）46 个小时，她在谈到她对被监禁的尤金·德科克的复杂反应时说：“受害者成了被排斥
245 的人重新融入社会的愿望的守门人。从这个意义上说，宽恕是一种报复。我在采访德科克时有时也能体会到自己的这种胜利感觉。作为一个需要我理解的人，我对他有一种力量感。”[68]

因此，在愤怒中内含的错误需要时间加以思考才能得到认识，而不愤怒的技巧需要刻苦培养。那么，让我在这一章结束时再讲一个曼德拉的故事，这个故事表明他既避免了愤怒的地位谬误，也避免了愤怒的报复谬误。曼德拉谈到了他与一名南非白人狱警的互动，那是在他正式获释前，这名狱警在看守所看管他。他们围绕的问题是谁来洗碗，全世界许多家庭都会讨论这个问题：

> 我自作主张，要打破紧张气氛，消除他可能会产生的怨恨，他要先给犯人做饭，然后再洗碗，于是我提出要洗碗，但他拒绝了。……他说这是他的工作。我说：“不，我们必须一起做。”虽然他坚持，而且他是真诚的，但我**强迫**他，一直强迫他允许我洗碗，我们建立了**非常**好的关系。……一个**非常**好的小伙子，狱警斯瓦特，我的一个**非常**好的朋友。

很容易把这种情况看作是一种地位倒转的情况：原本占主导地位的南非白人正在为这位一度遭人鄙视的非国大领导人洗碗。也很容易从报复的角度来看这件事：狱警因为参与压迫而得到了他应得

的羞辱。值得注意的是，曼德拉并没有走上这两条注定要失败的道路，哪怕只是短暂的。他只问，我怎样做才能产生合作和友谊？

这种宽宏大量和互惠互利的非凡能力是曼德拉的天才——正如他告诉我们的那样，这是他多年来在罗本岛批判性自我反省的成果。这是一个很难实现的目标，但正是我所建议的目标，对个人和机构都是如此。即使没有富有魅力的领导人来指明前进的方向，即使愤怒是那些想要保护人类重要利益的人的唯一资源，这也是一个糟糕的策略，是一个有致命缺陷的反应。愤怒是大多数人生活中的一个重要组成部分。我认为，尽管愤怒作为一种信号和激励因素具有有限的价值，但它缺乏人们宣称它具有的大多数优点，无论在个人关系还是政治关系中，它都有自己的规范性的和实际的问题。

我们可以用曼德拉最值得尊敬的继承者之一乔纳森·詹森
(Jonathan Jansen) 的话来概括这一切（尽管他是一位教育家，而
不是国家政治中的权势人物），他是南非自由州大学的第一位非白
人校长，这所大学就在南非白人社会的中心布隆方丹，2009 年詹 246
森对即将毕业的学生说："我强烈建议你们，在一个仍然充满愤怒
的国家，永远不要用愤怒来回应，要用理智来回应，你们获得的不
仅是学位，而且获得了教育。"在我们的一生中，这，确实将是一
个革命性的转变。

注释

[1] 转引自 Jack (1956, 136)。

[2] 如果没有专门说明，引文出处是：有关甘地的引文，出自

Jack（1956）；有关马丁·路德·金的引文，出自Washington（1986），我用G和K分别指这两个出处，在括号中给出页码。偶尔我也会引用Gandhi（1983），简称为GAut。

[3] 有关采访、信件和其他著作的珍贵资料，请参见Mandela（2010，253）（以下简称C）。这些摘录出自上世纪90年代初曼德拉与作家理查德·斯坦格尔（Richard Stengel）的长篇谈话录音，当时两人合作，将《漫漫自由路》（*Long Walk to Freedom*）编辑成书。这本书的书名出自马可·奥勒留的《沉思录》，马可·奥勒留是一位皇帝，也是一位斯多葛派哲学家，他的《沉思录》在希腊语版本中有标题"给自己"。我引用的有关曼德拉的资料还有他的自传*Mandela*（1994）（以下简称LW），以及Carlin（2008）（以下简称Inv）。

[4] 本节中的思想更详细的论述，见Nussbaum（forthcoming b）。

[5] 重罪谋杀规则在南非仍然有效。佩顿似乎对此并不清楚，因为在书中，他有一次让法官说，如果阿布萨洛姆真的没有杀人的意图，"那么法庭必须裁定被告没有犯谋杀罪"（Paton 1987，235）。

[6] Sorabji（2012）对甘地的态度和做法进行了重构，比我在这里所要做的论述详细得多。我关注的是不愤怒的问题以及在这个问题上甘地和马丁·路德·金之间的共同点。

[7] 然而，甘地确实认为，在他的追随者中，有人会使用暴力是一种持续的可能性，见Sorabji（2012，122），举行一次非暴力抗

议需要精心准备，他还清除了受到攻击时可能会愤怒的追随者（122）。

[8] See Sorabji（2012，88-92）. 人类的自卫也不例外，但在一些情况下，他确实认为和其他方式相比，暴力并不那么糟糕。

[9] 在其他地方，甘地也认为，勇敢的自我牺牲改变了人们的心灵，参见Sorabji（2012，83）。

[10] Dalton（2012，12-16）. 正如道尔顿所说，甘地还强调不要用英语来表达他的思想；他甚至还为其思想的核心概念举办了一场进行印度语改名的竞赛，他坚持认为如果人们只知道如何用英文名字来表达这场斗争，这是非常“耻辱的”。

[11] 比较一下古代关于军队中愤怒的讨论：菲洛德穆和塞涅卡都强调，成功的军事战略所要求的纪律的类型与个人愤怒担当主要角色是不相容的，参见Harriss（2001，103）。

[12] 甘地有时也会生气，并为此批评自己，参见Sorabji（2012，200）。

[13] See Dalton（2012，16 and 96）.

[14] See also Dalton（2012，ch. 1）. 比较Honig（2013）倡导的“激进人文主义”（agonistic humanism）是很有意思的；尽管霍尼格没有承诺不愤怒，但她反对基于悲伤和哀悼的政治，建议强调团结和希望。

[15] Nehru（1989，274-275）. See Dalton（2012，66-67 and 168-169）. 尼赫鲁没有提到恐惧和暴力之间的联系，但对甘地来说这种联系无疑是显而易见的。

［16］对该演讲的分析，见 Nussbaum（2013，ch. 9）。

［17］他确实试图把这种要求强加给他的孩子们，但没有成功；他是一个非常主观和严厉的父亲，表现出近乎愤怒的态度。

［18］Nehru（1939）. 尼赫鲁的第一句话是："富裕家庭的独生子很容易被宠坏，特别是在印度。"从那一刻起，这部作品就表现出了些许温和的自嘲，以及对自己的渴望和孤独的承认。获释后，曼德拉"首先想告诉人们，我不是救世主，而是一个普通人，是因为特殊的环境而成为一位领袖"（LW676）。

［19］Orwell（1949）.

［20］Erikson（1993，248）.

［21］Orwell（1949）.

［22］参见尼赫鲁对自己作为一个丈夫的不足之处所做的感人思考，见 Nehru（1989，ch. 2），在一个题为"人际关系问题"的章节下。

［23］见 Sorabji（2012，32-42），正如书中所展示的那样，甘地的态度很大程度上归功于基督教禁欲主义，有时是通过托尔斯泰①过滤了的基督教禁欲主义。

［24］见 Schalkwyk（2014，58-59）。作者认为，曼德拉过分地追随斯多葛式的超然，以至于对所有情感都很超然。我觉得他的论点没有说服力。（例如，他辩称，曼德拉在得知儿子特米比去世的消息时保持了令人震惊的沉默，是斯多葛式的不悲伤的例证，仿

---

① 托尔斯泰与甘地有书信往来，托尔斯泰的作品和思想对甘地思想的形成产生了很大的影响。

佛所有真正悲伤的人都会将自己的悲伤表现出来。）

［25］艾哈迈德·卡特拉达是曼德拉的亲密的朋友和狱友，2013 年 12 月在 CNN 的《纳尔逊·曼德拉》节目中接受采访。

［26］他有针对性地讲述了另一个早期故事，说明了个人魅力在种族关系中的重要作用。他 20 岁刚出头时，和朋友摄政王的儿子贾斯蒂斯一起去约翰内斯堡，一位白人律师决定送他们一程，安排他年迈的母亲开车送他们去。一开始，和两个年轻黑人在一起让这位母亲感到很不舒服，特别因为贾斯蒂斯表现出对白人没有任何禁忌。她小心地观察着他。但渐渐地，贾斯蒂斯的幽默和魅力感染了她，最终她甚至会因为他讲的笑话而哈哈大笑。用魅力和幽默解除焦虑是曼德拉职业生涯中一直都发挥着良好作用的策略。

［27］Schalkwyk（2014，60）.

［28］2013 年和 2014 年的个人谈话。

［29］见 Schalkwyk（2014，55-56），借鉴了麦克·马哈拉吉（Mac Maharaj）的回忆录。

［30］贾努斯·瓦鲁斯（Janusz Walus）是波兰移民，他试图讨好右翼的南非白人。

［31］卡林（Carlin）根据科特西（Coetsee）的回忆叙述了这一事件。

［32］CNN，“Nelson Mandela，”December 2013.

［33］现在的歌词是：“统一、正义和自由，为了德意志祖国！让我们一起为此奋斗，团结如兄弟，用我们的真心和双手共同奋斗。统一、正义和自由，幸福的保障。在这幸福的光芒中绽放，绽

放，德意志祖国。”

［34］大法官阿尔比·萨克斯最近从南非宪法法院退休，他是一名自由斗士，在多年的斗争中帮助了非国大，对曼德拉很了解，他在《对话》（2013）报道中表示，弗里曼对曼德拉的演绎与其本人非常相似。

［35］这一刻的电影片段随处可见，而且在CNN的纪录片《纳尔逊·曼德拉》中也很突出。

［36］CNN，“Nelson Mandela.”

［37］See ESPN（2013）.

［38］例如，在CNN的纪录片《纳尔逊·曼德拉》中，当曼德拉被问及被监禁的不利之处时，他特别强调了被监禁的好处。

［39］See Dalton（2012，24 and 138，with references）.

［40］如果这不分散我对最近事件的关注的话，我也想说，美国革命也是一个不愤怒的例子，当然它不是非暴力的。美国革命也伴随着审慎和清晰的推理，其目的不是惩罚英国人的不公正，而是实现一个独立的未来。正因为这些特点，它在为新国家赢得友谊方面具有不愤怒所具有的战略优势。

［41］See Murdoch（1970）.

［42］Tutu（1999）.

［43］关于这个问题有一个出色的调研，即Hayner（2001）。

［44］关于转型-正义的非常有趣的展开，参见Eisikovits（2009）。

［45］See ennhold（2014）.

［46］在牛津，2014年5月，姓名保密。

［47］参见 Tutu（1999，22），引用马霍麦德（Mahomed）法官的论述。

［48］Tutu（1999，23）. 有一些令人震惊的案件也受到了审判：尤金·德科克，南非警察秘密行动的前负责人，这支队伍追捕并杀害参加反种族隔离活动的人，他在 1996 年被审判并定罪，判处 212 年监禁。有关对他的一系列出色采访，请参见 Gobodo-Madikizela（2003）。

［49］Tutu（1999，28-29）.

［50］Tutu（1999，29-31）.

［51］见 Levmore（2014）。然而，利弗莫尔认为，社会文化往往将这种“背叛”作为没有男子气概的行为加以限制，这会损害公众利益。

［52］See Walker（2006）.

［53］与阿尔比·萨克斯的私人交流。

［54］Tutu（1999，267）.

［55］Tutu（1999，269）.

［56］Tutu（1999，271）.

［57］Tutu（1999）.

［58］Tutu（1999，273）.

［59］Tutu（2014）.

［60］Tutu（2014，39）.

［61］曼德拉在 1999 年的离任讲演中说：“南非人必须记住可怕的过去，这样我们才能面对它，宽恕那些需要宽恕但永远不能忘

记的事情。”阿尔比·萨克斯评论（电子邮件，2014年5月18日）说，在他职业生涯的这一刻，他确实偶尔允许使用“宽恕”这个词，因为观众们期待它，但这并不意味着要接受交易性宽恕。“这一切都表明……他并不冷酷无情，不愿意宽恕。大家都知道。无论如何，在那个阶段，声明的重点不在于宽恕的部分，而在于不忘记。”他发表的数千页访谈和著作可以作为证据表明，宽恕并不是他自己选择的框架：“宽恕之旅不是为了宽恕，而是为了自由。”萨克斯还指出，一些非国大成员，如奥利弗·坦博（Oliver Tambo）和阿尔伯特·卢图利（Albert Luthuli），他们笃信宗教，使用基督教术语，但他们也把自由作为目标。自由就是所有人的自由，无论是白人还是黑人。

[62] 可以在心里用这一思想对一系列这样的委员会进行评估。

[63] Tutu and Tutu（2014）.

[64] Lomax（2008）.

[65] 见 Fairbanks（2014），书中描述了前警察局长阿德里安·弗拉克（Adriaan Vlok）如何在南非朝圣，为他伤害过的人洗脚。

[66] See Dominus（2014）. 这个故事包括一组受害者/犯罪者的照片。

[67] See Gobodo-Madikizela（2003）.

[68] Gobodo-Madikizela（2003，117）.

第 8 章　结论：世界的眼睛

在第二次世界大战最黑暗的日子里，甘地说："尽管当今世界人们的眼睛都已布满血丝，但我们必须用平静而清晰的眼睛来看待这个世界。"[1] 这基本上就是《欧墨尼得斯》的启示：世界在很大程度上已经为愤怒和报复所驱使，但让我们在自己身上，在我们的政治文化中创造更好的东西，不要让世界像现在这个样子。 247

人们可能对甘地的呼吁和本书的观点回应说："怎么可能做到这些呢？"或者："太难了。我们就生活在这个世界上。"或者说："我们只是凡人。"但这样的回应远远不够。在大多数时候，很多事情确实不尽如人意，但即使是在非常困难的时候，我们也不会停止努力，总要尽力去把它们做得更好。我们不认为，因为癌症流行，我们就有理由不把大量精力投入到癌症研究上；我们也不认为，因为形成一个运转良好的经济体是一项既困难又难以捉摸的任务，我们就有理由不去尽全力完成这项任务。威廉·哈里斯（William Harriss）对希腊罗马的愤怒有着杰出研究，正如他在结论中针对愤怒难以控制这一错误观点所指出的：我们认为即使是最优秀的历史学家也难免犯一些错误，但这不意味着他们不应极力避免犯错误。[2]

我们通常不会用这种错误观点所表现出来的随意让步的态度来
248 对待自己的生活。我们认为，为了发展我们的技能和知识，通过十二年到二十年的全日制教育努力学习是有意义的。当我们成为父母时，我们通常会坚持让孩子在学校努力学习，即使孩子们不愿意学习。我们大多数人都认为，好好吃饭、加强锻炼、保持身材是有意义的，尽管我们经常没有做到我们认为应该做到的事情。如果我们继续吸烟，我们通常不会安慰自己说："太难了，我只是普通人。"相反，我们可能认为我们应该更加努力。

控制愤怒很难，但生活中还有很多其他的事情同样困难。为什么当代美国人倾向于认为健康、学习和健身值得艰苦的个人努力，而控制愤怒却不值得？为什么我们认为医学和经济研究值得我们的公共政治的努力，而作为社会疾病的愤怒却不值得？

这里可能有三个原因。一是美国人可能认为愤怒的倾向是人类本性中固有的。本书试图表明，在很大程度上，这种信念被夸大了。愤怒可能有进化的根源，但它在社会中的中心地位更多的是文化规范的建构和个人修养的缺乏。我们承认，相信它有遗传的根源是有道理的，然而，遗传只是一种倾向，它不是不可避免地表现在行动上。我们努力纠正人性中许多固有的倾向，从近视到记忆力衰退。就像节食和锻炼一样，我们不必认为，我们最终会从所有不当的欲望中解脱出来，从而开始一个自我修养的计划。谁知道呢？也许不愤怒会让我们的生活变得更好，我们甚至不会再想起过去饱受冲突折磨的日子，就像我们不会总是对炸薯条和甜甜圈保持强烈的渴望一样。即使我们继续感到愤怒，我们也不必根据其误导性的规范性提示制定公共政策。

我们的文化不愿追求不愤怒的第二个原因可能是，我们认为它包含了一种不人道的、极端的、缺乏爱心的超然。甘地的例子在这方面肯定不能令人放心，斯多葛学派的例子也是如此。[3] 但我已经非常清楚地表明，追求不愤怒并不意味着这个令人反感的目标。它使我们能够保持深厚的爱、友谊和其他承诺（例如，对事业和项目的承诺），保持这种爱所带来的悲伤和恐惧的脆弱。当我们失败时，也不需要像我们经常做的那样苛责自己。甘地很严厉，但我认为，这种严厉并不是不愤怒的必然结果，它实际上是一种对自我的愤怒，尽管他自己显然没有认识到这一点。

就个人和社会两方面而言，我们通常不接受不愤怒的最重要的
原因是，尽管事实上现代文化在这个问题上被深深地撕裂，但在现 249
代美国社会，许多人仍然认为愤怒是好的、强大的、有男子气概的。他们鼓励孩子们（尤其是男孩）愤怒，他们纵容自己和他人愤怒。他们鼓励基于愤怒的所谓善意的法律政策。相比之下，希腊人和罗马人并不鼓励愤怒。尽管他们仍然很多时候会愤怒，尽管他们

对愤怒是应该完全消除还是应该加以约束存在分歧，但在很大程度上，他们认为愤怒是一种疾病，是一种软弱，他们认为愤怒的人是幼稚的（或者用他们的话说，属于女性的），而不是强大的（或者用他们的话说，属于男性的）。[4] 认识到这一点是成功的一半。自我修养确实很难，但如果不开始，那就完全没有可能。

如果本书有什么成就的话，我希望它能实现那种回到起点的重新定位，让读者清楚地看到愤怒的非理性和愚蠢。读者是否采取下一步行动取决于他们自己。正如第 5 章所说，我也曾屈服于一种诱惑，认为航空公司、银行和互联网维修人员的世界应该是理性的，当（可以预见的）现实世界不符合这种期望时，我又会屈服于愤怒，但我不会总是这样自食其果。不愚蠢是很难的。

然而，即使人们不努力进行个人修养，甚至可能不去进行个人修养，容忍甚至鼓励政治和法律制度，接受并认可愚蠢的报复精神，也是不可原谅的。我们的制度应该塑造我们最好的自己，而不是最坏的自己。他们应该成为成年人的典范，即使我们经常是孩子。[5] 即使每个个人都继续在自己身上滋养了某种程度的非理性的报应主义，我们也不应容忍法律和司法体系的愚蠢。相反，我们可以像对待经济建设的挑战那样对待犯罪问题：作为一个高度困难、多方面的智力和实践问题，需要有多方面的、专业的**事前**战略，以及一些理性的、与价值目标相关联的**事后**战略。事实上，我们都太过经常地把现代社会的世界假想成古老西部的一场枪战，完全不是那样的，而且，即使偶尔在某些地方是那样的，那也不是一个好地方。

此外，当确实存在严重的不公正时，我们也不应以此作为幼稚的和无约束行为的借口，应该以抗议和谨慎、勇敢的战略行动来对待不公正，但最终目标必须始终着眼于此：正如马丁·路德·金所言："一个男人和女人可以共同生活的世界。"建立这样一个世界需要智慧、控制力和宽宏大量的精神。这种精神有很多名字：希腊的 250
哲人（*philophrosunē*），罗马的**人道**，《圣经》中**神圣之爱**，非洲的**乌班图精神**[6]——一个有耐心而宽容的性情，看到和寻求好的东西，而不是过分纠结于坏的东西。

我不太愿意用一个明显背叛我的时代的口号作为结束：但是，在经过了这么多个世纪的报复精神策划的愚蠢之后，似乎终于到了"给和平一个机会"的时候。

注释

[1] Nehru（1989，38）. 尼赫鲁所记述的这篇演讲是在 1942 年发表的。

[2] Harriss（2001，412）.

[3] 关于甘地失败的爱，见 Orwell（1949）。

[4] See Harriss（2001，*passim*）.

[5] 比较一下约翰·罗尔斯在《正义论》（1971）的最后提出的观点，即公正社会的制度是"心灵纯洁"的典范，一种我们随时可以正式采纳的态度，尽管我们通常没有这样做。

[6] 这些想法显然也存在于印度传统中，但毫无疑问，由于语言上的无知，我很难找到一个合适的词，其他许多我根本没有研究过的文化也是如此。

附录A：情感与《思想的激荡》

251 无须了解我在《思想的激荡》中提出的情感理论，就可以完全掌握本书对愤怒和宽恕的分析。尽管如此，为了更深入地理解这一理论的背景，一些读者可能会对其主要内容的简要概述感兴趣。

在《思想的激荡》的前几章中，我为情感的概念辩护，根据这一概念，情感是针对某个对象的意向思维或感受（如具有情感的个人所感知或想象的），以及从行为人自己的个人观点出发对该对象所做的某种评价。这种评价是根据行为人的目的及其计划的目标来赋予对象以重要性。因此，我们不会为世界上的每个人的死亡而悲伤，只会为那些在我们看来对我们的生活很重要的人的死亡而悲伤；我们不会害怕所有可能发生的坏事件，而只害怕那些似乎对我们的计划构成严重威胁的事件；等等。这些评价不需要涉及完全成熟的信念，尽管经常会涉及；事实上，它们也不需要涉及语言甚至复杂性。大多数动物至少从其幸福感的角度对对象进行一些评价，并因此产生情感。它们所需要的是从生物自身的追求和目的的角度把这些对象（比如说一点食物）看作好的。同样地，还没有语言能力的很小的婴儿，仍然能够产生许多情感，因为他们对自身的好与 252
坏，以及对象和事件促成这种好与坏的方式有一种初步的感觉。

有些情感是“情境性的”，固定在特定的情境中；另一些情感是“背景性的”，意味着它们在生命结构中持续存在（例如大多数人都有对死亡的恐惧），但也可以是更具体地关注某一特定的事件（对人的生命的特定威胁）。背景性的情感有时被有意识地体验到，但并不总是如此。对死亡的恐惧常常在没有意识到的情况下成为行为的动机。

在这本书第 1 章的结尾处，我接着研究了非认知因素（感觉、身体状态）在情感中的作用。我认为，尽管在我们的大多数情感体验中都存在着非认知因素，尽管所有人类和动物的情感都以某种方式体现出来，但这些非认知因素与我们所讨论的情感类型不具有持续而有规律的联系，如果想将这些因素纳入某种特定类型的情感的定义中，就需要这种联系。即使就恐惧这样简单的情感来说，这种情感确实经常与战栗或颤抖联系在一起，但也有许多反例，包括对死亡的恐惧。我们中的大多数人在大多数时候都有过这种恐惧，这种恐惧具有心理现实和动机的力量，但（通常）我们并没有意识到战栗或颤抖。在这种情况下，不仅没有这种特定的感觉，而且有时根本没有有意识的感觉。

对于其他更为复杂的情感，例如悲伤和同情，通常会有某种身体感觉（同样，并非总是如此），但从一般意义上说，要确定属于这些情感的身体感觉并不容易。而且即使我们认为我们已经确定了这样一些因素（比如说，悲伤的感觉就像胃痛），我们在仔细观察后发现，经过一段时间之后，人们通常可能会继续感到悲伤，而身体表现已经发生了巨大变化。（悲伤的人有时会感到疼痛，有时会感到筋疲力尽，有时又感到被赋予额外的能量——但如果说她没有悲伤，那就错了。）同情并没有与任何一种特殊的感觉有密切的联系。爱伴随着许多种不同的、令人困惑的感觉，但有时又根本没有明显的感觉。（父母对孩子的爱可能会持续下去，而不会与任何特定的感觉联系在一起。）

我们可能仍然坚持认为，情感经常会让人感觉到震撼内心的、深刻的扰动（但不是无意识的那些），但我们不应该把一种特定的情感类型与某种特定的感觉状态联系起来，而且，我们应该正确理
253 解那些扰动是什么。情感让人感到痛苦或震撼内心的东西往往与它们的认知维度相互依赖。一个心爱的人的死亡不同于胃部的病毒，因为它会剧烈地撕裂我们围绕这个人建立起来的依恋、希望和期待。

真实的感觉似乎在身体状态下的表现也是真实的。尽管我们对大脑及其在各种情感中的作用有了更多的了解，尽管我们当然还应当有尽可能多的了解，但我们对任何特定情感还没有明确的解释，甚至连相对简单的恐惧感也无法将其与大脑特定区域的某种特定变

化联系起来。研究约瑟夫·勒杜克斯（Joseph Le Doux）的工作，我得出结论（同意他的看法），我们有理由认为恐惧在大脑的某一特定区域有先兆或共同伴生物，但这并不意味着，一旦意识到恐惧，情感就都伴随着该大脑区域变化。对死亡的恐惧再一次给人以启发。

在这本书中，我并不依赖于这个相对有争议的理论，尽管在我看来它仍然是正确和重要的。我认为，如果我的所有的限定条件都得到充分考虑的话，这甚至不会引起争议。

接下来，第 2 章研究了非人类动物的情感，我认为在任何情况下，我们都不应该把情感的认知内容理解为类似接受一个语言上的公式化命题。许多情感，无论是非人类的还是人类的，都涉及评价性的观点，即将一个对象视为其幸福的重要组成部分。就人类而言，这种简单的情感在前语言阶段的婴儿中尤其常见，但它们也能像许多婴儿情感一样，在成年后继续存在。此外，即使复杂的情感有类似命题结构的东西存在，但如果认为这种结构总是以语言形式存在，或者可以用语言表达而不需要笨拙的翻译，也是错误的。对音乐中的情感（我在第 5 章中研究）的思考告诉我们，语言并不是唯一能够表达丰富情感的符号结构，没有理由认为情感的语言表达总是首要的。

第 3 章转向社会和社会规范在构建情感储备中的作用。情感的认知内容的构成在许多方面受到特定社会规范和特定社会环境的影响，它们对情感的表现形式给予指导，同时也更深刻地塑造情感的评价，并可能塑造特定社会的特定类型的情感。人类生活的普遍共

有的特征也会产生重大影响，但即使是那些共同的情况（死亡、身体疾病）在不同的社会中也有不同的形态。有时，不同的社会规范
254 只会影响人们对特定情感的适当对象的看法（比如因为什么而恐惧或悲伤是适当的）。但有时，除此之外，它们还塑造了情感分类本身，产生了不同形式的、微妙的愤怒、悲伤和恐惧。因此，将这一论述应用到愤怒上，在某种程度上，愤怒是一种文化上的普遍现象，因为在所有社会中，人们都对不当的伤害做出反应，并希望得到补偿；但愤怒的具体形式强烈地受到社会规范的影响，这些规范涉及什么是侮辱、什么是荣誉、什么是男子气概等等。

随后我研究了人类情感的发展特征（第 4 章）。我们最早的情感体验先于语言的习得，甚至先于对对象的个体化。此外，与愤怒相关的因果关系的思考，尽管比许多人想象的要早，但仍然需要时间来发展。这些事实不仅影响了婴儿时期的情感生活，也影响了一个人后来的发展。古老的模式往往持续存在于成年人的生活中，隐藏在成年人爱和悲伤的复杂结构下。（《思想的激荡》的这部分内容与我在《政治情感》第 7 章中对人类发展的描述相似，但又在许多方面超越了它，这部分讨论了爱在克服婴儿焦虑和罪恶感中的作用。）

一个特别微妙的问题是，很难区分在许多情境下持续存在的“背景性情感”和情绪。情绪（就我理解而言）是无对象的状态，缺乏成熟情感的意向性。无目标的悲伤、普遍的恐惧、长期的易怒、内源性的抑郁状态，都是情绪。然而，鉴于我们自身知识的不完善，很难将这些情绪与那些对象要么是高度普遍的，要么是不为

人所知的情感区分开来。以抑郁症为例。有些抑郁可能纯粹是化学原因，没有对象。但有时人们对自己的生活和前途普遍地感到非常沮丧。他们的抑郁有一个对象，尽管是一个非常普遍的对象。或者他们可能对早年的一些危机或缺失感到沮丧，而他们并没有完全意识到这一点。在这种情况下，经常需要治疗工作来揭示抑郁症的根源，确定抑郁是否有对象，如果有，是什么。恐惧也是如此。

愤怒呢？长期易怒的人往往真的对某件事或某个人生气，但却无法揭示他们情感状态的根源。或者他们的愤怒可能有一个非常普遍的对象：比如，他们认为对他们不公平的宇宙，或者只是他们从未得到应有尊重的生活前景。正如我们有理由认为的，这种易怒可能与一种无助感有关：人们会感到极度脆弱，感到“无妄之灾的命运之箭”错误地指向他们。有没有纯粹内生性的和缺乏意向性的易怒？某些生理状态（例如，至少一些妇女有过经前紧张）似乎确实 255
会使一个人容易恼怒或愤怒；但也许这些生理状态是通过制造一种无力感、软弱感或缺乏吸引力的感觉，使这个人倾向于认为这个世界，或她生命中的某个人以某种方式反对她，而不是通过直接的内生因果关系。整个问题都很困难，也很难理解。

然而，这种难以把握的情况的存在并不意味着意向性的情感解释受到质疑。任何分类法都可能产生不清晰的情况，因为世界不是为了给哲学家方便而预先排好秩序的。

附录 B：愤怒与责备

256 如果说在最近的哲学文献中对愤怒的分析很少，那么，部分原因可能是因为大家讨论的焦点在别处。关于“责备”的分析已走向舞台中心，激发了人们高质量、多角度的工作。正如最近一部关于这一主题的优秀选集的编者们所认为的那样，尽管“关于责备的研究工作仍然只是刚刚起步”[1]，但这是有足够哲学价值的工作，我应该停下自己的项目，投入这一新兴主题的文献研究中。

在哲学分析中，这种文献形式很常见，学者们提出的定义是在隐含的假设下提出和讨论的，即寻求对责备的单一解释是正确的目标。虽然辩论中的一些参与者强调了他们的解释的灵活性，说它们可以容纳不同类型的责备，但至少在总体上，很少或根本没有对统一性的怀疑。

一些概念，也许是大多数概念，以这种方式得到了充分阐明，前提是解释足够灵活，可以涵盖有关现象的不同实例。然而，还有一些概念，其核心非常模糊，以至于用一个术语来表达它，隐藏的内容比它揭示的内容还要多。朱迪思·贾维斯·汤姆森（Judith Jarvis Thomson）有一篇很有影响力的关于隐私概念的文章，他提出了一个非常有力的理由，反对寻求对隐私概念的统一解释。[2] 信息安全、个人自主、隐居的价值，或许还有其他在该主题下被标准地挑选出来的价值，在性质和功能上如此异质，如果把隐私当作单一概念来对待，只寻求单一的最佳解释，这种做法与其说有用，不 257
如说容易误导。我赞同汤姆森的观点，认为公共/私人对立有如此深刻的多样性，在没有消除歧义的情况下使用这些术语会误导政治和法律分析。[3] 一些所谓的“隐私利益”是指保护个人信息免受窥探的利益，有些则涉及渴望隐居或独处，但还有一些与秘密或独处无关，而与个人掌控或自主有关。例如，以“隐私权”概念保护避孕是有误导性的，因为真正重要的是，是否享有使用避孕措施的自主决定权——无论是在私下自己避孕还是公开鼓励和宣传避孕［比尔·贝尔德（Bill Baird）因为在公共活动中给年轻妇女提供了避孕药具而成为一个重要案件的原告[4]］，以及它的使用是否保密。“隐私”一词的使用有时会误导法官，使他们认为处于私人和隐蔽的地方（如婚姻家庭）中的行为，或以亲密交往为特征的行为是受到保护的行为。因此，有一种倾向认为，当性自主在享有特权的、隐居的地方发挥作用时，它会得到特别的保护，至于为什么如此从来没有人讨论过，因为统一的术语代替了论证。如果使用不同的词语——“信息安全权”“自主决定权”“隐居权”，问题就会更清晰得多，这当然不会妨碍人们询问，在这些不同的词语所描述的现象之间，可能会有什么关系。

为了论证，让我们假设我和汤姆森是正确的：“隐私”一词是没有用的，因为它掩盖了它所引入的不同概念之间的差异，这些差异与它们之间的共同点同样重要。现在的问题是，“责备”更像“隐私”，还是更像许多其他的概念，在某种程度上似乎可以通过一个统一的分析得到阐明？[5] 我认为是前者，但考虑到许多优秀的学者认为后者是一个可行的假设，因此需要进行对此论证。

我们应该从考察已提供统一解释的主要备选含义开始。

责备的一个常见解释是**判断性的**：责备某人就是判断此人行为不当（或者说是道德上的不当，如果道德上的不当是焦点的话）。[6]（有时这被称作“应受责备的判断”，但我们最好避开这个循环术语。）有些版本更狭义地规定了判断的性质：它是与道德德性有关的否定性判断；或是恶意的判断。对此，有人提出了各种各样的反对意见，都涉及这样一种观点，即它没有概括出人性的深度或责备的力量。

另一个极端是，把责备当作行为来解释，完全与心理无关：责
258 备是以某种方式惩罚或制裁。有人说，这种解释没有涵盖隐藏的或没有表现出来的责备，或者说，有的责备没有当场明确做出反对的行动，这样的责备也就未涵盖其中。

斯特劳森的解释非常有影响力，由华莱士得以进一步发展，他

用“反应性态度”来定义责备：责备就是体验怨恨和其他类似的态度，这种态度至少包含对善意的放弃，至少是“一些修正……，认为如果可能的话让他人免于痛苦的一般要求应该改变”[7]。（在某种程度上，斯特劳森和华莱士未能分析这些情感，他们的观点实际上是一系列观点，取决于人们是采用愤怒的非认知解释，还是某种认知解释。在后一种情况下，反应性态度的解释会与判断性叙述部分重叠，但并非完全重叠。）然而，批评者反对说，一个人可以责备某个人，而不带任何敌意或惩罚性情绪。

乔治·谢尔（George Sher）的结论是，责备必须在对不当行为的判断中加入这样的元素，即，在面对过去时，希望这个人没有这样做过。[8] 他认为，这一解释足够广泛，既涵盖了我们认识的人的不当行为，也涵盖了陌生人的不当行为。然而，可以提出疑义的是，谢尔的解释却解释不了一个被爱的人（比如一个犯错的孩子）做了错事的案例；父母都认为他做错了，并希望他没有做过，但他们的态度可能更像是悲伤和同情，而不是责备。

托马斯·斯坎伦的解释富有影响力，他和谢尔一样，坚持认为责备不要求惩罚的态度，但确实超出了对不当行为的判断。斯坎伦认为，责备最好理解为改变作恶者和受害者之间关系。界定友谊关系的意图是互惠的，因此认识到对方的行为是恶意的，会导致被不当对待的一方撤回善意。[9] 这一解释显然是丰富和重要的，但它面临着许多反对意见。那些喜欢斯特劳森解释的人认为，这种解释没有公正地涵盖责备的强度和力度。[10] 谢尔认为，它不能涵盖对陌生人的责备。尽管斯坎伦已经预料到了这种反对，但他坚持认为，一种纯粹的道德关系能够将我们与所有道德行为人联系在一起。最后，安吉拉·史密斯（Angela Smith）认为，对母亲/犯罪儿子的处理，不能比谢尔的解释更好了：母亲确实可能会改变自己对儿子的态度、意图和期望，但她可能会通过表现出额外的爱和喜爱来这样做，把这种改变看作是责备他的一种方式当然是很奇怪的。

最后，安吉拉·史密斯提出，对责备最具包容性的解释，能够真正抓住所有真实责备案例的共同联系的解释，是唤起抗议（以及
259 对不当行为的判断）的想法。史密斯在斯坎伦的基础上，认为责备要求对不当行为做出判断，并由这种判断和一种特殊的态度改变构成："对［作恶者］行为中隐含的道德要求的抗议，这种抗议隐含着寻求某种道德承认，寻求应受责备的行为人和/或道德团体中其他人的道德承认。"[11]

史密斯的叙述在许多方面都引人注目，但它的包容性似乎以含糊不清为代价：因为（除了"应受责备的人"这一术语所涉及的循环性之外）这个定义将责备本身的不确定性推到了同样不确定的抗议概念上。抗议是行动吗？还是一系列的反应性情感？它给关系的改变增加了什么，或者引入了什么特定类型的改变？史密斯清楚地表明，它引入了一种重要性或严肃性的概念（她举了一个例子，一个人愚蠢地做了错事，她认为他的行为不当，但却不能责备他，因为这实在太愚蠢了）。她还认为，抗议与道歉和宽恕密切相关，也许她认为抗议包括了道歉的要求，但这一观点还未展开，我怀疑如果她真的把这当作责备的一个必要条件，那么这种解释将失去包容的美德。

我们该如何看待这一切？我们当然从这些解释中了解到了很多不同类型和关于不同情况的责备。尚须澄清的是，它们是否具有某种统一性，可以让我们得出结论，一种解释是对的，另一种解释是错的，或者我们是否应该得出结论，认为它们是对不同现象的描述，在某种程度上被错误地归为单一的标题之下。有没有一个共同的核心贯穿所有的情况？就目前而言，有，它被史密斯很好地表达为这样一种观点，即责备是“对某人做出的、基于其不当的、令人反感的或不愉快的行为的反应”[12]。

在我看来，在某些情况下（让我们称之为情况 A），对其不当性质的判断就是全部：对这些情况的反应就是这样。“责备”一词就包括这样的情况，对我的观点来说，这类情况很重要，我的观点是主张有责任，但推动不愤怒。“责备”一词也包括在判断其行为错误的同时还伴随着愤怒的情况（情况 B），而且，如果一个人坚持愤怒的非认知解释，它甚至可能包括有愤怒但没有做判断的情况。这些也都是“责备”的真实情况。指出情况 B 与情况 A 的不同是对的，但说“责备”一词适用于情况 A 是错误的则是不对的。至少在情况 A 的范围内使用这个词似乎是很自然的。还有一些情况用这个词来描述也是合理的、正确的，即情况 C，是斯坎伦/史密斯所说的情况，在这些情况中，可能没有敌对情感，但却有关系 260
的改变。我认为没有理由认为，称之为“责备”的唯一正确的类型就是有抗议（尽管我觉得我不太理解这个概念）的那种。斯坎伦所说的那种情况，即对不当行为的判断仅仅伴随着疏远，完全可以认为是恰当使用这一术语的情况，尽管史密斯正确地指出，这与她的重要案例不同。最后，我们还有一种情况，情况 D（谢尔的案例），这种情况在判断中增加了一个回顾性的愿望，而不是任何前瞻性的改变。当然，有一点很重要，那就是在许多情况下，责备都不是这样的，是前瞻性的，而不是回顾性的，难道是“责备”这个词在此类情况下被不恰当地使用了吗？这似乎还不很清楚。也许史密斯关于慈爱和放纵的母亲的案例是一个边缘案例，即使就这个术语的最广泛的使用而言也是如此。她确实判断她儿子做错了，所以她的例子至少属于情况 A。我认为史密斯的意思是，她的情感态度是如此积极，与将行为判断为错误如此不协调，所以她可能只是在说这个判断，但不是真的相信他错了。如果这就是她的态度，那么她确实没有责备他。但如果她真的判断他行为不当，却比以往任何时候都爱他，那为什么这个案例不能被称为“责备”呢？作为一种概念分析，我们应该认为人们可以把责任的判断与爱和宽宏大量结合起来：事实上，我对这种结合非常感兴趣，它似乎常见，但肯定还不够。

简而言之，虽然区分这些不同的情况非常有用，虽然我们肯定从这些优秀哲学家所介绍的区别中学到了很多，但人类的反应有很多不同的类型，“责备”一词非常不精确。也许它并不像“隐私”那样模棱两可，隐私的概念涵盖了完全没有共同主线的东西，但责备的概念相当空洞，没有信息量。

就我的项目而言，重要的是要记住，有些责备案例（A、C 和 D）并不涉及愤怒和敌意的报复。事实上，我充分重视这些可能性。这一系列重要的可能性可以在关于责备的文献中找到，但我们可以在文献之外了解更多，而不是仅仅通过这些文献了解。如果所有这些优秀的哲学家都在追求单一的本质，他们似乎在追求一缕鬼火。

注释

[1] Coates and Tognazzini（2013，3 and n. 2）.

[2] Thomson（1975）. 并非巧合的是，汤姆森自己对堕胎权的分析很有影响力，他并没有使用隐私权的概念，而是倾向于从平等的角度进行分析，强调对妇女而言，让她们承担起支持胎儿生命的责任是不平等的，见 Thomson（1972，47ff）。

[3] Nussbaum（2002b）. 缩略版参见 Nussbaum（2003）。另见 Nussbaum（2010b，ch. 6）。

[4] *Eisenstadt v. Baird*，405 U. S. 438（1972）.

[5]“美德伦理”在我看来就像“隐私”，尽管它有一个很细微的共同点，将不同的东西结合在一起，见 Nussbaum（1999b）。

[6] 见 Coates and Tognazzini（2013，8－10）；一个重要案例来自 Glover（1970）。

[7] Strawson（1968，93）.

[8] Sher（2006），and see his（2013），特别是 65 页，概括了他对其他方法的批评，也参见 Smith（2013，35）。

[9] Scanlon（2013）.

[10] Wallace（2011）and Wolf（2011）.

[11] Smith（2013）.

[12] Smith（2013，29）.

附录C：愤怒及其种类

261 我在这本书中的策略是使用愤怒的一般概念，将其定义为一个属，并通过对案例的描述引入相关的变体。在一种（“转型-愤怒”）情况中，我引入一个专用术语来描述这个边缘种类，它缺乏该属的显著特征（报复愿望）。这一策略遵循了亚里士多德，尤其是古希腊和罗马的斯多葛学派的策略；许多后来的思想家，包括巴特勒和斯密，都遵循同样的策略。

斯多葛学派痴迷于情感领域的定义，留下了一系列关于主要情感类型及其更具体的种类的定义。[1]［西塞罗在《图斯库兰论辩集》（*Tusculan Disputations*）中把这些范畴翻译成拉丁文，由于语言和文化的差异而略有一些必要改动。］

正如我在书中所提到的，斯多葛学派哲学家把愤怒（orgēe 是它们的通称，正如亚里士多德所做的那样）归为这些情感之一，愤怒被定义为对未来之善的积极态度，这是因为他们把报复的愿望放在了中心位置。他们的一般定义是指报复的愿望，但也指人们相信自己受到了不当对待；因此，它在本质上与亚里士多德的定义类似，用更普遍的不当行为的提法（正确地）取代了“降级”的提法。[2]

在最近的一些哲学讨论中，人们会遇到不同的方法，通常没有做明确的辩护。人们认为（虽然他们没有真正地讨论）有很多不同的东西，“愤怒”、“愤恨”（resentment）、“义愤”（indignation）以 262
及其他，它们不是同一个属的种。这是怎么回事呢，对我们讨论的主题有什么意义？

三个不同的问题值得注意。第一，许多人认为在愤怒的领域中有些特定的道德情感，道德判断作为其内容的一部分，这些情感值得作为单独的情感来对待，而不是作为愤怒的某种类型。“愤恨”和“义愤”通常是用这种方式挑出的。我已经指出，作为一般情感的愤怒，确实包含了对不当性的判断。那么，对我来说，问题是“愤恨”是否包含一种特殊的不当性判断，即道德判断？我认为我们的语言直觉并不支持这种说法。当一个人把她的情绪描述为愤恨时，通常意味着她相信这是有一定的根据的。但这些根据必须始终是道德根据吗？如果一个人以一种典型的低级方式受到侮辱，她很可能会说：“我对此感到愤恨。”如果一所学校拒绝了一个孩子的申请，那么这个愤愤不平的家长认为学校既粗心大意又搞错了，也许她会说她对学校的行为方式感到愤恨——甚至没有提出是否涉及道德原则的问题。“义愤”同样不确定。我可以对侮辱地位、对各种非道德的侮辱感到“义愤”。所以，尽管许多愤恨和义愤的案例确实是涉及道德的，但我并不认为它们都是如此。我认为，我们可以做得更好，把重点放在含有不当性判断的一般术语上，然后在每种情况下都弄清楚它是什么类型的判断。[3]

换言之，我并没有忽略道德上的愤怒，我只是更喜欢用“愤怒”这个通称，然后用进一步的描述来说明这种情况的特征，而不是让日常语言中不精确的术语来描述这种情况。

第二个经常被提及的问题是，无论是含蓄的还是明确的，是否存在不涉及报复愿望的愤怒。我在第 2 章中详细地讨论了这个问题，认为确实有这样的边缘情况，尽管它比我们通常希望的要少。我为这种情况引入了专用术语“转型-愤怒”，将其定义为没有报复愿望的愤怒或准愤怒。正如我在书中所指出的，普通的“义愤”一词，往往是没有报复愿望这种特征的态度，但并非总是如此。所以我更喜欢专用术语。

第三，我们必须问，是否存在完全不对不当性做出判断的愤怒类型。我认为人们喜欢把注意力集中在“愤恨”和“义愤”这两个词上的一个原因是，他们想强调存在对不当性的判断，而他们不相信愤怒本身就包含了对不当性的判断。我已经讨论过这个问题，但让我再进一步讨论一下。当愤怒突然暴发时，对旁观者而言，似乎
263 没有进行判断。当然，许多基于习惯和内在思维模式的认知态度会突然暴发，但这不意味着不包含任何判断。每次我们走在路上，都依赖于一整套关于世界的信念，我们不会有意识地停下来去观察这

个世界：物体是坚固的，物体遵守万有引力定律，等等。没有有意识地专注于这些问题并不意味着我们没有运用相关的信念。在我看来，愤怒常常是这样的：它的模式可能在童年时期就已经形成，这些习惯模式引导着我们的行为，但在很多时候，我们对此可能并没有明确的意识。我一贯认为，愤怒总是包含一种认知评价，即使它深埋在心灵深处，没有完全成形。当然，在我们称之为“愤恨”的情况下，人们倾向于有意识地关注不当性，但在我们使用“愤怒”这个词时，情况也都是如此。

幼小的婴儿的愤怒呢？正如我在附录 A 中所讨论的，有很多情感的变化，会取决于“视为”（“seeing-as”）什么，而不是取决于完整成熟的判断。因此，许多动物的恐惧最好被描述为非判断性的，幼小的婴儿的恐惧也是如此。愤怒似乎更复杂，因为它需要因果关系的思考。如果婴儿怒气冲冲地大喊大叫，完全没有受到不正当伤害的感觉，那可能被比喻为愤怒，但它确实缺少某种东西，——婴儿到了一岁，它就出现了——某种类型的不当对待正在发生的想法。保罗·布鲁姆的研究表明，幼小的婴儿对公平、对错都有初步的判断。[4] 一旦这些思想出现，即使是以早期的形式出现，我相信，婴儿就已经有完整成熟的愤怒了。在此之前，可能有一些东西在愤怒的边缘，但还不是愤怒。我倾向于认为，比起恐惧，很少有动物有完整成熟的愤怒，因为愤怒需要更复杂的认知。

我们当然可以讨论这些界限，而且我们也应该这样做。不过，与本书相关的是，我们通常用“愤怒”一词来形容一种现象，这种现象确实涉及某种形式的不当性的想法，不管这种想法多么幼稚，多么难以理解。

“恼怒”（irritation）呢？这是一个有趣的案例，因为它指的是两种截然不同的现象，由于附录 A 中给出的原因，这些现象很难区分。一方面，“恼怒”一词可能表示一种真正的愤怒，其后果对幸福的影响并不十分严重。但“恼怒”也可能意味着一种持久的情绪，这种情绪不取决于对不当性的判断，而且确实可能完全缺乏意
264 向的对象。我们可以称处于这种状态的人为“容易恼怒的”，也可以称这种状态为“恼怒”，就像我们用“抑郁”这个词来形容另一种情绪一样。正如我在附录 A 中所说的，只有对一个特定案例进行长时间的观察，我们才能得知是否存在意向的对象。而“烦恼”（annoyance）也有相似的模糊性，尽管它更可能表示一种有意向对象的温和的愤怒状态。[5]

另外两个术语“暴怒”（rage）和“狂怒”（fury）清楚地描述了愤怒的不同情况的特征，通常表明愤怒有着不寻常的强度或不寻常的突然性，或者两者兼而有之。没有理由认为这些术语指的是一种不包含认知的现象，事实上，对报复的渴望往往会激起这种强烈的愤怒。[最经典的一幕是在《埃涅阿斯纪》（*Aeneid*）的结尾，埃涅阿斯杀死了图努斯。]

我的结论是，最好像我所说的那样，用“愤怒”这个通称，通过对具体情况和情况的类型描述来界定其种类。一个罕见的例外，我称之为转型-愤怒的边缘现象，最好用一个专用术语来描述，因为自然语言术语在关键问题上的使用是不精确的。

注释

[1] 这些清单再现，见 Arnim（1964，secs. 377－442），阿尼姆引用了希腊语和拉丁语的各种古代资料，但我将重点关注公元前1世纪的语法学家罗得岛的安德洛尼柯（Andronicus of Rhodes）所转载的显然是更权威的清单。

[2] 斯多葛学派也列举和定义了一些愤怒的种类。因此，*thumos* 被定义为“初始 *orgē*”，*cholos* 被定义为“膨胀的 orgē”，*pikria* 被定义为“像激流一样在现场暴发的 orgē”，*mēnis* 被定义为“长期持续的 orgē”，*kotos* 被定义为“关注报复的恰当时机的 orgē”（Von Arnim Ⅲ. 397）。这些是安德洛尼柯提到的种类。我不确定这些定义有多大用处，因为其中一些术语是文学术语（实际上在很多个世纪前已经从列表中删除了），而其他术语则更为常用。也不清楚这些定义是否准确把握了其用法。例如，既然 *mēnis*（一个诗歌术语）的范例肯定是《伊利亚特》中阿基里斯的愤怒，那么这个定义真的把握住它了吗？也许是，也许不是。同样重要的是，*mēnis* 这个词的意思是长期持续的愤怒，还是恰巧阿基里斯的愤怒持续了很长时间？无论哪种情况都很难证明。同样，*thumos* 这个词在许多古典作品中更为常用，但对于后来的学者来说，一个重要的参考肯定是柏拉图的《理想国》。然而，它给出的定义似乎与柏拉图在那里所说的不一致。因此，从现在起，我将忽略这些辅助定义。

[3] 斯特劳森提出了另一种区别：“愤恨”是第一人称的，而“义愤”是观察者或“代理者”的态度，参见 Strawson（1968，

84-87)。这似乎不是一般的事实：我可以对别人的侮辱感到愤恨(前提是我关心的是这个人的幸福，我认为，当一个人对另一个人有感情时，总是这样)，我也可以对自己受到的伤害感到义愤。

[4] Bloom (2013).

[5] 见 Harriss (2001，63 and 117)，关于是否要根除这种温和状态的争论。

参考文献

Adler, Matthew D., and Eric A. Posner, eds. (2000). *Cost-Benefit Analysis: Legal, Economic, and Philosophical Perspectives*. Chicago: University of Chicago Press.

Allen Danielle (1999). "Democratic Disease: Of Anger and the Troubling Nature of Punishment." In *The Passions of Law*. Ed. S. Bandes. New York: NYU Press, 191–214.

——. (2000). *The World of Prometheus*. Princeton, NJ: Princeton University Press.

Archimandritou, Maria (2000). *The Open Prison* (published in modern Greek as *He Anoikte Ektish Tes Poines*). Athens：Hellenika Grammata.

Arnim，Hans Friedrich August von，ed. (1964). *Stoicorum Veterum Fragmenta*. Stuttgart：Teubner. Original edition 1903.

Averill，James (1982). *Anger and Aggression*. New York：Springer Verlag.

Baier，Annette (1995). *Moral Prejudices*. Cambridge，MA：Harvard University Press.

Bandes，Susan (1997). "Empathy，Narrative，and Victim Impact Statements." *University of Chicago Law Review* 63：361-412.

——，ed. (1999). *The Passions of Law*. New York：NYU Press.

——. (2016). "Share Your Grief but Not Your Anger：Victims and the Expression of Emotionin Criminal justice." In *Emotional Expression：Philosophical，Psychologicaland Legal Perspectives*. Ed. J. Smith and C. Abell. Cambridge：Cambridge University Press，forthcoming.

Baron，Marcia (2012). "Rape，Seduction，Purity，and Shame in Tess of the d' Urbervilles." In *Subversion and Sympathy：Gender，Law，and the British Novel*. Ed. Martha C. Nussbaumand Alison L. Lacroix. New York：Oxford University Press，126-149.

Bash，Anthony (2007). *Forgiveness in Christian Ethics*.

New York: Cambridge University Press.

Batson, C. Daniel (2011). *Altruism in Humans*. New York: Oxford University Press.

Bennett, Christopher (2001). *The Apology Ritual: A Philosophical Theory of Punishment*. Cambridge: Cambridge University Press.

Bennhold, Katrin (2014). "Northern Ireland Police Sue for Boston College Interviews." *New York Times*: May 22.

Bentham, Jeremy (1948). *An Introduction to the Principles of Morals and Legislation*. New York: Hafner Press. Original edition 1789.

Bloom, Paul (2013). *Just Babies: The Origins of Good and Evil*. New York: Crown.

Boonin, David (2008). *The Problem of Punishment*. New York: Cambridge University Press.

Boyarin, Daniel (1995). *Carnal Israel: Reading Sex in Talmudic Cultures*. Berkeley: University of California Press.

Braithwaite, John (1989). *Crime, Shame, and Reintegration*. Cambridge: Cambridge University Press.

——. (2002). *Restorative Justice and Responsive Regulation*. New York: Oxford University Press.

Braithwaite, John, and Stephen Mugford (1994). "Conditions of Successful Reintegration Ceremonies: Dealing with Juvenile Offenders." *British Journal of Criminology* 34: 139–71.

Briggs, Jean L. (1970). *Never in Anger: Portrait of an Eskimo Family*. Cambridge, MA: Harvard University Press.

Brion, Fabienne, and Bernard Harcourt, eds. (2012). *Mal faire, dire vrai*. Chicago: University of Chicago Press; Louvain: Presses Universitaires de Louvain.

Brooks, Thom (2012). *Punishment*. New York: Routledge.

Butler, Joseph (1827). *Fifteen Sermons Preached at the Rolls Chapel*. Cambridge: Hilliard and Brown. Online edition: http://anglicanhistory.org/Butler/rolls/.

Carlin, John (2008). *Invictus: Nelson Mandela and the Game That Made a Nation*. New York: Penguin. Previously published as *Playing the Enemy*.

Caston, Ruth Rothaus, ed. (forthcoming). *Festschrift for David Konstan*. New York: Oxford University Press.

CBS News (2012). "The Cost of a Nation of Incarceration." April 23.

Coates, D. Justin, and Neil A. Tognazzini, eds. (2013). *Blame: Its Nature and Norms*. New York: Oxford University Press.

Comim, Flavio, and Martha Nussbaum, eds. (2014). *Capabilities, Gender, Justice*. Cambridge: Cambridge University

Press.

Condry, John, and Sandra Condry (1976). "Sex Differences: A Study of the Eye of the Beholder." *Child Development* 27: 812–19.

Condry, Rachel (2007). *Families Shamed: The Consequences of Crime for Relatives of Serious Offenders*. New York: Routledge.

Condry, Rachel, and Caroline Miles (2014). "Adolescent to Parent Violence: Framing and Mapping a Hidden Problem." *Criminology and Criminal Justice*, Sage, online.

Cooper, John (1981). "Aristotle on Friendship." In *Essays on Aristotle's Ethics*. Ed. Amélie Oksenberg Rorty. Berkeley: University of California Press, 301–340.

Coyle, Michael J. (2013). *Talking Criminal Justice: Language and the Just Society*. Abingdon, UK: Routledge.

Croke, Vicki (2014). *Elephant Company*. New York: Random House.

Dalton, Dennis (2012). *Mahatma Gandhi: Nonviolent Power in Action*. New York: Columbia University Press. Expanded edition.

De La Grange, Henri Louis (1973). *Mahler*. Vol. 1. New York: Doubleday.

Dickens, Charles (2004). *David Copperfield*. London: Penguin. Original edition 1850.

Dominus, Susan (2014). "Portraits of Reconciliation." *New York Times Magazine*: April 6. Online edition.

Duff, R. Antony (2001). *Punishment, Communication, and Community*. Oxford: Oxford University Press.

——. (2011). "Retrieving Retributivism." In *Retributivism: Essays on Theory and Policy*. Ed. Mark D. White. New York: Oxford University Press, 3–24.

Eisikovits, Nir (2009). *Sympathizing with the Enemy: Reconciliation, Transitional Justice, Negotiation*. Dordrecht: Republic of Letters.

Erikson, Erik (1993). *Gandhi's Truth: On the Origins of Militant Nonviolence*. New York: W. W. Norton. Original edition 1970.

ESPN (2013). "Sports World Mourns Nelson Mandela." December 5. Online edition.

Fairbanks, Eve (2014). "I Have Sinned Against the Lord and Against You! Will You Forgive Me?" *New Republic*: June 18.

Fillion-Lahille, Janine (1984). *Le "De Ira" de Sénèque et la philosophie stocienne des passions*. Paris: Klincksieck.

Foucault, Michel (1975). *Discipline and Punish: The Birth of the Prison*. Trans. Alan Sheridan. New York: Vintage Books. Original French edition 1975. 2nd edition 1995.

Gandhi, Mohandas K. (1983). *Autobiography: The Story of My Experiments with Truth*. New York: Dover Press.

——. (1997). *Hind Swaraj and Other Writings*. Ed. Anthony J. Parel. Cambridge: Cambridge University Press.

Gaskell, Elizabeth (1998). Ruth. London: Penguin. Original edition 1853.

Gewirtz, Paul (1988). "Aeschylus' Law." *Harvard Law Review* 101: 1043–55.

——. (1998). "Victims and Voyeurs at the Criminal Trial." In *Low's Stories: Narrative and Rhetoric in the Law*. Ed. Paul Gewirtz and Peter Brooks. New Haven: Yale University Press, 135–161.

Gewirtz, Paul, and Peter Brooks, eds. (1998). *Low's Stories: Narrative and Rhetoric in the Law*. New Haven: Yale University Press.

Gilligan, James (1997). *Violence: Reflections on a National Epidemic*. New York: Vintage Books.

Glover, Jonathan (1970). *Responsibility*. London: Routledge.

Gobodo-Madikizela, Pumla (2003). *A Human Being Died That Night*. Cape Town: David Philip Publishers.

Griffin, Miriam (1976). *Seneca: A Philosopher in Politics*. Oxford: Clarendon Press.

Griswold, Charles L. (2007). *Forgiveness: A Philosophical Exploration*. Cambridge: Cambridge University Press.

Griswold, Charles L., and David Konstan, eds. (2011). *Ancient Forgiveness: Classical, Judaic, and Christian*. Cambridge: Cambridge University Press.

Halberstadt, Alex (2014). "Zoo Animals and Their Discontents." *New York Times Magazine*: July 3.

Halbertal, Moshe (forthcoming). "At the Threshold of Forgiveness: On Law and Narrative in the Talmud." Trans. Joel Linsider. Shorter version published in *Jewish Review of Books* (2011).

Halbertal, Moshe, and Avishai Margalit (1992). *Idolatry*. Cambridge, MA: Harvard University Press.

Hampton, Jean (1984). "The Moral Education Theory of Punishment." *Philosophy and Public Affairs* 13: 208–238.

Hampton, Jean, and Jeffrie G. Murphy (1988). *Forgiveness and Mercy*. New York: Cambridge University Press.

Hanna, E. (1911). "The Sacrament of Penance." *The Catholic Encyclopedia*. New York: Robert Appleton Company. Online version.

Hardin, Russell (2006). *Trust*. Cambridge: Polity Press.

Harriss, William V. (2001). *Restraining Rage: The Ideology of Anger Control in Classical Antiquity*. Cambridge, MA:

Harvard University Press.

Harsanyi, John (1982). "Morality and the Theory of Rational Behavior." In *Utilitarianism and Beyond*. Ed. Amartya Sen and Bernard Williams. Cambridge: Cambridge University Press, 39–62.

Hawley, Katherine (2012). *Trust: A Very Short Introduction*. Oxford: Clarendon Press.

Hayner, Priscilla B. (2001). *Unspeakable Truths: Transitional Justice and the Challenge of Truth Commissions*. Foreword by Kofi Annan. New York: Routledge. Updated edition 2011.

Hieronymi, Pamela (2001). "Articulating an Uncompromising Forgiveness." *Philosophy and Phenomenological Research* 62: 539–55.

Honig, Bonnie (2013). *Antigone Interrupted*. New York: Cambridge University Press.

Hossain, Anushay (2013). "Femicide in Italy: Domestic Violence Still Persists Despite New Laws." *Forbes World Views*: August 26.

Huffington Post (2013). "Sen. Mark Kirk Retreats on Mass Gang Arrest Plan, Concedes Idea Is 'Not All That Practical.'" July 20.

Jack, Homer A., ed. (1956). *The Gandhi Reader: A Sourcebook of His Life and Writings*. Bloomington: Indiana University

Press.

Kahan, Dan (1996). "What Do Alternative Sanctions Mean?" *University of Chicago Law Review* 63: 591–653.

Kahan, Dan, and Martha C. Nussbaum (1996). "Two Concepts of Emotion in the Criminal Law." *Columbia Law Review* 96: 269–374.

Kaster, Robert (2005). *Emotion, Restraint, and Community in Ancient Rome*. New York: Oxford University Press.

——. (2010). Translation of Seneca's *De Clementi*a and De Ira. In *Seneca: Anger, Mercy, Revenge*. Chicago: University of Chicago Press. Containing translations by Robert Kaster and Martha Nussbaum. 2010.

Kathrada, Ahmed (2013). Interview in "Nelson Mandela." CNN, December.

Kindlon, Dan, and Michael Thompson (1999). *Raising Cain: Protecting the Emotional Life of Boys*. New York: Ballantine Books.

Konstan, David (2010). *Before Forgiveness: The Origins of a Moral Idea*. New York: Cambridge University Press.

——. (2012). "Assuaging Rage." In *Ancient Forgiveness: Classic, Judaic, and Christian*. Ed. Charles L. Griswold and David Konstan. New York: Cambridge University Press, 17–30.

Kugel, James L. (1999). *Traditions of the Bible: A Guide*

to the Bible as It Was at the Start of the Common Era. Cambridge, MA: Harvard University Press.

Lacey, Nicola, and Hanna Pickard (2013). "From the Consulting Room to the Court Room? Taking the Clinical Model of Responsibility without Blame into the Legal Realm." *Oxford Journal of Legal Studies* 33: 1–29.

Lazarus, Richard (1991). *Emotion and Adaptation*. New York: Oxford University Press.

Lerner, Harriet (1985). *The Dance of Anger: A Woman's Guide to Changing the Patterns of Intimate Relationships*. New York: Harper and Row.

Levmore, Saul (2014). "Snitching, Whistleblowing, and 'Barn Burning': Loyalty in Law, Literature, and Sports." In *American Guy: Masculinity in American Law and Literature*. Ed. Saul Levmore and Martha Nussbaum. New York: Oxford University Press, 213–224.

Levmore, Saul, and Martha Nussbaum, eds. (2010). *The Offensive Internet: Speech, Privacy, and Reputation*. Cambridge, MA: Harvard University Press.

——, eds. (2014). *American Guy: Masculinity in American Law and Literature*. New York: Oxford University Press.

Lomax, Eric (2008). *The Railway Man: A POW's Searing Account of War, Brutality and Forgiveness*. New York: W.

W. Norton. Original publication 1995.

Mackie, J. L. (1982). "Morality and the Retributive Emotions." *Criminal Justice Ethics* 1: 3-10.

Maimonides (1993). *Hilchot Teshuvah* (The Laws of Repentance). Trans. Immanuel O'Levy. Online edition: http://www.panix.com/~jjbaker/rambam.html.

——. (2010). *Hilchot Teshuvah* (The Rules of Repentance). Trans. Rabbi Yaakov Feldman. Online edition: http://www.scribd.com/doc/28390008/Maimondes-Hilchot Teshuva-The-Rules-of-Repentance.

Mandela, Nelson (1994). *Long Walk to Freedom*. London: Little, Brown.

——. (2010). *Conversations with Myself*. Foreword by Barack Obama. New York: Farrar, Straus and Giroux.

Markel, Dan (2011). "What Might Retributive Justice Be? An Argument for the Confrontational Conception of Retributivism." In *Retributivism: Essays on Theory and Policy*. Ed. Mark D. White. New York: Oxford University Press, 49-72.

Martin, Adrienne (2010). "Owning Up and Lowering Down: The Power of Apology." *Journal of Philosophy* 107: 534-53.

Mason, Michelle (2003). "Contempt as a Moral Attitude." *Ethics* 113: 234-72.

McConnell, Michael W. (2012). "You Can't Say That."

New York Times: June 22. Online edition.

Miceli, Maria, and Cristiano Castelfranchi (2007). "The Envious Mind." *Cognition and Emotion* 21: 449–79.

Mill, John Stuart (1988). *The Subjection of Women*. Ed. Susan Moller Okin. Indianapolis: Hackett. Original edition 1869.

Miller, William I. (1990). *Bloodtaking and Peacemaking: Feud, Law, and Society in Saga Iceland*. Chicago: University of Chicago Press.

——. (2006). *An Eye for an Eye*. New York: Cambridge University Press.

Moore, Michael S. (1995). "The Moral Worth of Retribution." In *Punishment and Rehabilitation*. Ed. Jeffrie Murphy. Belmont, CA: Wadsworth, 94–130.

Morgan, Michael (2011). "Mercy, Repentance, and Forgiveness in Ancient Judaism." In *Ancient Forgiveness: Classical, Judaic, and Christian*. Ed. Charles Griswold and David Konstan. Cambridge: Cambridge University Press, 137–57.

Morris, Herbert (1968). "Persons and Punishment." *Monist* 52. Reprinted in Punishment and Rehabilitation. Ed. Jeffrie Murphy. Belmont, CA: Wadsworth, 1995, 74–93.

——. (1976). *On Guilt and Innocence: Essays in Legal Philosophy and Moral Psychology*. Berkeley: University of California Press.

Murdoch, Iris (1970). *The Sovereignty of Good*. London: Routledge.

Murphy, Jeffrie (1988). "Forgiveness and Resentment." In Jeffrie Murphy and Jean Hampton, *Forgiveness and Mercy*. New York: Cambridge University Press, chapter 1.

——, comp. (1995). *Punishment and Rehabilitation*. Belmont, CA: Wadsworth.

——. (2003). *Getting Even: Forgiveness and Its Limits*. New York: Oxford University Press.

Murray, Liz (2010). *Breaking Night: A Memoir of Forgiveness, Survival, and My Journey from Homeless to Harvard*. New York: Hyperion.

Nahorniak, Mary (2015). "Families to Roof: May God 'Have Mercy on Your Soul.'" *USA Today*: June 19. Online edition.

Naiden, F. S. (2006). *Ancient Supplication*. Oxford: Oxford University Press.

Nehru, Jawaharlal (1939). *Autobiography*. Oxford: Oxford University Press.

——. (1989). *The Discovery of India*. Delhi: Oxford University Press. Original edition 1946.

Nietzsche, Friedrich Wilhelm (1989). *On the Genealogy of Morals*. Trans. Walter Kaufmann and R. J. Hollingdale. New

York: Vintage Books. Original edition 1887.

Nussbaum, Martha (1986). *The Fragility of Goodness: Luck, Ethics, and Greek Tragedy*. New York: Cambridge University Press.

——. (1990). *Love's Knowledge: Essays on Philosophy and Literature*. New York: Oxford University Press.

——. (1993). "Equity and Mercy." *Philosophy and Public Affairs* 22, no. 2: 83–125.

——. (1994a). "Pity and Mercy: Nietzsche's Stoicism." In *Nietzsche, Genealogy, Morality: Essays on Nietzsche's "Genealogy of Morals."* Ed. Richard Schacht. Berkeley: University of California Press, 139–167.

——. (1994b). *The Therapy of Desire: Theory and Practice in Hellenistic Ethics*. Princeton, NJ: Princeton University Press.

——. (1996). *Poetic Justice: The Literary Imagination and Public Life*. Boston: Beacon Press.

. (1999a). *Sex and Social Justice*. New York: Oxford University Press.

——. (1999b). "Virtue Ethics: A Misleading Category?" *Journal of Ethics* 3: 163–201.

——. (2000a). "The Costs of Tragedy: Some Moral Limits of Cost-Benefit Analysis." *Journal of Legal Studies* 29: 1005–1036.

——. (2000b). *Women and Human Development*. New York: Cambridge University Press.

——. (2001). *Upheavals of Thought: The Intelligence of Emotions*. New York: Cambridge University Press.

——. (2002a). "Erōs and Ethical Norms: Philosophers Respond to a Cultural Dilemma." In *The Sleep of Reason: Erotic Experience and Sexual Ethics in Ancient Greece and Rome*. Ed. Martha Nussbaum and Juha Sihvola. Chicago: University of Chicago Press, 55-94.

——. (2002b). "Sex Equality, Liberty, and Privacy: A Comparative Approach to the Feminist Critique." In *India's Living Constitution: Ideas, Practices, Controversies*. Ed. E. Sridharan, Z. Hasan, and R. Sudarshan. New Delhi: Permanent Black, 242-283.

——. (2003). "What's Privacy Got to Do with It? A Comparative Approach to the Feminist Critique." In *Women and the United States Constitution: History, Interpretation, Practice*. Ed. Sibyl A. Scharzenbach and Patricia Smith. New York: Columbia University Press, 153-175.

——. (2004a). *Hiding from Humanity: Disgust, Shame, and the Law*. Princeton, NJ: Princeton University Press.

——. (2004b). "Précis" and "Responses." In book symposium on Nussbaum, *Upheavals of Thought*. *Philosophy and*

Phenomenological Research 68 (2004): 443-449, 473-486.

——. (2006). *Frontiers of Justice*. Cambridge, MA: Harvard University Press.

——. (2008). "Human Dignity and Political Entitlements." In Adam Schulman et al., *Human Dignity and Bioethics: Essays Commissioned by the President's Council on Bioethics*. Washington, DC: President's Council on Bioethics, 351-380.

——. (2010a). *Creating Capabilities: The Human Development Approach*. Cambridge, MA: Harvard University Press.

——. (2010b). *From Disgust to Humanity: Sexual Orientation and Constitutional Law*. New York: Oxford University Press.

——. (2010c). Translation, introduction, and notes to Seneca's *Apocolocyntosis*. In Seneca: *Anger, Mercy, Revenge*. Chicago: University of Chicago Press. Containing translations by Robert Kaster and Martha Nussbaum. 2010.

——. (2013). *Political Emotions: Why Love Matters for Justice*. Cambridge, MA: Harvard University Press.

——. (2014a). "Jewish Men, Jewish Lawyers: Roth's 'Eli, the Fanatic' and the Question of Jewish Masculinity in American Law." In *American Guy: Masculinity in American Law and Literature*. Ed. Saul Levmore and Martha Nussbaum. New York: Oxford University Press, 165-200.

——. (2014b). "Law for Bad Behaviour." *Indian Express*: February 22. Online edition.

——. (forthcoming a). "'If You Could See This Heart': Mozart's Mercy." Forthcoming in a festschrift for David Konstan. Ed. Ruth Roth aus Caston. New York: Oxford University Press.

——. (forthcoming b). "Reconciliation without Justice: Paton's *Cry, the Beloved Country*." Presented at the conference "Crime in Law and Literature," University of Chicago Law School, February 7–8, 2014, and forthcoming in the conference volume.

Nussbaum, Martha, and Alison L. LaCroix, eds. (2013). *Subversion and Sympathy: Gender, Law, and the British Novel*. New York: Oxford University Press.

Nussbaum, Martha, and Juha Sihvola, eds. (2002). *The Sleep of Reason: Erotic Experience and Sexual Ethics in Ancient Greece and Rome*. Chicago: University of Chicago Press.

O'Neill, Onora (2002). *A Question of Trust: The BBC Reith Lectures* 2002. Cambridge: Cambridge University Press.

Orwell, George (1949). "Reflections on Gandhi." *Partisan Review*, January, 85–92.

——. (1952). "Such, Such Were the Joys." Originally published in the *Partisan Review*, September–October.

Paton, Alan (1987). *Cry, the Beloved Country*. New York: Scribner. Original edition 1948.

Peli, Pinchas, ed. (2004). *On Repentance: The Thought and Oral Discourses of Rabbi Joseph Dov Soloveitchik*. New York: Rowman and Littlefield. Original publication 1984.

Posner, Eric A. (2000). *Law and Social Norms*. Cambridge, MA: Harvard University Press.

Primoratz, Igor (1989). "Punishment as Language." *Philosophy* 64: 187–205.

Procope, John, trans. (1995). *Seneca: Moral and Political Essays*. Cambridge: Cambridge University Press.

Rawls, John (1971). *A Theory of Justice*. Cambridge, MA: Harvard University Press.

——. (1986). *Political Liberalism*. New York: Columbia University Press. Expanded paper edition.

Rorty, Amélie Oksenberg, ed. (1981). *Essays on Aristotle's Ethics*. Berkeley: University of California Press.

Santideva (1995). *The Bodhicaryavatara*. Trans. Kate Crosby and Andrew Skilton. Oxford: Oxford University Press. Original Sanskrit verse written c. AD 700.

Santora, Marc (2013). "City's Annual Cost per Inmate Is $168,000, Study Finds." *New York Times*: August 23.

Scanlon, T. M. (2013). "Interpreting Blame." In *Blame: Its Nature and Norms*. Ed. D. Justin Coates and Neal A. Tognazzini. New York: Oxford University Press, 84–99.

Schacht, Richard, ed. (1994). *Nietzsche, Genealogy, Morality: Essays on Nietzsche's "Genealogy of Morals."* Berkeley: University of California Press.

Schalkwyk, David (2014). "Mandela, the Emotions, and the Lesson of Prison." In *The Cambridge Companion to Nelson Mandela*. Ed. Rita Barnard. New York: Cambridge University Press, 50–69.

Schofer, Jonathan (2010). *Confronting Vulnerability: The Body and the Divine in Rabbinic Ethics*. Chicago: University of Chicago Press.

Schulhofer, Stephen J. (1995). "The Trouble with Trials; the Trouble with Us." *Yale Law Journal* 105: 825–855.

Schwarzenbach, Sibyl A., and Patricia Smith, eds. (2003). *Women and the United States Constitution: History, Interpretation, Practice*. New York: Columbia University Press.

Segal, Erich (1968). *Roman Laughter: The Comedy of Plautus*. Cambridge, MA: Harvard University Press.

——. (1970). *Love Story*. New York: Harper & Row.

——. (2001). *The Death of Comedy*. Cambridge, MA: Harvard University Press.

Sen, Amartya (1982). "Rights and Agency." *Philosophy and Public Affairs* 11: 3–39.

Sen, Amartya, and Bernard Williams, eds. (1982). *Utili-*

tarianism and Beyond. Cambridge: Cambridge University Press.

Sher, George (2006). *In Praise of Blame*. Oxford: Oxford University Press.

——. (2013). "Wrongdoing and Relationships: The Problem of the Stranger." In *Blame: Its Nature and Norms*. Ed. D. Justin Coates and Neal A. Tognazzini. New York: Oxford University Press, 49–65.

Sherman, Nancy (1989). *The Fabric of Character: Aristotle's Theory of Virtue*. Oxford: Clarendon Press.

——. (2011). *The Untold War*. New York: W. W. Norton.

Skorupski, John, ed. (2010). *Routledge Companion to Ethics*. New York: Routledge.

Smart, J. J. C., and Bernard Williams (1973). *Utilitarianism: For and Against*. Cambridge: Cambridge University Press.

Smith, Adam (1982). *The Theory of Moral Sentiments*. Ed. D. D. Raphael and A. L. Macfie. Indianapolis: Liberty Classics. Original edition 1759.

Smith, Angela M. (2013). "Moral Blame and Moral Protest." In *Blame: Its Nature and Norms*. Ed. D. Justin Coates and Neal A. Tognazzini. New York: Oxford University Press, 27–48.

Sorabji, Richard (2012). *Gandhi and the Stoics*. Chicago:

University of Chicago Press.

Sridharan, Z., Z. Hasan, and R. Sudarshan, eds. (2002). *India's Living Constitution: Ideas, Practices, Controversies*. New Delhi: Permanent Black.

Stegner, Wallace (1971). *Angle of Repose*. New York: Penguin.

Stewart, Nikita, and Richard Pérez-Peña (2015). "In Charleston, Raw Emotion, at Hearing for Suspect in Church Shooting." *New York Times*: June 19. Online edition.

Strawson, Peter F. (1968). "Freedom and Resentment." In *Studies in the Philosophy of Thought and Action*. Oxford: Oxford University Press, 71－96. Originally published in *Proceedings of the British Academy* 48 (1962): 1－25.

Tasioulas, John (2010). "Justice and Punishment." *Routledge Companion to Ethics*. Ed. John Skorupski. New York: Routledge, 680－691.

Tavris, Carol (1982). Anger: *The Misunderstood Emotion*. New York: Simon and Schuster.

Thomson, Judith Jarvis (1972). "A Defense of Abortion." *Philosophy and Public Affairs* 1: 47.

——. (1975). "The Right to Privacy." *Philosophy and Public Affairs* 4: 295－314.

Trollope, Anthony (2014). *Doctor Thorne*. Oxford: Oxford

University Press. Original edition 1858.

Tutu, Desmond M. (1999). *No Future without Forgiveness*. New York: Doubleday.

——. (2014). " 'I Am Sorry' — the Three Hardest Words to Say." *Guardian*: March 22.

Tutu, Desmond M., and Mpho A. Tutu (2014). *The Book of Forgiving: The Fourfold Path for Healing Ourselves and Our World*. New York: Harper One.

Vermeule, Blakey (2011). *Why Do We Care about Literary Characters?* Baltimore: Johns Hopkins University Press.

Vlastos, Gregory (1991). *Socrates: Ironist and Moral Philosopher*. New York: Cambridge University Press.

Wagner, Richard (1850). "Jewishness in Music." *Das Judentum in der Musik*. Amazon: Amazon Digital Services, 2012. Kindle edition.

Waldron, Jeremy (2012). *The Harm in Hate Speech*. Cambridge, MA: Harvard University Press.

Walker, Margaret Urban (2006). *Moral Repair: Reconstructing Moral Relations after Wrongdoing*. Cambridge: Cambridge University Press.

Wallace, R. Jay (1994). *Responsibility and the Moral Sentiments*. Cambridge, MA: Harvard University Press.

——. (2011). "Dispassionate Opprobrium: On Blame and

the Reactive Sentiments." In *Reasons and Recognition*: *Essays on the Philosophy of T. M. Scanlon*. Ed. R. J. Wallace, Rahul Kumar, and Samuel Freeman. New York: Oxford University Press, 348–72.

Wallace, R. J., Rahul Kumar, and Samuel Freeman, eds. (2011). *Reasons and Recognition*: *Essays on the Philosophy of T. M. Scanlon*. New York: Oxford University Press.

Walzer, Michael (1973). "Political Action: The Problem of Dirty Hands." *Philosophy and Public Affairs* 2: 160–80.

Washington, James M., ed. (1986). *A Testament of Hope*: *The Essential Writings and Speeches of Martin Luther King*, *Jr*. New York: Harper Collins.

White, Mark D., ed. (2011). *Retributivism*: *Essays on Theory and Policy*. New York: Oxford University Press.

Wiesenthal, Simon (1997). *The Sunflower*: *On the Possibilities and Limits of Forgiveness*. New York: Schocken Books.

Williams, Bernard (1973). *Problems of the Self*. Cambridge: Cambridge University Press.

——. (1982). *Moral Luck*: *Philosophical Papers*, *1973–1980*. Cambridge: Cambridge University Press.

——. (1985). *Ethics and the Limits of Philosophy*. Cambridge, MA: Harvard University Press.

Williams, Craig (1999). *Roman Homosexuality*. New York:

Oxford University Press. 2nd edition with preface by Martha Nussbaum, 2010.

Winnicott, D. W. (2005). *Playing and Reality*. New York: Routledge. Original publication 1971.

Wolf, Susan (2011). "Blame, Italian Style." In *Reasons and Recognition: Essays on the Philosophy of T. M. Scanlon*. Ed. R. J. Wallace, Rahul Kumar, and Samuel Freeman. New York: Oxford University Press, 332–347.

Yonah, Rabbeinu of Gerona (1967). *The Gates of Repentance: Sha'arei Teshuvah*. Trans. Shraga Silverstein. New York: Feldheim Publishers.

Young, Iris Marion (2011). *Responsibility for Justice*. New York: Oxford University Press.

Zorn, Eric (2013). "There's a Core of Substance in Kirk's 'Empty, Simplistic' Crime-Fighting Proposal." *Chicago Tribune*: May 31.

索　引

译后记

作为本书最初的策划编辑，当我在键盘上敲出“译后记”三个字时，心情惴惴不安。承接这部书稿的翻译，实属无奈，但无奈之中也未必没有小小的私心。

2017 年 5 月，国际合作室的同事告诉我这本书的外文版权在售，我便急切地向社里申报了选题，选题通过后便请国际合作室的同事商谈并购买了版权，但在寻找译者时却遇到了困难。

当时，我策划的另两本努斯鲍姆的著作《女性与人类发展》《政治情感》正在翻译中，而相熟的其他译者也因为各有任务难以很快上手翻译。学术译著的译者需要对原著有一定研究，至少要有一定的学术兴趣，所以我在选择新译者和等待之间错误地选择了等待。但时间经不起等，我没有等来承接这本书的译者，离约定的出版时间却越来越近，对时间的焦虑和我对努斯鲍姆著作的钦佩、向往让我自己忍不住跃跃欲试。

每一个译者都希望自己翻译的书是名家名著，作为一个伦理学专业的策划编辑，作为已经操作了努斯鲍姆两部作品的策划编辑，我知道努斯鲍姆作品的重要价值。早在徐向东、陆萌两位老师翻译的《善的脆弱性：古希腊悲剧和哲学中的运气与伦理》一书出版后，我就注意到了努斯鲍姆的作品，当我策划学术品牌“守望者”时，我便把努斯鲍姆的作品《正义的前沿》和《寻求有尊严的生活》[①] 列为 01 和 02 号图书，这两部图书在学界和出版界都产生了很大的影响，其中《寻求有尊严的生活》获得当年《新京报》年度好书。

努斯鲍姆是当代著名的哲学家、德性伦理学家、公共知识分子，在哲学界、文学界、法律界都有着广泛的影响，她获得了一系列闪亮的奖项，2003 年她被美国《新政治家》杂志评为“我们时代的十二位伟大的思想家”之一，曾被美国《外交政策》、英国《展望》杂志列入“世界百名杰出知识分子”榜单，她是 2012 年西班牙阿斯图里亚斯王子奖获得者，被称为“当代哲学界最具创新力和最有影响力的声音”之一，2016 年她获得日本“京都奖·艺术与哲学奖”。对这样优秀的作者，每一个译者都会心动。

---

① 《寻求有尊严的生活》原书名为 *Creating Capabilities*: *The Human Approach*，译者田雷老师将它译为《培育能力：人类发展进路》，这个译法准确地传达了原文的含义，而且对于专业读者来说也准确地传达了这本书的核心内容，但对于完全不了解努斯鲍姆思想的一般读者，有可能把它误解为一般的能力培养方面的图书，我再三斟酌，考虑到尊严是努斯鲍姆能力理论的核心概念，而且与能力相比，它是一个相对抽象并富于道德内涵的词，所以我向田雷老师建议用“寻求有尊严的生活”做主书名，用“正义的能力理论”做副书名，田老师欣然应允。

“愤怒与宽恕”这个主题也令我格外心动。人的一生，会遭遇各种各样的令你愤怒不已的事儿。我努力做到不迁怒，但那些让我愤怒的人我不知道拿他们怎么办，我常常会暗自替他们寻找能让我不愤怒的理由，以便让我原谅他们、宽恕他们，但我又会面临这样的困境：“以德报怨，何以报德”？所以当我看到“愤怒与宽恕”这样的题目时，真的有“怦然心动”的感觉，很想从这里找到人生的答案，况且这本书给我们的不只是个人生活的答案，也是对社会政治问题的思考。

早在1998年，姚新中老师在中国社会科学出版社组织一套《外国伦理学译丛》，英国应用伦理学会会长赫尔大学哲学系主任布伦达·阿尔蒙德（Brenda Almond）的著作《探索伦理学》被列入其中，由刘余莉和我共同翻译。大约十年之后，我又翻译了詹姆斯·雷切尔斯和斯图尔特·雷切尔斯的经典伦理学教科书 *The Element of Moral Philosophy* 的第五版和第七版，我将书名译为《道德的理由》。这两本书的内容都是我熟悉的伦理学理论，而努斯鲍姆作品的内容涉及面要广得多。好在努斯鲍姆已经有很多作品翻译到国内，她的重要概念、译名都有前面已经出版的作品可资借鉴，所以我便想着先译着，如果有相熟的译者能够接手这部译稿，我前期的工作就能帮译者省下一些时间。

虽然有一定的心理准备，但翻译的过程中还是遇到了很多意想不到的困难。首先是涉及的内容超出了我的知识储备，书中引证的希腊神话、圣经故事、文学艺术作品范围之广自不待言，更涉及很多当下时政要闻、影视作品、明星的丑闻糗事以及法律制度的具体细节，这些内容如不处于相应的环境之中，又不是兴趣所在的话，确实很难一一涉猎，对相关内容会不知所云，甚至出现误读。比如，美国体育明星的愤怒经历在美国家喻户晓，因此努斯鲍姆在举例阐述时便不再详述其背景，而没有相应的背景知识便对作者所阐述的内容就会一知半解。偏偏我对体育运动、赛事、运动员都一无所知，好在互联网强大的搜索引擎能够帮助我弥补这些不足。

其次是在如何准确地表达原著使用语言的细微差别上，也面临着很大的困难。经常会有多个不同的外文词译为中文是同一个词的情况，但努斯鲍姆选用不同的词来表达，必定有其深意，特别是重要的名词术语。如 *eudaimonism* 和 *eudaimonistic* 是由希腊文 *eudaimonia* 变化而来，与 *eudaimonia* 对应的英文词是 happiness，但书中并没有用 happiness 相应的变化形式，而是保留了希腊文，在中文译本中如何恰当地体现这种差别呢？以我的语言能力很难把握这种细微的差别。为此，我只好尝试着从努斯鲍姆的其他著作中寻找答案。在《善的脆弱性》一书的第 5 页的脚注中，努斯鲍姆专门指出，用幸福（happiness）来翻译“*eudaimonia*”会导致一些意义上的模糊，幸福指一种满足感或快乐感，而对古希腊人来说，*eudaimonia* 大致意味着“过一种对个人来说是好的生活”的意思，所以她没有将 *eudaimonia* 译为幸福，而是保留了原文。为此，我反复斟酌，决定将 *eudaimonia* 译成“好生活”而不是幸福，可能这样译更能准确地表达出原著的含义，即便我的理解未必准确，这样处理也能传达出作者使用 *eudaimonia* 一词而不是 happiness 的用意。

再次是如何适应中国语境。比如 wrongful act，可以译为错误行为，但在不同的语境下，分别译为错误行为、不法行为、不当行为更符合中文习惯，在每一种语境下究竟采用何种译法确实颇费思量。

所以，这本书虽然开始了翻译，中间也几度停下来，去另约译者，直到国际合作室下了“最后通牒”，要么如期约到译者并如期交稿出书，要么放弃版权。我只好痛下决心，决定自己加紧翻译，争取尽早交稿。虽然翻译这本书我也制定了翻译计划，但却一再延期，到最后我就完全放弃了之前的计划，坚持每天译，能译多少译多少，遇到了困难就慢慢啃。终于坚持到了写下“译后记”的时刻，我心中的不安可想而知。由于我的水平有限，书中错漏仍在所难免，恳请读者指正（邮件地址为 1176462816@qq.com）。

最后，感谢本书的责任编辑符爱霞，她严谨专业的工作弥补了我很多的错漏，也提出了很多很好的建议，为本书增色不少。感谢人大出版社徐莉副总编辑，感谢国际合作室的诸位同事，以及本书后来的策划编辑张杰、崔毅，感谢他们的理解与信任。

杨宗元

2022 年 12 月

图书在版编目(CIP)数据

愤怒与宽恕：愤恨、大度与正义 / （美）玛莎·C. 努斯鲍姆（Martha C. Nussbaum）著；杨宗元译. --北京：中国人民大学出版社，2023.3

书名原文：Anger and Forgiveness：Resentment，Generosity，Justice

ISBN 978-7-300-31224-8

Ⅰ. ①愤… Ⅱ. ①玛 ②…杨 Ⅲ. ①哲学-通俗读物 Ⅳ. ①B-49

中国版本图书馆 CIP 数据核字（2022）第 249746 号

愤怒与宽恕——愤恨、大度与正义

［美］玛莎·C. 努斯鲍姆（Martha C. Nussbaum） 著

杨宗元 译

FENNU YU KUANSHU

出版发行	中国人民大学出版社		
社　　址	北京中关村大街 31 号	**邮政编码**	100080
电　　话	010－62511242（总编室）		010－62511770（质管部）
	010－82501766（邮购部）		010－62514148（门市部）
	010－62515195（发行公司）		010－62515275（盗版举报）
网　　址	http://www.crup.com.cn		
经　　销	新华书店		
印　　刷	涿州市星河印刷有限公司		
规　　格	148 mm×210 mm　32 开本	**版　　次**	2023 年 3 月第 1 版
印　　张	16.25 插页 4	**印　　次**	2023 年 3 月第 1 次印刷
字　　数	340 000	**定　　价**	128.00 元